U0829769

省部级普通高等教育一流本科课程教材

酒店管理概论

Introduction to Hospitality Management

王天佑　编著

天津大学出版社
TIANJIN UNIVERSITY PRESS

内 容 简 介

酒店是生产和销售住宿产品、会展产品和餐饮产品的企业，酒店、旅行社和旅游交通被称为旅游业运营的三大要素。本教材内容新颖、简明扼要，具有鲜明的时代特色和较强的前瞻性，与当今的国际酒店业运营管理理念和方法同步，便于初学者理解与掌握。通过对本教材的学习，读者可对国际酒店业发展和运营业务有全面的认识，了解酒店的种类与特点，掌握酒店组织和运营原理，熟悉国际酒店运营设施和设备，了解酒店产品的构成与质量管理，掌握现代酒店运营管理理论和方法。本教材适用于高等院校旅游管理专业和酒店管理专业的大学本科生，也可作为酒店管理人员的培训教材。

图书在版编目(CIP)数据

酒店管理概论 / 王天佑编著. -- 天津 : 天津大学出版社, 2022.6（2024.7重印）

省部级普通高等教育一流本科课程教材

ISBN 978-7-5618-7218-5

Ⅰ. ①酒… Ⅱ. ①王… Ⅲ. ①饭店－商业企业管理－高等学校－教材 Ⅳ. ①F719.2

中国版本图书馆CIP数据核字(2022)第108478号

JIUDIAN GUANLI GAILUN

出版发行 天津大学出版社
地　　址 天津市卫津路92号天津大学内（邮编：300072）
电　　话 发行部：022-27403647
网　　址 www.tjupress.com.cn
印　　刷 廊坊市海涛印刷有限公司
经　　销 全国各地新华书店
开　　本 787mm×1092mm　1/16
印　　张 18.25
字　　数 456千
版　　次 2022年6月第1版
印　　次 2024年7月第2次
定　　价 55.00元

前 言

21 世纪是旅游业和酒店业快速发展的时期，伴随着酒店管理专业化程度愈来愈高，酒店市场的竞争日益激烈，仅依靠酒店的星级划分、酒店及其集团的品牌塑造等传统的营销方式已不能为酒店带来理想的收益和发展效果。因此，酒店必须持续地进行产品开发与管理创新，使运营走向成功之路。现代酒店管理要求管理人员全面地掌握酒店产品的质量组成、文化内涵，并了解市场个性化需求，以便更有针对性地为目标市场提供理想的产品。酒店坐落的位置、交通的便利程度、建筑外观和装饰、内部环境和服务质量、客房舒适度和实用水平、餐饮的质量和特色及文化内涵等都是酒店运营能否成功的重要影响因素。同时，酒店产品只有符合目标顾客的需求，才会被市场认可并具有吸引力。综上所述，酒店运营管理是复杂的和动态的，管理者除了要具备扎实的经济学、管理学、营销学、会计学等学科的基础知识，还必须具备酒店管理专业知识和实践管理能力。

本教材是 21 世纪全国高等院校“旅游管理”专业与“酒店管理”专业核心专业课的适用教材，也是天津市教育委员会普通高等教育本科一流专业建设项目“酒店管理”专业的适用教材。本教材在《饭店管理概论》第 3 版的基础上进行了修订，吸收和增加了新的国际酒店管理理论、研究成果和实践经验。教材内容全面且系统，涉及酒店运营管理各方面的必要知识，包括酒店基础知识、酒店业务（酒店房务管理、酒店餐饮管理、酒店会展管理）知识、酒店管理（酒店组织与人力资源管理、酒店营销管理、酒店质量管理和酒店伦理管理）知识等。本教材内容新颖、简明扼要，具有鲜明的时代特色和较强的前瞻性，与当今的国际酒店业运营管理理念和方法同步，便于初学者理解与掌握。教材整体内容符合培养具有国际视野和创新意识的旅游管理和酒店管理通用型人才的需要，具有较强的实用性，不仅可作为高等院校本科生“旅游管理”和“酒店管理”专业课的教科书，还可作为旅游业、酒店业管理人员的培训教材。

本书作者王天佑教授为中国欧美同学会酒店业专家委员会成员，曾留学于美国，学习国际旅游与酒店管理，回国后从事高校旅游管理及酒店管理研究与教学工作，并在国际酒店管理的教学和科研方面取得了丰硕的成果，发表了多篇核心期刊（CSSCI）论文。本教材在编写中得到美国弗吉尼亚理工大学科翰教授，北京钓鱼台大饭店、北京国际饭店、天津喜来登饭店、广东白天鹅饭店等的管理人员，其他院校学者及一些企业家的支持与帮助，在此一并表示感谢！书中疏漏与不足之处敬请专家和学者指正。

2022 年 5 月

目 录

第1章

酒店管理概述

本章导读

酒店是指依法设立，从事房务产品、餐饮产品、会展产品等生产并提供相关服务的企业。该企业以营利为目的并承担社会责任，自主经营并独立核算。酒店通常由一座或数座功能完善的建筑物构成，建筑物中应有能够满足顾客住宿、餐饮、会展、休闲和健身等方面需求的设施，具有特色的商品店和礼品店等。通过对本章的学习，读者可以了解酒店的含义与特点，熟悉酒店产品种类及其内涵，明确酒店分类方法和国际酒店业的发展，掌握世界各国酒店等级与评定体系。

1.1 酒店与酒店产品

1.1.1 酒店及其内涵

酒店（hotel）是生产和销售房务产品、餐饮产品和会展产品等的企业（见图 1-1），可被称为宾馆、旅馆和饭店。近年来，一些学者和企业家也将民宿称作酒店。

图 1-1　酒店

酒店通常由一座或数座功能完善的建筑物组成，建筑物中应有能够满足顾客住宿、餐饮、会展、休闲和健身等方面需求的设施，具有特色的商品店或礼品店等。酒店作为企业，必须经政府主管部门批准设立，有固定的名称和运营场所，有完善的运营组织制度，有独立支配的财产并承担社会责任；同时，还须具有运营自主权，独立核算，自负盈亏，为顾客提供满意的服务，包括房务服务、餐饮服务和会展服务。酒店作为企业以营利为目的，必须为顾客提供优质的住房（客房）、餐饮和服务设施，以获取合理的利润。此外，酒店应为顾客提供高质量且有特色的产品并具有一定的知名度和美誉度。为了保证产品质量和价格等满足目标顾客的需求,酒店必须加强内部管理并对市场需求变化做出快速反应。

1.1.2 酒店产品及其构成

所谓产品即“过程的结果”(ISO 9000,2000 版)。酒店产品由满足顾客需求的物质实体和非物质形态的服务构成。物质实体包括酒店建筑和设施、客房与用品、餐厅设施与菜品等,这些被称作有形产品。非物质形态的服务包括酒店声誉、等级、特色、环境、温度和服务等,它们被称为无形产品。顾客从产品外观可以看到有形产品,无形产品从产品外观看不到,但是顾客很容易感受到。有形产品和无形产品共同组成完整的酒店产品。酒店产品的核心是产品的功能和效用,例如客房的可住性、餐饮的可食性等。随着人类环保意识的增强,人们认识到酒店产品不仅应包含上述内容,即正式或非正式合同规定的产品,还必须包括运营活动的结果,即非预期的产品。例如,酒店产品不会造成环境污染等。

1.1.3 酒店产品特点

1. 有形产品和无形产品紧密结合

现代酒店将有形产品和无形产品紧密结合,使产品更能满足顾客的需求。有形产品包括酒店建筑、酒店外部环境(停车场、草地、绿树等)、酒店公共设施(大厅空间、酒店布局和电梯等)、酒店内外标识、广告、宣传品、办公用品及艺术品、酒店客房(种类、面积、设施、家具及布局)、客房日用品(床单、毛毯、三巾、梳子、香皂、洗浴液等)、酒店餐厅与酒吧(种类、布局、家具与设施、餐具与酒具、菜肴与酒水)、酒店康乐设施(造型与布局)、职工服装、职工仪表仪容和举止行为等。无形产品包括酒店的信誉和知名度,酒店温度(大厅、客房、餐厅和酒吧及其菜肴和酒水等的温度)和湿度,前台接待、电话服务、餐饮服务及客房服务等的技术、效率和满意度,酒店大厅、客房、餐厅、酒吧、康乐设施的安全,客房、餐厅和酒吧的舒适度,酒店服务的礼节礼貌,等等。在酒店运营中,完整的房务产品包括舒适的房间、适用的设施和家具、理想的日用品和周到的房务服务等,而完整的餐饮产品包括菜点与酒水(原料、工艺、包装、颜色、造型、味道)、用餐环境、绿化、设施、音乐、艺术表演、用具和餐饮服务(速度、方式、程序)等。

2. 多功能

多功能是现代酒店产品首要的特点之一,主要表现为酒店的多功能、客房的多功能、餐厅的多功能等。这里的功能是指酒店产品的效能和作用,是酒店产品基本的质量和特性。当今,酒店的基本功能是多方面的,一般而言,包括客房功能、餐厅功能、会议与展览厅功能、商务中心功能、健身中心功能、特色商店和小超市的功能及大厅的休闲功能。客房功能包括客房的住宿功能、洗浴功能、化妆功能、办公功能、读报功能、看电视功能、会客功能和用餐功能等。现如今,餐厅已不仅仅是提供餐饮服务的场所,而是一个具有休闲、宴会和交际等功能的多元化场所。因此,现代餐厅不论在空间、家具、照明、色彩和风格等方面,还是在背景音乐、室内温度和湿度等方面都要考虑到使用效果与文化内涵。同时，提供不同特色餐饮的餐厅应使顾客体验到不同的文化和民俗。例如，欧洲传统餐厅的外观和内部装饰应营造出能体现欧洲大陆文化的用餐环境；其家具和摆设应与环境、文化相适应；艺术品、装饰品应反映欧洲传统的餐饮文化，包括绘画、雕刻等。中餐厅常以中国宫殿文化或花园文化为背景，餐厅内部陈设中国传统的家具、字画、灯笼和餐具等。

3. 个性化和特色化

现代酒店产品设计具有个性化和特色化的特点，表现在建筑特色、设施特色、客房特色、环境特色、餐饮特色、服务特色及办公用品特色等方面。例如，客房的风格可以是中国传统风格，也可以是欧洲风格或中西合璧风格。

4. 趋向自动化和智能化

酒店产品的自动化与智能化主要表现在酒店计算机管理系统、客房管理系统、客房多媒体信息服务系统、火灾自动报警与联动控制系统、建筑设施自动监控系统、电子门锁管理系统、智能照明控制系统、多媒体会议系统、酒店智能管理平台及智能手机应用系统等方面。

5. 体现安全与舒适

现代酒店或酒店集团采取严格的措施保证顾客的生命和财产安全；同时，完善各种设施和服务使顾客在入住和消费期间体验到舒适和高效。通常，酒店房间的灯光及电器均按区域控制，其开关就近设置于墙上。这样既保证客房的安全又符合顾客日常的居家习惯。酒店房间的温度可以通过空调进行实时检测并自动调节。客房设有客房勿扰与清理的自动显示并设有智能安防系统。客房装有顾客叫醒时间显示、进入房间者身份显示、非法进入房间报警系统等。一些酒店还安装了楼层与通道人员检测与监控系统。当今，酒店运营管理人员必须明确其目标顾客的消费需求并提供符合他们需求的房务产品、餐饮产品和会展产品，例如适合顾客身高的床铺、设备齐全的舒适的卫生间、高质量的棉织品和安全的洗发液与洗浴液等。

1.1.4　酒店产品种类

人们常根据酒店产品的功能对其进行分类。因此，酒店产品常被分为房务产品（住宿产品）、餐饮产品、会展产品和康乐产品等。

1. 房务产品

房务产品也被称为住宿产品，由各种客房、客房设施和房务服务等组成。客房包括单人间（single room）、标准间（standard room）、大床间（big bed room）、商务套房（business suite）、豪华套房（deluxe suite）、总统套房（presidential suite）和公寓套房（apartment）等。客房设施主要包括浴室及其设施、家具与用品等。房务服务主要包括客房预订服务、机场接送服务、前台接待服务、行李运送服务（行李服务）、客房清扫服务和电话通信服务等。

2. 餐饮产品

餐饮产品由各种餐厅、酒吧、服务设施、菜点、酒水和餐饮服务等组成。餐厅和酒吧是餐饮产品的组成基础，其环境与设施的质量水平、服务效率及服务技术是餐饮产品质量的影响要素。餐厅有多个种类，因为销售的餐饮不同，所以环境、风格及服务方法也不同。其种类主要包括咖啡厅（coffee shop）、自助餐厅（cafeteria）、多功能厅（function room）、贵宾厅（private dining-room）和特色餐厅（specialty dining-room），也可以是法国餐厅、意大利餐厅、俄罗斯餐厅、西班牙烧烤餐厅（扒房，grill room）等。酒店中常有不同种类的酒吧，包括大厅酒吧（lobby bar）、主酒吧（main bar）（见图 1-2）、餐厅酒吧（restaurant bar）、保龄球酒吧（bowling bar）和湖畔酒吧等。餐饮服务是酒店帮助顾客用餐的一系列活动，包括餐厅预订、餐厅迎宾、摆台、点菜、上菜、斟酒水和结账等服务内容。菜点包括中餐和西餐的名菜、各地区的特色菜点与经典菜系及各种小吃。酒水包括发酵酒、蒸馏酒、配制酒、鸡尾酒及各种冷饮和热饮。

图 1-2　主酒吧

3. 会展产品、康乐产品和其他产品

会展产品由各种会议室（convention room）、展览厅（exhibit hall）及会展服务组成。康乐产品由各种康乐设施和服务组成，包括游泳池（swimming-pool）（见图 1-3）、健身中心（fitness center）、保龄球馆（bowling alley）、棋牌室（chess and board game room）、高尔夫球馆及相应的服务。此外，酒店的产品还包括商务中心（business center）、特色商品店（specialty store）、礼品店（gift store）、花店（flower shop）、书屋（book room）及相应的服务，其中，商务服务包括翻译服务、文秘服务和代售机票与车票服务等。

图 1-3　酒店游泳池

1.2　酒店业发展

随着社会的进步和科学技术的发展，酒店作为现代商务、会展、旅游、度假和休闲不可缺少的服务型企业，不论在建筑物、设施、产品、服务还是运营管理方面都在不断地完善和发展（见表 1-1）。回顾酒店业发展的历史，古代客栈只是向旅行人士提供简单的食宿。而今，经过 3500 余年的发展，特别是近百年的发展，酒店已成为商务、旅游、会展、度假和休闲活动的中心。近年来，全球的商贸、旅游和度假休闲活动不断地丰富，酒店的投资和兴建亦不断地增加，酒店或酒店集团的规模不断地扩大、专业化水平不断地提高，以至现代的酒店业已成为一个庞大的产业。特别是愈来愈多的新知识和新技术应用于酒店，为顾客提供服务，助力运营管理。实际上，酒店运营管理已成为一门现代的应用科学。

表 1-1　酒店设施与技术发展

时间	酒店设施与技术发展
1846 年	中央供热系统（central heating）
1859 年	蒸汽客梯（steam elevator）
1881 年	电灯系统（electric lights）
1907 年	客房电话系统（in-room telephone）
1927 年	客房收音机系统（in-room radio）
1940 年	酒店空调机系统（air-conditioning）
1950 年	电梯（electric elevator）
1958 年	客房电视机（free television）
20 世纪 70 年代	电动收款机（POS system），电动钥匙系统（keyless locks），彩色电视（color television），电话信息灯（message lights on telephone），计算机房态显示系统（front office computer system followed by room status），免费电话预订系统（toll-free reservations）
20 世纪 80 年代	客房内电影系统（free in-room movies），饭店管理系统（property management system），客房内办理离店系统（in-room guest check-out）
20 世纪 90 年代	房间内个人计算机系统（in-room personal computers），电话计费系统（call accounting system），饭店全球预订系统（global reservations）
21 世纪	酒店计算机预订系统（computer reservations），客房安装组合式淋浴设施（淋浴器与澡盆）（shower combination），智能手机可办理入住/退房及作为客房钥匙（check in/out and room key）

1.2.1　国际酒店业的发展

回顾国际酒店业的发展历史，我们可将国际酒店业的发展分为 4 个阶段：古代客栈时期、豪华酒店时期、商务酒店时期和现代酒店时期。

1. 古代客栈时期

11 世纪至 18 世纪被认为是古代客栈时期，那时，酒店主要服务于传教士、信徒、信使和商人，为他们提供简单的食宿。文献记载，最早期的客栈是一些为过路旅客提供住宿的私人住所。英国的早期客栈始于11世纪，出现在英国伦敦，然后向乡间发展，进而延伸到欧洲各地。1282年，欧洲出现了较大规模的旅游活动。当时，意大利的佛罗伦萨将酒店生意作为专业的生意开始运营。1425年，英国著名的天鹅客栈（The Swan Inn，见图1-4）和黑天鹅客栈（The Black Swan Inn）开业，至今约有600年的历史。1685年，英国出现了公共马车，为当时的酒店业发展提供了契机。那时，在每一条马车经过的路线中，都出现了小旅馆（inns，taverns）。目前，英国约有200家早期客栈还在运营中。这些古老的客栈经过改造、重建或易名，保留了一些古代传统的文化，增添了现代服务设施，受到了旅游者的青睐。美国最早期的旅馆出现在17世纪初，兴建在主要港口，将私人住宅的一部分或马房及农舍等作为住宿设施。17世纪中叶，酒店的设施和服务质量有了显著的改善，尤其在欧洲大陆，其运营和服务逐渐走向成熟。当时的旅馆不仅作为食宿设施，也成了重要的社交场所。1794年，第一座美国式的旅馆——城市旅馆（City Hotel）在纽约开业。它建有73间普通房间，是当时美国最大的旅馆，也是纽约著名的社交中心。这一时期的酒店的主要特点是规模小、独立经营、设备简陋，仅可提供基本的食宿。然而，古代客栈的发展为传统的豪华酒店的筹建与运营提供了基本条件和经验。

图1-4　天鹅客栈

2. 豪华酒店时期

18世纪末，产业革命为现代旅游的发展注入了生机，科技发展首先引发了交通工具的革新。1807年，美国发明了第一艘载客轮船，自此，人们更热衷于海上旅行。1814年，英国出现了蒸汽机车，火车很快博得人们的喜爱，成为19世纪欧洲最主要的陆上交通工具。轮船和火车的普及方便了人们的出行，港口和车站成了游人聚集的地方。因此，旅馆如雨后春笋般不断地出现在大街和小巷上。根据记载，19世纪酒店运营进入了豪华时期，豪华酒店的主要顾客是王室成员、富有商人和社会名流等。当时，酒店的特点是建立在繁华的城市，产品价格高，造型富丽堂皇，大厅设计为宫殿式且讲究内部陈设。同时，酒店作为社交中心，其服务采用宫廷式风格。当时，入住酒店成了身份、富有和权力的象征。1829 年，深远影响美国酒店业的特伦蒙特酒店（Tremont House）在波士顿落成（见图 1-5）。从此，酒店有了个人专用的客房（private room），开始重视个人的生活。酒店的客房分为单人间和双人间，每间客房都配有钥匙，房间内放有饮用水和水杯、免费的肥皂并有行李员帮助顾客运送行李。特伦蒙特酒店是美国最早安装上下水管道的建筑物之一。此外，该酒店还设有扒房（grill room，传统西餐厅，以烧烤牛排和海鲜为特色），提供法式餐饮服务，而这些设施和服务特色为现代酒店的发展奠定了基础。此后，设施更为完善且服务更为周到的酒店相继出现。1834 年，纽约市的利顺德饭店（Astor Hotel）开始营业。该酒店为两层楼建筑，共有 309 间客房，是美国第一家宫殿式酒店，客房采用黑桃木家具，铺有纯毛地毯。1848 年，美国波士顿市的新英格兰酒店（New England Hotel）开业，该酒店设有顾客专用的保管箱，替顾客保管贵重物品。1875 年，在旧金山市，被称为"世界最大的酒店"的百丽斯酒店（Palace Hotel）开业，该酒店共有 800 间客房。当时，这一酒店的建设耗资 5000 万美元。1880 年，美国加利福尼亚州的科罗纳多饭店（Hotel del Coronodo）开业，该酒店是美国第一家豪华的度假饭店（luxury resort hotel）。此后，国际酒店业开始了市场细分。

图 1-5　特伦蒙特酒店

3. 商务酒店时期

19 世纪欧美经济快速发展，商务活动更加频繁，交通工具不断地发展和更新。更多的人参与经商和旅游活动。从 20 世纪初至 20 世纪 50 年代，国际酒店业的发展进入了商务酒店时期。该时期，酒店的主要目标顾客是商务旅行者和普通旅游者，酒店产品以舒适、方便、清洁、安全和实用为主，不追求豪华和奢侈。酒店收费合理，注重服务和管理。1908 年，美国纽约州的布法罗（Buffalo）斯塔特勒（Statler）酒店建成并开业。该酒店以人名命名，于 1923 年改名为布法罗酒店（Buffalo Hotel）。该酒店有 300 余间客房并全部带有卫生间，客房内有收音机和电话，并将冰水引入客房内以方便顾客饮用。当时，一些有关服务设备和服务技术的新理念被引进该酒店的客房服务和餐饮服务中，包括将电灯开关装在客房内的大门旁，将客房门锁和门柄合成一体，客房内设有写字台和台灯以方便顾客看书和写字，房间里装有穿衣镜和衣橱，衣橱里装有电灯。此外，酒店还免费为顾客提供洗衣服务，提供免费报纸、文具及盥洗用品。当时，酒店投资人和管理者——斯塔特勒先生创造并提出了营销口号—— “A room with a bathroom for a dollar and a half(本酒店的客房带有浴室，每天房价为 1.5 美元)”。他还提出了独特的运营理念，如“一个好酒店的职责是满足顾客的需求”“顾客永远是对的”等。1907 年后，美国各地相继出现了规模更大和设施更全面的酒店。1912 年，纽约市的麦克阿尔宾酒店(McAlpin Hotel)开业。这家酒店的建筑有 25 层，共 1700 间客房。1928 年，在芝加哥市落成的斯蒂文斯酒店(Stevens Hotel)，耗资 2.8 亿美元建成。这家酒店有客房 2400 间、职工 2200 名。1945 年，该酒店被康莱德·希尔顿(Conrad Hilton)购买并改名为康莱德·希尔顿酒店(Conrad Hilton)。1929 年，纽约人酒店(Hotel New Yorker)在纽约市开业，有客房 2500 间，共有 43 层楼。1947 年，美国希尔顿酒店首先开始国际连锁运营。20 世纪 70 年代，酒店业的另一个里程碑表现为酒店联盟组织(Referral Organization)的发展。这一组织由非连锁酒店凭借自身的产品特色和知名度联盟在一起。

4. 现代酒店时期

20 世纪 50 年代，酒店业进入现代酒店时期。现代酒店以普通旅游者和商务顾客为主要客源。酒店功能多样化，集住宿、商务、餐饮、会展、健身、休闲及购物于一体，为顾客提供舒适、安全、卫生、方便和有特色的酒店产品。现代酒店更注重服务质量和运营管理，连锁经营规模不断扩大，出现了跨国酒店管理公司。1963 年，纽约希尔顿酒店(New York Hilton)落成并开业。该酒店共有 46 层，有 2131 间客房，约 1800 名职工，建设花费 5.2 亿美元。酒店内共有 12 部高速客用电梯，4 部扶梯，每小时可为 5000 人次服务。此外，还有 6 部工作电梯。该酒店有客房送餐服务(room service)，方便顾客在客房内用餐。该酒店的大型宴会厅可容纳 1 万人。酒店采用计算机管理各项服务。20 世纪中期，由于交通工具和高速公路的发展，欧洲和美国不断地出现了连锁经营的机场酒店和汽车酒店。20 世纪 70 年代，欧美酒店业市场竞争加剧，促使了酒店集团的形成和发展，以及酒店品牌的创建。从 20 世纪 90 年代开始，国际酒店业更加关注市场细分策略，不论是酒店地理环境、建造规模、装修风格、服务设施、产品特色，还是价格策略都要经过周密考虑，满足目标市场的需求；同时，基于酒店集团化和全球化，通过兼并和联合运营不断地扩大酒店集团。当今，美国约有 60%的酒店属于连锁酒店。这一时期，不仅酒店业在发展，还造就了世界著名的酒店企业家埃尔斯沃思·斯塔特勒(Ellsworth M. Statler)、康莱德·希尔顿(Conrad Hilton)、威拉德·马里奥特(J. Willard Marriott)、霍华德·约翰逊(Howard Johnson)、瑞伊·舒尔茨(Ray Schultz)等。

1.2.2 我国酒店业的发展

根据历史记载，我国酒店业的发展已有 3000 余年历史，在春秋时期孔子周游列国时，就已经有了旅馆服务。到了战国时期，人们的往来更加频繁，旅馆成为社会的必要服务设施。在唐朝，由于经济、政治、军事、文化和艺术的发展，为了游学、经商和游览等，人们外出旅行十分频繁，这使旅馆业发展速度加快并得到普及。19 世纪中期，我国沿海和长江流域的通商口岸城市，设立租界区并兴建了一批酒店。1863 年在天津落成的利顺德饭店和 1900 年在北京开业的北京饭店就是典型的案例。1949 年后至改革开放前，我国建立了一些国营招待所和宾馆，其主要接待国际友好人士，属于事业型单位，依靠国家财政拨款和补贴管理。1978 年，我国实施了改革开放政策，酒店业运营管理模式发生了根本性变化。1978 年至 1988 年是我国酒店业的转型时期，酒店由事业型组织向企业型组织转化，酒店实行自负盈亏，开始注重管理和服务。1988 年以后，酒店作为企业完全进入了市场，借鉴欧美各国的酒店运营管理经验并注重运营效益。近年来，随着中国经济的快速持续增长和"一带一路"倡议的提出，中国酒店业迎来了前所未有的发展机遇和巨大挑战。

1.3　酒店种类与特点

酒店根据规模、坐落环境、运营特色和产权形式等可进行如下分类。

1.3.1　根据酒店规模分类

通常，酒店规模是指酒店客房的多少。规模较大的酒店，其客房数量多。在酒店运营中，客房数与酒店坐落环境、酒店种类及其设施布局紧密相关。因此，酒店业常根据客房数量将酒店分为不同规模的酒店。

1. 小型酒店

当今，小型酒店常有 100 间以内的客房。小型酒店主要销售房务产品（客房及其设施与服务）及与小型酒店相适应的餐饮产品和会展产品。一些小型的主题酒店还销售特色产品，受到顾客的青睐，例如设有高尔夫球场、滑雪场或垂钓中心并提供相应服务等。同时，一些小型酒店由于带有特色服务设施和项目而被称为主题酒店，包括汽车酒店、度假酒店、乡村酒店和民宿酒店等。

2. 中型酒店

中型规模的酒店客房数量通常为 100 间至 200 间，其服务设施和服务项目比小型酒店全面。因此，中型酒店是普通商务顾客和大众旅游者的理想酒店。中型酒店生产和销售舒适而方便的房务产品、餐饮产品和会展产品。中型酒店常包括各种类型和级别的酒店，例如商务酒店、度假酒店、会议中心和机场酒店等。

3. 大型酒店

客房数量为 300 间至 500 间的酒店被称为大型酒店。其设施和服务项目齐备，环境舒适、幽雅。大型酒店有各式客房，包括单人间、标准间、商务套房、豪华套房及总统套房等。酒店有各种餐饮设施，包括大型宴会厅（多功能厅）、扒房、咖啡厅和风味中餐厅，还有销售世界各地特色小吃的美食街。酒店设有各式健身和娱乐设施，包括保龄球馆、高尔夫球场、游泳池、网球场和健身房等。酒店设有各种会议室、谈判室及展览馆。酒店服务项目包括方便的网上客房预订服务、机场接送服务、行李服务、客房送餐服务、经典餐厅餐饮服务、宴会服务、自助餐服务、会展服务和商务服务等。大型酒店多以豪华级和中等级服务模式为主。大型酒店的服务对象可分为商务顾客、会议团队、旅游团队、度假家庭和各类散客等。近年来,根据市场的需求,大型酒店设施多功能的发展趋势突出。

4. 特大型酒店

特大型酒店是指客房数量在 500 间以上的酒店,其设施和服务项目齐备。目前,世界上一些国家拥有超过 4000 间客房的特大型酒店,而少数国家已拥有超过 6000 间客房的酒店,特大型酒店常以商务、会展和度假顾客为主要目标顾客。

1.3.2 根据酒店坐落环境分类

1. 机场酒店

机场酒店(airport hotel)是指在机场附近的商务酒店和会议酒店,其规模有大型、中型和小型。其等级包括经济型、一般舒适型和豪华型。

2. 城市酒店

城市酒店(city hotel)主要是指坐落在城市中心或商务区域的酒店。其等级从经济型至豪华型均有。其类型主要包括商务酒店、度假酒店和长住酒店。

3. 郊区酒店

郊区酒店(suburban hotel)是指坐落在城市郊区的经济型、商务型或长住型酒店。其等级从经济型至豪华型均有,其规模有大型、中型和小型。

4. 度假地酒店

度假地酒店(resort hotel)也称作度假酒店,主要是指旅游度假区和城市中的度假酒店,有各种不同星级。其规模从小型至大型均有。

5. 高速公路酒店

高速公路酒店(highway hotel)主要是指经济型至三星级的中型或小型汽车酒店,也称为汽车旅馆。

1.3.3 根据酒店运营特色分类

1. 商务酒店

商务酒店(commercial hotel,见图 1-6)是为了满足商务、会议和旅游等顾客需求而开设的酒店。这种酒店常带有综合服务设施,通常坐落在城市交通便利的商务区、郊区及机场附近,其服务设备和服务项目齐全,有各种不同种类的客房、中式和西式餐厅,有各种规模和功能的会议室、酒吧和康乐设施等。商务酒店注重通信设施、商务设施、会议设施、交通工具及相应的服务,例如计算机和网络系统、同声传译系统及复印机等。此外,酒店还提供翻译、复印、打字、机场接送等服务。商务酒店的等级从经济型至豪华型均有。当然,越是高星级商务酒店,其服务项目越齐全,其服务质量与水平越高。近年来,商务酒店还充分考虑到旅游者和度假者的需求,增加了一些风味餐厅和健身设施。在欧美各国,中小型商务酒店有时被称作“Inn”。

图 1-6　商务酒店

2. 度假酒店

度假酒店（resort hotel，见图 1-7）常位于交通方便、气候宜人的风景名胜区或名山秀水附近，主要目标顾客是度假、休闲和会议顾客。其运营特点是提供休闲环境，有舒适的房间和特色的餐饮产品及完善的康乐设施。目前，许多度假酒店增加了各种会议设施和服务以满足会议团队的需求。早在罗马时期，人们就修建了度假酒店，其通常被建在温泉附近。由于顾客到度假酒店消费的目的是休憩和度假，因此，酒店内部到处呈现出度假与休闲的气氛。酒店管理者希望通过丰富的休闲活动和体贴式的服务为顾客带来美好的体验。现代度假酒店的康乐活动包括远足、跳舞、骑马、游泳、驾船、滑雪、打网球和高尔夫球等，酒店还聘请专业人士策划和组织康乐和文娱活动。近年来，度假酒店特别关注个性化的餐饮产品，力求更具有特色和文化内涵。

图 1-7　度假酒店

3. 长住酒店

长住酒店（residential hotel）是满足顾客长期住宿需要的酒店，通常坐落在交通方便的城市或城郊，主要销售房务产品。通常，长住酒店多以套房为特色，包括单卧室套房、双卧室套房、多卧室套房等。每套房间里都有客厅、卧室、厨房、卫生间和洗衣房等。这种类型酒店的特点是,套房内的各种设施和家具比商务酒店齐全,厨房有炉灶和冰箱,套房里有洗衣房并装有洗衣机等。长住酒店有各种类型和级别的房间,例如普通套房或家庭套房、商务套房和豪华套房等。长住酒店的运营方法、计价方法和服务方法都比较灵活,房价可以天、周、月、季度或年为计算单位,清扫客房可以是每天、隔天或顾客自己清扫,房间用品可以由酒店提供或顾客自己准备。除此之外,长住酒店有健身中心、康乐设施并提供餐饮服务。一些长住酒店把餐饮服务包给酒店外部的餐饮公司运营。小型长住酒店常有50套至100套房间,被称为套房酒店(all-suite hotel)。

4. 汽车酒店

汽车酒店(motel)也称为汽车旅馆,起源于第二次世界大战以后的美国,其坐落地点主要在城郊、高速公路和飞机场附近,其目标顾客是长途驾车的旅客。其中传统的汽车酒店客房数量常在50间以下,酒店通常有两层楼。酒店内有免费的停车场,在公路旁设有广告牌。此外,酒店还带有天然游泳池和儿童游乐场所,游泳池的四周常以灌木围绕。现代汽车酒店的客房数量已扩展到200间,其设施和服务的范围完全可以与中小型商务酒店媲美,还可通过网络提供客房预订、住宿和餐饮服务。由于汽车酒店独特的地理位置和服务特点,其客房价格比较实惠。当今,汽车酒店已遍及欧洲国家和美国的主要公路及城市边缘。

5. 会议酒店

尽管大部分商务酒店都有会议场所和展厅,但是会议酒店(convention hotel,见图1-8)是专门针对团队并服务于会议业务的酒店。此类酒店关注的焦点是会议市场,强调可使会议成功举办的各种服务设施和高效的会议和展览服务。会议酒店常位于风景名胜区、旅游区或交通便利的城市街区及郊区。其服务设施主要包括多种客房、商务中心、会议服务中心、健康中心、保龄球馆、游泳池、多功能厅、不同种类的会议室、高质量的多媒体设施、同声传译系统、不同种类的餐厅等。会议酒店除主要接待会议团队外,也接待旅游团队、度假团队和旅游顾客,目的是填补少数空余的客房。根据国际大会及会议协会的标准,会议酒店至少应有60%的销售收入来自会议业务,60%的空间供各类会议团队使用。会议酒店规模通常是中型至特大型的,房间数量从200间到2000间不等。会议酒店的会议室种类齐全,可供各种展览、会议和商务谈判使用。一些会议酒店也被称为会议中心,每20个房间就有一个会议室。一些新型的会议酒店将顾客送到不同的停车场,把散客和会议团队分配到不同的接待地点去办理入住手续,减少了大厅的拥挤,提高了服务效率。会议酒店通常有良好的隔音装置,方便会议团队安排不同的活动。此外,会议酒店可向会议组织者收取综合服务费用,包括房费、餐费、会议室费及其他相关费用,以方便服务与销售。某些现代大型会议酒店实际上已成为会展酒店,这类酒店设有各种大中型展览厅、各类多功能厅和会议室,可提供各类会展服务。

图 1-8　会议酒店

6. 机场酒店

机场酒店（airport hotel，见图 1-9）通常建在飞机场附近，其设施和服务与商务酒店很相似，主要的客源是转机和被延误的旅客及航班机组人员等。机场酒店的规模通常为大型、中型和小型，客房数量为 100 间至 600 间。其等级有经济型、中等消费水平的商务型及高消费的豪华型。机场酒店常提供免费的顾客接送服务并在机场设有明显的订房和接送电话标志。现代机场酒店增加了会议设施和餐饮设施以吸引专程出席会议并希望节省时间的顾客。此外，现代机场酒店根据市场的需要，不断地扩展会议业务和服务对象，服务范围已包括机场附近的企事业单位的住宿、宴会与会议，甚至是国际会议。

图 1-9　机场酒店

7. 休闲酒店

休闲酒店（lodge）通常是小型或中型酒店，客房数量通常为 100 间至 200 间，其主要的客源是度假或度周末及参加专项休闲活动的顾客，例如参加高尔夫球、网球、滑雪、骑马等活动和钓鱼及度周末的顾客。休闲酒店服务设施和服务项目与长住酒店很相似。通常，顾客居住的时间为 1~7 天。

8. 经济型酒店

经济型酒店（bed and breakfast）常坐落在市区、城郊或高速公路旁，其常有客房 50 间至 200 间。酒店主要为顾客提供住宿和简易早餐，包括自助式早餐和欧洲大陆式早餐。经济型酒店常被称为提供早餐和住宿的酒店。顾客在经济型酒店住宿，比较实惠。一些经济型酒店突出了当地的历史文化和产品特色。现代经济型酒店规模不断地扩大，有600余间的客房，酒店配备会议室，提供经济实惠的自助餐和国际餐饮。

9. 招待所

招待所（hostel）是指仅出租房间的小型酒店。招待所通常没有餐厅和洗衣房，顾客需要的各种用品和餐饮由顾客自己解决，但也可以由酒店配备房间用品，房间由服务员清洁。招待所的房间价格常以周或月计，价格便宜，酒店入住登记、出店手续和住宿时间管理也比较规范。

10. 培训中心

培训中心（training center）相当于中型或大型的商务酒店，通常有200间至600间客房。其设施与商务酒店很相似，有多个餐厅并备有多间教室。由于其服务范围主要是企业和事业单位的培训业务，因此其服务比商务酒店逊色。培训中心通常坐落在风景区。

11. 分时度假酒店

分时度假酒店（time-share）在欧美国家被称为业主型酒店，指顾客购买了某套或数套客房在某一时段（数年或数月）的住宿权并成为该套客房在这一时段的业主。这样，除了自己或本企业职工等住宿外，顾客还可以将其客房住宿权通过酒店的运营部门转让给他人或与他人在某个地方的客房使用权进行交换。分时度假酒店在欧洲和北美的度假区比较普遍。

1.3.4 根据酒店产权形式分类

1. 个体运营酒店

个体运营酒店由业主个人运营，即1人出资并负责运营，酒店财产属个人所有，这是资产所有权和运营权完全统一的酒店。其特点是酒店所有财产归个人所有，利润属于个人。个体运营酒店运营灵活，决策迅速，能保持企业的产品和服务特色。但是，个体运营形式的酒店规模较小，发展缓慢，缺乏运营的稳定性，个人对企业负无限连带责任，风险较大，资金占用多。个体运营酒店如果规模超过限度，其运营就会变得难以控制。

2. 合伙运营酒店

合伙运营酒店是指由2个或2个以上的合伙人订立合伙协议，共同出资，合作运营，共享收益，共担风险，合伙人对债务承担无限连带责任的酒店。这种酒店的合伙人可有多种类型，例如负无限责任的普通合作人、负有限责任的合作人及不参与具体运营管理的合作人等。这种运营形式的酒店与个体运营酒店相比，扩大了资金来源，增强了信用能力，提高了运营水平。但是，合伙运营酒店权力分散，决策缓慢，运营理念不集中，资本规模有限。因此，这种酒店与个体运营酒店在本质上没有区别，很难适应现代酒店业的市场竞争、满足业务发展需要。

3. 酒店运营公司

酒店运营公司是20世纪出现的住宿业运营组织，通常由2个以上出资人兴办，每个出资人以出资份额的多少对该公司拥有规定的权利并承担相应义务。由于酒店运营公司所有权、管理权、决策工作和执行工作的职能化，公司整体的运营水平和市场竞争力有所提高。酒店运营公司有较强的灵活性和适应性，不论是在经济萧条时期还是在经济危机时期都显示出较强的生命力。酒店运营公司由于拥有比较理想的资金实力和先进的设施和设备,即便运营规模比较大,也便于进行集中管理和控制。

根据不同的分类方法,酒店运营公司可分为无限责任公司和有限责任公司。我国的酒店运营公司基本上都是有限责任公司。有限责任公司也称作私人或个人公司,由 2 个或 2 个以上股东共同出资,每个股东以其所认缴的出资额对公司承担有限责任并享受权利,公司以其全部资产对债务人承担责任。有限责任公司的股东较少,有些国家规定不超过 50 人。通常,有限责任公司的出资以财产为限,不得以劳务和信用出资,全部资产被划分为等额股份,公司向股东签发出资证明书,不发行股票,公司的股份转让有严格的限制。有限责任公司的资本额较少,营业规模有限,这种公司除了资本合作外,还注重合作人之间的信用关系。《中华人民共和国公司法》规定,有限责任公司应设立股东会、董事会和监事会。酒店总经理由董事会聘任。

4. 股份有限公司

股份有限公司简称为股份公司,是指公司资本由股份组成的酒店运营公司,股东以其认购的股份对公司承担责任,享有权利。通常,设立股份有限公司,应当由 2 人或 2 人以上、200 人以下的股东发起,注册资本的最低限额为 500 万元。同时,采用股份有限公司形式的酒店全部资本由等额股份构成并通过发行股票或股权证筹集资本,这些股票可以交易和转让。当然,股东个人财产和公司财产分离,股东对公司的债务仅就其认购的股份为限承担责任,公司的债权人不得直接向公司的股东提出清偿债务的要求。采用股份有限公司形式的酒店,每年将会计师审验的公司损益表和公司负债表向股东公开。根据《中华人民共和国公司法》的规定,股份有限公司必须设立股东会、董事会和监事会并分别行使公司的重大事项决策权。

5. 酒店运营集团

酒店运营集团简称酒店集团,是指拥有或管理两家以上酒店并使用统一的品牌、管理模式和服务标准进行联合运营的企业。实际上,酒店集团由多个法人企业联合在一起,它们由多种纽带联系在一起。其中,每个成员企业都与集团存在共同的利益。它们在资金、产品、设备、技术和管理等方面紧密联系,对集团的运营要素进行重组和优化配置,以实现集团成员的共同利益。酒店集团常由核心企业、半紧密层企业和松散型的企业组成。世界各国都有著名的酒店集团,例如美国的万豪集团(Marriott International)、希尔顿集团(Hilton Hotel Corp.)和质量集团(Quality International Corp.),中国的假日集团(Holiday Inns Inc.)等。

1.4　酒店等级体系

1.4.1　酒店等级的内涵

酒店的等级也称酒店的服务等级,是由世界各国酒店协会或旅游行政管理机构等根据酒店的设施和服务的质量与特色对酒店产品和服务进行的总体评价。实施酒店等级评定可方便顾客购买酒店产品，保护消费者利益，同时也方便各国旅游组织和酒店业的管理与营销工作。对酒店等级的评定，有各种不同的等级名称和评定方法。当今，大多数国家将酒店分为 4~5 个等级。

1.4.2 酒店等级的作用

由于世界各国经济和旅游业的发展及生活习惯的不同，不同国家和地区的酒店等级标准和评定方法也不相同。至今，国际酒店业对酒店等级尚未有统一的评定标准，因而各国酒店没有统一的等级标准。但是，国际酒店业仍然实施行业内公认的规则。总体而言，酒店等级评定的目的和作用主要表现在以下几方面。

1. 维护和促进顾客权益

任何顾客在旅途中都会根据自己的需求选择酒店，而酒店等级制度可以使顾客了解酒店的服务特点和产品价格，更能满足顾客对酒店产品等的需要。酒店等级评定涉及酒店的设施、产品和服务质量等各方面。其评定标准与评定过程比较规范，具有一定的可信度和客观性，并用特定的符号标示，以方便顾客识别与选择。同时，酒店等级可保证顾客获得与其消费水平相符合的服务质量和价值，从而保证消费者的利益。随着酒店等级制度在世界范围内的普及和完善，酒店等级标志已成为酒店产品质量的保证。

2. 利于酒店运营和发展

酒店实行等级制度，对酒店业发展有很大的促进作用。首先，酒店等级制度为酒店的设施和服务规定了标准，使酒店在运营中有了遵循的原则和目标，减少了运营管理中的盲目性、主观性和随意性，促使酒店管理科学化和规范化；其次，酒店等级制度对酒店营销和宣传有极大的促进作用，有利于同行业公平竞争，有利于酒店发现本企业的优势和劣势，取长补短，不断完善酒店设施和服务，提高管理水平；最后，酒店实施等级制度保护了企业的合法权益，使顾客遵守酒店的各项规定，按酒店产品和服务等级标准付费。

3. 便于酒店业管理和监督

酒店作为企业，其运营管理行为不仅为了自身利益和消费者利益，也肩负了社会责任，具有社会效应。酒店业除了要求酒店遵守国家和地方的法律和法规外，还制定了行业管理和监督手段。酒店等级制度通过规范设施和服务质量，为酒店运营提供依据，从而控制了酒店业整体的运营水平，杜绝了不正当的竞争及危害公众利益的行为，使酒店业朝着规范有序的方向发展，促进了国家对酒店业的宏观调控。当今，酒店业是多元化的产业，面对不同的消费需求和顾客群体，一家酒店不可能同时满足所有消费者的需求，这就要求酒店明确自己的目标市场，将特定的消费群体作为本企业的目标顾客。同时，由于顾客的消费需求不同，故其要求酒店的服务水平与其消费需求相适应，这使国家主管部门和行业协会能根据市场的具体需求引导企业投资。

1.4.3 酒店等级评定标准与符号

在世界各国，酒店等级评定标准和符号多种多样。这些标准主要是根据酒店的建筑、地理位置、周围环境、酒店设施、客房种类与面积、餐厅种类与面积、健身设施与设备、客房设施和用品、服务项目与服务水平等制定的。随着科学技术的进步、消费水平和消费需求的发展,酒店设施和服务水平不断地改进和提高,酒店的等级标准也在发展和变化。目前,各国采用的酒店等级表示符号有星号、钻石符号、英语字母和数字等。

1. 星号表示法

星号分别有一颗星至五颗星,一颗星代表一星级酒店,两颗星代表二星级酒店,星号越多,酒店等级越高。一星级和二星级酒店为经济级酒店,主要满足顾客基本的食宿需求;三星级和四星级酒店为中等级别的酒店,主要面向需要周到服务的顾客,满足他们在住宿、餐饮、商务和社交活动等方面的需要;五星级酒店为豪华级酒店,可为顾客提供豪华和个性化的住宿、餐饮、商务、会议和健身服务。星级制是世界各国广泛采用的酒店等级表示法,在欧洲尤其普遍。我国旅游业目前采用五星级体系来表示酒店的级别。

2. 其他符号表示法

美国汽车协会采用钻石符号表示酒店的等级。一些国家用英文字母 A、B、C、D、E 表示酒店等级,即从 A 到 E 由高到低将酒店分为不同的等级。还有一些国家用数字表示酒店的等级。

1.4.4 我国酒店等级评定

为了提高我国的酒店管理水平、保护企业和顾客的利益, 20 世纪 80 年代我国酒店业开始实施酒店等级制度。根据国家技术监督局(国家质量监督检验检疫总局)和国家旅游局制定的《中华人民共和国星级酒店划分及评定》,我国将酒店分为 5 个等级。它们分别是一星级酒店、二星级酒店、三星级酒店、四星级酒店、五星级酒店(包括白金五星级酒店)。酒店星号数量愈多,酒店的等级愈高,其设施愈豪华,服务愈周到,酒店产品的价格也愈高。目前,中国酒店星级标准采用国际酒店业通用的方法,以星号数量表示酒店的等级,以此反映酒店设施与服务水平及运营管理水平。

1.4.5 美国酒店等级评定

美国酒店业自 18 世纪末以来发展迅速, 20 世纪开始实施等级评定制度。经过近百年的发展和完善,其酒店等级制度已经形成了一套规范而完整的体系,被行业和旅行者广泛接受。美国酒店等级评定由民间团体自行实施,不由国家主管部门颁布标准,但其可信度和客观性非常高。

美国酒店等级评定最著名的体系是美孚旅行指南(Mobil Travel Guide)体系和美国汽车协会(American Automobile Association, AAA)体系。美孚旅行指南体系是由美孚石油公司制定的酒店星级评定制度,它为美国和加拿大的 9000 多家酒店评定级别。该体系以星号为符号代表酒店的级别,从一星至五星,由低至高排列。美国汽车协会为美国、加拿大、墨西哥和加勒比海地区约 31500 家酒店评定等级。该组织根据酒店设施和服务质量把酒店评为一至五颗钻石级别,五颗钻石代表最高级别的酒店。调查结果显示,26%的美国家庭是 AAA 的会员,而依赖 AAA 旅行手册选择酒店的旅行者高达 91%。这种酒店评级体系非常规范和严谨,整个评定项目达 300 多个,能确保消费者获得物有所值的酒店产品。任何酒店加入 AAA 体系,必须符合 27 项基本标准。这些标准涉及酒店外部和内部的公共区域、餐饮服务设施、客房安全与清洁及维护、家具和照明质量、卫生间设施及用品质量等。该组织评定工作由经验丰富的专职调查员完成，为了保证酒店产品质量水平的真实性，调查的具体时间不会告知酒店，调查员像普通顾客一样去酒店消费。在美国还有其他的酒店评级体系。例如，一些旅游咨询网站都会提供酒店预订业务，各网站根据自己的评定标准为酒店评定等级。但是，这些体系的片面标准和不严格的评定程序会影响其评定结果，顾客常因为其评定的酒店等级与实际服务质量不符而感到失望。下面介绍美国不同等级酒店的评定内容。

1. 豪华级酒店

在美国，豪华级（luxury service）酒店常被称作五星级酒店、五钻石级酒店或世界级（world-class service）酒店。其主要的目标顾客是企业高级管理人员、高级行政人员、富有商人和高消费会议及庆典团体等。豪华级酒店设施包括高级餐厅和酒吧、华丽的会议室和贵宾餐厅。酒店装饰豪华精致，客房宽敞且卫生间较大，带有高级家具并摆设艺术品使房间显得高雅，房间内设有客房食品中心，客房内有烫熨过的长绒毛巾、大块香皂、高级洗发液等。客房清扫和整理服务每日两次，包括开晚床服务，每天有免费的杂志和报纸提供。酒店公共区域宽敞，设施齐全。酒店设有提供多种菜系的餐厅，可满足不同国家和民族的顾客对餐饮的需求。酒店有小超市、礼品店、首饰店、精品店、国际杂志和报纸店等。豪华级酒店强调个性化的服务和金钥匙服务，其服务员对顾客的人数配置比例高于其他级别的酒店。同时，金钥匙服务员必须掌握英语、日语等多种语言，以方便服务。

2. 中等级别酒店

在美国，把三星级与四星级酒店称为中等级别（mid-range service）的酒店。中等级别酒店可提供住宿、餐饮和商务活动所必需的服务项目，提供礼宾服务、机场接送和客房送餐服务。该级别的酒店设施包括特色餐厅、咖啡厅，并提供酒水服务。通常商务顾客、会议团体、旅游散客和度假旅游团队喜爱入住中等级别酒店。中等级别酒店比豪华级酒店提供的服务项目少，房间面积小于豪华级的，设施相对也少些。因此，中等级别酒店客房的价格低于豪华级酒店的客房价格。中等级别酒店主要吸引那些需要实惠价格和实用服务项目的顾客。

3. 经济级酒店

经济级（economy）酒店常被称作有限服务级（limited service）的酒店。这种类型的酒店提供干净、舒适和价格实惠的房间，吸引那些需要基本服务的商务和旅游顾客。一些顾客在住宿消费方面精打细算，只需要舒适的房间和必要的设施，不需要高消费的服务。这些顾客包括带小孩的旅行家庭、旅游团队、普通商务人员、度假游客、退休职工和参加普通聚会的顾客等。经济级酒店提供电视机、游泳池、大众化的餐饮、中型和小型的会议室等，通常不提供客房送餐服务、礼宾服务、洗衣服务和宴会服务，甚至不提供传统或正规的餐饮服务。但是，每天早上在酒店大厅顾客可获得免费的欧洲大陆式早餐或自助早餐。

4. 酒店行政楼层

行政楼层（executive floors）常被作为酒店级别的代用名称，尽管它本身不代表酒店的级别，但它确实是任何级别的酒店中最高级别的楼层和房务产品。在豪华级酒店至中等级别的商务酒店中，行政楼层常被称为金钥匙楼层或俱乐部楼层（concierge floor 或 club floor），是一个酒店所有楼层客房及其设施和服务水平中最高级别的。这一楼层或数个楼层提供个性化的家具和服务,客房面积比普通房间大,装饰比较豪华并提供周到而细致的客房服务、餐饮服务和商务服务。客房内有小食品中心、鲜花和新鲜水果,房间的浴袍常绣着顾客的姓名。该楼层有金钥匙服务员为顾客提供商务服务和礼宾服务。酒店有专用电梯通往该楼层并仅允许该楼层的住宿顾客使用。一些四星级和五星级酒店的行政楼层常带有餐厅,提供早餐、午餐和晚餐及酒水服务。同时,在楼层内提供秘书服务、入店服务和出店服务。

1.4.6　欧洲酒店等级评定

欧洲作为旅游业发达的地区之一,多年来位于世界酒店业发展的前列,其酒店业发展具有悠久的历史。在欧洲,酒店等级制度已经普及,尤其是在法国、英国、德国、意大利和瑞士等国家。然而,欧洲酒店等级划分制度的规范标准远不及美国。这是因为欧洲的国家多,每个国家都有自己的评定标准和体系。同时,独立运营的酒店占欧洲酒店总数的70%以上。目前,欧洲国家采用的酒店等级评定体系主要包括官方体系、民间体系或官方与民间合作体系。例如,英国最著名的酒店等级评定体系是英国国家旅游局(Visit Britain)酒店等级评定体系、英国汽车协会(Britain Automobile Association, AA)酒店等级评定体系、皇家汽车俱乐部(Royal Automobile Club,RAC)酒店等级评定体系。

法国已成为世界主要的旅游目的地之一,平均每年约有 7800 万外国旅游者进入法国。每年,法国的旅游收入占其国民总收入的 6%以上。近年来,法国政府规范了酒店等级评定体系以帮助旅游者更好地选择酒店。法国旅游管理部门通过现代化的检查方法,评估酒店的设施和服务质量,并将酒店分为 5 个等级,分别授予前 4 个等级红色的一颗星至四颗星标识,授予五星级酒店金色的五颗星标识。此外,法国酒店等级评定的著名民间组织体系——米其林红色指南体系(Michelin Red Guide)在欧洲也很著名。

德国有近万家酒店,各地旅游局根据德国酒店与餐厅协会(German Hotel and Restaurant Association)制定的评定标准,每 3 年对其所在地的酒店进行质量检查与评定。

实际上,欧洲任何国家的酒店评定体系,其酒店等级评定的内容和特点基本相同,主要是强调酒店的硬件水平。例如,客房大小及其设施、酒店大厅的面积、餐厅的数目等,而对服务的内容和方法的要求比较宽松。调查结果显示,目前在欧洲最具影响力的酒店等级评定体系是欧洲酒店等级评定联盟体系、法国米其林红色指南体系和英国汽车协会体系。

1. 欧洲酒店等级评定联盟体系

欧洲酒店等级评定联盟体系——欧洲酒店星级联盟 24 个欧洲国家组成的联盟组织(European Hotelstars Union)是一个由 32 个酒店协会创建的酒店评定体系。2004 年在挪威的培尔根市(Bergen)的一次联盟会议上,成员们达成了一个统一的欧洲酒店等级评定体系,以协调欧洲各国的酒店等级评定事宜。2007 年,该联盟启动了欧洲酒店业等级评价体系(EHQ)项目。根据记录,最初创建该联盟体系的国家有奥地利、捷克、德国、匈牙利、荷兰、瑞典和瑞士。2009 年 1 月 14 日,这些国家的酒店等级评定组织在布拉格正式宣布了欧洲酒店等级评定联盟体系并于 2010 年 1 月在上述国家正式生效。2011 年至2013 年期间,爱沙尼亚、拉脱维亚、立陶宛、卢森堡、马耳他、比利时、丹麦和希腊等国分别加入该体系。这一酒店等级评定体系是基于德国酒店等级评定系统建立起来的，而德国的酒店等级评定体系在欧洲的中部有着广泛的影响力（见图 1-10）。这一体系的评价内容包括 21 个大项和 270 个具体条款。其中，主要涉及酒店的硬件质量、服务水平、环保与安全等。

图 1-10　德国酒店级别标识

2. 法国米其林红色指南体系

米其林红色指南体系是由法国民间团体自行制定和执行的酒店等级评定体系。该体系由法国米其林集团于 1900 年在公司创始人安德里·米其林的倡导下推出的一本简易方便的旅行手册开始。该手册最初被作为汽车司机的实用旅行手册，后来发展为指导法国和欧洲进行酒店等级评定的系统。该体系因具有严谨的评价制度而得到旅行者的信任，名声大振。目前，米其林红色指南对酒店等级的评定范围从法国扩大到全欧洲，逐渐成为旅行者在欧洲的必备之物。米其林评价酒店等级工作主要依靠专职评定员，其身份对外保密。该体系将酒店分为 5 个等级，从高到低，依次为经典豪华级（luxury in the traditional style）、最高舒适级（top class comfort）、十分舒适级（quite comfortable）、非常舒适级（very comfortable）和舒适级（comfortable），并以星的数目表示级别，最高级别酒店被授予 5 个星号，其他级别的酒店根据级别高低星号依次递减。

3. 英国汽车协会体系

英国汽车协会自 1908 年便开始采用标准体系，英国汽车协会体系作为英国及欧洲其他一些国家的酒店评定等级标准，被广泛认为是英国的国家体系。英国汽车协会体系根据酒店的设施和服务质量将酒店分为 5 个等级，一星级酒店为其中的最低级别，五星级酒店为最高级别。该体系针对协会 700 万个会员进行等级评定工作。这一体系融合了传统的英国国家旅游局、英格兰旅游协会（Visit England）、威尔士旅游协会（Visit Wales）、苏格兰旅游局（Scottish Tourist Board）和北爱尔兰旅游局（Northern Ireland Tourist Board）等的评定体系。综上所述，这种统一制定的评定体系将以上各组织的体系协调在一起并从 2008 年以来不仅对英国和一些欧洲国家的酒店业进行评定，而且还对欧洲的餐饮业进行等级评定。

本章小结

酒店作为企业，经政府主管部门批准设立，有固定的名称和运营场所、完善的组织机构和规章制度，拥有独立支配的财产，承担社会责任，向公众开放，提供各种酒店服务。酒店可根据坐落环境、运营特色、产权形式等进行分类。随着社会经济的发展和科学技术的进步，酒店作为现代商务旅游、度假、休闲不可缺少的企业，无论是在建筑物、设施、产品、服务方面还是在运营管理方面，都在不断完善和发展。酒店等级是由世界各国酒店协会和旅游管理机构等根据酒店设施和服务的特色和质量对酒店进行的总体评价。酒店实施等级制度可方便顾客购买酒店产品，保护消费者的利益，同时也方便各国旅游组织和酒店业的营销和管理工作。酒店产品由满足顾客需求的某种物质实体和非物质形态的服务构成。

练习题

1. 名词解释题

商务酒店、度假酒店、长住酒店、会议酒店、机场酒店

2. 单项选择题

（1）(　　)是美国最早安装上下水管道的建筑物之一。此外，该酒店还设有扒房（grill room），提供法式餐饮服务，而这些设施和服务特色为现代酒店的发展奠定了基础。

A. 城市旅馆　　B. 特伦蒙特酒店　　C. 利顺德饭店　　D. 百丽斯酒店

（2）(　　)常被称作五星级酒店、五钻石级酒店或世界级（world-class service）酒店。其主要的目标顾客是企业高级管理人员、高级行政人员、富有商人和高消费会议及庆典团体等。

A. 合伙运营酒店　　B. 豪华级酒店　　C. 会议酒店　　D. 机场酒店

（3）(　　)常被作为酒店级别的代用名称，尽管它本身不代表酒店的级别。然而，它确实是任何级别酒店中最高级别的楼层和房务产品。

A. 客房　　B. 餐厅　　C. 行政楼层　　D. 商务中心

3. 判断对错题

（1）酒店（hotel）是生产和销售房务产品、餐饮产品和会展产品的企业，酒店可被称为宾馆、旅馆和饭店。(　　)

（2）酒店的等级也称为酒店的服务等级，是由世界各国酒店协会或旅游行政管理机构等根据酒店的设施和服务的质量与特色对酒店产品和服务进行的总体评价。(　　)

（3）餐厅和酒吧是餐饮产品的组成基础，其环境与设施的质量水平、服务效率及服务技术是餐饮产品质量的影响要素。(　　)

（4）经济型酒店（lodge）通常是小型或中型酒店，客房数量通常为 100 间至 200 间，其主要的客源是度假或度周末及参加专项休闲活动的顾客。(　　)

4. 多项选择题

（1）会议酒店的特点是(　　)。

A. 关注的焦点是会议市场，强调可使会议成功举办的各种服务设施和高效的会议和展览服务

B. 常位于风景名胜区、旅游区或交通便利的城市街区及郊区

C. 至少 60%的销售收入来自会议业务,60%的空间供各类会议团队使用

D. 也接待旅游团队、度假团队和旅游散客

(2)目前,在欧洲最具有影响力的酒店等级评定体系有( )。

A. 米其林红色指南体系

B. 欧洲酒店等级评定联盟体系

C. 美国汽车协会体系

D. 英国汽车协会体系

(3)酒店由一座或数座设备完善的建筑物组成,建筑物中应有符合顾客需求的( ),有具有特色的商品店或礼品店等。

A. 客房 B. 餐厅 C. 会议室 D. 健身设施

5. 问答题

(1)简述酒店的分类方法。

(2)简述国际酒店业的发展。

(3)简述我国酒店业的发展。

(4)简述我国酒店等级评定概况。

(5)论述酒店实施等级评定的作用。

(6)论述酒店产品组成与特点。

案例分析

酒店企业家——埃尔斯沃思·斯塔特勒(Ellsworth M. Statler)

埃尔斯沃思·斯塔特勒凭着认真钻研业务的精神和超前的运营意识,在酒店运营中取得了极大的成功。13 岁作为礼宾部服务员时,他就对酒店运营管理的每个方面产生了强烈的好奇心。他向房务部、餐饮部、工程部等所有业务部门的职工学习和请教,了解工作中的细节、程序及质量标准。由于他工作认真,效率高,便被酒店提升为管理人员。从那以后,他不断地探讨与学习酒店管理知识,并认真钻研和实施酒店收益策略及创新营销方法。他说服老板实施在酒店为顾客代买火车票的服务项目。当时,这一服务项目在美国所有的酒店中是第一次出现。

1908 年,埃尔斯沃思·斯塔特勒在自己开设的斯塔特勒酒店(Statler Hotel)的客房中设计了浴室和壁橱,为客房提供 24 小时的冰水服务。同时,在房间安装了电话,在客房门旁安装了电灯开关,在每个床前摆设了台灯,客房内配有带文具的写字台。那时人们普遍认为,美国的斯塔特勒酒店是最现代化的。1927 年,斯塔特勒在克利夫兰、底特律和圣路易斯等地方经营自己的酒店。后来,在纽约市,他建起了当时最大并拥有 2002 间客房的宾夕法尼亚酒店(Pennsylvania Hotel)。当时,斯塔特勒作为酒店总经理,为顾客和职工提供了尽可能多的周到的服务。他面向职工实行 1 周 6 个工作日的制度,为职工提供带薪

假期和免费的医疗服务，为职工设计了利润共享的激励策略并号召酒店的职工自由持股。1928 年，斯塔特勒先生发生意外离世。其遗孀爱丽丝·斯塔特勒按照斯塔特勒的酒店管理理念将该酒店持续地发展下去。美国酒店业著名刊物《酒店月刊》(*Hotel Monthly*)的编辑和出版商约翰·威利(John Wiley)曾这样描述斯塔特勒："斯塔特勒先生的天才表现在他对酒店产品的创造性及对市场的适应性。他身上既有理想家的品质和特征，又有实干家的优势和才干。"

讨论题

1. 基于埃尔斯沃思·斯塔特勒的酒店运营理念和策略，总结世界酒店业的发展历史。
2. 结合世界酒店业的发展，总结酒店管理理念和酒店产品的变化与发展。

主要参考文献

[1] 姚莉娜. 新编现代企业管理[M]. 北京：北京大学出版社，2012.
[2] 戴德锋，窦德强，熊雯. 管理学[M]. 北京：北京邮电大学出版社，2016.
[3] 李启明. 现代企业管理[M]. 5 版. 北京：高等教育出版社，2017.
[4] 格里芬. 管理学：第 9 版[M]. 刘伟，译. 北京：中国市场出版社，2011.
[5] 谢品，肖霖岳. 现代企业管理[M]. 成都：电子科技大学出版社，2017.
[6] 卢进勇，刘恩专. 跨国公司经营与管理[M]. 北京：机械工业出版社，2013.
[7] 克拉耶夫斯基，里茨曼，马尔霍特拉. 运营管理：流程与价值链：第 9 版[M]. 北京：清华大学出版社，2013.
[8] 科特. 总经理[M]. 耿帅，译. 北京：机械工业出版社，2013.
[9] 杨劲松. 酒店战略管理[M]. 北京：机械工业出版社，2018.
[10] 赖利. 管理者的核心技能[M]. 徐中，梁红梅，译. 北京：机械工业出版社，2014.
[11] 布鲁斯，汉佩尔，拉蒙特. 经理人绩效管理指南：快速有效解决员工绩效问题[M]. 陈秋萍，译. 北京：电子工业出版社，2012.
[12] 罗宾斯，库尔特. 管理学：第 13 版[M]. 刘刚，程熙鎔，梁晗，等译. 北京：中国人民大学出版社，2017.
[13] 李晓蕴，郑强国. 管理经济学[M]. 北京：清华大学出版社，2018.
[14] 丁宁. 企业文化学[M]. 北京：北京交通大学出版社，2014.
[15] 孙晓光，周鸿. 企业策划学[M]. 北京：经济管理出版社，2017.
[16] 马风才. 运营管理[M]. 4 版. 北京：机械工业出版社，2017.
[17] 菲茨西蒙斯，菲茨西蒙斯，波多罗伊. 服务管理：运作、战略与信息技术[M]. 8 版. 张金成，范秀成，杨坤，译注. 北京：机械工业出版社，2015.
[18] OKUMUS F, ALTINAY L, CHATHOTH P K. Strategic management for hospitality tourism[M]. 12th ed. Ohio：Elsevier Ltd.，2010.
[19] BURROW J L, KLEINDL B, EVERARD K E. Business principles and management[M]. 12th ed. Ohio：Thomson Higher Education，2008.

[20] BOTTGE P R. Leading in the top team[M]. Cambridge: Cambridge University Press, 2008.

[21] SCHEIN E H. Organization culture and leadership[M]. 5th ed. CA: John Wiley & Sons, Inc., 2016.

[22] RAO M. Knowledge management tools and techniques: practitioners and experts evaluate KM solutions[M]. MA: Elsevier Inc., 2005.

[23] BARAN. Customer relationship management[M]. Mason: Thomson Higher Education, 2008.

[24] WALKER J R. The restaurant: from concept to operation[M]. 6th ed. New Jersey: John Wiley & Sons, Inc., 2011.

[25] KONOPASKE R, IVANCEVICH J M, MATTESON M T. Organizational behavior and management[M]. 11th ed. New York: McGraw Hill Higher Education, 2017.

[26] SHARMA P. Intercultural service encounters: cross-cultural interactions and service quality[M]. Switzerland: Palgrave Pivot, 2018.

[27] FLOYD K, CARDON P. Business and professional communication: putting people first[M]. New York: McGraw Hill Education, 2019.

[28] BARROWS C W, POWERS T, REYNOLDS. Introduction to management in the hospitality industry[M]. 9th ed. New Jersey: John Wiley & Sons, Inc., 2009.

[29] WOOD R C. Hospitality management: a brief introduction[M]. London: Saga Publications Ltd., 2015.

[30] ALEXANDER V L. The handbook of financial communication and investor relations [M]. MA: John Wiley & Sons, Inc., 2017.

[31] JAUHARI V. Hospitality marketing and consumer behavior: creating memorable experiences[M]. Oakville: Apple Academic Press, 2017.

第2章

酒店管理理论

本章导读

酒店管理是指在一定的市场环境下，管理者通过计划、组织、领导、控制和协调等职能整合酒店的各种资源，实现酒店既定的运营管理目标的活动。一些企业管理理论和方法已成为带有普遍指导意义的管理原理和方法。这些理论和方法为酒店运营管理实践提供了基础和依据。在现代酒店运营中常使用的管理理论包括科学管理理论、行为科学理论和现代管理理论。

2.1 酒店管理职能

管理是一项活动，是一个过程，管理的核心是实现组织目标。管理的手段是有效配置、组织拥有的资源。酒店管理职能实际上就是酒店运营管理的职责和功能，包括酒店计划职能、组织职能、领导职能、控制职能和协调职能（见图 2-1）。

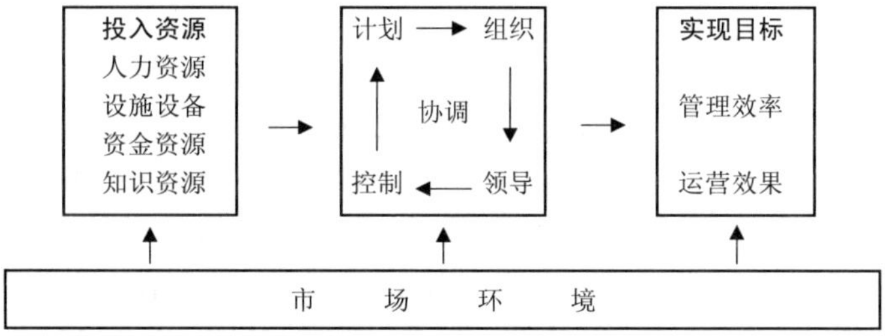

图 2-1 酒店管理职能

2.1.1 酒店计划职能

酒店计划职能是指管理者为实现酒店运营目标对未来的工作进行的规划和安排，是酒店管理的首要职能。实际上，计划职能是依据企业的资源，包括人力资源、财力资源、设备与物资资源、销售渠道和信息资源等，确定未来一定时间内要实现的运营目标。通常，计划职能是酒店运营管理过程中的第一个职能，是酒店管理人员根据酒店当前拥有的资源和面临的市场需求及预测的未来市场的变化，计划或规划其资源使用的过程。

1. 计划的种类及其内涵

酒店计划也称酒店运营计划或酒店战略计划，可分为长期计划、中期计划与短期计划。一般而言，酒店长期计划是指计划期超过 5 年的计划，是有关企业长远的市场目标和发展方向的计划。计划期在1年或1年内的计划被称为短期计划或年度计划。介于长期计划与短期计划之间的计划被称为中期计划。中期计划主要协调酒店长期计划与短期计划之间的关系。一般而言，中期计划比长期计划的内容更详细、更具体。同时，酒店计划还分为具体计划与指导计划。酒店具体计划是指有明确目标的运营计划，例如餐饮部人力成本降低3%的计划。指导计划是有关某项业务或工作的专项指导和管理的计划。

2. 计划与目标的关系

在酒店计划中，常涉及“目标”一词。目标是组成酒店计划的要素之一，是酒店运营要达到的标准，是酒店在一定时期内期望取得的运营成果。当然，酒店的运营目标不是单一的，而是多样化的。长期以来，酒店计划要实现的目标会被层层分解，以便归类管理，即目标管理。当今，酒店目标已成为管理班子评价各部门业绩和职工绩效及酒店总体目标实现程度的依据。酒店应明确目标，根据预测的数据和信息制订切实可行的计划。

3. 计划的执行方法

管理人员必须在酒店计划中留有一定的空间以便根据运营情况对计划进行及时的调整。在酒店计划执行的过程中，各部门和各层次有关人员应充分协调和进行交流。酒店计划的执行效率很大程度上取决于计划方法。目前，各种计划方法应运而生。其中，滚动计划法是将短期计划、中期计划和长期计划有机地结合并根据近期计划的执行情况和环境变化，修订未来计划的一种方法。根据酒店运营管理实践，在计划工作中确定未来的市场变化比较困难。计划期越长，计划的不确定性就越大。为提高计划的有效性，采用滚动计划法是很有必要的。

2.1.2 酒店组织职能

酒店组织包括组织结构、组织活动、组织规章制度、职工招聘、职工培训和评估等。酒店组织为企业提供一切所需的资源，包括原料、设备、人员、资金和技术等。酒店组织的关键要素包括组织目标与任务、组织职工与职务、职务职责与权力、组织合作与协调等。当然，酒店组织必须有具体的运营目标和运营任务，运营目标和运营任务是酒店组织存在的前提。不同类型的酒店，其运营目标和运营任务不同，其组织结构也不同。例如，商务酒店以商务旅行者、事务旅行者及商务会议团体为主要的目标顾客，其运营任务是商务旅行者和事务旅行者的房务业务和餐饮业务，商务会议团体的房务业务、会议业务与餐饮业务。因此，商务酒店的组织结构、部门设置、设施配备和服务方法都应以它的运营目标和运营任务为基础。

同时，酒店组织是实现酒店运营目标的核心力量。科学的酒店组织可使组织成员互相尊重、互相支持、互相信任、互相关心，使其对企业有归属感、责任感和向心力。高效的酒店组织应合理分工，并保持与外部环境的良好关系。例如，规定房务部经理负责酒店住宿业务的全部管理工作。

1. 职工与职务

酒店职工是构成酒店组织的基本要素。酒店职工包括各级管理人员和普通职工。不同种类、规模和管理模式的酒店，其组织的职务名称、岗位职责和人员数量都不同，需要工作人员具备的知识和技术也不同。在酒店运营中，职工的素质和能力是决定酒店运营成功还是失败的关键。同时，在酒店组织中，职工的职务及工作范围是否明确也是影响酒店运营能力的关键。

2. 职责和权力

职责是酒店各部门和各职位的工作权力和责任，也表示酒店组织的上下级关系。上级职能部门或上级职务具有对下级职能部门或下级职务进行业务指导的责任；下级职能部门和职务具有对上级职能部门和职务汇报工作、接受其业务指导的责任。权力是上级管理人员授予的职权。这种职权不是个人职权，而是职务权力。酒店组织中的各部门和职务应有适当的权力和职责。

3. 合作与协调

科学的酒店组织应加速部门和职务间的合作与协调，通过各职能部门和各职务使酒店组织形成组织整体。同时，酒店组织由多个职能部门和职务组成。为了完成酒店既定的运营目标和运营任务，酒店各部门和各职务必须合作与协调。

2.1.3　酒店领导职能

酒店领导职能是指酒店总经理和业务总监等高级管理人员运用职务权力和个人影响力指挥、引导、带动、激励全体职工，为实现酒店目标而做出努力和贡献的过程。其中，职务权力来自管理者的职务及上级赋予他的管理权力。个人影响力取决于管理者自身素质和业务能力。领导职能是酒店管理职能之一，贯穿于酒店管理工作中的各方面和各环节。

1. 领导作用

酒店领导职能包括领导者的协调、指挥和激励作用。酒店目标是通过酒店全体职工集体努力实现的。即使酒店制定了明确的目标，但各职工由于在对目标的理解，对技术的掌握以及个人利益、知识、能力和信念等方面存在差异，在认识和理解目标方面就会不同，在行动上可能会偏离目标，工作中可能会出现摩擦。因此，酒店领导者需要协调职工，使其朝着共同的目标前进。总经理应作为带头人，引导职工，鼓励职工实现目标，引导职工为实现酒店目标做出贡献并调动全体职工的积极性。

2. 领导效果

酒店领导效果常取决于领导者的素质、被领导者的素质和工作环境。酒店总经理是酒店运营管理的领导者或指挥者，其本身的背景、经验、知识、能力、个性和价值观念等都会影响酒店目标的确定、领导方式的选择和领导工作的效率。因此，领导者的素质是影响酒店运营效果的关键因素之一。被领导者是指全体职工，是领导工作的客体。被领导者的背景、经验、知识、能力、责任心、个性及他们对企业的期望等都会对领导工作产生影响。被领导者的素质、态度以及对领导的配合程度不仅影响领导方式的选择，也影响领导工作的有效性。同时，酒店领导职能总是在一定的环境中进行。这种特定的环境因素包括职工规模与类型、工作任务与目标、工作压力、上级领导期望、职工关系、酒店文化等。为了适应特定的工作环境或领导环境，领导者必须采取恰当并有效的领导方式。

3. 领导权力

为了有效地行使领导权，酒店领导者应慎重使用手中的权力。在酒店管理中，少数领导者试图用权威树立形象，然而却导致了职工的反感和厌恶，反而损害了形象，降低了威信。成熟的领导者应珍惜自己的权力,必要时应当机立断,使用权力维护企业和职工的利益。领导者不要使用简单粗暴的工作方法,应关注工作中的细节,正确运用手中的权力,要公正和廉明,以身作则,遵守酒店的规章制度。当然,为了维护企业和职工的利益,领导者应从实际出发,对具体事件进行果断妥当的处理。

2.1.4 酒店控制职能

在酒店运营实践中,由于受内外环境因素的影响,运营管理很可能偏离既定的计划和目标。为了保证各项计划和目标的实现,施行酒店控制职能很有必要。所谓酒店控制职能是指酒店为正常推进既定的计划和实现目标所进行的各项检查、监督和纠偏等工作。酒店控制职能既可以理解为酒店一系列的管理活动,也可以理解为检查、监督和纠偏的过程。酒店控制职能与计划职能紧密相关。酒店计划职能是酒店控制职能的前提。为了酒店控制职能的有效进行,酒店管理者必须及时了解各项计划的执行情况、完成情况和目标,并将这些信息与原计划和目标进行对比。因此,控制职能是实现酒店运营目标的基本保证,可使复杂的运营活动协调一致,避免管理失误,减少经济损失。

1. 控制方法

酒店计划一旦付诸实施,就会产生许多信息和效果。这些信息和效果会通过不同的渠道被反馈给酒店管理人员。经分析和整理,管理人员可针对不同的控制对象确定不同的控制方法,包括现场控制、反馈控制、前馈控制、任务控制、绩效控制和战略控制等。现场控制是指业务主管人员通过深入餐厅、客房和厨房等工作现场,亲自监督和指导,进行控制。反馈控制是指在工作结束后进行的控制,是对工作结果进行测量、比较和分析后采取措施,纠正偏差。前馈控制是指通过预测,将可能出现的各种结果与计划进行比较,预测可能发生的偏差并提前采取措施加以纠正。任务控制亦称运营控制和业务控制,是针对基层生产和服务的直接控制活动,例如质量控制和成本控制等。绩效控制是通过财务数据观测部门运营状况,以此考评各职能部门的工作实绩,从而控制酒店整体的运营工作。战略控制是对酒店战略计划和总体运营目标实现的控制。

2. 控制程序

尽管酒店控制职能是针对不同部门和各工作环节进行的检查和监督活动,但酒店各项控制活动都有相同的过程。通常,酒店控制包括 4 个程序:制定控制标准、评估工作绩效、进行偏差分析和采取纠正措施。

3. 控制原则

为确保控制工作的成效,酒店应以明确和切实可行的工作目标和计划作为控制工作的基础。控制工作应由专职部门和人员负责,作为工作的保证。酒店控制工作的前提是健全的信息反馈渠道。由于酒店控制是对酒店计划实施过程的检查与调整,因此酒店管理者应随时掌握运营的实际情况并与计划标准进行比较。酒店的控制工作应有一套切实可行的控制标准,科学地选择控制点,并控制重点内容,及时准确地发现问题并分析和解决问题。酒店控制工作应重视控制的准确性,提高控制工作的灵活性,要有各种应变方案。有效的酒店控制职能必须将资源投入与可能达到的效果相比较,从中选择经济合理的控制点,注意采用先进的控制方法和手段,不断提高控制职能的效率和效果。

2.1.5　酒店协调职能

酒店协调职能是指通过处理酒店内外关系,为企业发展创造良好条件,促进酒店各项目标实现的过程。由于酒店运营需要各部门的共同努力才能完成,而各职能部门的工作目标并不一致,所以经常会出现部门之间的矛盾。这就需要酒店管理者通过协调加以解决。因此,协调是酒店管理不可缺少的职能。酒店协调工作对于酒店管理起着关键作用。通常,职工为了满足个人需要,其个人发展目标常与企业目标不完全一致。酒店管理者可通过协调使职工个人目标与企业目标一致,从而促进企业目标的实现。在酒店运营中,职工与职工、部门与部门、酒店与相关者之间的矛盾不可避免。酒店管理者通过协调可使它们相互合作和配合,使各项工作紧密衔接。

1. 协调原则

酒店协调工作原则包括目标原则、效率原则、责任原则和沟通原则。

(1)目标原则。酒店协调工作应使酒店全体职工充分理解酒店的目标和任务,使个人目标与企业目标一致,从而促进企业总目标的实现。当然,酒店管理者的协调工作必须围绕企业总目标进行,从这个意义上看,目标管理是实现酒店分工和协调的有效工具。

(2)效率原则。酒店协调工作可通过发现问题并解决问题,使部门之间和职工之间更好地分工与合作,从而提高企业总体效率。

(3)责任原则。酒店协调工作应使职工更加明确各自的责任,明确各部门和各岗位在完成酒店总目标中承担的工作任务和职责范围。此外,酒店管理人员除了要明确自己的职责,还要明确相互协调的责任。

(4)沟通原则。沟通是酒店协调职能的关键,酒店管理者在协调工作中,要掌握有效的沟通技巧,合理选择沟通渠道,积极排除沟通中的障碍,充分发挥信息在协调中的作用。

2. 协调内容

酒店协调内容包括酒店内部之间的协调和酒店与外部环境的协调等。

1)内部协调

首先,酒店要顺利地运营必须根据企业的总目标对各要素进行统筹安排和合理配置,并使各运营环节相互衔接,相互配合。其次,酒店的规章制度是协调工作的基本保证。例会是酒店管理中不可缺少的协调方式。通常,酒店各部门每周应举行一至两次例会,而酒店横向例会经常每月召开一至两次或在需要时举行。再次,企业与股东的关系是企业生存和发展的基础,酒店通过加强与股东间的信息沟通,争取现有股东和潜在投资者的了解、信任和支持,最大限度地扩大企业资金来源。在协调企业与股东的关系时,酒店应完善企业法人治理结构,在企业所有者和管理者之间形成相互制约机制和有效的激励机制,最大限度地提高企业运营效率。最后,酒店内部人际关系的协调是提高职工对企业的归属感、认同感,增强企业凝聚力的重要保证。有效的内部协调能使全体职工团结一致,共同为实现酒店目标而努力。因此,酒店管理人员在实施协调时,应相互尊重,平等待人,互助互利,诚实守信。

2)外部协调

酒店应与顾客建立良好的关系,其目的是促进酒店与消费者的有效沟通,建立信任,相互依存,这样酒店才能够及时准确地掌握顾客的需求,为顾客提供有价值的产品和服务。酒店管理人员在协调中应做好市场调查和预测,改进和完善服务体系,认真对待顾客投诉,积极寻求政府的支持,协调与政府的关系,提高办事的效率并利用一切机会扩大企业的影响,提高企业的信誉。酒店应协调和媒体的关系,借助媒体塑造良好形象,增进双方的信任和了解。酒店必须搞好与社区的关系以取得社区的支持,酒店的发展离不开社区的支持与帮助。

2.2 科学管理理论

科学管理理论发展至今已有一百余年的历史,对酒店运营有宝贵的实用价值。科学管理理论主要包括泰勒的科学管理理论、法约尔的一般管理理论和韦伯的行政组织体系理论。

2.2.1 科学管理理论(scientific management theory)

弗雷德里克·温斯洛·泰勒(Frederick Winslow Taylor, 1856—1915,见图 2-2)是科学管理理论的创始人。他生于美国宾夕法尼亚州的一个律师家庭,做过普通职工、工长、总技师、总工程师,并通过自学于 1883 年获机械工程学学位,后来获得宾夕法尼亚大学名誉科学博士学位。他热衷于科学调查、研究和试验并希望通过实践提高工作效率。他认为,科学管理的根本目的是谋求最高的工作效率,而合理的管理可提高工作效率。他认为,应当用科学的管理方法来代替旧的经验管理。他提出,科学管理的核心是管理人员和职工双方在思想上的彻底变革,而通过明确的规范可提高生产效率。多年来,泰勒的科学管理理论的实践取得了很好的效果,不仅提高了企业的生产效率,还降低了成本,提高了职工的工资。然而,一些学者认为,该理论忽略了职工的主观能动性和社会性。泰勒的科学管理理论主要包括以下内容。

图 2-2 弗雷德里克·温斯洛·泰勒

(1)科学管理的基础是通过对职工工作的动作进行研究制定出标准的工作定额。

(2)为了使职工完成较高的工作定额,应使职工掌握标准的操作方法,将职工使用的工具、机械、材料及工作环境标准化。

（3）企业应实施有差别的计件工资制，并根据工作标准和时间定额规定不同职务的工资。对完成和超过工作定额的职工，支付其较高的工资；对不能完成工作定额的职工，支付其较低的工资。

（4）优秀的职工是指最能胜任工作并有进取心的职工。企业应选择和培训优秀的职工。在制定工作定额时，应以优秀职工长年累计的绩效为标准实施标准化管理。管理者的责任在于为职工找到最适合的职务或岗位并且对其进行培训，使他们成为最优秀的职工。

（5）将管理职能与执行职能分开，使管理工作专业化。将企业日常运行的管理权授予下级人员。管理者应致力于战略管理工作。

2.2.2　一般管理理论（general management theory）

亨利·法约尔（Henri Fayol，1841—1925）是世界公认的运营管理理论创始人，被称为“现代运营管理之父”。他与泰勒是同时代的人，出生于法国，1860 年毕业于圣艾蒂安国立矿业学院。他长时间担任法国某煤矿公司的总经理职务，积累了丰富的管理经验。他曾在法国军事大学任管理学教授，并对其他行业的管理进行了广泛调查。他退休后，创办了管理研究所。法约尔提出了管理的普遍性和重要性。他认为，凡是有组织的活动就需要管理，管理是任何组织中的一个独立因素。法约尔指出，运营与管理是两个不同的概念。运营是指导或引导一个整体趋向目标。运营的内容共有 6 种活动，而管理只是其中的 1 项。法约尔认为，企业运营的 6 项活动是企业最高领导者和普通职工在不同的职务中从事的各种活动，这些活动随着职务高低的不同而各有侧重。他认为，管理是运营中的 1 项活动，而且是最重要的 1 项。管理包括计划、组织、指挥、协调和控制 5 项职能。

1. 企业运营的 6 种活动

（1）技术活动，包括技术设计和工艺制造。

（2）商业活动，包括采购、销售和交换。

（3）财务活动，包括资金筹集和运用计划。

（4）安全活动，包括职工工作安全及设备使用安全。

（5）会计活动，包括资产负债表的制作及进行成本核算和统计。

（6）管理活动，包括计划、组织、指挥、协调与控制。

2. 企业管理的 14 项原则

法约尔在总结了他数十年总经理职业生涯的经验后，得出职务分工、权力与责任、纪律、统一指挥、统一领导、个人利益服从整体利益、职工报酬、集权、等级链、秩序、公正、人员的稳定、创新精神和团队精神 14 项原则。

1）职务分工（division of work）

职务分工必须遵循自然规律，职务分工的目的是取得劳动投入的最佳效果，职务分工的结果是职能专业化。

2）权力与责任（authority of work）

权力是指挥并要求别人服从的力量。权力和责任必须统一，有权必有责。同时，应区别职务权力和个人权力，职务权力由职务产生，个人权力来源于个人智慧、经验、道德、领导能力和资历等。个人权力是职务权力不可缺少的条件。

3)纪律(discipline)

职工必须遵守自己与企业达成的协议。企业应对职工详细地说明协议。协议必须明确而公正。纪律的基础是职工与管理人员之间的互相尊敬,而不是恐惧。各级管理人员应称职,在纪律遭到破坏时应采取公正的惩罚措施。纪律是企业运营取得成功的保证。

4)统一指挥(unity of command)

职工在工作中只接受一位上级管理人员的指挥并向其汇报工作。如果违反这一原则,权力会受到损害,秩序会被打乱,稳定会受到破坏。

5)统一领导(unity of direction)

职工在做达成同一目的的工作时,只能在一个上级管理者和一个计划前提下进行。这是企业运营中统一行动、协调工作、集中力量的前提。

6)个人利益服从整体利益(subordination of individual interest to general interest)

在企业,个人或局部利益应服从企业的整体利益,管理人员应树立良好的榜样并不断地对自我进行评估和监督。

7)职工报酬(remuneration of personnel)

企业应保证职工的报酬公平合理,使职工和企业双方满意,对有贡献的职工进行奖励。企业应关心职工的健康、道德和业务培训,关注和改善职工的工作环境和生活条件。

8)集权(centralization)

企业集权和授权的程度不能千篇一律,而应根据企业的规模、条件和管理人员的道德品质、业务能力和可靠性而定。

9)等级链(scalar chain)

等级链是由企业各级管理人员形成的权力线,用以贯彻企业的管理工作,以保证管理的统一和高效并保证信息传递的秩序。

10)秩序(order)

在企业管理中,职工应被分配到适合的职务或岗位,设施和物品应放在正确的位置,从而保证企业高效运行。

11)公正(equity)

管理人员应亲切、友好、公正地对待职工,善于处理人际关系。职工受到公平的待遇后会对企业忠诚并努力地完成工作。

12)人员的稳定(stability of tenure of personnel)

管理人员应采取措施,鼓励职工长期为企业工作。同时,为了正常运转,企业应及时补充各职务的短缺以保证工作团队的稳定。

13)创新精神(initiative)

管理人员应激励职工,使职工在工作中发挥主动性,鼓励职工认真思考问题并不断地创新。

14）团队精神（team work）

企业应在内部营造和谐的工作气氛，提倡团队精神。

2.2.3　行政组织体系理论（theory of bureaucracy）

马克思·韦伯（Max Weber，1864—1920）出生于德国律师家庭，1882 年毕业于爱丁堡大学法律系。他一生中担任过教授、政府顾问、编辑和作家。他撰写的著作有《新教的伦理》《经济史》和《社会和经济组织理论》等。韦伯认为，管理应以知识为依据，行政管理体系应体现规章制度、管理知识和技术能力。他认为，行政组织体系可提高工作效率，在精确性、稳定性、纪律性和可靠性等方面优于其他组织体系。他认为，只有以规章制度作为动力，抛弃一切人事关系的感情色彩，公事公办，组织才有可能生存下去，这是唯一的道路。韦伯的行政组织体系理论的内容包括以下 5 点。

1. 职能分工

为了实现组织目标，应将组织中的全部活动划分为不同的职能并作为明确的任务分配给组织中的各成员。

2. 组织体系

组织中各种职务和职位应按等级原则组织起来，每一职位有明文规定的权利和义务，每一个下级接受上级的指挥和控制，以此形成一个指挥系统或层次体系。

3. 人员任用

组织中的人员任用完全根据职务要求，通过正式考试或培训后进行挑选。每个工作人员必须称职，不能随意被免职。

4. 管理人员

管理人员不是企业的所有者，是有固定薪酬的职业管理人员，应受聘任。管理人员必须严格遵守组织中的各项规则和纪律，并按照组织的规则晋升。

5. 工作原则

组织中的各级管理人员必须完全以理性为指导，不受个人感情影响，应客观合理地处理各项事务。

2.3　行为科学理论

行为科学是对生产中的企业职工的行为及其动因进行分析和研究的一门综合科学。它研究职工的各种需要、欲望、动机、目的、内动力、个性、情绪和思想，特别是研究人与人之间的关系、个人与集体之间的关系，研究上述因素与组织目标的关系，并进一步研究如何改进生产环境、组织结构、管理方式，从精神上和物质上激发职工的积极性和创造性。行为科学理论早期始于 20 世纪 20 年代末的霍桑实验。相关理论被称为人际关系理论。20 世纪 50 年代，由于管理学的发展，许多社会学家、心理学家和管理学家都关注行为科学的研究，先后发表了大量的著作和论文。

2.3.1 人际关系理论

人际关系(public relation)理论来自美国教授乔治·埃尔顿·梅奥(George Elton Mayo，1880 1949)和弗里茨·罗特列斯伯格(Fritz J. Roethlisberger，1898—1974)在霍桑工厂进行的“人际关系”实验——霍桑实验(Hawthorne studies)的结果，实验目的是研究工作条件对生产效率的影响，以寻求提高劳动生产率的途径，实验得出的结论被称为“人际关系理论”。其中，霍桑是一家工厂的简称，其全称是美国西方电器公司霍桑工厂(Hawthorne Plant of Western Electric Company)。

梅奥教授原籍澳大利亚，1899 年取得逻辑和哲学硕士学位，后在美国宾西法尼亚大学任教。他的著作有《工业文明的人性问题》和《工业文明的社会问题》。弗里茨·罗特列斯伯格原籍美国，获得文学学士和理学学士双学位后又取得文科硕士学位，曾任化学工程师，后在哈佛大学研究室工作。

霍桑实验揭示出工业生产中的职工具有社会属性，企业生产率不仅与物质条件有关，而且与职工的心理、态度、动机及人际关系，管理者与被管理者密切相关。人际关系理论的内容如下。

(1)职工是“社会人”，是复杂的社会成员。他们除了追求经济收入外，还有社会和心理等方面的需求，包括安全感、归属感、受人尊敬、职工间的友情等。因此，企业必须从社会和心理等多方面鼓励职工，从而提高工作效率。

(2)企业中除正式组织外，还存在非正式组织。非正式组织和正式组织相辅相成，对生产效率的提高有很大的影响。

(3)生产效率主要取决于职工的工作态度，即职工士气，士气越高，生产效率就越高。职工士气是指职工工作的积极性、主动性和协作精神。

(4)企业提高生产效率的前提是提高职工的满意度。职工满意度与职工工作效率和上级管理人员、同事和社会对职工的认可度紧密相关。

(5)企业应采取新的领导方法，可邀请职工参与各项决策制定，改善职工之间的关系，重视上下级之间的沟通，建立管理人员与职工面谈制度，消除不良人际关系的影响等。

2.3.2 需求层次论

亚伯拉罕·马斯洛(Abraham H. Maslow，1908—1970)是著名心理学家和行为科学家，生于美国纽约，1934 年获心理学博士学位。他的著作有《人类动机的理论》《动机和人格》等。需求层次论(Maslow’s hierarchy of needs)认为，人是有需求的，其需求取决于人们已经得到了什么，尚缺少什么，只有未满足的需求才能影响其行为。人的需求有高低层次，较低层次的需求得到满足后，较高层次的需求才会出现(见图 2-3)。人的需求可以被划分为 5 个层次，从低级需求向高级需求排列依次为：生理需求、安全需求、感情需求(归属需求)、尊重需求和自我实现需求。较低层次的需求没有得到满足，高一级的需求不会成为人的行为动力，低一级的需求被满足后，它不会再成为激励人们行为的动力。

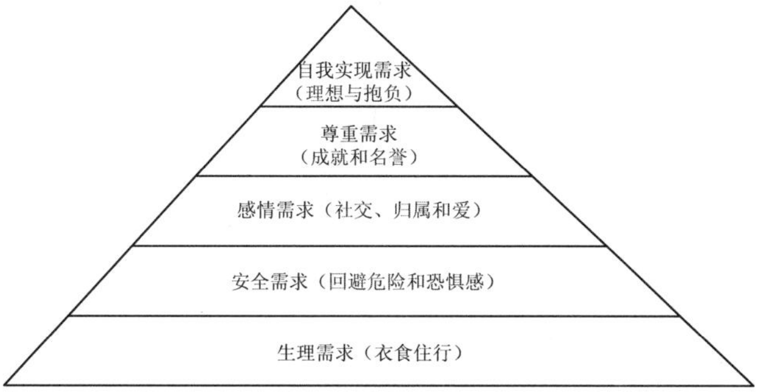

图 2-3　马斯洛需求层次论

1. 生理需求（physiological needs）

人们行为的最基本需求是生理需求，包括衣、食、住、行、医药等生活必需品，这是一切需求中的基本需求。生理需求得不到满足，其他需求都不会成为激励因素。

2. 安全需求（safety needs）

安全需求包括生产中的人身安全、财产安全和工作安定，没有失业的威胁，退休后有养老金等。当人们的生理需求得到满足后，最大的激励因素应当是安全需求。

3. 感情需求（belongingness of love needs）

感情需求是指友谊、爱情和归属感等方面的需求。例如，希望自己与同事之间保持良好的人际关系，与朋友之间保持友谊和忠诚，对家庭和孩子的爱使自己有归属感等。

4. 尊重需求（esteem needs）

尊重需求包括自尊和受别人尊重、赞美和赏识等的需求，对更高级职务的需求，对能力、知识、成就和名誉及地位等的需求。这种需求得到满足后可带来自信和荣誉感。

5. 自我实现需求（needs for self-actualization）

自我实现需求是马斯洛需求层次论中最高级的需求。马斯洛认为，这种需求是指希望个人充分实现自己的才能并在成就、职位和地位等方面达到自己所希望的高度。

2.3.3　双因素论

双因素论，亦称激励-保健理论（hygiene-motivational factors），是美国心理学家弗雷德里克·赫茨伯格（Frederick Herzberg）和其同事博那德·莫斯那（Bernard Mausner）、芭芭拉·斯奈德曼（Barbara B. Snyderman）在 20 世纪 50 年代后期，为了研究人的工作动机，对匹兹堡地区的 200 名工程师和会计师进行深入的访问调查后得出的结论。其结果显示，能够维持职工工作现状的因素与工作环境或工作条件有关，能够调动职工积极性的因素与工作性质和工作内容相关。赫茨伯格把前者称为保健因素，把后者称作激励因素。

1. 保健因素

保健因素（hygiene factors）类似卫生保健因素，是对人们身体有影响的因素，包括企业的政策、管理方法、职工与上下级的关系、职工工资、工作安全、工作条件和职工地位等。当保健因素低于职工可接受的水平时，会引起职工的不满。当这类因素得到改善，达到职工理想的水平时，职工的不满就会消除。赫茨伯格认为，保健因素对职工不起激励作用，这种因素只能维持职工正常的工作效率，要进一步调动他们的工作热情，还需使用激励因素。

2. 激励因素

激励因素（motivational factors）包括工作成就感、受到上级的重视、职务的提升、工作本身的特点、个人的发明和工作责任等。为了激发职工的工作热情，赫茨伯格主张，管理人员应注意工作的丰富化，以防职工感到工作枯燥，在工作中给职工适当的自主权，让职工及时了解工作成果，对职工完成的工作及时地给予肯定和表扬。

2.3.4　X 理论和 Y 理论

美国麻省理工学院的教授道格拉斯·麦格雷戈（Douglas McGregor，1909—1964），获得哈佛大学哲学博士学位，他在其 1957 年发表的《企业的人性面》一文中，首次提出传统的管理理论（X 理论）的特点和存在的问题并提出他本人主张的管理学说（Y 理论）。之后，他又对相关理论进行了扩展，于 1960 年出版了《企业的人性面》一书，在其中对这两种不同的理论（X 理论和 Y 理论）进行了比较。他认为，X 理论和 Y 理论的差别在于管理人员对职工的看法不同，因此采取的管理方法也不同。他总结了这两个理论的特点。

1.X 理论

人的本性是懒惰的，好逸恶劳，会尽可能地逃避工作。人天生以自我为中心，对组织不关心，反对变革，把安全看得高于一切。一般人都胸无大志，不愿承担责任，宁愿被别人领导。由于人有厌恶工作的特性，因此易轻信、不机敏、易受骗。企业管理者应负责组织生产要素（资金、材料、设备和人员），以实现企业的运营目标。管理工作是激发职工的热情，控制他们的行动，纠正他们的行为。如果管理人员不积极地干预，职工很可能对组织采取消极甚至抵制的态度。因此，管理的任务是对职工进行说服、奖赏、惩罚及控制。

2.Y 理论

职工并不懒惰，在正常情况下愿意承担责任，热衷于发挥自己的才智和创造性。管理者应当使用正确的管理方法激励职工，扩大职工的工作范围并及时肯定职工的工作成绩，同时应鼓励职工对自己的工作进行评价。管理者要创造满足职工需要的工作环境，使他们的智慧、能力得以发挥，以更好地实现组织目标和个人目标。麦格雷戈认为，只有实施 Y 理论，企业才能取得成功。

2.4　现代管理理论

2.4.1　系统原理

理查德·约翰逊（Richard A. Johnson）、费力蒙特·卡斯特（Fremont E. Kast）、詹姆斯·罗森茨韦克（James E. Rosenzweig）和米勒（J. G. Miller）等学者将系统原理用于企业管理。他们认为，系统包含两个或两个以上的相互联系、相互制约的要素，这些要素通过有效结合，形成具有特定功能的有机整体。系统可分为自然系统和人工合成系统。

系统又可分为分系统或子系统，从而构成系统网络体系。虽然系统还可分为开放系统和闭合系统，以表明系统与环境的关系，但一般而言，闭合系统很少存在或不存在。任何系统都具有整体性、相关性、目的性、层次性和环境适应性等特征。酒店就是由若干分系统或子系统构成的系统。通常，酒店与周围环境中的相关方，包括顾客、竞争者、供应商、中间商和政府等存在着动态的相互作用，并且通过其内外信息网络，可不断地进行调节以适应环境和自身的需要。因此，在有效的酒店运营管理中，酒店管理者将酒店视为有机的统一体，从总体上分析各要素、各部门和各职务之间的相互关系，从而把管理的重点放在整体运营效益上（见图 2-4）。

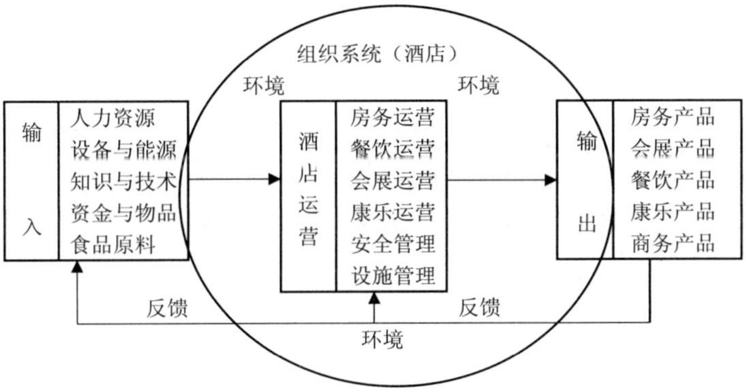

图 2-4　酒店组织系统

2.4.2　人本管理

人本管理是指把职工作为企业最重要的资源，依据职工的能力、特长、兴趣、心理等情况来科学地安排最适合他的工作，并在工作中充分地考虑到职工的职业发展，通过全面的人力资源开发和培训，使职工能够在工作中充分地发挥积极性、主动性和创造性，从而提高工作效率，增加工作业绩，进而提高企业的竞争力。

1. 人本管理原则

人本管理原则主要包括协调酒店与职工利益，运用有效的激励方法，适度地分权与集权。首先，人本管理重视酒店职工的现实利益。酒店或酒店集团在管理中应协调企业利益和职工个人利益之间的关系，在实现企业运营目标时，应充分考虑职工的利益和职工职业发展需求。管理人员在安排职工的职务、专业培训和工作环境时，应考虑职工的潜能和职业发展，而不是仅从企业短期功利目标出发。同时，酒店应尽量在内部选拔管理人才，在某职务空缺时，人力资源部应向职工公布信息，允许职工申请该职务，当内部所有申请者不具备该职务需要的业务能力时，酒店才招聘外部人员。管理人员应相信每个职工都有专长，使职工感觉到他们在企业中的重要性。其次，人本管理要求管理人员对职工的工作行为进行科学分析，寻求最有效的管理方法和措施，运用有效的方法激励职工，使他们充满热情，努力地工作并承担责任。管理人员应具备激励职工热情工作的能力，在自己的情绪达不到最佳状态时，也要努力地工作，避免影响职工的工作态度。酒店应建立学习机制，激发职工的潜能，储备更多的人才。管理人员应意识到职工需要表扬，表扬时必须诚心诚意。表扬方式有多种，包括口头赞扬，在酒店职工的表彰栏或酒店刊物上公布名单和事迹等。在人本管理中，虽然物质鼓励很有必要，但是促使职工取得优异成绩的因素远不只是物质。此外，批评职工要讲策略，批评的目的是指出错误，而不是指出犯错误的职工，应创造交换意见的气氛，对职工既要关心，又要严格管理，无论批评什么事情，都必须找些值得表扬的事情，且不应当众批评人。

2. 人本管理方式

酒店人本管理的方式包括打造良好的工作环境，协调企业与职工的关系，营造良好的人文环境。管理人员应制定提高自我道德素质和能力的规划，不断提高自身的运营管理水平，打造良好的工作环境，使职工热爱本职工作。管理人员应以身作则，身教重于言教，不应只是简单地发号施令，而应树立好的榜样。管理人员应是解决业务问题的能手并敢于承担责任。

贯彻人本管理，必须营造民主的环境、创新激励职工的方法。管理人员应力求公正、平等地对待职工，从职工的角度考虑问题，把企业和职工看成一个整体，千方百计地挽留人才。人才是企业最重要的资产，创办一家企业，首先要招聘人才并不惜重金聘请人才。管理人员应让职工参与决策，在做出涉及职工利益的决策时，如果不让职工参与，就会损伤他们的自尊心与积极性。酒店实施人本管理必须注重企业文化建设，通过树立正确的价值观来营造良好的人文环境。

2.4.3 学习型组织

1990 年美国麻省理工学院的彼得·圣吉（Peter M. Senge）教授出版了他的著作《第五项修炼——学习型组织的艺术与实务》，此书一经出版就引起了全球管理者的关注。从此，建立学习型组织及进行五项修炼成为企业管理理论与运营实践的热点。圣吉认为，由于世界复杂多变，企业应是一个不断适应环境并具备变革能力的学习型组织。企业不能仅依靠少数领导者运筹帷幄，而应使全体职工不断地学习和创新。企业只有经过 5 个方面的修炼，包括建立共同愿景、团队学习、改善思维模式、自我超越和系统思考，才能成为一个学习型组织，从而在未来的竞争中立于不败之地。

1. 建立共同愿景

圣吉认为，企业只有建立共同愿景（building shared vision），才能形成强大的凝聚力，从而推动自身不断发展。愿景是指职工对未来的愿望、向往和目标。企业作为一个组织，应当以职工的愿景为基础，通过愿景，建立全体职工共同认可的目标，这样就能充分发挥职工的能动性和主动性。当然，企业的共同愿景不是企业领导者单方面设计出来的，而是经过全体职工的广泛交流和多次讨论，将每个职工的愿景融合在一起而形成的共同目标。

2. 团队学习

团队学习（team learning）是指企业激发全体职工的团队精神，开发和凝聚集体智慧，将每个职工的个人力量通过学习和互相学习凝聚成集体的智慧和力量。团队学习的目的是避免企业陷入无效的矛盾和冲突。团队学习通过职工的交流和讨论这种重要形式达到深度理解，尤其是对企业重大而又复杂的运营决策的深刻理解和交流，这能使每个职工表达自己的观点，了解其他职工的建议，通过交流达成共识，实现相互协作和配合的效果。

事实证明，企业的团队学习比个人学习更重要。

3. 改善思维模式

改善思维模式（improving mental models）是指管理人员在处理问题时，要突破自我传统的思维模式的限制，找出团队的共识，减少企业中的各种障碍。研究结果显示，思维模式受个人成长环境、教育背景和生活经历等因素影响。因此，不同的管理者对同一事物有不同的观点，因为他们的思维模式不同。管理者在分析事物时，常以传统的认识或经验为基础，甚至没有顾及环境的变化，如果采用了错误的策略和方法，企业运营就会遇到困难，甚至遭遇灾难性的结果。然而，人们通过不断学习可以弥补自己思维模式的不足。

4. 自我超越

自我超越（personal mastery），即企业应培养全体职工的不断进取精神和可持续的创造力。这里的自我超越既指企业要自我超越，又指企业中的全体职工要自我超越。自我超越首先要使职工建立愿景，客观对待当前的事物，集中精力，找出与愿景之间的差距并不断努力学习，激发创造力，实现自我超越。自我超越的目的不在于短期收益，而在于企业的长远目标。

5. 系统思考

圣吉认为，系统思考（systems thinking）是以认识事物整体和系统性为基础的，在处理方式上运用系统性观点，要考虑到事物的发展及其动态。同时，在观察事物的表面现象等基础上，认真研究深层次的原因并总结规律，从局部问题看到整体的发展趋势。系统思考的核心就是从事物整体出发来分析问题，透过现象看本质。

2.4.4　企业流程再造

企业流程再造也被称作业务流程重组（business process reengineering，BPR），是根据环境和顾客需求的变化，企业对业务流程进行重新思考和再设计并创造新的业务流程以求在时效、质量、成本和服务等各项绩效中得到显著改善的过程。企业流程再造是 20 世纪 80 年代末发展起来的运营管理新理论。1993 年，迈克尔·哈默（Michael Hammer）与詹姆斯·钱皮（James Champy）合著了《企业再造工程》。该著作总结了国际企业成功经营几十年的经验，阐明了业务流程和组织再造在企业市场竞争中的决定性作用并提出了应对市场变化的新方法——企业流程再造。实际上，企业流程再造为企业提供了竞争力，从业务流程上以最小的成本向顾客提供高质量的产品和服务。其实质是以先进的信息系统和信息技术为手段，以顾客需要为目标，通过最大限度地减少无实质作用的流程、环节并建立科学的组织和业务流程，使产品质量和生产规模发生质的变化。企业流程再造的效果是精简组织结构和人员，增强企业应变能力，降低运营成本，提高顾客满意度，提高资源的利用率，提升企业核心竞争力，提高企业运营效益。当今，随着旅游市场和酒店市场的发展，酒店的智能化和信息化管理手段不断进步，随着顾客对酒店产品、房务服务、餐饮服务、会展服务的需求的变化，酒店运营管理流程中的各环节及其重要性也在变化。所以，酒店进行流程再造是必要的。

企业流程再造体系主要包括 3 个方面（见图 2-5）。

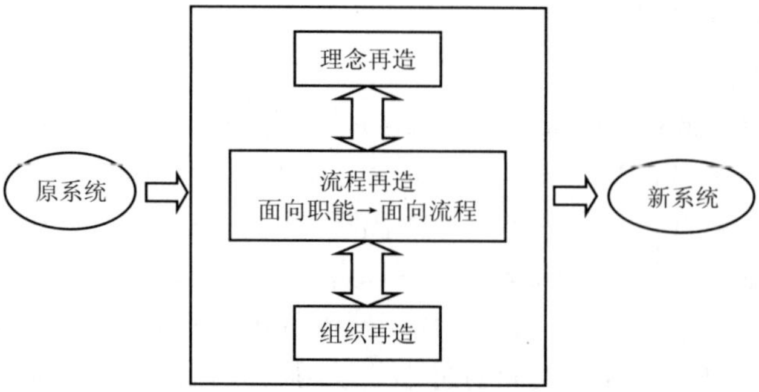

图 2-5　企业流程再造体系

1. 理念再造

企业高层管理人员应统一思想，达成共识，明确方向，坚定信心，转变管理理念和思维模式，重建企业文化，重塑运行方式，再造组织结构，成立企业流程再造管理小组；同时，对企业职工进行流程再造的培训，使全体职工达成共同的愿景，精简组织机构和人员，降低运营成本和顾客投诉率，提高顾客满意度。

2. 流程再造

以顾客满意为目标，基于信息技术，对企业现有的流程进行调研、分析、诊断和再设计，然后构建新的流程。其程序包括流程再造分析、流程再造设计和流程再造实施。例如，酒店对客房预订、登记接待、住宿服务和结账离店等服务流程的再造。

3. 组织再造

企业流程再造不仅对企业运营程序进行再造，而且对企业组织结构和管理制度也要进行重组，特别是对组织中的职工观念、组织运作机制和组织的运作流程进行彻底的更新，要在运营业绩上取得显著改进。

2.4.5　顾客关系管理

顾客关系管理（customer relationship management，CRM）是以顾客为中心，以满足顾客需求为目标，以发展顾客关系为导向，以识别和管理有价值的顾客及其关系为重点的企业运营管理模式或营销模式。顾客关系管理内容包括接触管理（contact management）、关注顾客（customer care）管理及顾客资料存储管理。顾客关系管理起源于 20 世纪 80 年代，于 90 年代形成一套完整的管理体系。传统的企业管理模式以产品质量为中心，以内部运行模式和效率及产品质量为基础。随着经济全球化及产品同质化的出现，企业已认识到满足顾客个性化需求的重要性。企业由关注产品质量转向以顾客需求为基础，将企业内部运营管理扩大至市场需求的整合营销管理，将吸引顾客的营销策略延伸至对顾客消费生命周期（customer life-time）的管理，将顾客价值（customer value）作为衡量企业绩效的标准之一（见图 2-6）。

图 2-6　企业管理重心的变化

1. 顾客关系管理的意义

顾客关系管理是对企业可持续发展的重要资源的管理。随着世界经济的发展,企业资源的内涵和外延都发生了变化。早期的企业资产仅指有形资源,包括土地、建筑物、设备、原材料和资金等,在工业化的中期,扩展至品牌、商标、专利等无形资源。近年来,管理者认识到,人力资源是企业最重要的资源。然而,在当今的知识经济时代,知识、信息和顾客已成为企业发展的重要资源。调查结果显示,顾客的需求决定着企业的发展与命运。因此,顾客关系管理是对企业可持续发展的重要资源的管理。

根据管理实践,酒店或酒店集团在顾客关系管理中,将企业、顾客、职工与供应商等整合在一起,满足顾客的个性化需求,减少企业传统营销体系的中间环节,缩短销售时间,提高销售效率,减少销售成本。同时,顾客关系管理可快速响应市场的需求,通过收集信息、处理数据、跟踪分析、识别最有价值的目标顾客以便及时开发和生产顾客需要的产品。此外,顾客关系管理促使每个职工参与市场营销,以形成企业内外的互动营销。

2. 顾客忠诚的重要作用

在顾客关系管理中,顾客忠诚非常重要。所谓顾客忠诚是指顾客对某一企业或企业品牌的产品的重复性购买。忠诚的顾客是企业最希望拥有的顾客。这些顾客不仅自己购买大量的产品,而且还向其他顾客推荐并乐于将自己的体验与朋友和家人一起分享。根据分析,对于酒店来说影响顾客忠诚的因素包括顾客满意的产品、酒店与顾客的情感联系、顾客对酒店的信任等。因此,满足以上因素,可使顾客与酒店维持较长时间的交易(见图 2-7)。在酒店的顾客关系管理中,顾客满意是酒店运营成功的基础。所谓顾客满意,就是指顾客对比和分析预期产品质量和消费的产品的质量,消费的产品的质量高于预期产品质量时,顾客会感到愉悦。

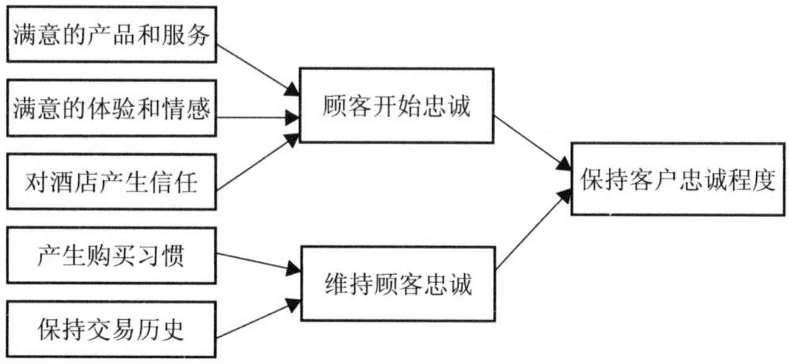

图 2-7　影响酒店顾客忠诚的因素

3. 激励和维系顾客

当顾客购买企业产品时,其目的是满足自己的需求、需要和欲望。在首次交易中,顾客购买产品进行等值交换,交易双方从中各自获益。有时,首次交易的顾客仅进行一次购买,随后流失。而顾客关系管理在于分析这些首次购买者流失的原因(见表 2-1),并且在适当的时候采取挽回策略。

表 2-1　酒店顾客流失的原因

猎奇	一次购买体验顾客好奇心
不满意	实际产品质量低于顾客预期质量水平
相对优势	顾客觉得其他企业产品价值或功能更理想
冲突	酒店产品不能满足顾客的实际需要
丧失信任	顾客对酒店的产品质量和承诺失去信心
需求中止	酒店产品和服务质量落后于目标顾客的需求

在顾客关系管理中，酒店应关注老顾客的需求及其需求的变化。一些酒店或酒店集团制定了老顾客关系方案，这个方案采用财务激励方法，包括给予折扣、产品免费升级及对常购买本酒店产品的忠诚顾客给予优惠价格等。当然，酒店与顾客之间应建立一种紧密的联系，例如，酒店邀请有关顾客免费参加每年举办的新年晚会。以上的各种方案可降低顾客选择其他酒店的可能性。

2.5　酒店管理方法

酒店管理方法是指为实现酒店运营目标，管理者组织和协调酒店运营要素的方法和手段。通常，酒店管理方法包括经济方法、行政方法、法律方法和社会心理方法。

2.5.1　经济方法

几乎所有酒店的运营管理活动都应用了经济方法。经济方法是指运用各种经济手段，按照客观经济规律的要求，调节职工的物质需要而实现酒店管理目标的方法。经济方法体现市场经济的科学规律，以规范的经济指标体现工作绩效。酒店管理实行的经济方法有经济责任制、定额管理、职工薪酬和福利管理等。经济方法被酒店广泛采用，是酒店管理最基本和最持久的方法。这种方法具有平等性、物质利益性、广泛性和有效性等特征。当然，运用经济方法应注意它的局限性。过分地强调或单一地使用经济方法容易使职工形成短期利益观，影响职工工作的主动性和创造性。

2.5.2　行政方法

行政方法是指依靠职务权力，借助行政手段，采取行政命令对酒店运营进行管理的方法。行政管理方法主要的手段包括计划、组织、指挥、监督、检查和协调等。酒店管理的行政方法的特点是直接、信息传递速度快、便于集中调配资源、不与报酬挂钩。但是，行政方法的实施必须符合客观规律，管理者必须认识到行政方法的实施不等于强迫和命令。单纯运用行政方法容易引起职工的抵触心理，不易持久。

2.5.3　法律方法

法律方法是指通过国家和地方的法律、法规和企业制度，调节酒店各种运营活动，严格约束职工行为的管理方法。法律方法在企业内部表现为酒店规章制度、劳动合同、岗位责任制、酒店领导体制及企业法和公司法等。酒店管理的法律方法具有权威性、规范性、强制性和稳定性等特征。酒店运用法律方法进行管理可增强职工自觉守法和守纪意识，提高运营管理水平和运营效益。

2.5.4　社会心理方法

社会心理方法是指通过社会学和心理学原理，运用教育、激励和沟通等手段，引导职工树立正确的行为动机，调动职工工作积极性的管理方法。该方法要求职工有较高的文化素质和道德水平。酒店运用社会心理方法管理运营活动的主要手段包括培训教育、思想沟通、职工激励等。社会心理方法的特点是时间持久、形式广泛并具有艺术性等。酒店管理人员应用社会心理方法时应坚持理论联系实际，密切联系职工，坚持正面教育并以表扬为主。

本章小结

科学管理理论在酒店或酒店集团管理中很有实用价值，包括泰勒的科学管理理论、法约尔的一般管理理论和韦伯的行政组织体系理论。行为科学是对酒店职工工作行为等进行分析和研究的一门综合性学科，该理论从精神上、物质上引导职工，激发职工的工作积极性和创造性。新时代，一些新的管理理论和方法对酒店管理产生了重要影响。当今，酒店面临激烈的竞争和挑战，必须不断地学习、变革和创新。酒店管理方法是指为实现酒店运营目标，管理者组织和协调酒店运营要素的方法和手段。酒店管理方法包括经济方法、行政方法、法律方法和社会心理方法等。

练习题

1. 名词解释题

企业流程再造、学习型组织

2. 判断对错题

（1）在酒店计划中，常涉及“目标”一词。目标是组成酒店计划的要素之一，是酒店运营要达到的标准，是酒店在一定时期内期望取得的运营成果。（　　）

（2）运用经济方法应注意它的局限性。过分地强调或单一地使用经济方法容易使职工形成短期利益观，影响职工工作的主动性和创造性。（　　）

（3）社会心理方法是指依靠职务权力，借助行政手段，采取行政命令对酒店运营进行管理的方法。这种管理方法主要的手段包括计划、组织、指挥、监督、检查和协调等。（　　）

（4）所谓顾客满意是指顾客对消费前后的产品的质量进行对比和分析，消费的产品

的质量高于预期产品质量时,顾客会感到愉悦。(　　)

(5)影响酒店顾客忠诚的因素主要包括顾客满意的产品、酒店与顾客的情感联系、顾客对酒店产品的购买等。(　　)

(6)保健因素包括工作成就感、受到上级重视、职务提升、工作本身的特点、个人的发明和工作责任等。(　　)

3. 问答题

(1)简述泰勒的科学管理理论。

(2)简述韦伯的行政组织体系理论。

(3)简述法约尔一般管理理论中的14项管理原则。

(4)简述麦格雷戈的X理论和Y理论。

(5)论述酒店的人本管理。

(6)论述顾客关系管理的意义。

(7)结合马斯洛需求层次论,分析顾客对酒店产品的需求。

(8)对比分析酒店管理的各种方法。

主要参考文献

[1] 黑尔里格尔,斯洛科姆,伍德曼. 组织行为学[M]. 北京:中国社会科学出版社,2001.

[2] 吉布森,伊万切维奇,唐纳利,等. 组织:行为、结构和过程:第14版[M]. 王德禄,王坤,等译. 北京:电子工业出版社,2015.

[3] 王天佑,张威. 饭店管理概论[M]. 3版. 北京:清华大学出版社,2015.

[4] 王长城,关培兰. 员工关系管理[M]. 武汉:武汉大学出版社,2010.

[5] 焦晓波. 现代企业管理理论与实务[M]. 合肥:合肥工业大学出版社,2009.

[6] 魏江. 管理沟通:成功管理的基石:第4版[M]. 北京:机械工业出版社,2019.

[7] 康青. 管理沟通[M]. 4版. 北京:中国人民大学出版社,2015.

[8] 赖利. 管理者的核心技能[M]. 徐中,梁红梅,译. 北京:机械工业出版社,2014.

[9] 布鲁斯,汉佩尔,拉蒙特. 经理人绩效管理指南:快速有效解决员工绩效问题[M]. 陈秋萍,译. 北京:电子工业出版社,2012.

[10] 戴德锋,窦德强,熊雯. 管理学[M]. 北京:北京邮电大学出版社,2016.

[11] 李启明. 现代企业管理[M]. 5版. 北京:高等教育出版社,2017.

[12] 谢品,肖霖岳. 现代企业管理[M]. 成都:电子科技大学出版社,2017.

[13] 傅国华. 分层次管理[M]. 北京:经济科学出版社,2013.

[14] 马洪立,李宝元,杨文革. 现代职业生涯管理学[M]. 2版. 北京:北京师范大学出版集团,2012.

[15] 杨劲松. 酒店战略管理[M]. 北京:机械工业出版社,2020.

[16] 罗宾斯,库尔特. 管理学:第13版[M]. 刘刚,程熙鎔,梁晗,等译. 北京:中国人民大学出版社,2017.

[17] 李晓蕴,郑强国. 管理经济学[M]. 北京:清华大学出版社,2018.

[18] 孙晓光,周鸿. 企业策划学[M]. 北京:经济管理出版社,2017.

[19] 马风才. 运营管理[M]. 4 版. 北京:机械工业出版社,2017.

[20] COOPER R G. Winning at new products: creating value through innovation[M]. 4th ed. New York: Bisic Books, 2017.

[21] MCKEAN J. Management customers through economic cycles[M]. West Sussex: John Wiley & Sons, Inc., 2012.

[22] CARDON P W. Business communication: developing leaders for a networked world[M]. 3rd ed. New York: McGraw Hill Education, 2018.

[23] WIESNER, KNUT A. Ethical management and marketing[M]. Berlin: Walter de Gruyter GmbH, 2016.

[24] WOOD R C. Hospitality management: a brief introduction[M]. London: Saga Publications Ltd., 2015.

[25] JAUHARI V. Hospitality marketing and consumer behavior: creating memorable experiences[M]. Oakville: Apple Academic Press, 2017.

[26] BOTTGER P. Leading in the top team: Developing Leaders for a Networld[M]. Cambridge: Cambridge University Press, 2008.

[27] SCHEIN E H. Organization culture and leadership [M].5th ed. New Jersey: John Wiley & Sons, Inc., 2016.

[28] RAO M. Knowledge management tools and techniques: practitioners and experts evaluate KM solutions[M]. MA: Elsevier Inc., 2005.

[29] BARAN. Customer relationship management[M]. Mason: Thomson Higher Education, 2008.

[30] WALKER J R. The restaurant: from concept to operation[M]. 6th ed. New Jersey: John Wiley & Sons, Inc., 2011.

[31] KONOPASKE R, IVANCEVICH J M, MATTESON M T. Organizational behavior and management[M]. 11th ed. New York: McGraw Hill Higher Education, 2017.

[32] SHARMA P. Intercultural service encounters: cross-cultural interactions and service quality[M]. Switzerland: Palgrave Pivot, 2018.

[33] FLOYD K, CARDON P. Business and professional communication: putting people first[M]. New York: McGraw Hill Education, 2019.

[34] BARROWS C W, POWERS T, REYNOLDS D R. Introduction to management in the hospitality industry[M]. 9th ed. New Jersey: John Wiley & Sons, Inc., 2009.

第 3 章

酒店运营组织

本章导读

酒店组织是为了实现特定的运营目标,在分工合作的基础上构成的职工组合。酒店组织以专业化分工为基础,由各职能部门、业务管理层和所有职工组成。在酒店组织中,各层次管理人员有不同的责任和权力。通过对本章的学习,可了解酒店组织的含义、酒店组织的类型和酒店组织的结构,掌握酒店组织设计和酒店组织创新与变革的过程。

3.1 组织类型与结构

3.1.1 组织与酒店组织

组织是一个社会实体,具有明确的目标导向、精心设计的结构和有意识协调的活动系统。同时,组织常与外部环境保持密切联系。组织是由人及其相关的关系构成的。当人们之间相互作用完成或实现目标时,组织就存在了。

酒店组织是为了实现酒店特定的运营目标,在分工合作的基础上构成的职工组合(见图 3-1)。通常,酒店组织分为静态组织和动态组织。酒店静态组织是指酒店的组织结构,反映组织中的部门、职务、工作和它们之间的特定关系。酒店动态组织是指酒店组织必须根据自己的运营特点和发展目标建立组织结构,不断地调整其组织结构以适应外部环境的变化、市场的变化和企业本身的发展。

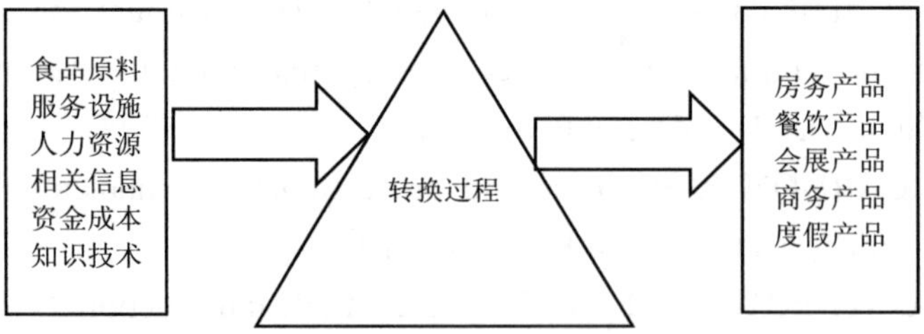

图 3-1 开放系统的酒店组织

3.1.2 酒店组织类型

通常,酒店存在着正式组织、非正式组织、机械组织、有机组织、实体组织和虚拟组织。

1. 正式组织

酒店正式组织是有明确的运营目标、明确的职责范围的组织体系，经酒店管理者设计而成。酒店正式组织以完成酒店运营目标为中心，借助酒店组织系统图和职务说明书等明确组织成员职责。酒店正式组织反映酒店的管理理念和模式，有明确的组织目标、任务和职能，有明确的责任、权力和行为规范。

2. 非正式组织

酒店非正式组织是指酒店职工在共同的工作环境中，以共同的爱好、利益、需要为基础自发形成的群体（见图 3-2）。酒店非正式组织没有固定的编制。其成员间的关系、权力、义务和职责以自愿形成为特点，其共同行为规范是约定俗成的。酒店非正式组织形成的主要原因是共同利益、共同价值观、类似经历和背景。然而，酒店非正式组织有较强的合作意愿和凝聚力，对酒店正式组织有较强的影响力，是酒店组织管理不可忽视的群体。如果该群体成员有表达思想的机会并被管理者有效地指导和利用，可提高职工士气并增强酒店正式组织的稳定性，提高职工的自信心，缓解工作紧张感，从而对酒店运营产生重要的作用。但是，当非正式组织的目标与酒店运营目标不一致时，其将成为酒店运营管理的障碍。

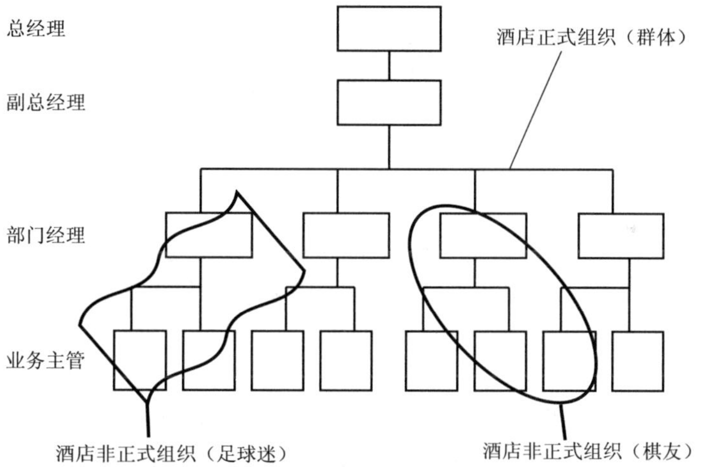

图 3-2　酒店非正式组织

3. 机械组织

酒店的机械组织是指管理跨度小、等级层次多、有较多的规则和标准的组织结构。该组织系统分工细，工作程序多，管理制度严密，常根据职能部门和职责授予不同管理人员决策权或管理权。酒店的机械组织是有效的管理组织，目前多用于连锁酒店集团，特别是用于特许联营系统。

4. 有机组织

酒店的有机组织是指管理跨度大、等级层次少的组织。该组织的成员有较高的素质和专业技能，并具有根据酒店的特点制定发展目标的工作能力。这种组织中的职工较强的运营行为和工作方法以本酒店的文化为指导，因此各职能部门和管理人员有较大的职权空间。

5. 实体组织

酒店的实体组织是指有明确的运营目标，明确的职权范围和相互关系的组织体系，经酒店管理者设计而成。因此，该组织有固定的组织层次、既定的指挥系统和职责范围，有明确的上下级关系并以专业化为基础，由各职能部门、不同管理层和所有职工组成。在酒店实体组织中，各层级的管理人员有不同的责任和权力，与酒店整体运营相互依存，是实现酒店运营的核心力量。

6. 虚拟组织

虚拟组织也被称作网络组织，是酒店业利用现代信息技术建立起来的新型组织结构，是酒店通过与外部组织建立和维持契约关系，以达成互惠互利、相互协作以及销售产品等目的而建立的合作组织。实际上，虚拟组织是两个以上的独立实体，为迅速向市场提供产品和服务，在一定时间内结成的动态联盟。该组织既不具有法人资格，也没有固定的组织层次和内部指挥系统，只是一种开放式的组织结构。1993 年，美国《商业周刊》将虚拟组织定义为运用技术手段把人员、资产和创意动态地联系在一起的新型组织形式。酒店虚拟组织的特点是充分整合酒店的外部资源，以强大的组织结构、成本优势及机动性，实现酒店本身难以承担的某些运营功能，例如产品开发、产品销售等。酒店虚拟组织的优势是组织精简、运营灵活，能满足顾客不断变化的产品需求，为顾客提供最佳的产品和服务。其缺点是酒店作为虚拟组织成员之一，无法对其他成员进行有效的控制，且在虚拟组织中职工的流动性很大，很难形成凝聚力。

3.1.3 酒店组织结构

酒店组织结构是决定酒店运营管理效果的关键因素，随着酒店业的发展而发展。常见的酒店组织结构有直线式、职能式、直线职能式、扁平式和矩阵式。

1. 直线式组织结构

直线式组织结构又被称为单线制结构，是酒店业的传统组织结构。由于早期的酒店规模较小，酒店不设专业化的职能部门，各种管理职能都集中在业主和少数管理人员的手中。酒店直线式组织结构常以等级原理为基础，主要的特点是上级管理层以垂直方法对下级管理层进行管理。信息的沟通和传递只有一条直线渠道。一个下级只接受一个上级管理者的指挥。组织结构简单、权责分明，便于统一指挥、集中管理。缺点是组织内信息沟通不畅，缺乏横向的协调关系。目前，直线式组织结构适用于小型酒店。小型酒店仅以房务业务为主，有时兼营中餐零点、自助餐或大众西餐（咖啡厅）。小型酒店组织结构精简，分工不细，管理人员身兼多职，一般纵向结构分为 3 个层次：总经理、管理部门和业务领班。横向结构分为 3 个部门：房务部、财务部和总经理办公室。少数小型酒店设立营销部。总经理办公室员工主要负责人事、工程、采购和保安等方面的管理工作。酒店餐饮业务很可能包给外部企业经营或自己经营。小型酒店直线式组织结构见图 3-3。

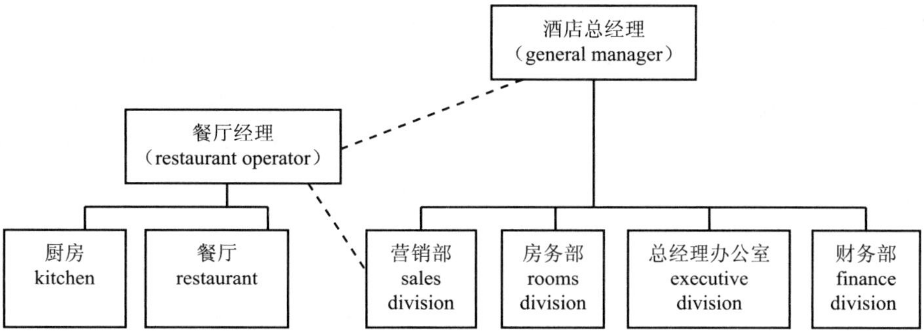

图 3-3　小型酒店直线式组织结构(餐饮外包式)

2. 职能式组织结构

职能式组织结构又称多线制组织结构,是按照管理职能专业化原则建立不同的职能部门,对下级进行管理的组织结构,常用于中型酒店。其特点是下级部门除了接受直接上级主管部门的指挥外还接受多个上级职能部门管理,这些上级职能部门按专业分工,例如财务部、人力资源部、营销部、工程部和保安部等。这种结构实现了职能专业化,明确了分工,简化了管理程序,降低了管理费用,能发挥酒店不同职工的专业特长。缺点是多头指挥,工作效率低。这种传统的职能式组织结构尽管目前仍然存在,但是越来越不能适应现代酒店的运营环境。许多酒店的职能式结构经过调整和发展,已成为直线职能式组织结构。职能式组织结构见图 3-4。

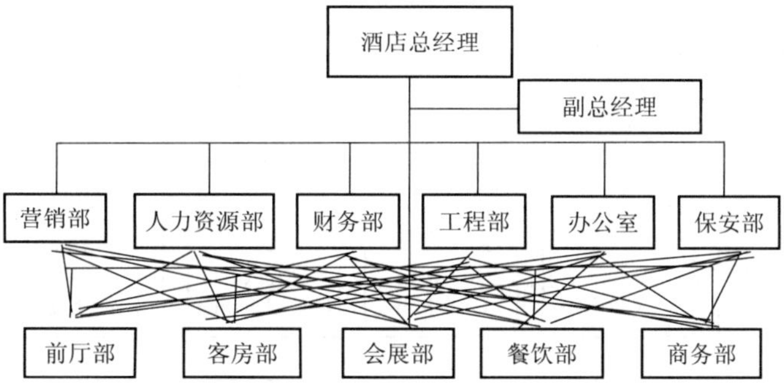

图 3-4　职能式组织结构

3. 直线职能式组织结构

直线职能式组织结构也称直线参谋制组织结构,是中型酒店普遍采用的组织结构(见图 3-5 和图 3-6)。它结合了直线式和职能式组织结构的优点,同时设置了两套系统。直线部门(例如房务部、餐饮部、会展部、营销部和康乐部)作为对下级运营部门的直接指挥部门,指挥和管辖下属的二级部门,而职能部门(例如财务部、工程部、保安部、人力资源部、培训部和总经理办公室等)仅对直线部门进行专业化的指导。酒店的直线职能式组织结构既保证了工作有序,又保持了统一指挥的特点,避免多头领导。直线管理人员有更多的时间和精力集中解决较为重要的业务问题,利于实现职能业务目标,促进自身专业知识和技能的发展和提高。这种组织结构的缺点是协调困难,对市场环境的变化反应慢,决策速度慢。中型酒店通常有 100 间至 200 间客房,有数个不同风味的餐厅和多功能厅,有不同规模和功能的会议室、健身和娱乐设施，客房住宿率高，宴会和零点餐厅销售率高，会展业务比较频繁。因此，中型酒店组织层次和职能部门比小型酒店多，尤其是中型商务酒店部门分工细。组织通常横向设计 8~10 个部门，即营销部、房务部、餐饮部、会展部、康乐部、财务部、工程部、保安部、人力资源部和总经理办公室等。中型酒店的纵向组织通常有 4 个层次：酒店总经理、部门经理、业务主管和服务员领班。

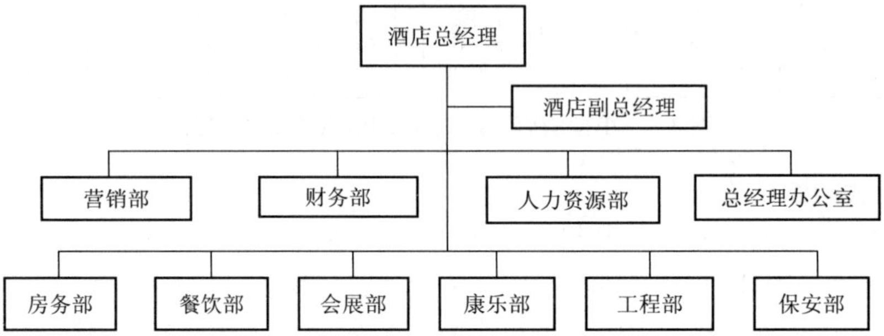

图 3-5　中型酒店直线职能式组织结构图(A)

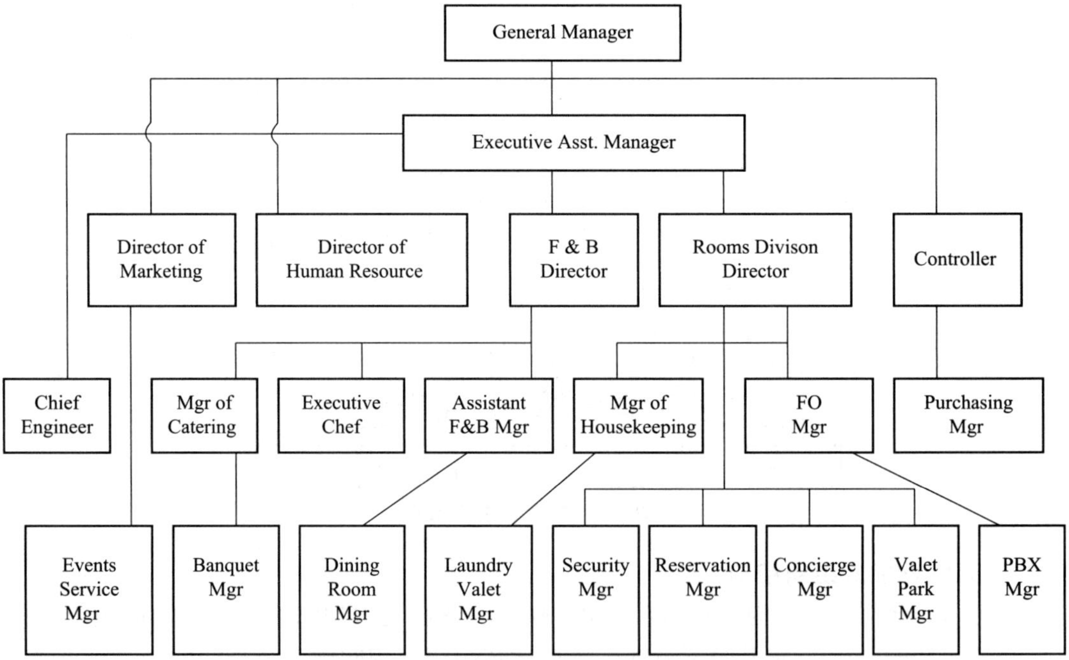

图 3-6　中型国际酒店直线职能式组织结构图(B)

注：Mgr 是 Manager 的省略形式；FO 是 Front Office 的省略形式。

4. 扁平式组织结构

现代大型酒店经常采用扁平式组织结构。该组织结构的特点是管理幅度较宽，纵向层次少，组织结构呈长方形的扁平式。扁平式组织结构精简了不必要的中层管理部门，缩小了企业上下级之间的距离，使酒店的组织简单化，提高了管理人员的应变能力。因此，扁平式组织结构分工明晰、层次分明。现代大型酒店通常有 300 间以上的客房，一些大型酒店拥有 1000 间以上的客房,世界上最大的酒店有 3000 间以上的客房。大型酒店的特点是有多个风味餐厅和大型宴会厅,有多个会议室,包括大型多功能厅,康乐设施齐全,有服务周到的商务中心等。大型酒店的纵向组织结构包括业务总监、部门经理、业务主管等,横向组织结构根据业务需求而定。大型酒店扁平组织结构见图 3-7。

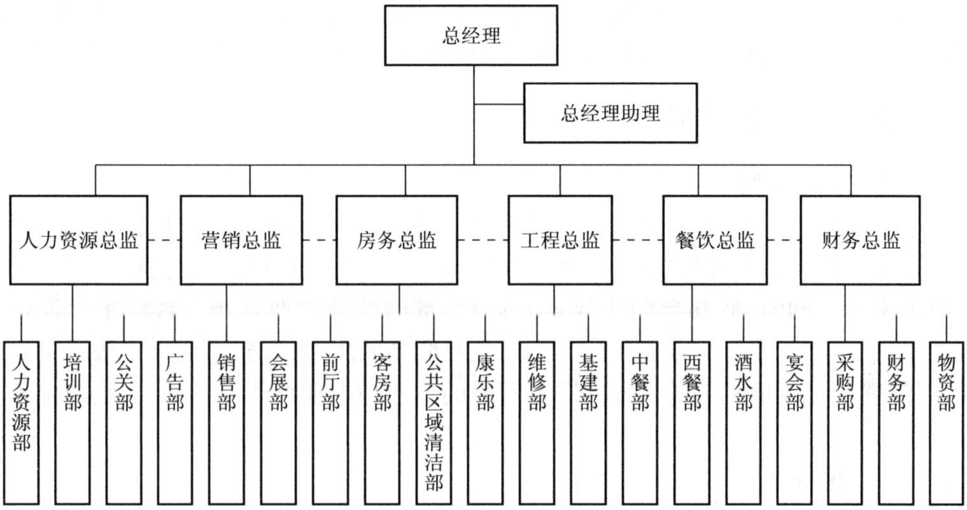

图 3-7　大型酒店扁平组织结构

5. 矩阵式组织结构

矩阵式组织结构由纵向和横向两套管理系统组成,纵向系统是按职能划分的指挥系统,横向系统由产品种类、运营项目或工作任务组成(见图 3-8)。目前,酒店集团多采用矩阵式组织结构。矩阵式组织结构的优点是摆脱了统一指挥的限制,有益于加强职能部门间的协作与沟通,有较强的灵活性和适应性,可根据企业运营需要和外部环境的变化快速采取运营管理措施,但其缺点是稳定性差。这种组织的职能部门或项目组织常根据业务需要,临时从其他部门抽调人才,项目结束后,工作人员会回到原工作酒店或部门。然而,在矩阵式组织结构中,下级部门受双重上级部门的指挥和领导,因此常出现责任不清的情况。

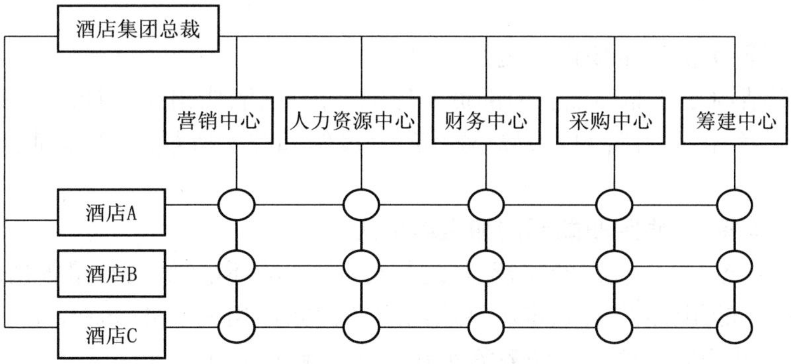

图 3-8　酒店集团矩阵式组织结构

3.2 酒店组织设计

酒店组织设计是指在一定市场环境下，为有效实现运营目标而对运营实体进行的规划和安排，是酒店组织系统的整体设计工作。酒店组织设计包括静态组织设计和动态组织设计。静态组织设计是指对酒店组织的职权结构、部门结构及规章制度等的设计；动态组织设计是指在静态组织设计完成后，对组织进行的协调、控制、激励和评估等工作。

3.2.1 酒店组织设计原则

1. 任务与分工原则

坚持任务与分工原则，首先要做到设计出的组织结构必须有利于运营管理。因为实现运营目标是酒店组织设计的前提，所以酒店组织设计必须根据其运营特色和工作的实际需要来进行。同时，职能部门应体现专业化，部门的数量要适当。现代组织设计观认为，过度的职务分工或岗位专业化会导致职工对职务的厌倦，以致造成生产效率下降。因此，酒店管理者应鼓励职工在掌握本职务所需的专业知识和技能的基础上，具备多种职务工作能力。

2. 分级与授权原则

酒店组织制度实际上是一种等级制度。为了有效地实现运营目标，酒店应明确各管理层的职权与责任，从高层职务到最低层岗位，做到权责分明。酒店必须根据运营需要合理分权。所谓分权是指酒店高层管理者根据工作需要将权力分派给较低的职能部门，授权是指高层管理者将权力授予下属管理部门。

3. 弹性与例外原则

现代酒店强调组织的弹性以适应市场需求的变化，使酒店各职能部门、各职务及它们的职责随市场需求和运营目标的变化而调整。酒店高层管理者将日常管理权合理地下放给低层管理者，使他们按常规原则处理日常运营工作。那些非日常的运营决策和特殊的管理问题，仍由酒店高层管理班子负责。此外，组织中的监督职务和执行职务应分别设置。这种组织设计原则可减少运营中的舞弊行为，更好地发挥酒店运营管理的作用。

3.2.2 酒店组织设计程序

1. 分析环境，为酒店组织设计提供依据

酒店组织结构受外部环境和内部资源影响。因此，酒店组织设计的首要任务是明确外部和内部环境，包括酒店的人力资源、资金、设施和技术等情况，为酒店组织设计提供依据。

2. 根据运营特点，确定职能部门和组织层次

酒店必须根据自身规模、产品特点、地域分布、市场环境、经营数量等情况，并参考同类和同级别酒店的组织结构，确定本酒店组织结构并把相关业务分派给酒店各部门和下一级管理部门，使酒店各项运营任务落实到具体的承担部门。

3. 根据职务需要，确定管理人员

通常，酒店都是根据运营管理需要和职务需要安排职员并确定管理人员的。例如，中等规模酒店，其职能部门主要包括房务部、餐饮部、会展部、人力资源部、财务部、保安部、工程部、质检部和营销部等。根据部门业务运营的流程管理需求，酒店应设立二级管理部门。例如，房务部设计的二级部门有前厅部、客房部、洗衣房、公共区域清洁部等。然后，根据各职务分管的业务，酒店应明确工作人员素质要求和能力要求，再根据职务任职条件挑选和配备称职的工作人员。

4. 制定规章制度和职务说明书

规章制度用于明确酒店各部门应履行的职责，是指导酒店各职能部门、管理人员工作的文件和行为规范。完整的组织必须制定组织制度，画出组织结构图，编制职务说明书，使酒店各级人员明确本部门和本职务在酒店组织中的位置、所属部门、下属部门及工作职责等。

5. 反馈和修正

为了保证酒店组织有效运行，各职能部门、管理人员必须及时地反馈组织在运行中存在的问题并立即调整和修正，使其不断地适应外部环境和自身发展需要，这个过程被称作组织变革。

3.2.3 酒店组织设计内容

酒店组织设计内容主要包括酒店组织体系、管理规范和组织发展。其中，组织体系设计包括酒店部门设计和组织层次设计。

1. 组织体系设计

酒店组织设计应强调组织的系统性、完整性和组织的运营功能。为了保证酒店各项业务有效实施和开展，酒店组织体系应包括决策系统、执行系统、协调系统和控制系统。因此，酒店组织体系设计应注意对职能职权、直线职权和参谋职权的设计。职能职权是指部门和职位所应有的业务管理权。直线职权是指一个职能部门和管理者对下级部门和职工的指挥权。参谋职权是指管理部门和管理者对其他部门和职工提供建议、帮助和服务的权力及责任。

1）酒店部门设计

酒店部门设计也称横向组织结构设计，是将酒店管理人员组成利于业务运营的单位。酒店部门设计的目的是明确职权与归属，明确职责，合理分工，保证酒店运营专业化，保证管理的协调，实现酒店既定运营目标，提高职工运营水平和技术水平。酒店部门设计的主要形式包括产品部门化、职能部门化、区域部门化、时间部门化和综合管理化等。

（1）产品部门化。产品部门化是根据酒店运营的主要产品设立部门，涵盖产品设计、生产、营销和服务等一系列的工作。这种组织设计可充分地利用职工的专业知识和技能，发挥专项产品的生产和运营优势，对酒店产品质量和特色管理有着重要的意义。酒店主要运营房务产品、会展产品、餐饮产品等，这些产品在生产、技术、服务和营销方面各不相同，因此，为了便于工作、保证产品质量，酒店必须依据产品生产和营销需要设计部门，例如分设餐饮部、房务部、会展部、康乐部等，然后根据产品的生产和服务流程设计这些部门的二级部门,即下属部门。例如,房务部包括商务中心、前厅部、客房部、洗衣房等。产品部门化的设计方法最适用于规模较大的酒店。产品部门化易于集中专项产品的生产和营销及质量管理,使组织对市场有较强的适应力,有助于工作绩效管理和质量控制,易于激发职工的主动性和创造性,为培养高级管理人才提供良好的机会。当然,产品部门化也存在一定的缺点,那就是不利于酒店整体组织的协调。

(2)职能部门化。以职能为依据设计部门是将相近工作内容的职务归类到一个部门,例如分设人力资源部、财务部、保安部、营销部和工程部等。职能部门化有利于酒店进行专业化管理,便于指导,可提高工作效率。同时,按职能设计部门有利于对职工开展培训,充分提高部门的工作效率。职能部门化的缺点是部门工作性质相对独立,容易造成部门利益纠纷和部门间的冲突。

(3)区域部门化。以运营区域为依据设计部门是指按酒店运营区域划分部门,这是酒店运营管理常用的部门设计方法。例如,客房部下设的部门常以楼层或不同的建筑物为工作单位。此外,这种部门设计方法适用于国际酒店集团和大型酒店。例如,国际酒店集团或大型酒店的营销部下设欧洲运营部、亚洲运营部等。区域部门化设计的优点是管理人员可熟悉地区市场环境,使运营管理更加专业化,产品种类和营销策略更有针对性,有助于提高工作效率。缺点是不利于酒店对管理部门的控制。

(4)时间部门化。时间常作为酒店部门设计的依据。由于房务部每天 24 小时都需工作,尤其是客房服务中心,因此,可根据时间将客房清洁管理部门设计为早班组、正常班组和晚班组等。按工作时间设计不同的工作班组可方便服务和管理,利于产品质量控制。

(5)综合管理化。在酒店组织中,总经理办公室常作为酒店综合管理部门,起着联系酒店与外部组织机构、协调酒店各部门工作的作用。因此,在酒店组织设计中,应充分考虑并设计综合管理部门。

2)组织层次设计

酒店组织层次设计确定的是酒店组织内的纵向工作关系。通常,纵向层次划分受职能部门管理幅度制约,而管理幅度是指一个上级管理者能直接管理的下属的人数或部门数。管理幅度与管理层次相互联系,相互制约,两者成反比例关系,即管理幅度越大,管理层次越少,管理幅度越小,管理层次越多。在酒店组织层次设计中,管理者的业务能力很重要,包括个人素质、专业知识和管理经验等。通常,对于业务素质较高和工作能力突出的管理者可加大其管理幅度,反之应缩小管理幅度。被管理者的素质也是组织层次设计不可忽视的因素,对于责任感强、技术熟练、能胜任工作的职工不需过多地指挥和监督,因而可设置较大的管理幅度。有些职工愿意自我管理,设计较大的管理幅度更有助于提高他们的工作效率。但是,对于过分依赖上级的职工,应设计较小的管理幅度。根据酒店调查,有效的职工培训能降低职工对上级管理者的依赖,从而可设置较大的管理幅度。酒店组织如有较强的凝聚力,即可设置较大的管理幅度,便于管理和协调。如果管理工作复杂,管理者与下级职工需要保持经常联系,则应设置较小的管理幅度;但是,如果工作简单,则应设置较大的管理幅度。如果业务之间有较强的相关性,应设置适合的管理幅度。通常,酒店采用较小的管理幅度时,管理层次必然多,该组织结构形似金字塔,这种类型的组织结构被称为高架结构。反之,管理幅度大、纵向层次少的组织结构被称为扁平结构。

高架结构和扁平结构各有利弊。高架结构便于集中管理，实施严格的控制，但是不利于组织内信息的沟通和传递，工作效率较低。扁平结构有利于分权和授权，组织成员可从工作中获得满足感，但是加重了管理者的负担。然而，现代酒店组织结构趋向平面化和弹性化。

(1)平面化组织。随着信息技术的发展，传统层次繁多的金字塔式的组织结构越来越不能适应现代酒店运营管理的需要。现代酒店精简职能部门，缩小了上下级之间的距离，使酒店组织趋于平面化和简单化，提高了酒店的应变能力，提高了运营效率。传统的酒店组织结构存在大量的中层管理者，他们提供了非常专业的知识和有效信息，指导下一级部门的运营管理工作，监督和控制酒店生产、服务流程及产品质量。然而，传统的部门式组织管理成本高，效率低。酒店组织的平面化在于选择合理的管理幅度，在管理者能够承受的范围内尽可能减少层次，以业务流程为基础建立组织结构，由部门职能化向运营程序管理方法迈进，将管理决策权下放至基层部门，简化组织结构。由此，职工可获得更高的满意度，酒店可减少不必要的管理费用。

(2)弹性化组织。弹性是指酒店组织结构设计的自主性和灵活性。现代酒店可根据外界环境变化和自身运营目标变化及时调整职能部门的数量和功能。由于酒店的运营环境不断地变化，静态组织结构已不能适应现代旅游市场环境的变化和发展。提高管理人员的业务素质和运营管理能力，加强酒店组织设计的灵活性，使之适应现代化酒店运营管理势在必行。

2. 管理规范设计

所谓管理规范设计是指对酒店组织的规章制度进行的设计，其为酒店整体和各职能部门提供规章制度、工作程序和工作标准等。规章制度常包括各职能部门的业务职权范围和岗位责任。工作程序是指各职能部门和下属各职务的运行程序和服务程序。工作标准是指针对各职能部门和不同职务设定的技术标准、定额标准、时间标准和管理标准等。组织管理规范设计首先应由酒店高层管理人员根据运营和发展目标提出管理规范目标和要求，由总经理办公室、聘请的专家和其他管理人员经过调研和分析，制定管理规范草案，经过职工讨论及管理人员和外聘专家提出建议，由总经理办公室进行完善和修改。

3. 组织发展设计

酒店组织发展设计也称酒店组织发展规划，该设计为酒店组织发展和变革提供方向和指南，其中包括酒店组织的发展目标、组织的发展战略等。

3.3 职能部门与管理团队

3.3.1 酒店职能部门

根据职能特点，酒店的部门可分为运营部门和后勤部门。运营部门也称一线部门或收入部门，是指销售酒店产品并直接向顾客提供服务的部门。这些部门的共同特点是面向顾客提供酒店服务，产生运营效益。酒店的运营部门包括前厅部、餐饮部和营销部。酒店后勤部门也称支持部门，后勤部门不直接面向顾客提供服务，不直接产生收益，是一线部门的支持部门，是酒店的成本部门。后勤部门包括房务部、会展部、康乐部、财务部、工程部、人力资源部和保安部等。尽管酒店房务部属于一线部门，面向顾客，提供服务，然而由于它不直接产生运营收入，只是通过前厅部销售房务产品，因此该部门每天付出成本，属于酒店的后勤部门。

1. 房务部

房务部（room division）是筹划生产与销售酒店房务产品的部门。这一部门主要包括前厅部和客房部。前厅部（front office）是销售酒店房务产品的部门，主要负责客房预订和前厅接待，常与客房部一起组成房务部。前厅部的功能包括为顾客提供订房与选房服务，提供运送行李服务、信息服务、商务服务，协调酒店服务事宜并处理顾客投诉等。客房部（housekeeping division）是为顾客提供住宿服务的部门，其工作职责包括房间清洁服务、公共区域清洁服务、借用物品及协调客房维修服务等。一些大型酒店还设有洗衣房，为顾客和酒店洗涤衣物。当今，一些大型酒店的房务部由 4 个部门组成：预订部、前厅部、客房部和洗衣房。

2. 餐饮部

餐饮部（food and beverage division）是生产和销售餐饮产品的部门。所谓餐饮产品并非仅包括中餐和西餐中的菜点及酒水，还包括餐厅的环境、服务效率与方法等。通常，酒店餐饮部负责生产与销售各种宴会产品，包括主题宴会、商务宴会和休闲宴会等。对于散客（零点）而言，餐饮部负责生产与销售经典的中餐与西餐，提供现代中餐、西餐、酒水的生产和服务。许多大型酒店还提供客房送餐服务、餐饮外卖及酒店宴会外卖服务。

3. 营销部

营销部（marketing division）负责酒店的市场调查、市场预测和市场开发，负责销售酒店的房务产品、会展产品和餐饮产品；同时，负责酒店的广告宣传与公共关系，联系顾客并通过推销酒店产品增加酒店运营收益。

4. 会展部

会展部（event）是为酒店各种会议和展览提供服务的部门。大多数酒店会展产品的销售工作由营销部负责。然而，大型酒店会成立会展部，其主要的业务职责是承办会展，提供礼仪服务、文化创意策划，组织商务交流。此外，会展部还负责协调会展团体的商品展示、广告制作及住宿与餐饮安排等。

5. 人力资源部

人力资源部（human resources division）是为酒店招聘和培养人才的部门。现代酒店人力资源管理工作包括人力资源招聘与规划、职工配备与培训、职工职业发展、职工业绩考核等。

6. 财务部

财务部（accounting division）是酒店财务的指挥和管理中心。管理工作包括资金筹措、财务分析、成本控制和现金管理等，例如向供应商付款，向旅行社和会展组织等催收应付款，为职工发放工资，计算营业收入，按时完成财务分析报告，保持现金流动，财务审计等工作。同时，财务部还负责设备和食品的采购和管理。

7. 工程部

工程部(engineering division)负责酒店建筑结构、水、电和机械设备的保养和维修，负责客房、电梯、游泳池、喷泉和其他健身与康乐设施的维修和保养管理工作。

8. 安全部

安全部(security)负责巡视酒店所有的运营场所，保证顾客、访问者和职工的人身和财产安全，保护酒店安全并负责监视器的监控管理工作。当今，许多酒店或酒店集团的安全部还负责酒店的食品安全管理。

3.3.2　酒店管理团队

酒店管理团队是一个经酒店投资者授权、代表投资者利益的全体管理人员的集合，包括酒店总经理、副总经理、驻店经理、助理经理、业务总监(大型酒店)和部门经理等。在小型酒店管理团队中，管理班子的高级管理人员仅有 2~3 人，大型酒店高级管理人员可有十几人。酒店管理团队的职责是指导酒店正常运营，定期向投资者报告财务运行情况，对酒店运营活动和人事做出安排。管理团队必须有效地完成投资者规定的各项运营指标。酒店管理者可根据不同的特点分为多个类型。

1. 根据管理层次划分

根据酒店管理者承担的责任和被赋予的职权，管理者可分为高层管理者、中层管理者和基层管理者(见图 3-9)。

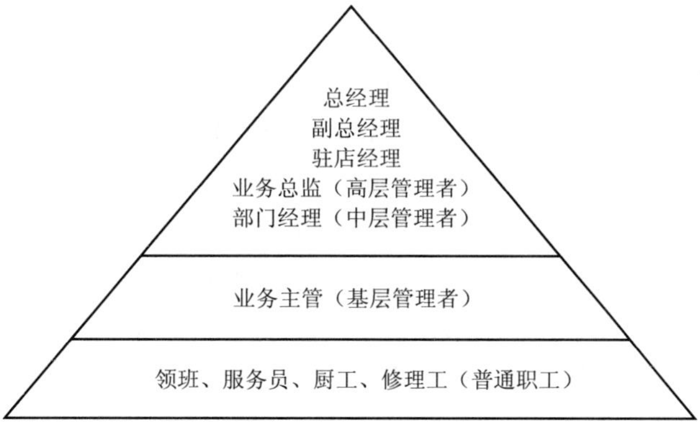

图 3-9　不同的管理层次

(1)高层管理者是指酒店的运营决策成员，是酒店的高层管理人员，包括总经理、副总经理、驻店经理和酒店各业务总监等。高层管理者拥有最高的职位和职权并对企业总体运营目标负责。他们制定酒店长远规划、战略目标和重大政策，拥有人事、资金等资源的控制权。他们的职能主要是制定酒店的战略决策和运营计划，指导和管理日常的运营工作(见表 3-1)。

表 3-1 酒店高层管理者的职能

总经理	酒店的最高级管理人员被称为总经理。在独立运营的酒店，总经理直接向投资者或投资代理人汇报工作，统一管理酒店所有的职能部门，也可通过驻店经理或总经理助理进行管理。在连锁酒店集团，总经理接受酒店所在区域的集团领导或地区销售代表的领导及指挥。通常，酒店总经理把一些部门的管理权分配给驻店经理或业务总监。当总经理外出时，驻店经理或总经理助理代替总经理执行酒店的全部运营管理工作。当总经理和驻店经理外出时，值班的经理人员担负全部的酒店管理工作
驻店经理	在传统运营模式中，中型规模酒店的驻店经理负责酒店的房务运营管理、餐饮运营管理、会展运营管理和康乐运营管理工作。驻店经理常住宿在酒店，每天工作 10 余个小时，1 周工作 6 天。现代酒店的驻店经理根据酒店的规模和管理模式，将部分业务运营权授予酒店的业务总监或部门经理。例如，授予房务部经理的房务经营权，授予餐饮部经理的餐饮经营权，授予营销部经理或会展部经理的会展经营权。尽管如此，现代酒店驻店经理仍负责酒店日常的全部运营管理工作
业务总监	现代大型酒店常设立业务总监职务，包括人力资源总监、营销总监、财务总监、工程总监、房务总监和餐饮总监。在酒店总经理的领导下，酒店的各业务总监分管部分运营管理工作，与酒店总经理共同组成管理团队

（2）中层管理者是指酒店的部门经理，他们是酒店运营决策的执行者，被称为职能层管理人员，负责制订部门具体的运营计划，执行高层管理者授予的指挥权和管理权并向高层管理者汇报工作。例如人力资源部经理、营销部经理、财务部经理、房务部经理、餐饮部经理、工程部经理和安全部经理等均是中层管理者。

（3）基层管理者是指在运营、生产和服务第一线的管理人员。他们负责运营计划和战略决策的落实工作，实施具体运营计划，负责运营和服务现场的指挥和监督，常被称为执行层管理人员或一线管理人员，例如房务部楼层主管、餐厅经理、大厅副理等。

2. 根据管理内容划分

根据酒店管理内容，酒店管理者可分为综合管理者和职能管理者。综合管理者是指负责领导、指挥、协调和控制酒店各职能部门的管理人员，他们是酒店总经理、副总经理、驻店经理、业务总监、总经理办公室主任等。综合管理者对实现酒店整体目标负有责任，他们拥有指挥和支配酒店所有或部分资源与职能活动的职权。职能管理者是指在酒店内负责某项职能的管理人员。这些管理者只对酒店某一专业领域的工作负责，并只在本职能或本专业领域内实施管理。职能管理者通常具有某专业或技术专长，例如，餐饮部经理、房务部经理、财务部经理、会展部经理、工程部经理、安全部经理等（见表 3-2 和表 3-3）。

表 3-2 中型酒店综合管理者和职能管理者

综合管理者	职能管理者
总经理、副总经理、驻店经理、总经理办公室主任	餐饮部经理、房务部经理、人力资源部经理、财务部经理、会展部经理、工程部经理、安全部经理

表 3-3　大型酒店综合管理者和职能管理者

综合管理者	职能管理者
总经理、副总经理、驻店经理、人力资源总监、财务总监、营销总监、餐饮总监、房务总监、工程总监、总经理办公室主任等	中餐部经理、西餐部经理、宴会部经理、酒水部经理、餐饮后勤部经理、前厅部经理、客房部经理、洗衣部经理、招聘与校企合作部经理、培训部经理、人事管理部经理、财务管理部经理、会计核算部经理、采购部经理、IT(信息技术)管理部经理、会展部经理、宴会部经理、销售部经理、工程部经理、设备运营部经理、安全部经理等

3.3.3　酒店管理者

酒店管理者是指根据企业内外环境的变化,合理分配部门的各种资源,协调内部各项活动,与其他成员一起实现既定目标的人。由于酒店管理者在时间、精力和能力上是有限的,不可能完成组织的所有工作,所以酒店管理者必须善于调动职工的积极性,与他们一起共同努力完成组织目标。

1. 酒店管理者的素质

酒店管理者的素质包括品德、知识、技能、身体和心理等素质。酒店管理者的素质是酒店管理水平与能力的基础,是做好酒店各项业务工作并取得管理绩效极为重要的主观条件。酒店管理者的素质主要包括品德素质、知识素质和身心素质。

1)品德素质

品德素质是指酒店管理者的道德品质,是管理者依据职业道德标准所表现出的行为特征。品德素质标准通常是推动个人行为的主观力量,决定了个人的工作愿望和热情。酒店管理者必须具备良好的品德素质,包括强烈的事业心和责任心,开拓进取精神,正直与诚实、谦虚与谨慎的品德。

2)知识素质

知识素质是指酒店管理者掌握的基础知识、专业知识和相关知识。由于现代酒店管理需要管理者掌握丰富的知识,因此知识素质是酒店管理者的基础素质。酒店管理者应掌握的知识包括经济知识,法律知识,人力资源管理知识,营销知识,建筑与工程管理知识,酒店的房务、餐饮与会展运营管理知识等。

3)身心素质

身心素质是指酒店管理者本人的身体状况与心理条件。酒店管理人员必须身体健康、意志坚强、乐观开朗。

2. 酒店管理者的技能

优秀的酒店管理者应掌握三种技能:概念技能、人际技能和技术技能。在酒店管理中,不同层次的管理人员对管理技能的需求程度不同,酒店高层管理人员需要掌握概念技能,中层管理人员需要掌握人际技能和概念技能,基层管理人员需要掌握技术技能和人际技能。根据工作需要,层次越高的管理人员对概念技能的需求越高,而概念技能的高低已成为衡量高层管理者业务素质的标准。与之相反,基层管理者更应重视技术技能,因为他们的主要职责是运营和服务现场的指挥与监督工作。

1)概念技能

概念技能(conceptual skill)是指酒店管理者观察、理解和处理各种复杂关系的能力,包括对复杂运营环境的观察和分析能力,对酒店整体运营战略的制定和长远发展规划的决策能力,对突发紧急事件的应变能力等。其核心是一种观察能力和思维能力。这种能力对酒店的战略决策和长远规划具有极为重要的意义,是酒店高层管理者必须具备的技能。

2)人际技能

人际技能(human skill)是指酒店管理者处理人际关系和协调部门及相关企业的沟通技能,包括观察人和理解人的心理规律的能力。管理者必须与职工融洽相处,具有与上级领导、下级职工沟通的能力及了解并满足本部门职工需要和进行有效激励职工的能力。管理者应具备团结他人并增强凝聚力的能力。在以人为本的现代酒店运营中,人际技能对于管理者而言极其重要。

3)技术技能

技术技能(technical skill)是指酒店管理者,特别是基层管理者掌握与运用专业知识和专业技术的能力。专业知识和专业技术包括房务运营管理知识、餐饮运营管理知识、会展运营管理知识、营销宣传和推销技术知识、财务管理知识、工程管理和安全管理知识及相应的管理经验、管理技术和服务技术等。当然,不同部门的业务管理人员必须首先熟练地掌握本部门专业领域的知识和技能。

3.4 组织创新与变革

随着国际酒店业竞争的加剧和酒店运营目标的发展,酒店组织必须不断地进行创新和变革。酒店组织创新是指在酒店运营中,管理人员对组织目前创造价值的方法和运作程序进行评估和重新设计,使其丢弃落后的方法和机制,通过创新技术、设备、人员、知识和文化,创新酒店组织结构。酒店组织变革也被称为酒店组织调整,是指酒店为了自身的生存和发展,对不利于自身竞争的组织结构和部门及岗位进行调整的过程,包括对组织的职权关系、集权程度和工作职责等的调整。

3.4.1 组织创新与变革原因

任何酒店组织都是随着运营环境的变化而不断地进行自我完善的。因此,酒店组织创新与变革受酒店外部环境变化和酒店内部因素变化的影响。

1. 酒店外部环境

酒店外部环境是指能对酒店运营效果产生影响的外部力量,而酒店外部环境不受酒店管理者、决策者的影响与控制。酒店外部环境因素包括国内外市场需求的变化、产业结构调整、政府经济政策调整和科学技术发展等。这些因素都可能成为酒店组织创新与变革的原因。根据酒店运营实践,酒店必须不断地从外部获取资源,再将产品送到外部。这样,在酒店外部环境发生变化时,酒店赖以生存的各种运营条件会受到影响。因此,酒店组织只有进行相应的调整和改变，才能取得理想的运营效果和发展空间。对酒店组织创新与变革产生影响的外部环境因素主要有以下几个。

1）顾客因素

顾客是购买酒店产品的主体，酒店因满足顾客的需求而生存。随着科学技术的发展和市场竞争的加剧，顾客需求在不断地变化，酒店必须持续地发现和满足顾客的需求，开拓和创新产品，满足顾客潜在的需求，并通过建立、保持与顾客的良好关系，提高顾客满意度，只有这样才能提高顾客对企业的忠诚度。

2）竞争因素

在市场竞争日趋激烈的今天，所有酒店都面临着竞争对手的挑战。通常，酒店在新产品开发、价格制定、营销渠道选择、广告促销、售后服务等方面的策略变化会对竞争对手的运营产生重要影响。

3）科技因素

当今，科学技术正以前所未有的速度向前发展，知识和技术作为最重要的运营要素极大地改变了酒店的运营模式和服务方法。知识经济时代，随着现代科技的发展，计算机和网络技术使酒店运营技术和服务效率不断地提高。同时，技术领先的酒店比同类酒店在成本控制、产品创新及顾客满意度等方面更具有竞争力。可见，科学技术的发展要求酒店必须进行相应的创新与变革。

4）经济因素

随着全球经济一体化，不仅国内的利率、通货膨胀、经济周期等因素会影响酒店业的运营和发展，国际经济形势的变化也会对我国酒店业的运营产生重大影响。当前，我国酒店业在“一带一路”机制下，在进军国际大市场的同时，不仅要在国际市场上与外国同行展开竞争，在国内市场也面临着国际竞争者的挑战。这一切都对酒店组织的变革和创新提出了更高的要求。

5）法律因素

酒店运营行为必须符合国家有关法律和法规，从事跨国运营的酒店还必须遵守东道国的法律。这些法律和法规在酒店职工聘用、产品质量水平、广告发布、污染防治等诸多方面都做出了具体规定。同时，几乎世界所有国家对酒店业和餐饮业的运营，都有严格的法律规定。随着时间的推移，各国原有的法律和法规还会因经济和市场的变化而进行修订和补充。这样，无论是新法规的出台，还是原有法律的修订都会对酒店运营产生影响，导致酒店组织的创新与变革。

6）政治因素

政治因素的变化对于跨国运营的酒店集团尤为重要。一方面，东道国的政治局势将直接影响跨国酒店集团的日常运营；另一方面，国家和地区之间在贸易政策上的调整也会对从事跨国运营的酒店产生深远的影响。因此，跨国集团在选择合作伙伴时，常把东道国的政治条件作为一个重要的因素。

2. 酒店内部因素

1）运营目标

每个酒店都有自己的运营目标。在酒店发展的不同时期，酒店运营目标各不相同并随着酒店的发展变化而变化，例如酒店规模的变化、酒店目标市场的调整、酒店产品的创新等。酒店组织结构是为适应酒店运营目标而服务的。因此，当对酒店运营目标进行调整时，酒店组织结构也应随之进行调整。

2）酒店规模

随着酒店运营的发展和变化，酒店规模也会发展和变化。通常，在酒店发展初期，酒店规模较小且产品单一。酒店管理者常采用集权式的直线职能式组织结构。随着酒店产品的种类变化，酒店运营能力提高，酒店规模扩大，酒店组织必须调整并采用职能参谋式和扁平式组织结构。

3）技术因素

随着酒店技术和管理模式等方面的发展和变化，酒店组织结构会发生变革。例如，酒店实行技术改革，引进新设备等，这时就需要调整一线服务部门和工程部门的职务和岗位职责，并协调服务部门与运营部门之间的工作。酒店运营中的技术因素主要包括生产和服务设备、生产与服务方法、新的产品质量标准和新的运营手段等。通常，酒店生产和服务技术变得复杂时，酒店会对部门专业化和协作水平提出更高的要求，这时相应的组织结构和工作职责也会发生调整。

4）管理因素

管理技术的发展和信息技术的广泛应用，使酒店的服务和管理水平不断得到提高。因此，酒店会更多地采用授权和团队工作方式，组织结构呈现扁平化。酒店运营和服务软件和硬件的发展和管理人员业务素质提高也要求酒店精简职能部门，变革组织结构，重新界定职权范围及调整专业职务。

5）职工构成

酒店职工构成包括年龄结构、知识结构、技术能力及价值观等因素。酒店职工的构成和业务素质的变化常引发组织中的职务数量和职务种类的变化。如果酒店聘用新职工，原有职工离职或退休时，酒店组织常会发生调整与变革。现代酒店，在人才竞争的背景下，职工的变动常激发组织的创新与变革。

6）运营状况

酒店运营状况是影响酒店组织创新与变革的重要因素。通常，当酒店绩效和市场占有率下降，产品质量出现问题，酒店资金周转不力和运营缺乏活力时，酒店会调整与变革组织结构。根据酒店运营实践，死板的组织结构，其运营决策迟缓，指挥不灵，信息流动不畅，职责重叠，管理效率低，会造成职工士气低落、不满情绪增加，管理人员流失严重。

3.4.2 组织创新与变革过程

组织创新与变革的成效关系着酒店的生存和发展。因此，组织创新与变革应遵循科学的程序，决不可草率行事。酒店组织创新与变革的过程主要包括组织诊断、创新与变革设计、创新与变革实施及创新与变革评价（见图 3-10）。

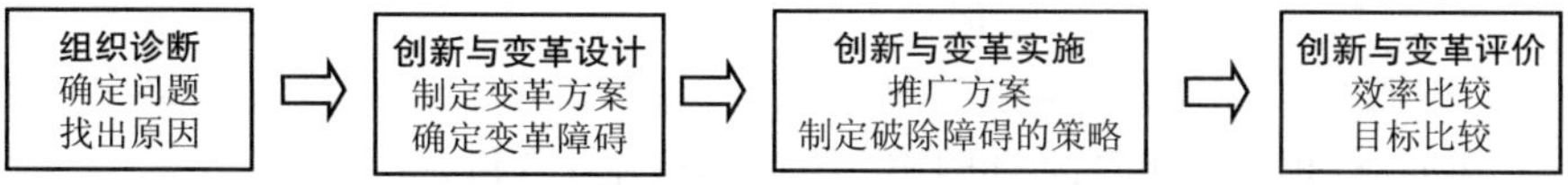

图 3-10　酒店组织创新与变革过程

1. 组织诊断

在实施组织创新与变革前，酒店管理人员和外部专家首先要共同根据酒店外部环境与内部因素的变化，对酒店组织现状进行综合分析和全面调查，研究酒店组织存在的主要问题，找出原因，以便为组织创新与变革打下良好的基础。这是酒店组织创新与变革的首要步骤。

2. 创新与变革设计

在对酒店组织问题进行诊断的基础上，专家和参与人员进行信息交流、共同讨论、多方论证，提出酒店组织创新与变革的目标和方案，作为行动指南。同时，要根据酒店实际运营情况预测组织创新与变革中可能遇到的障碍。这是酒店组织创新与变革工作的关键。

3. 创新与变革实施

在确定了组织实施创新与变革方案后，应充分利用酒店的各种资源，动员全体职工，按照变革计划所规定的内容和程序逐步推广实施。在创新与变革计划实施的过程中，要对创新与变革过程进行管理。根据创新与变革情况及时修正计划中不合实际的内容，确保酒店组织创新与变革的科学性和有效性。这是酒店组织创新与变革的核心程序。

4. 创新与变革评价

酒店组织实施创新与变革后，必须通过信息反馈评价创新与变革的实际效果，找出创新与变革过程中存在的问题，分析原因，为下一步创新与变革工作提供依据。具体评价方法有两种：第一种，对比酒店组织变革前后的指标差异；第二种，以行业运营效果最优的酒店指标为标准，衡量组织实施创新与变革后的酒店工作绩效。这是酒店组织变革的必要程序。

3.4.3　组织创新与变革形式

1. 结构创新与变革

结构创新与变革是指通过改变酒店职务结构和职权关系来提高工作绩效。酒店组织结构的改变通常是指通过职务或岗位的再设计，使一些职务的职责和工作内容发生变化。组织结构的创新与变革还包括上下级关系的改变。例如，在酒店创业阶段，总经理常直接负责各运营细节方面的管理工作，中层管理人员通常没有自主权和决策权。但是，当酒店发展到一定的规模，具有较高级别，或酒店产品的生产与服务更加专业化时，酒店会对部门经理和业务主管的岗位职责进行调整，扩大其自主的运营指挥权。

2. 人员创新与变革

人员创新与变革是指当酒店运营目标发生变化时，酒店对职工的业务素质、专业知识和工作技能的要求会发生变化与调整。酒店管理人员常在酒店内部或外部选择职工以满足酒店发展的需要,并向现有职工提供专业指导与培训,提高职工的专业知识和技能水平,淘汰一些不能胜任工作的人员或调整人员岗位。人员创新与变革的最终目标在于提高职工的工作质量和工作效率,使职工能完成酒店的运营目标。

3. 技术创新与变革

技术创新与变革是指酒店使用新的软件和设施、新的运营模式将各种资源转变成酒店的新产品和新服务。当今,科学技术的飞速发展无疑也推动了酒店组织的创新与变革。技术创新与变革不仅是技术方面的问题,而且给酒店管理者带来了很大的冲击和挑战。

4. 环境与文化创新与变革

酒店的工作环境直接影响职工的工作质量和效率。环境创新与变革是指通过优化工作场所的空间结构、设备布局等措施提高工作效率,从而优化酒店的组织结构。文化创新与变革是指通过创新企业文化和管理方法,调整和改变职工的运营意识和社会责任,进而优化酒店职能部门和职务,从而提高酒店运营质量和效率。

3.4.4 组织变革方法

根据组织变革的切入层次及程序的不同,组织变革可采用不同方法。

1. 根据切入层次的不同

根据切入层次的不同,组织变革可采用自上而下、自下而上、上下结合三种方法。

1)自上而下的方法

自上而下的组织变革是指先从酒店中上层管理职务变革开始,再扩展至酒店整体组织。这种组织变革方法便于对酒店整体组织进行调整。由于变革方法涉及面广,因此需要进行周密的计划。

2)自下而上的方法

自下而上的组织变革是指先从基层组织变革开始,然后进行中上层职能部门变革。这种变革方法可逐步地变革酒店组织,待看到局部效果后再进行酒店整体的组织变革。这种方法的缺点是组织变革时间较长。

3)上下结合的方法

上下结合的方法是指对酒店高层组织和基层组织同时进行变革的方法。这种变革方法的特点是对高层和基层管理职务同时进行变革并将各层管理职务有机结合,统筹安排。

2. 根据变革程序的不同

根据变革程序的不同,组织变革可采用快速变革法和阶段发展法。

1)快速变革法

快速变革法是指在短时间内一次性地对酒店组织进行调整和变革。这种变革方式一次到位,解决问题迅速。但是,由于酒店组织变革涉及面广,特别是在其他配套措施未能跟上的情况下,这种方法往往容易造成工作疏漏,甚至使变革中途夭折。因此,快速变革法只有在酒店面临重大危机,迫切需要变革时,或在职工心理承受能力和环境充分允许的条件下,才能进行。

2)阶段发展法

组织变革的阶段发展法是指在对酒店组织现状和内外条件综合分析的基础上,有计划、有步骤地逐步进行组织变革，最终完成组织变革的总目标的方法。其优点是，由于分阶段进行组织变革，每个阶段的工作可及时总结、及时修订和及时完善。这种方法提高了酒店职工对组织变革的承受力，但是这种组织变革方法的效果的显现比较慢。采用这种变革方法，必须使每一阶段的变革服从于总体的组织变革，并把各阶段之间的变革有机地衔接起来，以保证有效地实现酒店组织变革的总目标。

3.4.5　变革阻力管理

1. 组织变革阻力

酒店组织变革通常不是一帆风顺的，在变革的过程中总会出现各种阻碍力量。组织的任何变革都涉及对原有的制度、组织关系、行为规范和传统习惯的改变和调整，但让酒店职工放弃酒店固有的运营理念和工作方式却并不容易。这就使得部分酒店职工出现心理上的失衡和行为上的抵制，他们竭力以各种方式反对组织变革，成为酒店组织变革的阻力。根据研究，大型酒店组织变革过程比较复杂，变革的阻力较大。酒店组织变革的阻力主要来自职工个人和职能部门两个方面。职工个人对组织变革的阻力表现为酒店职工被动地应付变革或消极怠工，甚至离职调动。职能部门对组织变革的阻力表现为业务开展不力，工作效率低。这些阻力既影响酒店正常运营，又妨碍酒店组织变革的顺利进行，更会危及酒店未来的业务发展。

2. 阻力产生的原因

1）心理因素

一般而言，酒店组织变革的阻力在很大程度上来自酒店职工对组织和职务不确定性的恐惧。通常，一些酒店职工有安于现状的习惯，对组织变革会自然地产生抵触情绪。因此，任何组织的变化、管理制度与行为规范的调整都会使他们的内心产生恐慌与不安。

2）职工利益

酒店组织变革常会影响部分职工的利益，由于组织变革会打破原有的组织平衡、职务平衡，管理层、职能部门和职务结构会重新调整，因而组织变革会影响部分职工和管理人员的经济利益。

3）认识问题

在酒店组织创新与变革时，一些职工会对组织的变化前途缺乏足够的认识和信心。由于没有意识到面临的市场环境压力，酒店职工对组织变革缺乏应有的紧迫感，缺少变革的勇气和承担风险的能力，不愿做变革的先行者，他们甚至认为，酒店组织变革是多此一举，会影响正常的营业和服务。

3. 排除阻力的方法

1）增进内部沟通

酒店组织变革阻力产生的原因之一是沟通不畅。酒店组织变革的准备工作是与职工进行良好的沟通，做好组织变革的宣传和解释工作，开诚布公地说明酒店目前所处的运营环境、面临的机遇与挑战，改变职工对变革的错误认识。一般而言，酒店与职工的沟通能增进信任、达成共识，增强职工对组织变革的紧迫感，为酒店组织变革做好事先的准备工作。

2)加强职工培训

职工培训工作可提高职工对酒店组织变革的理解和适应能力。酒店的组织变革应从职工的理念变革开始。酒店通过加强自下而上的营销理念和组织管理理论等方面的培训,可以使职工接受新的市场营销理念,学会从新的组织视角来看待组织变革,掌握新的组织方法,增强对组织变革的承受力,提高对酒店组织变革的重视度。

3)全体职工参与

酒店组织变革需要全体职工支持。实践证明,全体职工参与组织变革的效果优于部分职工参与,部分职工参与组织变革的效果优于没有一线职工参与。因此,酒店的组织变革必须全体职工参与,这样可最大限度地排除变革中可能出现的阻力。

4)把握变革时机

把握组织变革时机是酒店组织变革成功的重要保证。组织变革必须选准时机,循序渐进,协调发展。在酒店组织变革前,酒店受理人员应详细分析可能发生的各种问题,预先采取有针对性的防范措施,为酒店组织变革创造最佳的环境和基础。

本章小结

酒店组织作为职工组合,是为实现酒店既定的运营目标,有意识地协调运营活动而组成的职工群体。酒店组织类型有正式组织、非正式组织、机械组织、有机组织、实体组织和虚拟组织。酒店组织结构随酒店运营发展而发展,常见的酒店组织结构有直线式、职能式、直线职能式、扁平式、矩阵式等。酒店组织设计是指在一定市场环境下,为有效实现运营目标而对其运营实体进行的规划和安排,是对酒店组织系统的整体设计工作。酒店组织设计包括静态组织设计和动态组织设计。

酒店职能部门常分为运营部门和后勤部门。运营部门也称一线部门或收入部门。这些部门的共同特点是面向顾客提供酒店服务,产生运营效益。后勤部门也被称为支持部门,这些部门不直接面向顾客或不直接产生营业收入。酒店管理团队是一个经酒店投资者授权、代表投资者利益的全部管理人员的集合。酒店管理团队必须有效地完成投资者规定的各项运营指标。酒店组织必须随运营目标的变化而不断地进行创新和变革。酒店组织变革是指酒店为了自身的生存和发展,对落后于市场的组织结构、部门和岗位进行有计划的调整和规划的过程。

练习题

1. 名词解释题

有机组织、虚拟组织、驻店经理、酒店组织变革、酒店组织设计

2. 判断对错题

(1)人员创新与变革是指酒店运营目标发生变化时,酒店对职工的业务素质、专业知

识和工作技能的要求会发生变化与调整并淘汰或调整一些不能胜任工作的人员。(　　)

(2)酒店的实体组织是指管理跨度大、等级层次少的组织。该组织的成员有较高的素质和专业技能并具有根据企业的特点制定发展目标的工作能力。(　　)

(3)职能式组织结构又称单线制结构,以垂直方法进行管理。信息沟通和传递只有一条直线渠道。一个下级只接受一个上级管理者的指挥,组织结构简单,权责分明,便于统一指挥、集中管理。(　　)

(4)快速变革法是指在短时间内一次性地对酒店组织进行调整和变革。这种变革方式一次到位,解决问题迅速。(　　)

(5)现代酒店精简职能部门,缩小了上下级之间的距离,使酒店组织趋于平面化和简单化,提高了酒店的应变能力,提高了运营效率。(　　)

(6)职能部门化是根据运营职能设立部门,包括产品设计、生产、营销和服务等一系列的工作。这种组织设计可充分地利用职工专业知识和技能,发挥专项产品的生产和运营优势。(　　)

3. 问答题

(1)简述酒店管理团队的划分。

(2)简述酒店管理者的类型。

(3)论述酒店各职能部门的主要职责。

(4)论述组织创新与变革的形式。

(5)论述酒店组织的类型与结构。

(6)分析酒店组织创新与变革的原因。

主要参考文献

[1] 金锡万. 管理创新与应用[M]. 北京:经济管理出版社,2003.

[2] 黑尔里格尔,斯洛克姆,伍德曼. 组织行为学[M]. 北京:中国社会科学出版社,2001.

[3] 吴培良,郑明身,王凤彬. 组织理论与设计[M]. 北京:中国人民大学出版社,1998.

[4] 卡明斯. 组织发展与变革[M]. 李剑锋,译. 北京:清华大学出版社,2003.

[5] 陈国海. 组织行为学简明教程[M]. 北京:清华大学出版社,2010.

[6] 陈春花,曹洲涛,宋一晓,等. 组织行为学[M].4 版. 北京:机械工业出版社,2020.

[7] 魏江. 管理沟通:成功管理的基石:第 4 版[M]. 北京:机械工业出版社,2019.

[8] 吉布森,伊万切维奇,唐纳利. 组织:行为、结构和过程:第 14 版[M]. 王德禄,王坤,等译. 北京:电子工业出版社,2015.

[9] 明茨伯格. 卓有成效的组织:经典版[M]. 魏青江,译. 杭州:浙江教育出版社,2020.

[10] 王长城,关培兰. 员工关系管理[M]. 武汉:武汉大学出版社,2010.

[11] 王朝晖. 跨文化管理概论[M]. 北京:机械工业出版社,2020.

[12] 尤建新,王莉,赵红丹. 管理与组织行为学[M]. 北京:清华大学出版社,2016.

[13] 达夫特. 组织理论与设计:第 12 版[M]. 王凤彬,石云鸣,张秀萍,等译. 北京: 清华大

学出版社,2017.
[14] 季辉. 现代企业经营与管理:第 5 版[M]. 大连:东北财经大学出版社,2020.
[15] 徐飞. 战略管理[M].3 版. 北京:中国人民大学出版社,2016.
[16] 胡春森,董倩文. 企业文化[M]. 武汉:华中科技大学出版社, 2018.
[17] 李建华,刘霞. 现代企业文化理论与实务[M]. 北京:机械工业出版社,2012.
[18] 王天佑,张威. 饭店管理概论[M].3 版. 北京:清华大学出版社,2015.
[19] 赖利. 管理者的核心技能[M]. 徐中,梁红梅,译. 北京:机械工业出版社,2014.
[20] 布鲁斯,汉佩尔,拉蒙特. 经理人绩效管理指南: 快速有效解决员工绩效问题[M]. 陈秋萍,译. 北京:电子工业出版社,2012.
[21] 罗宾斯,库尔特. 管理学:第 13 版[M]. 刘刚,程熙鎔,梁晗,等译. 北京:中国人民大学出版社,2017.
[22] 李晓蕴,郑强国. 管理经济学[M]. 北京:清华大学出版社,2018.
[23] 斯洛科姆,海瑞格尔. 组织行为学[M].13 版. 杨洋,译. 北京:北京大学出版社,2018.
[24] 赵春蕾,王亚玲. 组织行为学[M].2 版. 北京:电子工业出版社,2019.
[25] 罗宾斯,贾奇. 组织行为学精要[M]. 英语版.14 版. 北京:中国人民大学出版社,2021.
[26] KONOPASKE R, IVANCEVICH J M, MATTESON M T. Organizational behavior and management[M].11th ed. New York: McGraw Hill Higher Education,2017.
[27] OKUMUS F, ALTINAY L, CHATHOTH P K. Strategic management for hospitality tourism[M]. 12th ed Ohio: Elsevier Ltd.,2010.
[28] STRYDOM J W. Principles of business management[M] 2nd ed New York: Oxford University Press, 2012.
[29] BOTTGE P R. Leading in the top team[M]. Cambridge: Cambridge University Press, 2008.
[30] SCHEIN E H. Organization culture and leadership [M].5th ed. CA: John Wiley & Sons, Inc.,2016.
[31] RAO M. Knowledge management tools and techniques: Practitioners and experts evaluate KM Solutions[M]. MA: Elsevier Inc.,2005.
[32] SHARMA P. Intercultural service encounters: cross-cultural interactions and service quality[M]. Switzerland: Palgrave Pivot,2018.
[33] FLOYD K, CARDON P. Business and professional communication: putting people first[M]. New York: McGraw Hill Education,2019.
[34] WOOD R C. Hospitality management: a brief introduction[M]. London: Saga Publications Ltd.,2015.
[35] JAUHARI V. Hospitality marketing and consumer behavior: creating memorable experiences[M] Oakville: Apple Academic Press,2017.
[36] WALKER J R. The Restaurant: from concept to operation[M]. 6th ed. New Jersey: John Wiley & Sons, Inc., 2011.
[37] SANKARAN S, MULLER R. DROUINN Cambridge handbook of organizational project management [M]. Cambridge: Cambridge University Press,2017.

第4章 酒店市场营销

本章导读

酒店市场是酒店或酒店集团销售其房务产品、餐饮产品和会展产品等的场所，而酒店市场营销（可简称为“酒店营销”）是指通过顾客满意而打造酒店市场优势及赢利的运营活动。当代酒店营销已不能仅以广告和推销等传统观念来理解，而是应以满足目标顾客需求的营销理念为基础。通过对本章的学习，读者可了解酒店营销基本概念、酒店营销环境特点，熟悉酒店营销任务，掌握正确的酒店市场定位方法和营销策略。

4.1 酒店营销概述

市场是酒店营销的出发点与归宿，是酒店产品交换的环境场所，酒店的一切营销活动都围绕着市场展开。因此，掌握酒店市场营销的相关知识必须从理解酒店市场及其相关概念开始。

4.1.1 酒店市场

1. 酒店市场的含义

酒店市场是酒店与顾客进行交易的场所，酒店的一切营销活动都是围绕着市场展开的，这一含义代表了酒店市场的场所论或空间论。例如，酒店大厅中的前台、餐厅和酒吧及酒店外部的营销中介，包括中间商的网络平台、旅行社、会展运营商、航空公司和特许联营企业等都是酒店与顾客进行交易的场所。不仅如此，酒店市场还常指个人消费者和组织购买者及其对酒店产品需求的总和，包括现实的需求和潜在的需求。同时，酒店市场还是买方和卖方、供给和需求相互作用的总和。由此，在买方市场中，酒店产品供给大于需求；在卖方市场中，酒店产品需求大于供给。此外，酒店市场是社会整体市场的一个组成部分。酒店的营销活动只能在社会整体的营销市场中展开。这样，酒店营销与社会整体市场相互影响并保持着紧密的交换关系。

2. 酒店市场的构成要素

根据市场营销学理论，市场即需求。因此，酒店只有不断地满足顾客的需求才能取得满意的营销效果。基于这一理论，酒店市场构成要素包括购买酒店产品的顾客、满足酒店产品消费需要的购买力及购买欲望，这3个要素互相制约，缺一不可。因此，评价酒店市场的容量(或规模)时,可根据这3个要素进行(见表4-1)。

表4-1 根据酒店市场构成要素评价酒店市场容量

顾客(个人消费者与组织购买者)	购买力	购买欲望	市场容量
多	低	有	小
少	高	有	有限
多	高	无	有限
多	高	有	大

1)顾客

顾客是指购买各类酒店产品的个人消费者和组织购买者的总和。顾客是酒店产品市场的主体,没有顾客及其需求就没有酒店市场。当然,个人消费者(以下简称"消费者")和组织购买者的数量及其购买需求和影响因素是影响酒店市场发展与变化的基本因素。

2)购买力

购买力是指顾客支付货币购买各类酒店产品的能力,可分为个人购买力和组织购买力。个人购买力与其经济收入紧密相关。组织购买者的购买力是指各类工商企业、政府机构、学校、医院及各协会团体等非营利组织购买酒店产品的货币支付能力。同样,组织购买力的大小也取决于其经济收入状况。这些收入主要包括工商企业的营业收入、政府的财政收入、政府拨款或社会捐助等。

3)购买欲望

购买欲望是指消费者和组织购买者为了满足其生活与工作需求而希望购买酒店产品的欲望。购买欲望常受个人与组织的工作与文化环境等的影响。同时,购买欲望是顾客将潜在购买力转化为现实购买力的前提。因此,购买欲望是构成酒店市场的基本要素之一。如果顾客没有购买酒店产品的欲望,就不会形成现实的对酒店产品的需求,从而对酒店市场的容量产生负面影响。综上所述,酒店市场的三个主要构成因素可通过以下公式来表示:

酒店市场 = 顾客 + 购买力 + 购买欲望

4.1.2 酒店市场功能

酒店市场功能是指酒店市场各种要素组成的有机整体所具有的职能。根据研究,酒店市场具有较强的功能,主要包括交换功能、供给功能、反馈功能和调节功能等。

1. 交换功能

酒店市场的交换功能表现为以市场为场所或中介促进和实现酒店产品的交换。在商品经济条件下,酒店销售产品或消费者和组织购买者购买酒店产品都是通过市场进行的。因此,酒店市场不仅为买卖双方提供了产品交换的场所,而且通过等价交换的方式促成酒店产品使用权或所有权向使用者转移,从而实现酒店产品使用权或所有权的交换。与此同时，酒店市场通过各种营销渠道，推动产品从酒店向消费者和组织购买者转移，从而完成交换。这种促成和实现酒店产品使用权或所有权的交换的功能是酒店市场最基本的功能。

2. 供给功能

通常，酒店市场营销活动顺利进行的基本条件是市场上存在可供交换的酒店产品。因此，酒店市场似乎是一个磁场，吸引着众多的酒店，从而形成一个强大的酒店产品供应源，然后通过市场交换，实现向消费者及组织购买者供给酒店产品的功能。因此，离开市场的供给功能，消费者和组织购买者就无法购买所需的酒店产品，而酒店也无法购买所需的设备和原材料。

3. 反馈功能

酒店市场的反馈功能是指酒店市场把交换活动中产生的信息传递和反映给交换当事人的功能。酒店市场不仅是顾客购买酒店产品的场所，也是酒店获取营销信息的重要途径。酒店产品最终要经过市场的检验，得到市场的承认，实现其社会价值。通常，酒店在与顾客进行交换时，不断地获取有关产品销售与消费等的信息。这些信息的形式和内容多种多样，为不同种类的酒店产品销售提供参考。酒店通过对顾客的消费偏好和需求做出判断和预测以决定和调整酒店产品的生产和营销策略。随着社会信息化的发展，酒店市场的反馈功能会日益得到加强和改善。

4. 调节功能

酒店市场的调节功能是指在市场机制的作用下，酒店市场可自动调节营销过程。酒店市场作为商品经济的运行载体和现实表现，本质上是价值规律发生作用的形式。价值规律通过价格、供求和竞争等的作用转化为经济活动的内在机制，因此酒店市场常以供求调节、价格调节和竞争调节等方式对酒店营销全过程进行自动调节。

4.1.3　酒店市场类型

1. 根据消费区域划分

基于消费区域，酒店市场可分为国际市场和国内市场，国际市场又可分为欧洲、美洲和亚洲市场等。当然，在这些区域，不同的国家和地区对酒店产品的需求有很大差异。国内市场又可以分为大都市、省会城市与一般城市、本地与外埠、沿海地区与内陆地区等市场。不同消费区域的酒店市场受区域经济发展水平、文化和习俗等因素影响并存在不同的购买需求和消费差异，这些不同与差异主要表现在酒店的类型与等级，产品的种类、功能及特色等上。例如，不同的国家与地区的顾客对酒店的客房、设施、色调和布局等的消费需求不同。

2. 根据市场运行态势划分

基于市场运行态势，酒店市场可分为卖方市场、买方市场和均衡市场。所谓卖方市场是指酒店在市场上处于支配地位，买方处于被支配地位，是在具有压倒性优势的卖方支配下运行的市场。买方市场是指顾客在市场上处于支配地位，酒店处于被支配地位，是在具有压倒性优势的买方控制下运行的市场。均衡市场是指买卖双方大体上处于平衡状态，在双方力量相互制约下稳定而又均衡地运行的酒店市场。

3. 根据购买者划分

基于购买者，酒店市场可分为消费者市场和组织购买者市场两大类。消费者市场是指满足个人或家庭消费需求的酒店市场。其特点是每次购买的产品数量少，需求的变动性较大。组织购买者市场也被称为团队市场，是指满足企业、政府与非营利组织工作需要的酒店市场。组织购买者市场的特点是每次购买的产品数量较大，购买的频率较高，需求弹性小，技术性较强，通常由企业、政府或非营利组织等的专职部门或专职人员购买。

4.1.4 酒店营销

1. 酒店营销的含义

酒店营销是指酒店在市场环境中，为满足顾客的需求，通过市场分析、产品开发、价格制定及促销方式等手段与程序，将产品销售给顾客而获得利益回报的一系列运营活动。当然，酒店营销的含义是发展和变化的，并随着市场的发展和酒店营销活动的变化而发展，主要表现在酒店营销活动的指导思想和人们对酒店营销本身的认识上。著名的营销学家菲利普·科特勒(Philip Kotler)认为，营销是个人与群体通过创造和交换产品与价值，使个人与群体满足各自需要和欲望的社会活动和管理过程。

2. 酒店营销的特点

酒店营销不仅仅是企业的销售活动，也是酒店整体营销战略的制定及实施，是酒店产品开发与生产、价格制定、分销与促销等运营的全过程。现代酒店的一切营销活动都是围绕着市场和产品展开的，是为了实现潜在的交换，与顾客达成交易展开的。因此，酒店不仅要制订好近期的营销计划和落实好一系列的营销活动，而且必须着眼于企业未来的生存和发展及适应未来环境的变化，这是酒店立足长远、获取长期收益的运营活动。因而，酒店各种运营要素的安排，各种运营方针和策略的制定都要为实现酒店营销目标而服务。同时，酒店营销人员应当认识到满足顾客的需求与酒店赢利和实现营销目的的一致性及顾客需求与酒店赢利的依存关系。调查结果显示，酒店对市场需求的满足程度愈高，其赢利水平就愈高。因此，酒店必须发挥自身的优势，只有做到知己知彼，才能取得营销的成功。现代酒店市场营销必须具备创新意识并付诸行动。随着时间的推移，酒店产品的市场需求在不断地变化和发展，竞争对手和市场上的新产品在不断地出现。因此，酒店只有不断地创造更加舒适的房务产品、更加有效和实用的会展产品、更安全和具有特色的餐饮产品、更能满足顾客需要的环境和设施，才能在市场竞争中取胜。

3. 酒店营销的任务

酒店营销的任务是满足和刺激消费者和组织购买者对酒店产品的不同需求以实现酒店营销的既定目标。

酒店营销任务见图 4-1。

图 4-1　休闲茶餐厅

1）扭转型营销

当大部分潜在的顾客厌烦或不需要某种房务产品、餐饮产品或会展产品时，酒店采取措施扭转这种负需求的过程被称为扭转型营销。例如，酒店对某正宗菜系已销售 3 年，使许多顾客因品尝多次，因而入座率和营业额不断地下降。这时，酒店重新筹划了菜单，更换了食材，改进了菜肴风味和工艺，增加了其他的特色菜肴，并进行广告宣传和促销，从而使入座率和营业额不断地上升。

2）刺激型营销

当大部分顾客不了解酒店的某些新产品时，酒店采取措施扭转这种无需求状态的活动被称为刺激型营销。例如，某酒店开发了行政楼层，在开始销售行政楼层的客房时，销售效果并不理想。然而，经过增加和调整该产品的附加价值，如每天为每位顾客免费洗衣一件，每天免费为顾客提供自助早餐、早午茶（brunch）或下午茶，允许顾客免费使用酒店的康乐设施和游泳池等，酒店住宿率不断地上升。

3）开发型营销

当管理人员发现顾客对酒店某种产品有潜在的需求而酒店尚不存在这种产品时，酒店及时开发顾客需要的产品的活动被称为开发型营销。例如，大床间客房、智慧客房、休闲餐饮、主题宴会、视频会议室等都是近年来商务酒店为满足市场的需求而开发的新产品。

4）恢复型营销

当大部分顾客对酒店某些产品兴趣减退时，酒店采取的重新激起人们对市场需求下降的产品的兴趣的营销措施被称为恢复型营销。例如，中国人曾有在茶艺厅饮茶的习惯，后来人们逐渐地对茶艺变得淡漠了。近年来，一些商务酒店和度假酒店根据市场需求兴建休闲茶餐厅，在推出中国传统的茶产品的基础上，调整和创新了餐饮产品。这些产品包括各种餐厅现场配制的茶饮品、咖啡饮品和具有特色的休闲菜系和甜点。同时，这些酒店关注休闲茶餐厅的空间布局和装饰，注重营造内部的文化气氛、增加特色服务设施和器皿、提供个性化的服务及现场音乐等（见图 4-2）。

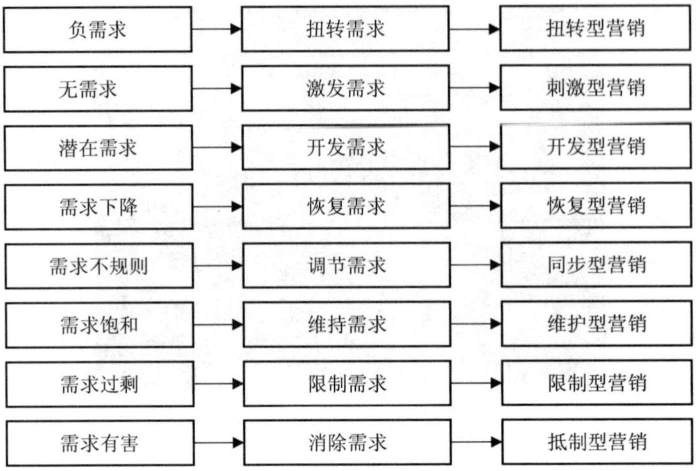

图 4-2　酒店营销任务

5)同步型营销

酒店产品需求量存在着明显的季节和时间不规则的特点,酒店采取的调节供需之间的矛盾的措施被称为同步型营销。例如,调节周末价格和平日价格、旺季价格和淡季价格以满足不同季节的客房需求,根据顾客不同时间的需求,筹划不同种类的菜单和不同价格的菜点及优惠措施等。

6)维护型营销

当酒店某种产品需求达到市场饱和或需求量下降时,企业保持合理的售价,严格控制成本并改进产品质量而稳定产品销售量的活动被称为维护型营销。例如,当某地区经济型酒店客房趋于饱和状态,酒店一方面保持合理的售价,一方面积极改进和提高服务和产品质量,调整产品组合,提供免费的自助早餐或免费的下午茶服务。同时,在傍晚,酒店为客房里的每位顾客提供一块儿免费的小茶点,从而维持客房的销售量。

7)限制型营销

当某种产品需求过剩时,酒店实行限制型营销,主要采取提高产品价格、减少服务项目等办法。例如,某地区酒店的大众化西餐需求超过了其接待能力,酒店采取提高售价的方法限制该产品的销售,降低需求水平。

8)抵制型营销

抵制型营销的目的是禁止出售不合格的产品,保护酒店的品牌和信誉。酒店应对不符合质量标准的客房、会议设施、餐饮等产品采取抵制型营销策略。

4.2　酒店营销环境

任何事物的存在与发展都离不开特定环境,酒店市场营销也是如此。实际上,酒店市场营销就是酒店的营销管理者努力使内部的可控因素与外界的不可控因素相适应的过程。因此,关注酒店内外环境的变化,识别酒店环境变化给酒店带来的机会和威胁是酒店营销管理的基础和任务。

4.2.1　酒店营销环境概述

酒店营销环境的全称是酒店市场营销环境，主要是指与酒店营销活动有关的外部因素和内部体系的集合。酒店营销环境包括酒店营销的宏观环境和微观环境。酒店营销的宏观环境是指与酒店营销有关的间接营销环境，包括人口环境、经济环境、自然环境、政策法律环境、科学技术环境和社会文化环境等。酒店营销的微观环境被称为直接营销环境，是指对酒店营销有直接影响的环境因素，包括供应商、酒店内部环境、中间商、顾客、竞争者和社会公众等(见图 4-3)。这两种营销环境不是并列的关系，微观环境受宏观环境制约，宏观环境借助微观环境发挥作用。酒店营销环境是客观存在的。酒店可以积极地去影响环境，规避环境风险，使环境有利于酒店的生存和发展。

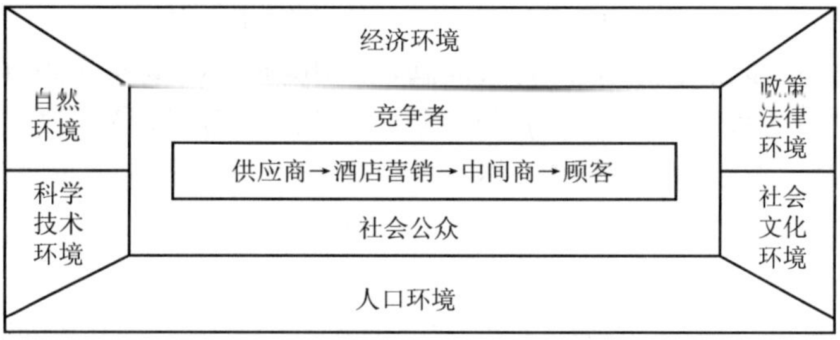

图 4-3　酒店营销环境构成要素

4.2.2　酒店营销环境特点

1. 客观性

首先，酒店营销环境是客观存在的，无论酒店营销者主观上是否认同，事实上酒店市场营销活动总是在一定的外部和内部环境因素的影响和制约下进行的。因此，环境作为外在的并不以营销者意志为转移的因素对酒店营销活动的影响具有绝对性。事物发展与环境变化的关系是适者生存，不适者淘汰，这一规律完全适用于酒店与其营销环境的关系。

2. 不可控性

通常，酒店外部营销环境因素的变化对酒店营销的影响是不可控的。例如，酒店不可能控制某地区的经济发展和政策法规的变化，不可能控制某地区人口发展及变化的趋势，也不可能控制竞争对手的经营手段和营销战略。但是，酒店在不可控制的营销环境下绝不是完全被动的。因为，在影响酒店营销和发展的环境中，许多因素可通过酒店自身的努力得到改善。例如，酒店的产品质量和特色、酒店产品的推销策略及酒店的公众形象等都可以通过酒店自我完善得到改变。因此，酒店应当主动适应环境的变化。

3. 差异性

不同地区和国家的酒店面临的宏观营销环境存在着广泛的差异。当然，各酒店的微观环境也千差万别。然而，同一环境对酒店营销而言，影响的程度也会不同。应当说，酒店的营销环境总是受一定的空间制约。因此，分析酒店的营销环境必须考虑其所在的不同地域的特点。酒店在面对不同环境时，必须采取有针对性的营销策略。

4. 相关性

酒店的营销环境十分复杂,构成因素多,涉及范围广,各营销环境要素之间也具有关联性。一个因素的变化可能导致环境中其他因素发生变化。例如,一个地区的人口因素的变化对酒店的运营和营销产生影响,而一个地区的交通设施的发展与酒店的市场发展存在着相关性。同样,食品原料价格的变化不仅会影响酒店餐饮产品,也会影响旅行社、会展运营企业及竞争对手等的产品价格。

4.2.3 酒店营销与环境的关系

调查结果显示,市场营销环境对酒店的营销和发展有着极大的影响。由于酒店的营销环境有宏观和微观之分,所以环境的作用也就不尽相同。通常,酒店的宏观环境因素是经常变化的,其变化对酒店的营销活动从两个相反的方面产生影响:一方面,为酒店提供了新的营销机会,即为酒店创造了新的未被满足的市场需求,从而为酒店进一步的运营与发展创造条件;另一方面,它可能会对酒店的营销与发展造成障碍或限制,从而使酒店的营销处于困难之中。当然,微观环境可能不会直接给酒店带来机会或威胁。但是,微观环境会影响酒店的竞争力和经济效益。它关系到酒店的可持续发展,是酒店必须认真分析和研究的内容。

由于酒店外部营销环境是酒店不可控的因素,因此酒店同其外部营销环境之间的主要关系是一种适应关系,即酒店要适应外部环境的要求及根据外部环境的变化制定运营战略和营销计划。同时,酒店应结合其内部条件,寻找和发现营销机会,避免和减少市场威胁并通过制定正确的市场营销战略和推销策略来实现酒店的营销目标(见图4-4)。

图 4-4 酒店营销与市场环境

酒店营销环境决定着酒店的命运并影响着酒店的营销效果。如果一个酒店的营销活动与其所处营销环境相违背,那么其营销活动就无法进行。例如,酒店的级别、类型及产品价格等与其所在市场经济环境发展不符或其产品的价格超过了顾客的购买力,人们就会不购买或减少购买酒店产品。因此,酒店在实施营销活动时,要对其市场环境进行深入的研究,以便保证酒店在市场竞争中持续地发展。当然,酒店在市场营销中绝不能仅仅消极地适应环境。酒店在适应环境的前提下,应考虑是否可对营销环境施加影响,使环境朝着有利于酒店营销的趋势发展,从而为自身创造更多的营销机会。

4.2.4　酒店宏观营销环境

1. 人口环境

酒店市场营销涉及人，酒店市场由人组成。人口总数、人口增长和分布、职业和家庭结构、人口流动及人口受教育程度等因素决定着酒店的市场容量。据统计，世界人口增长速度最快的是经济欠发达的国家和地区，它们的人口平均以每年 2%的速度增长，人口总数占世界人口总数的 76%，而发达地区人口增长速度每年仅为 0.6%。

2. 自然环境

自然环境是指与酒店营销有关的自然情况，包括地理位置、面积、地形、自然资源、温度、湿度、气候和交通等。自然环境与酒店营销效果紧密相关。目前，自然环境已经成为旅游业和酒店业关注的核心。在世界某些城市，空气污染和水污染已经达到了相当严重的程度。

3. 政策法规环境

随着我国经济发展，我国酒店管理的法规建设、酒店环保措施和消费者保护法不断地完善。酒店在运营中既要适应这些法规，又要善于捕捉营销机会。目前，与酒店营销相关的法规政策主要包括企业法、民法典、商标法、专利法、广告法、税法、食品卫生法、环境保护法、城市规划法及与市场营销相关的政策等。

4. 经济环境

经济环境是指影响顾客购买酒店产品及消费方式的一些因素，包括原材料、能源、交通、地区经济、就业情况、人均收入、消费水平和消费习惯等。根据经济学原理，地区的经济发展状况必然会影响酒店的运营和发展，处于不同经济发展阶段的地区有不同的消费观念和消费水平。就酒店而言，经济发达地区的消费者重视酒店的级别、客房设施的布局、餐饮产品的安全与特色及酒店内在的文化，包括环境文化和服务文化等。在经济发达地区，小型酒店数目较少，中等规模的酒店和大型酒店较多。经济发达地区的酒店集团常有多个品牌和多种具有特色的产品，能够满足不同的细分市场的需求，其非价格竞争超过价格竞争，通过较多的推销活动来赢得市场。

5. 科学技术环境

科学技术环境是影响酒店运营的主要因素之一。酒店应紧密关注本行业及相邻行业技术的发展，例如互联网、新工艺、新材料、新设备、建筑技术、工程技术、电子技术、园林技术、制造业技术、清洁技术、烹调技术和服务技术等。技术发展可促进酒店的内部环境、设施、家具、菜点、酒水和服务的更新换代。同时，由于技术的发展和变化，顾客的消费行为也发生了变化，更加追求产品的个性化。当今，酒店的智能服务系统是一个需要不断进行丰富和探讨的领域。酒店的智慧系统对提高酒店产品质量、节约能源和成本及提高顾客对产品的满意度起到了重要的作用。迈克尔·波特（Michael E. Porter）认为，科学技术的内涵不仅包括狭义的科技，还包括管理和组织的创新等。因此，酒店运用新的管理理论及实施新技术还可使酒店在市场上获得竞争优势。

6. 社会文化环境

社会文化是指在一种社会形态下形成的价值观念、宗教信仰、风俗习惯、文化教育和道德规范等的总和。饭店在开展房务产品和餐饮产品的创新及举办各项营销活动时,必须适应当地的社会文化环境。

7. 国际环境

国际环境是指酒店在国际营销中面临的经济环境、人口环境、社会文化环境、政策法律环境、自然环境和科学技术环境等。经济全球化是当今世界经济发展的主要趋势。在这种形势下,各国酒店集团及其产品纷纷走出国门,在世界范围内寻找营销和发展机会。目前,旅游业和酒店业已成为国际服务行业的支柱产业。实力雄厚的跨国酒店集团早已把国际市场置于自己的营销范围内并将国际营销观念作为指导企业营销的理念。不同国家与地区的顾客的消费行为、社交方式、穿着举止和价值观不同,因此不同国家与地区的消费者及组织购买者对酒店的环境、设施、色彩、图案、文字和餐饮等的喜好和忌讳及对酒店营销活动的评价有着较大的差异。进而,这些差异会直接影响购买者对其所需产品的质量、品种、功能和特色等的需求。但是,全球化并不意味着中小型酒店必须多国经营。许多成功的企业家认为,只要找到一块合适的区域就可以运营成功。其关键是要审时度势,认真分析东道国的营销环境,仔细权衡风险。

4.2.5 酒店营销微观环境

1. 酒店内部环境

成功的酒店营销必须依靠各业务部门的配合和支持。酒店各部门互相关联、相互制约,这就构成了酒店内部营销环境。酒店高层管理人员制定酒店任务、目标、运营战略和政策,为酒店营销工作提供依据。酒店在制定营销计划时,必须兼顾管理层、执行层和技术水平,营销部必须与其他部门紧密合作,各部门应各负其责。财务部负责筹划所需资金,采购部负责供给原材料,房务部、会展部与餐饮部生产优质的房务产品、会展产品和餐饮产品,人力资源部负责选拔和培训适合的人才,这些部门都对酒店营销起着重要的作用。然而,在日常营销中,酒店部门之间的矛盾时有发生。通常,营销部赞同较宽的产品线,青睐可促进市场开发的价格及理想的价格折扣,而采购部赞同窄的产品线,以方便采购,财务部则坚持各种产品的出售价格都必须高于成本。因此,酒店必须以市场营销为工作中心。为了利于部门间的协调和开发新产品,酒店常制定有效的营销决策,总经理或副总经理应全面负责企业营销工作(见图4-5)。

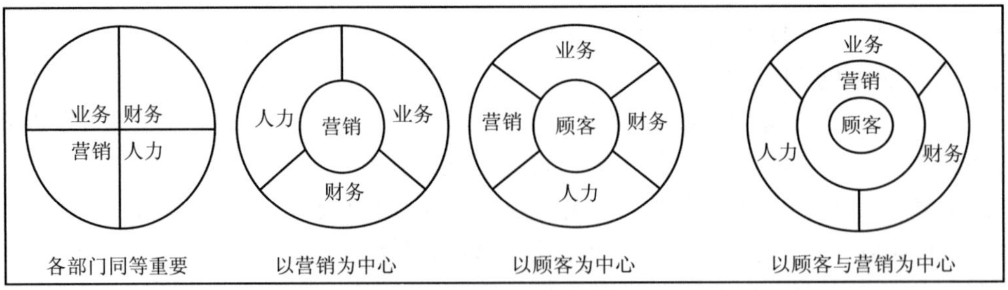

图 4-5 不同的酒店协调模式

注:业务是指房务部、会展部和餐饮部等业务部门;财务是指财务部;营销是指营销部;人力是指人力资源部。

2. 供应商

供应商是酒店“价值传递系统”中的重要一环。其可提供企业所需的各种资源。供应商对酒店营销有着重要的影响，他们提供的食品原料、客房用品、酒店设备、能源和燃料等直接影响酒店产品的质量和特色、产品价格、酒店利润。因此，主管营销的管理人员必须加强与酒店采购部、供应商的沟通与协调，关注其提供的原料和设备的质量。这些因素都是影响酒店品牌、信誉和知名度及顾客满意度的重要因素。综上所述，酒店必须选择那些价格合理，在质量与效率方面信得过的供应商，并与他们建立长期和稳定的合作。

3. 中间商

中间商是指直接或间接协助酒店销售产品的企业、组织和个人。酒店中间商主要包括网络代理商、旅行社、会展运营商、航空公司和特许联营企业等，金融机构和营销服务机构等。中间商是酒店营销活动不可缺少的组成部分，从各方面帮助和协助酒店把产品销售给目标顾客。中间商的工作效率和服务质量直接影响酒店产品的销售状况。因此，酒店应选择有信誉、素质高、有业务能力的中间商并与其进行长期的合作。

4. 竞争者

在市场经济条件下，任何酒店都不可能单独地服务于某一细分市场。因此，酒店进行营销时，不可避免地会遇到竞争对手。由于竞争者常与酒店在同样或相近的市场中进行竞争，因此其一举一动都会影响酒店的生存与发展。当然，对于一个酒店而言，市场竞争者来自多方面。酒店竞争者主要分为三种类型：平行竞争者、形式竞争者和品牌竞争者。此外，酒店市场密度也会对酒店市场产生影响。酒店市场密度是指某一区域中的酒店的数目或销售类似产品的企业的数目。

（1）平行竞争者也称本质竞争者，是指满足顾客同一种需求的、存在竞争关系的不同企业。例如，酒店、民宿企业与房地产商之间存在着竞争，它们都提供住宿产品，然而所提供的住宿产品有不同的设施和服务项目。对于长期需要住宿产品的顾客而言，房地产商公寓能替代酒店公寓。然而酒店公寓提供的服务项目远远多于房地产商公寓提供的服务项目，例如酒店公寓提供安全管理、公寓清扫服务和免费早餐等。但是，房地产商公寓比酒店公寓的价格低得多。

（2）形式竞争者也称行业竞争者，是指生产同一种类的酒店产品，但提供不同规格和特色的产品的竞争者。例如，五星级商务酒店与四星级度假酒店的产品都能满足顾客对房务产品、餐饮产品和会展产品的需求。然而不同类型的酒店产品，其设施、服务和价格存在着一定的差异。但是，在必要的时候，五星级商务酒店可以采取价格优惠策略，向四星级度假酒店的市场销售产品。

（3）品牌竞争者即指存在品牌竞争关系的不同企业。品牌竞争是指满足同一种需要的相同类型的不同品牌的酒店间的市场竞争。例如，万豪国际酒店集团与希尔顿国际集团互为品牌竞争者。

5. 目标顾客

顾客是指购买酒店产品和服务的消费者和组织购买者的总称，是酒店营销与市场发展的基础，是酒店营销微观环境中的重要因素。通常，顾客来自不同的市场，包括消费者市场、工商企业市场、政府市场与非营利组织市场等。此外，顾客还来自国际市场，包括观光旅游者、度假旅游者、事务旅游者、生产商、中间商及非营利组织等。目标顾客也称目标市场，是指具有相同需求或相同消费特征的购买者群体，通常是某一酒店或酒店集团的服务对象。

6. 社会公众

社会公众是对酒店营销具有影响力的群体，其影响力可能促进酒店的营销活动，也可能阻碍酒店的营销活动。社会公众主要包括金融公众、媒体公众、政府公众、社区团体及酒店内部职工等。一个酒店如果希望从某些特定的公众那里得到回应、信任和赞扬，该酒店就需要针对这些公众制定具有吸引力的营销方案以实现营销目标。金融公众主要包括银行、投资公司、证券公司和股东等，其对酒店的融资能力有重要的影响；媒体公众主要包括报纸、杂志、广播电台和电视台等传播媒介，其能直接影响酒店的声誉；政府公众主要是指与酒店营销活动有关的各级政府机构和职能部门，其所制定的方针和政策对酒店营销有着重要的影响；社区公众是指酒店所在区域的居民和社区团体。综上所述，酒店营销活动涉及社会各方面的利益。这些社会公众的意见和建议对酒店的营销决策有着十分重要的影响。因此，酒店必须处理好与社会公众的关系，争取得到公众的支持，为酒店营造良好的营销环境。

4.2.6　酒店营销环境分析

任何酒店都不能靠现有的市场及产品长期生存下去。每个酒店都必须善于发现和抓住新的营销机会。在现实营销中，酒店的营销机会和威胁经常同时存在。酒店营销管理者的任务就是要识别与分析营销环境，抓住营销机会，消除环境中的威胁。因此，酒店营销环境分析是酒店制定运营战略的基础和前提。

1. 酒店外部营销环境分析

酒店外部营销环境是指存在于酒店周围并影响酒店营销的多种客观因素的总和。识别与分析酒店外部营销环境的目的是基于对酒店面临的营销机遇和环境威胁的了解，从环境影响的具体状况进行分析，对环境做出必要的反应。

1）宏观环境分析

宏观环境分析简称 PEST 分析，是对酒店外部的政策法律环境（political）、经济环境（economic）、社会文化环境（social）和科学技术环境（technical）的综合分析，PEST 是以上各因素的英文单词第一个字母的组合。其中，政策法律环境是指制约和影响酒店营销的各种政策与法律及其运行所形成的环境系统，是决定、制约和影响酒店生存和发展的重要因素。一个地区的法律既可保护酒店的正当利益，又可监督和制约酒店的营销行为。酒店的生产、运营和服务等活动都必须自觉遵守有关的法律规定，否则就要受到法律的制裁。因此，正确并充分地利用和适应酒店所面临的政策法律环境，是酒店成功营销的重要保证，也是实现酒店营销效果的前提。酒店在制订营销计划和开展营销活动时，必须对所在地区的经济政策、经济体制、国民生产总值、就业水平、物价水平和消费支出等有详细的了解。当然，酒店营销也必须关注行业的技术发展、竞争者的技术水平、新产品的开发状况及地区的社会文化等（见表 4-2）。

表 4-2　酒店营销宏观环境分析

政策法律环境	经济环境	社会文化环境	科学技术环境
政治稳定性 旅游业政策 税收政策 经济法 旅游法 卫生法 民法典 人事劳动法 环境保护制度 能源政策 物价政策 财政政策 货币政策	经济发展状况 储蓄与信贷 汇率 利率与货币政策 产业政策 政府开支 商业周期阶段 食品原料 能源状况 通货膨胀率 人均可随意支配收入 环境污染	人口状况 劳动力流动 教育与职业结构 社会福利与安全 旅游与休闲态度 宗教与信仰 生活习俗 语言	产业技术 技术开发状况 技术更新速度 能源利用与成本 信息技术发展 技术转让率 新材料 新工艺 新设备

2）产业生命周期分析

产业生命周期规律是产业发展的基本规律。产业发展与产业内企业市场营销之间具有一定的内在逻辑关系。产业生命周期理论自诞生之日起就引起了经济学家和管理学家的极大兴趣。迈克·波特在《竞争战略》一书中论述了新兴产业、成熟产业和衰退产业中的企业竞争战略。酒店业是由具有某种共同特性的企业构成的集合，是我国旅游产业和会展产业等的重要组成部分。通常，酒店的营销状况受旅游业整体发展状况的影响。因此，分析酒店营销外部环境首先要判断酒店业是否有发展机会并根据产业生命周期来判断酒店业所处的发展阶段。产业生命周期理论起源于产品生命周期理论。它是研究产业从诞生到衰退的演变过程中，产业内企业的数目、市场结构及产业创新动态变化等的理论。根据产业生命周期理论，酒店业生命周期可分为 4 个阶段：初创期、成长期、成熟期和衰退期。对这 4 个阶段的划分是按照社会对该产业产品的需求而决定的。某一产业随着市场对其产品的需要而诞生，同样也随着社会对该产业产品的需求的消失而退出。因此，酒店业在其所处生命周期的不同阶段具有不同的营销环境特征。综上所述，产业生命周期是不可抗拒的客观规律，它是影响酒店营销和发展的基本因素之一。因此，酒店在制订营销计划和开展营销活动时必须对其产业生命周期的特点及所处的阶段进行分析、判断和预测，通过营销和市场的发展实现长期赢利并达到延长酒店生命周期的目的。

3）产业结构分析

酒店业是由多个生产和运营相近的住宿产品、会展产品和餐饮产品的酒店组成的，且各酒店生产与销售的产品常可以互相替代。例如，商务酒店的房务产品可替代度假酒店的房务产品，度假酒店的会议产品可替代商务酒店的会议产品等。此外，不同酒店的餐饮产品也常可互相替代。因此，产业结构对酒店营销战略的制定和实施有着重要的影响作用。根据研究，激烈的酒店市场竞争不是巧合，而是源自产业内部的基础经济结构，包括五种竞争力量：潜在进入者、替代品的威胁、购买者的讨价还价能力、供应商的讨价还价能力及现有竞争者的强度。每种竞争力量对某一酒店或酒店集团的重要性可能不同，这五种竞争力量的状况及它们之间相互作用的强度，决定着酒店业竞争的激烈程度和赢利能力。在竞争激烈的区域，各酒店或酒店集团很难获得较高的利润，而在竞争相对不激烈的地区，各酒店普遍能获得理想的利润。如果某一地区酒店业的竞争不断加剧，酒店的投资收益率就会降低。如果酒店的投资收益率长期低于最低收益率，就会使投资者退出该地区的酒店业，将资本转入其他行业。相反，酒店投资收益率长期高于最低收益率，会吸引新的资本流入该产业，包括新加入者的投入和现有竞争者增加的投资。因此，酒店在制订营销计划时，要认真分析以上五种竞争力量，分析每种竞争力量的来源，制定适应产业环境并且有竞争力的营销战略（见图 4-6）。

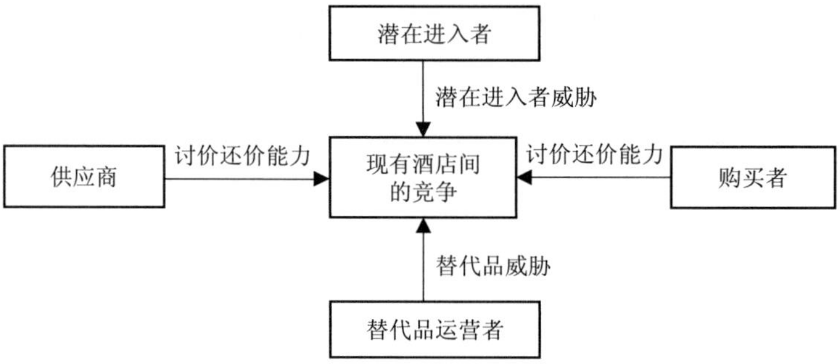

图 4-6　产业结构分析

2. 酒店内部营销环境分析

酒店内部营销环境是指酒店内部或酒店集团内部对营销起着支撑作用的有形资源和无形资源的总和。酒店内部营销环境分析主要包括营销资源分析、核心竞争力分析等。

1）营销资源分析

酒店营销资源是指酒店向社会提供产品或服务的过程中所拥有的并用于实现其营销目标的各种资源或要素的集合，资源反映酒店的营销实力。酒店营销离不开其拥有的资源，而酒店拥有的资源决定其营销的效果。酒店资源主要包括有形资源和无形资源：有形资源容易被识别且易于进行价值估算，例如酒店建筑物、酒店环境与设施、餐厅及其生产与服务设备、客房及其家具等；无形资源不容易被顾客识别，包括酒店所在地的地理与经济环境、酒店品牌、企业文化、酒店信誉、技术资源、管理诀窍及酒店形象等（见表 4-3）。酒店营销管理人员在考量有形资源的价值时，不能仅仅看其数量的多少和账面上的价值，更重要的是要评估它在营销中的价值潜力。各酒店的管理人员和技术人员不同，他们对有形资源的利用能力也就不同。因此，同样的有形资源在不同的酒店会体现不同的营销价值。无形资源常是酒店在长期营销中积累的宝贵财富，酒店营销人员应重视本酒店的无形资源。同时，酒店应不断地创造新的资源并实现各种资源的整合。综上所述，酒店营销资源分析具有重要的意义。表 4-4 为对某酒店中餐厅的营销资源分析。

表 4-3　酒店营销资源分类

有形资源	无形资源
物质资源:酒店地理环境与位置,能源资源,设施和设备性能,原材料的质量、特点、获得渠道和价格 创新资源:高水平的管理人员与研发人员及其创新能力 人力资源:业务熟练、对企业忠诚的高学历与高素质的管理者与职工	财务资源:融资能力、酒店产生现金流的能力 技术资源:专有技术、培训能力、商标等知识产权 商誉资源:商业信誉、品牌、星级

表 4-4　某酒店中餐厅营销资源分析

设施与设备	餐饮服务	菜肴与酒水	宣传与推销
方便与安全的停车场 有特色的外部环境设计 生态与愉快的用餐环境 适宜的温度和湿度 舒适并有特色的桌椅 高雅的餐具与摆台设计 豪华的吧台及装饰 高效、有特色的环境布局 摆放艺术品 安全与卫生的餐具	适宜的温度与湿度 礼貌的服务方式 温馨的问候与交流 适合的服务效率 专业的菜单介绍 方便的结账方式 高质量的服务标准 熟练的服务技术 配套的背景音乐	特色菜肴与酒水 新鲜的原材料 食品营养搭配 严谨的制作工艺 独特的味道与装饰 专业的酒水配制 摆放调味品	餐厅门口展示原料 专业的菜单制作 定制化的菜肴份额 适合的成本与价格 优秀的厨师与服务员 高效的营销信息传播 餐厅中的葡萄酒柜 每日特色菜单

2)核心竞争力分析

核心竞争力是指酒店在某一营销领域或某一业务方面领先于竞争对手的特殊能力,这是酒店长期积累且独自拥有的、其他竞争对手难以模仿的能力。从外部分析,酒店核心竞争力来源于营销理念、良好的公众形象和企业声誉等。实际上,酒店核心竞争力取决于酒店内多种职能之间的合作,而不仅仅取决于某项特别技术、某项专利或某个高层管理人员。酒店一旦具有了核心竞争力,在较长的时间内是很难被其他酒店替代的。根据研究,一些酒店或酒店集团的核心竞争力来源于深深扎根于酒店内部的个性化的历史,较强的持久性和进入壁垒的能力。因为核心竞争力是酒店在长期的运营管理中,通过特定的技术和营销模式积累起来的,已经融于企业文化中,很难被竞争对手模仿或复制。酒店的核心竞争力富有营销价值,它可为顾客提供实实在在的利益和效用,让酒店掌握长期的营销主动权,从而带来显著的营销效果。对酒店核心竞争力的评价包括多个方面:第一是对酒店的信息管理、人力资源管理、组织管理与财务管理方面的能力及创造性地解决问题的能力的评价;第二是对酒店领导水平和团队精神等的评价;第三是对酒店生产技术和服务模式等的获得、选择、应用及改进等方面的评价;第四是对酒店营销渠道、营销策略、产品开发和企业声誉等的评价;第五是对酒店的核心价值观的评价;第六是对酒店的建筑物、地理位置和交通的便利情况的评价;第七是对酒店的设施和设备,满足细分市场需要的房务产品、餐饮产品及会展产品的质量与特色等的评价。

4.3 目标市场营销

目标市场营销是指在识别不同的消费者及组织购买者需求特征的前提下，酒店及酒店集团选择其中一个或几个消费群体作为其消费对象或目标市场，并运用适当的营销组合，集中力量为目标市场服务，同时通过满足目标市场的需求达到理想的营销效果的。实际上，目标市场营销是酒店营销规划与营销活动的重要内容，是酒店确定市场营销组合的前提和基础。为了有效地实施目标市场营销，酒店或酒店集团必须完成 3 个重要的程序：市场细分、目标市场选择和市场定位（见图 4-7）。

图 4-7　酒店目标市场营销程序

4.3.1　酒店市场细分

1. 酒店市场细分的含义与特点

酒店市场细分也称酒店市场划分，是根据顾客对酒店产品的需求差异，将酒店市场划分为不同类型的消费者群体，每个消费者群体就是一个分市场，又称细分市场。这样，酒店市场可以分成若干个细分市场。实际上，酒店市场作为一个复杂而庞大的整体，由不同的消费者和组织购买者共同构成。由于这些购买个体和团队在地理位置、资源条件、消费心理、购买习惯及产品需求等方面存在着差异，因此他们会产生不同的购买行为。根据研究，酒店市场细分的理论基础源于同类产品需求的差异性。如果不存在消费需求的差异，那么酒店或酒店集团就没有必要进行市场细分。同时，酒店市场细分是一个聚集过程，致力于从顾客需求的差别中寻求和发掘某些共同或相关的需求因素。这样一来，可将一个错综复杂的市场划分为若干个细分市场。酒店细分市场是客观存在的。根据运营实践，酒店市场细分的作用表现在以下几个方面。

1）有利于发现市场营销机会

所谓市场营销机会就是指已出现在市场上但尚未被满足的需求。这种需求是潜在的，是容易被忽略的。酒店运用市场细分的手段能发现这类需求并可从中选择适合其营销的目标市场，从而抓住市场机会并赢得市场主动权。通过市场细分，酒店可以对每一个细分市场的购买潜力和需求满足程度等进行对比分析，抓住有利于自身发展的市场机会，及时进行产品的更新换代，运用适合的营销组合，以便更好地满足市场需要。

2）有利于识别目标市场特点

在日益激烈的市场竞争环境下，酒店或酒店集团通过市场细分，能发现目标顾客的具体需求，从而调整产品的结构和特色，提高市场竞争力，与对手进行竞争。同时，基于细分市场，酒店目标顾客的需求特点更容易被识别，市场信息也更容易被了解和反馈。

3）有利于集中市场优势

任何一家酒店或酒店集团的人力、物力和财力等资源都是有限的。通过细分市场，选择适合自己的目标市场，酒店可以集中人力、物力、财力以形成在局部市场上的优势，进而占领适合自身发展的市场，满足酒店营销的目标市场的需求。所以，酒店必须将整体市场进行细分，然后确定目标市场，把自己的优势集中到目标市场上。特别是一些中小型酒店，更应该利用市场细分的方式，选择适合自己的目标市场。

4）有利于全面提高运营效益

酒店或酒店集团通过市场细分，可面向目标市场开发和推销适合的产品。这样既能满足市场需要，又可增加酒店的收入。当然，产品适销对路可以降低酒店的运营成本，突出产品的质量和特色，从而全面提高酒店的运营效益。

2. 酒店市场细分理论基础

酒店市场细分的理论基础是多元异质理论。该理论认为顾客对酒店产品的需求是多元的，具有不同质的要求，而需求本身的异质性是市场细分的客观基础。这样，需求差异为酒店市场细分提供了依据，而相对的相似使酒店市场细分从可能成为现实。在酒店市场上，顾客的偏好一般存在三种情况：同质型偏好、分散型偏好和群组型偏好（见图 4-8）。例如，某一地区的顾客对西式快餐最关心的两点分别是食品原料和生产工艺，那么可能存在以下 3 种情况。

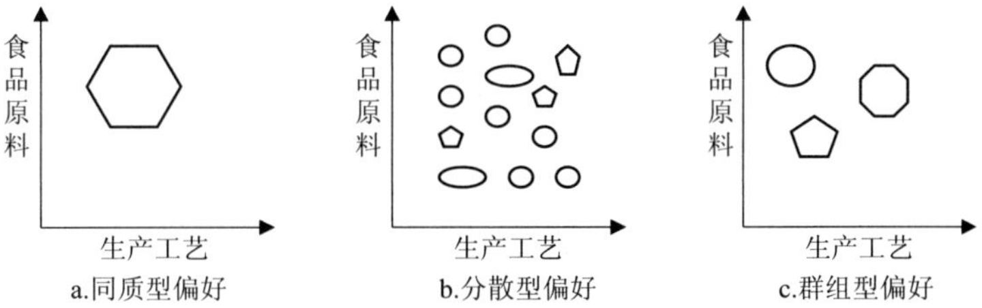

图 4-8　不同的市场偏好模式

1）同质型偏好

同质型偏好是指顾客对酒店某种产品的各种属性表现出基本相同的偏好。例如，顾客对西式快餐的食品原料搭配和生产工艺特色都有相同的偏好。这时，酒店营销管理者应同时重视西餐菜肴的两种属性，而不应偏重其中的任一种属性。

2）分散型偏好

分散型偏好是指顾客对酒店某种产品的各种属性表现出不同的偏好。例如，顾客对西式快餐食品原料和生产工艺的关注度不集中，呈分散型。在这种前提下，酒店所面对的市场选择是无限的。一般而言，酒店可最大限度地满足偏向某种属性数量最多的顾客的需求。

3）群组型偏好

一些顾客看重西式快餐的食品原料，而一些顾客看重生产工艺。尽管，顾客对以上两种属性的关注程度有所不同，但是顾客对这两种属性的偏爱程度比较集中，客观上已形成了几个群组或不同的细分市场。这时，该地区顾客对西式快餐的偏好呈现的是群组型偏好。酒店在选择市场时，应参照这些群组的偏好并根据自身的资源和能力为其中一个或数个细分市场提供服务。

在酒店营销活动中,上述三种偏好类型在不同程度上都是存在的。首先,顾客对不同酒店产品的需求,可能会呈现出不同的偏好特点。由于各方面因素的影响,一些顾客可能偏好于这一种属性,另一些顾客可能偏好那一种属性或同时偏好两种属性。实际上,在酒店的现实营销中,顾客的需求偏好也可能很不集中。这就要求酒店在进行市场细分前,必须了解自身所面对的市场偏好状况及本酒店的地理环境、设施与设备、产品与服务等客观条件。在此基础上,酒店营销管理人员应认真研究如何满足顾客的偏好,以便决定如何进行市场细分,除此之外,还要考虑市场细分的程度。

3. 酒店市场细分标准

1)消费者市场细分

消费者市场细分是指对购买酒店产品的个人与家庭消费者的市场细分。

a. 按地理因素细分

所谓按地理因素细分是指根据消费者所处的地理环境细分市场。细分的标准包括商务区与度假区、南方与北方、沿海城市与内陆城市、省会城市和普通城市、国内与国外等(见表 4-5)。酒店将地理因素作为市场细分的标准是因为地理因素影响顾客对酒店产品的需求。由于各地区的气候、风俗习惯、经济和教育等的发展水平不同,消费者对酒店产品有着不同的需求和偏好。例如,在旅游景区,消费者对度假酒店有较大的需求;在国际大都市,消费者对商务酒店和会展酒店的需求量较大。

表 4-5　基于地理因素的消费者市场细分标准

细分标准		变量因素
地理因素	国界	国外、国内
	地区	东北、西北、华北、西南、华南等
	地形	山区、平原、高原、草原、盆地等
	气候	炎热、温暖、寒冷、干燥、潮湿、海洋气候、陆地气候
	城市类型	大都市、一般城市、小城市、沿海城市、内陆城市、省会
	功能与特点	商务区、闹市区、休闲区、风景区

b. 按人文因素细分

所谓按人文因素细分市场是根据人口、年龄、性别、家庭状况(是否带有儿童)、收入、职业、教育和民族等因素把消费者市场细分为不同的消费者群体。通过调查发现,经济收入、年龄、性别、家庭状况、职业、文化程度和教育水平不同的顾客对房务产品和餐饮产品等的价格、品种、功能和特色的需求的差异较大(见表 4-6)。

表 4-6　基于人文因素的消费者市场细分标准

细分标准		变量因素
人文因素	年龄	儿童、青年、壮年、中年、老年
	性别	男、女
	家庭状况	单身、青年夫妇、带有儿童、带有父母
	民族	汉族、蒙古族、回族、朝鲜族等世界各民族
	年平均收入	20 万~30 万元、10 万~19 万元、5 万~9 万元
	个人职业	政府官员、管理人员、企业家、科研人员、教师、职工等
	教育程度	本科以下、本科、研究生及以上

c. 按心理因素细分

尽管很多消费者的收入水平及所处地理环境等因素基本相同，然而他们对酒店产品却有着截然不同的消费习惯。这种习惯通常由消费者的心理因素引起。因此，心理因素也是酒店市场细分的一个重要考虑因素（见表 4-7）。心理因素主要是指人们的心理特征和个性爱好等。一般而言，人们对生活、工作和休闲消费存在着不同的价值观念和态度。根据研究，个性和爱好不同的消费者对酒店产品有不同的消费需求。基于消费者心理因素的不同，酒店应针对他们的不同消费观念，制定出适合的营销组合策略。

表 4-7　基于心理因素的消费者市场细分标准

细分标准	特点分析
理想心理	顾客理想中的酒店会因人、因事或因地而异，理想的酒店可能是高楼大厦或幽静的花园等，也可能是高星级酒店或经济型酒店
不定心理	顾客初到陌生地区的酒店消费，总会表现出一种无所适从的不确定性心理，因为他们对消费的环境、设施、餐饮等各种产品价格及服务方式不了解
时空心理	一个地区的顾客常喜爱其他地区的风味菜肴，这就是时空心理在酒店消费中的反映。因此，酒店应设立异地风味餐厅。例如，北方地区的酒店提供浙江和广东地区的风味菜肴。酒店应时常举办美食节，销售其他地区或其他国家的地方菜品以满足顾客时空心理需求
怀旧心理	在中老年人群中，普遍存在随年龄增长而产生的怀旧心理。老年食客常抱怨现在的菜肴工艺不如以前，味道不如传统菜肴等。他们在入住与用餐时总喜欢寻求“老字号”的酒店
求新心理	求新心理，人皆有之。许多青年人乐于在新建的酒店消费，入住新型的客房，青睐创新的菜点。不论任何等级的酒店，如果客房设施陈旧、菜点无新意，只有价格在变动，肯定不会受顾客欢迎
实惠心理	顾客都想以较少的支出获取更实惠的产品，在酒店产品的消费中更是如此。因此，价格策略对酒店促销起着一定的作用
雅静心理	酒店业不同于百货商店或娱乐场所，更不同于农贸市场。顾客通常希望酒店的环境幽雅并安静，顾客不愿在噪声大、拥挤、脏乱差的环境里用餐或住宿
舒适心理	顾客对房务产品、会展产品和餐饮产品的要求不仅限于环境的清幽和雅静，还需要感到舒畅。因此，合理的设施布局、自然的生态环境、礼貌的服务都是非常重要的酒店产品构成要素
卫生心理	通常，顾客要求酒店环境干净和整洁，餐饮符合国家卫生标准，安全可靠。根据市场调查，清洁卫生是顾客选择酒店的首要因素
保健心理	当今，随着国家经济的发展，人们愈加关注身体健康。顾客喜爱并选择有游泳池、健身中心和庭院的酒店，青睐那些食品原料安全，食品原料和烹饪工艺利于身体健康的餐厅。因此，健康设施是酒店不可缺少的设施，而餐饮营养和食品安全是任何级别和种类的酒店都不可忽视的营销基础

d. 按行为因素细分

根据消费者对房务产品和餐饮产品的购买目的、购买时间、使用频率、购买方式及对酒店的信任度等可将消费者划分为不同的消费群体，例如习惯型消费群体、瞬时型消费群体和计划型消费群体等。基于行为因素的消费者市场细分标准见表 4-8。

表 4-8　基于行为因素的消费者市场细分标准

细分标准		变量因素
行为因素	生活方式	朴素、保守、传统、现代
	消费者个性	活跃、孤僻、内向、外向、热情、冲动、冷静
	应用时机	周末、平时、年初、年末、节假日
	使用情况	曾经购买、从未购买、初次购买、经常使用、潜在消费者
	追求利益	购买方便、经济实惠、适于使用
	忠诚程度	忠诚型、转移型、易变型
	使用频率	少量使用、中量使用、大量使用、经常使用

2）组织市场细分

组织市场细分是指对购买酒店产品的企业、非营利组织和政府机关等组织或团体的市场细分。通常，组织购买者的购买目的、购买行为等与个人消费者有着很大的差异。组织类型、组织规模、地理位置、购买目的、需求因素和购买行为等都是组织市场细分的标准。从组织类型看，旅游批发商、旅游零售商、工商企业、社会团体和政府机关等有着不同的购买行为，主要表现在购买目的、购买频率、对产品质量与标准及价格的要求等。从组织规模看，大型组织，特别是政府职能部门、大型企业集团、产业会议组织等，不仅每次购买的数量多，而且购买的产品较为复杂。通常，大型组织一次购买的酒店产品包括不同种类的房务产品，其中包括标准客房、商务套房、豪华套房，甚至总统套房等；其购买的会展产品包括大型会议室服务、中型会议室服务和小型会议室服务，甚至包括展厅服务；其购买的餐饮产品常包括欢迎晚宴、欢送宴会、平日用餐和鸡尾酒会等。此外，地理环境是组织市场细分的重要变量之一。一些政府机构、工商企业与非营利组织常选择交通方便、距离本部或机场路程近的地方接待外地来宾和工程技术人员等并组织和召开各种年会、学术会议和管理会议等。组织市场细分标准见表 4-9。

表 4-9　组织市场细分标准

细分标准	变量因素
组织类型	旅游批发商或零售商、会展运营商、工商企业、大专院校、社会团体、政府机关
地理环境	交通运输、通信条件、组织机构的地理布局、机场或景区
城市类型	直辖市、省会城市、一般城市、经济发达城市、教育或科技城市
组织规模	大型组织、中型组织、小型组织
需求因素	购买目的、使用频率、质量标准、功能要求、价格要求
购买行为	购买能力、购买数量、购买品种、购买制度与购买程序、付款方式

4. 酒店市场细分原则

酒店市场细分的前提是必须有明显的需求差异，有客观存在且具一定规模的购买力和潜在购买力，有显著的个性化需求，这些需求是酒店通过努力可达到的。当然，酒店市场细分的变量是非固定的。例如，人们的收入水平、城市规模、区域经济发展、交通条件等因素是发展和变化的。因此，酒店市场细分依据的变量标准应根据实际调查的数据来衡量，避免产生错误的信息，做出错误的判断。然而，并非所有的细分市场都是有意义的，无论是消费者细分市场，还是组织市场。一般而言，酒店在市场细分时必须遵循以下基本原则。

1）可区分原则

酒店市场细分的基础是顾客需求的差异性，所以凡是使消费者和组织购买者需求产生差异的因素都可以作为市场细分的标准。由于各类酒店的市场需求的特点不同，酒店市场细分的标准也有所不同。这里的可区分主要是指顾客的需求和消费行为存在差异；同时，针对不同的细分市场，酒店可开发不同的产品及营销组合策略以满足细分市场的要求。

2）可衡量原则

可衡量是指酒店市场细分的标准可以识别和衡量，其既有明显的区别，又有合理的范围。否则，酒店市场细分就失去了意义。一般而言，一些带有客观性的变量，例如年龄、性别、收入、地理环境和职业等都易于确定，有关的信息和统计数据也容易获得，而一些带有主观性的变量，如心理和性格方面的变量就难以确定。因此，用于酒店市场细分的标准应尽量科学，具备可操作性，且要易于区分。

3）可实现原则

酒店细分市场必须是可实现的，是酒店通过努力可满足其需求的，是通过开展营销活动可进行有效促销和分销的市场。实际上，酒店市场细分的可实现原则考虑的是酒店营销活动的可行性。如果在某酒店细分市场上存在着竞争者，而该酒店缺乏足够的营销能力和竞争力，那么该酒店在这一细分市场营销的有效性就很难把握。

4）可赢利原则

可赢利是指酒店细分市场的规模要大到能够使其获利的程度，这样的市场是值得酒店为它设计一套营销组合以便顺利地实现营销目标并且有市场拓展潜力的细分市场。因此，酒店所选定的细分市场必须是可赢利的，且赢利水平较高。当然，细分市场应有发展前途。例如，一些学者认为，人们常说的“旅游饭店”，实际上并不存在，因为这类酒店的定义模糊不清或市场范围狭窄。因此，酒店市场细分必须适度地细分以便能有效地进行营销。

5）相对稳定原则

相对稳定是指细分后的酒店市场在一定时间内具有相对的稳定性。因为，稳定的市场需求直接关系到酒店的生产与服务的稳定性。对于大中型酒店而言，由于投资周期较长，如果细分市场需求不稳定就会造成酒店营销困难甚至严重影响其投资回收和运营效益。因此，酒店细分市场必须是在一定时期内相对稳定的消费群体，否则，酒店就无法为之开发产品、制定价格、选择营销渠道及实施有效的推销活动。

5. 酒店市场细分方法

1）单因素细分法

单因素细分法也称重点因素细分法，是指酒店仅根据影响消费者和组织购买者需求的某个关键因素或最重要的因素进行市场细分的方法。例如，以地理位置、产品需求、消费能力等某一个因素为重点进行市场细分。

2）多因素细分法

多因素细分法是将影响消费者和组织购买者对酒店产品的需求的两个及两个以上的因素作为市场细分标准的方法。例如，一些消费者与组织购买者在做出购买决策时，常考虑客房的布局与连带的餐饮服务的质量，或酒店地理环境、产品的内涵与价格等多种因素。因此，酒店营销管理人员将影响顾客需求的多种因素作为细分市场的依据。

3）系列因素细分法

系列因素细分法是指一些酒店或酒店集团根据影响消费者和组织购买者需求的诸多因素及企业的自身资源与营销特点对市场进行细分并且根据酒店的资源优势逐项地考虑目标市场的方法。这种方法有利于酒店或酒店集团更好地制定相应的市场营销策略。

4.3.2 酒店目标市场选择

所谓目标市场是酒店在市场细分的前提下，基于满足现实与潜在的目标顾客的需求，依据酒店自身资源条件选定的一个或数个特定的服务群体。目标市场选择是酒店通过市场调研和分析并选择要进入一个或几个细分市场的过程。实际上，酒店目标市场选择就是在市场细分的基础上确定符合自身营销目标的最佳细分市场，即确定自己的服务对象。

1. 目标市场选择条件

在市场细分的基础上，酒店或酒店集团为了实现自己的营销目标，在复杂的市场需求中寻找并选择那些需要本酒店产品的消费者和组织购买者，并为选中的目标市场策划产品、制定价格、建立营销渠道及实施营销策略等。同时，酒店必须根据自身的资源、能力和竞争优势选定有充足购买力的目标市场，从而充分地发挥自身的营销潜力。此外，被选定的目标市场尽可能是竞争者较少或较弱的细分市场。

1）细分市场规模

酒店选择目标市场，首先应评估所选的细分市场的规模是否符合自己的营销目标。如果所选的细分市场规模小于酒店的营销目标，酒店就无法获得所期望的营业收入和利润。反之，细分市场规模大于酒店的营销目标，酒店就必须增加投入，也就会产生一定的风险。

2）市场增长潜力

酒店评估某细分市场是否值得运营或进入，不仅要评估其静态的规模，还要分析其动态的发展。一些细分市场虽然当时规模有限，但其预期增长水平可能较高。例如，在刚刚进入 21 世纪的时候，我国高星级酒店的市场规模有限，当今，其市场增长的速度很快，特别是在我国经济发达的地区。同样，20 世纪末，我国西餐市场仅在几个直辖市或少数经济发达的城市具有少量的需求。然而目前，西餐在我国东南部经济发达地区和全国省会城市普遍受到人们的青睐。

3)酒店营销能力

尽管酒店细分市场的规模和预期增长水平对于酒店选择目标市场很重要，但是选择目标市场不可忽视的条件还有酒店的人力、财力与物力等基础和营销能力。如果一个细分市场不符合酒店的营销发展目标，就不会为酒店带来长期的营销效益，那么就应当放弃这一细分市场。

4)竞争者数量与策略

通常，在竞争对手较多时，消费者与组织购买者对酒店产品的功能和特点的印象及对酒店品牌的印象非常重要。因此，酒店在选择目标市场前，必须清楚市场上竞争者的数量和它们的竞争力。同时，酒店应尽量避开具有过多竞争对手的细分市场，应选择差异化的细分市场。

5)产品的同质性

所谓产品的同质性是指消费者与组织购买者在酒店产品的功能与特色方面感觉到的相似程度。酒店选择目标市场的目的之一是方便消费者与组织购买者识别本酒店产品的功能与特点。研究结果显示，一些地区的酒店产品同质性较强。那么，在这些区域，酒店必须选择差异化的细分市场以保证营销的有效性。

6)产品生命周期

根据研究，酒店产品像其他产品一样，存在着产品生命周期，即一种新型的房务产品、餐饮产品和会展产品从开始进入市场到被市场淘汰的整个过程。因此，酒店应避免选择将要被市场淘汰的产品，例如产品在功能与特色方面落后于市场需求的产品。

2. 目标市场选择范围

目标市场选择范围也称目标市场覆盖范围。酒店在选择目标市场范围时应考虑酒店在细分市场上的优势，考虑细分市场的需求和购买潜力，弄清细分市场的竞争对手及酒店应达到的市场占有率等。通常，酒店在确定目标市场选择范围时可采用市场集中化、市场专业化、产品专业化、选择专业化和市场覆盖化等策略(见表 4-10)。

4.3.3　酒店市场定位

1. 酒店市场定位的含义

市场定位也称产品定位或竞争性定位，是酒店营销中不可缺少的环节，是酒店或酒店集团根据目标市场的需求和自身的特长对本酒店产品的发展前景进行设定的过程，也是酒店在顾客面前彰显自己产品特色和树立良好企业形象的过程。市场定位理论由美国的广告公司经理艾·里斯(Al Ries)和杰克·特劳特(Jack Trout)于 1972 年首先提出。后来，该理论受到学者与企业家的广泛重视。通过市场定位，消费者和组织购买者可明显地感觉和认识到酒店或酒店集团与其他企业在形象方面和产品方面的差别以保证酒店产品在市场上深受顾客欢迎。市场定位的主要作用是提高产品在细分市场上的地位，提升酒店的知名度和美誉度。

表 4-10 目标市场选择范围的确定

名称与范围	图示	特点
市场集中化	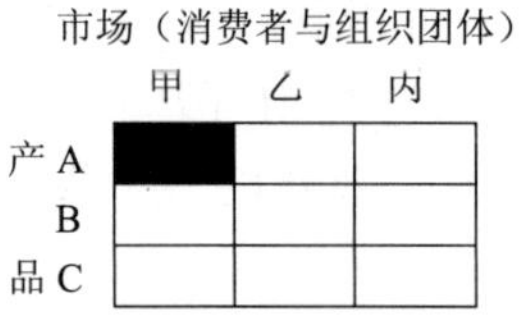	酒店集团仅选择一个目标市场，运营一种酒店产品，即市场集中化。例如，某酒店集团运营经济型酒店并服务于那些青睐价格实惠的经济型酒店的消费者
市场专业化	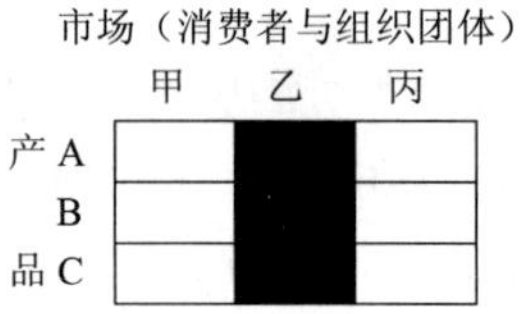	酒店集团仅选择某一类消费群体并向这一细分市场营销多种酒店产品。例如，某酒店集团选择高消费的顾客为服务目标，该集团向顾客运营不同种类的酒店产品，包括高星级商务酒店、豪华度假酒店、国际会展酒店等
产品专业化	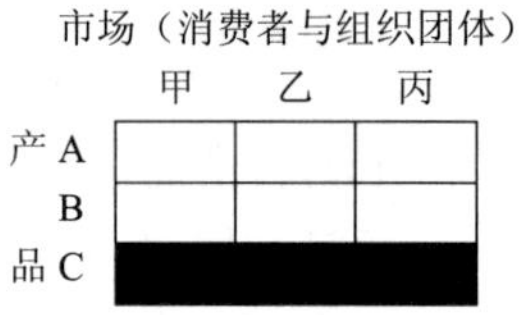	酒店集团营销单一种类的酒店产品，服务于数个不同的细分市场。例如，某酒店集团在全国各旅游度假区运营度假酒店，服务于多种消费者群体，包括高消费度假散客、中等消费水平的旅游团队、一般工商企业的会议团队等
选择专业化	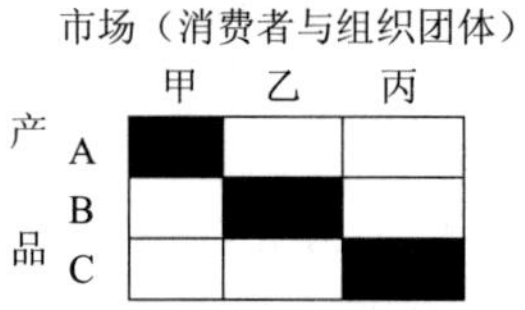	酒店集团选择数个有发展潜力且不同的细分市场，并为这些细分市场制定不同的营销组合。例如，在经济发达城市和省会城市运营五星级和四星级商务酒店，在二级城市运营四星级和三星级商务酒店，在著名的景区运营四星级度假酒店
市场覆盖化	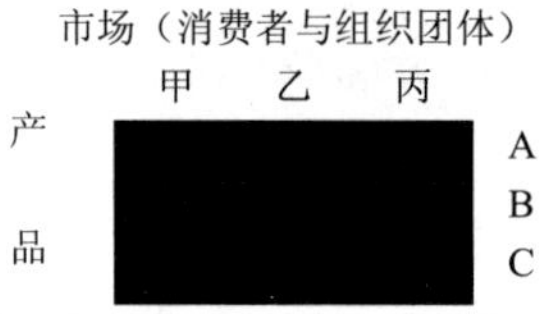	酒店集团以不同的产品和营销组合满足各细分市场的需要。例如，某国际酒店集团具有 11 个酒店品牌，运营不同功能和特色的产品，根据各地区经济和文化等因素及市场需求特点，运营不同品牌的酒店产品

2. 酒店市场定位步骤

酒店市场定位的关键是酒店要设法在自己的产品和营销组合中找出比竞争者更具有竞争优势的因素。通常，酒店市场定位的过程包括 3 个步骤。

1）确认本酒店潜在的竞争优势

市场竞争优势主要是指酒店在产品开发、服务质量、销售渠道、品牌知名度等方面的优势。这种优势或能力既可以是现有的，也可以是潜在的。酒店或酒店集团要想确认自身潜在的市场竞争优势，首先应与竞争者在运营等各方面的能力进行比较和分析，找出双方的强项和弱项，包括管理人员、技术人员和职工的组成，技术与管理优势，产品功能、质量与特色，财务能力与价格优势，营销优势与地理位置优势及市场占有率等。通过对上述指标的对比分析，选择最适合本酒店的目标市场及适合的营销组合策略等。

2）落实本酒店相对的竞争优势

落实本酒店的相对竞争优势是酒店市场定位的基础。所谓相对竞争优势是指酒店或酒店集团在内部资源和外部市场方面能够胜过竞争者的优势。酒店落实相对竞争优势实际上是酒店与竞争者在营销实力等方面的比较过程。只有确认相对竞争优势并初步确定本酒店在目标市场上所处的位置才能完成市场定位。

3）准确把握市场竞争优势

酒店选择了目标市场和落实了相对竞争优势后，必须开发与目标市场的需求相一致的产品，而营销人员必须制定相应的营销策略，确保将酒店各方面的优势与产品的特点传达给目标市场。这一工作要通过一系列的营销管理、宣传和促销活动来完成，要在目标顾客心目中留下深刻的印象以使目标顾客认同和偏爱本酒店的产品并熟悉本酒店的市场定位。

3. 酒店市场定位策略

1）避强定位

避强定位是指避开强有力的竞争对手的市场定位。其优点是可在较短的时间内树立自己的品牌形象。当竞争对手在市场上的地位非常牢固时，酒店盲目地与其竞争会导致营销失败，而形成自己的产品特色和创建品牌形象是成功的关键。基于以上原因，酒店通过寻找市场空白及没有被满足的市场需求，开发与创新满足本酒店目标顾客需求的产品，包括房务产品、会议产品和餐饮产品及新的组合产品，与其他酒店形成区别，从而为本酒店产品在市场上找到合适的位置。

2）对抗定位

对抗定位是指与市场上最强的竞争对手竞争的定位方式，与竞争对手运营同样的酒店产品。这种营销定位具有一定的风险。然而，一些企业家认为，这种定位策略能激励酒店奋发上进，是可行的定位尝试，一旦成功就会形成巨大的市场优势，关键是知己知彼才能取胜。当然，这种定位策略要求酒店或酒店集团必须考虑自身的资源和实力。

3）概念定位

在酒店市场高度发展的前提下，通过市场细分找到一个尚未被开发的市场比较困难，而概念定位是指影响和改变顾客的消费习惯，将一种新的消费理念灌输给顾客的定位策略。例如，智慧客房、具有特色的营养自助餐、休闲餐饮和节庆餐饮等都是新概念酒店产品。主题酒店就曾是概念定位的结果。当今，主题酒店在国际上已有 50 余年的发展历程。主题酒店是指以所在地区最有影响力的资源和文化特征为素材，打造出的具有明显的文化氛围和产品特色、独特文化魅力与个性化特征的酒店。主题酒店主要包括自然风光酒店、历史文化酒店、特色娱乐项目酒店（见图 4-9）、名人文化酒店和艺术特色酒店等。

4）重新定位

重新定位是指酒店为在市场上重新确定产品特色和树立企业形象以争取有利的市场地位的定位策略。通常，酒店会对落后于需求及市场反映差的房务产品、餐饮产品和会展产品进行重新定位，目的是摆脱营销困境，重新挖掘产品销售潜力并激发其市场活力。同时，当竞争者推出的新产品使本酒店产品的市场占有率下降时或消费者及组织购买者的需求发生了变化使本酒店产品销售量减少时，酒店应考虑重新定位其市场。综上所述，酒店重新定位主要基于 3 个前提：原定位不能实现酒店的营销目标、酒店发展新市场的需要和酒店参与竞争的需要。

图 4-9　迪士尼乐园酒店

4. 酒店市场定位方法

1)基于酒店产品功能定位

基于顾客对产品功能的需求,酒店根据自身的资源与能力,可将本酒店定位为商务酒店、度假酒店、长住酒店、会展酒店及汽车酒店等。

2)基于酒店等级定位

酒店为满足消费者与组织购买者对酒店建筑、内部设施、客房及用品等的规格与餐饮特色等的不同需求,可将本酒店定位为经济型酒店、三星级酒店、四星级酒店及五星级酒店。当然,现代酒店的级别不一定只用星级表示,有时也可以通过酒店集团的不同品牌表示。通常,高级别或高消费的酒店,其设施全面,服务周到,酒店产品的生产与营销投入高,其产品的价格也高。

3)基于坐落区域定位

为了满足不同地理区域的顾客的需要,酒店应根据市场对地理区域的需求及本酒店的资源,将本酒店定位为机场酒店、城市酒店、城郊酒店、度假酒店及高速公路酒店等。

4)基于时段需求定位

酒店常根据顾客在不同时段对餐饮消费的需求,将餐饮产品定位为早餐产品、早午餐(brunch)产品、午餐产品、下午茶产品、正餐产品和夜宵产品并根据不同的细分市场需求设计菜单。

5. 酒店市场定位应注意的问题

酒店市场定位离不开酒店自身的资源水平、竞争优势、知名度和美誉度。通过研究,当目标市场半数以上的顾客熟悉本酒店且青睐本酒店的产品时,说明本酒店有较高的知名度和美誉度。然而,当某一酒店具有较高的知名度、较低的美誉度时,营销人员应认真检查其产品的功能与特色及营销组合等是否存在问题并审视和调整定位市场，提高美誉度。如果一个酒店具有较高的美誉度、较低的知名度，说明其市场定位不明确，营销组合策略存在问题，营销人员应调整其产品的功能与特色及促销力度。一些酒店知名度低且美誉度低，说明其产品功能不能满足目标顾客的需要，产品缺乏特色，营销组合不力。这样的酒店应重新树立企业形象，完善产品功能与特色，调整企业营销组合策略，通过重新定位，提高其知名度和美誉度。知名度与美誉度的计算方法为：

$$知名度=\frac{知晓人数}{地区总人数}\times 100$$

$$美誉度=\frac{称赞人数}{知晓人数}\times 100$$

4.4　酒店营销策略

4.4.1　地点营销策略

酒店的地理位置在营销中具有重要的作用。许多酒店的装潢非常有特色，酒店产品的质量也很好，但是其运营状况并不乐观，原因是位置存在问题。酒店业与制造业不同，它们不是将产品从生产地向消费地输送，而是将顾客吸引到运营地点（酒店所在地）去购买酒店产品。因此，酒店的地理位置是酒店运营的关键。著名的美国酒店企业家埃尔斯沃思·密尔顿·斯塔特勒认为："酒店取得成功的 3 个根本要素是地点、地点、还是地点。"酒店通常建在顾客方便到达的地区。许多酒店管理人员总结：交通方便的商务区、城郊接合地区都是酒店运营的有效地区。然而，熙熙攘攘的闹市区不是酒店运营区域的最佳选择。大量的事实证明在著名的商务区内也有不少生意惨淡的酒店。这些酒店失败的原因有许多，例如酒店的消费水平与商务区的消费水平不符，酒店门前缺乏停车场，高额的费用造成酒店产品价格过高而使其失去竞争力等。因此，酒店运营成功的关键之一是把握酒店所在地的特点并根据该地区和顾客的消费特点设立不同消费水平和运营特色的酒店。通常，消费水平愈高的酒店，顾客购买其产品就愈慎重，而愈是著名和有运营特色的酒店，人们愈是愿意付出费用和时间去消费。酒店所在地区与酒店运营区域大小有紧密的关联性。位于商务区的酒店比位于城郊接合部的酒店运营范围小，因为商务区的交通和存车不如郊区方便。酒店坐落在竞争者附近，会影响其运销范围。如果竞争者所在位置比该酒店优越，产品更有特色，就会严重影响这一酒店的市场区域。此外，在确定酒店的运营范围时，要注意地理环境的特点。如果酒店设在各条道路纵横交叉的路口，该酒店会从各个方向吸引顾客，它的运营区域是正方形。如果酒店设在公路旁，可从两个方向吸引顾客，其运营区域为长方形。当然，设在路口的酒店比设在公路旁的酒店更为醒目。在选择酒店地点时，必须调查周围是否有与本酒店运营相似产品的竞争者并调查竞争者的运营情况。此外，必须认真关注各地区的酒店运营成本。

4.4.2 产品组合策略

产品组合是酒店营销的关键因素之一，酒店不仅应在产品研究和开发方面投入资金，更要重视对产品组合的研究。产品组合也称产品搭配（product assortment），是指酒店提供给顾客的全部产品范围和结构，是酒店对产品组合宽度、长度、深度和相关性等4个方面的决策。宽度是指酒店产品的类别，长度是指每类酒店产品的种类，深度是指每一个具体类别的产品的特色，相关性是指酒店各产品之间的关联性。例如，某酒店房务产品组合长度为6，包括单人间、标准间、普通套房、商务套房、豪华套房和总统套房，共计6个种类；餐饮产品组合长度为8，包括中餐厅、扒房、咖啡厅、日本餐厅、宴会厅、食街、大厅酒吧和主酒吧；会议产品组合长度为4，包括可以容纳500人以上的大型会议室，能容纳200人的会议室，可容纳100人的会议室和可以容纳30人的圆桌会议室。该酒店有游泳池、保龄球馆、健康中心和游艺室，说明康乐产品的长度为4。此外，该酒店还提供商务服务和小超市服务。综上所述，该酒店的产品宽度为6，产品总长度为24。而同类客房的不同布局，各餐厅不同餐次的菜点组合及服务方法，不同会议室的布局等为酒店产品的深度。当然，产品组合的相关性是指酒店各产品类别在用途、运营和分销渠道等方面的相关程度。例如，酒店的会展产品和餐饮产品在生产方面关联性小，但是在用途和营销方面关联性很大。因为，使用会议产品的顾客需要在同一酒店用餐。因此，当酒店在销售会议产品时，如不能满足顾客对餐饮产品的需求就会严重阻碍会议产品的销售。当然，许多会议产品还与房务产品和康乐产品紧密相关。酒店加大产品的宽度和长度可充分发挥酒店的运营潜力，丰富产品的种类和特色，提高酒店的营销效益。科学的产品组合可集中酒店的资源，降低成本，提高运营效益。因此，酒店进行产品组合时应考虑产品之间的相关性，增强产品组合的关联意识，充分发挥酒店技术、服务和销售优势。表4-11为某酒店产品组合。

表 4-11　某酒店产品组合

无烟客房和楼层（all rooms are non-smoking）
带羽绒床垫的舒适床（deliciously comfortable bed with goose down comforters）
丝绒鹅绒芯枕头（goose down and fiberfill pillows）
开晚床服务（evening turndown service）
全棉浴衣（100% terry cotton bathrobes）
每天提供室内报纸服务（provide daily newspaper delivered to room）
免费瓶装纯净水（complimentary bottled water）
12岁以下儿童住宿免费（guests under 12 years of age stay free）
婴儿床和折叠床服务（cribs and rollaways available）
9个餐厅有客房送餐服务（room service is available through nine restaurants）
免费的全部闭路电视频道和HBO频道（full access cable and complimentary HBO）
带接口的双通话器电话（two-line speakerphone with data port）
每个房间兼容高速ADSL互联网访问和所有公共区域的高速无线互联网服务（complimentary high-speed ADSL internet access in each room and high-speed wireless connectivity throughout all public areas）
付费内部电影和录像节目（pay-per-view movies and video games）
中央供热系统和空调（central heat and air conditioning）
室内时钟和收音机（clock and radio）
熨斗和烫熨板服务（iron and ironing board）
电吹风机（hair dryers）

续表

室内保险箱(in-room safes)
室外花园内游泳池(outdoor swimming pool in a peaceful garden setting)
花园旁健身俱乐部(health club facilities nearby garden)
游泳池旁散步小路(jogging and walking paths along the coast are just one block away)
停车场(valet parking)

4.4.3　产品生命周期策略

任何一家酒店产品的销售量和利润都是变化的,通常由少变多,然后再减少。这种发展过程被称为酒店产品生命周期(hotel product life cycle)。由于酒店产品生命周期的存在,酒店必须针对处在不同发展阶段的房务产品、餐饮产品和会展产品制定适当的营销策略,包括价格优惠、提高服务水平、赠送礼品等策略;同时,不断地开发新产品取代即将失去竞争力的产品。例如,通过每天为顾客免费洗衣一件、每天赠送顾客一块儿甜点等措施来维持成熟期房务产品的销售量。此外,每天为顾客免费洗衣服一件,免费提供酒店健身房和游泳池服务,免费提供高质量的自助餐,甚至适当向下调整产品价格,均可维持衰退期的客房销售量。适当提高新建客房和新建楼层的房价、控制新产品的需求等措施是针对不同生命周期的房务产品的营销策略。美国营销专家菲利普·科特勒将产品生命周期归纳为 5 个阶段:开发期、引入期、成长期、成熟期和衰退期。产品生命周期理论在现代酒店营销中有着重要的意义,可使酒店明确各阶段产品的市场地位并为产品营销策略的制定提供依据,增强酒店的市场竞争力和应变能力。

(1)酒店产品的培育、构思和形成阶段被称为产品开发期。这一阶段的酒店产品成本高,销售额和利润基本为零,尚无竞争者,主要营销策略是将产品尽快投入市场。

(2)酒店产品上市阶段被称为产品引入期,这一时期。产品知名度低,营销费用高,产品利润低,竞争者很少,应尽快提高产品知名度,占领市场。

(3)新产品被市场接受的阶段被称为产品成长期。这一阶段产品的销售量迅速增长,利润显著上升,竞争者的相似产品也逐渐出现。这一时期的产品营销策略是提高产品质量,突出产品特色,提高市场占有率,树立品牌形象,选择适当时机调整产品价格或提高产品的附加值。

(4)新产品被市场认可,销售量理想并稳定的阶段被称为产品成熟期。这一时期不论是销售量还是利润都达到顶峰,之后开始缓慢下降,市场竞争激烈,营销费用增加,产品价格下降,成本上升。因此,在保持一定的市场占有率和利润的基础上,应挖掘新的产品需求,改进传统产品,调整产品营销组合。

(5)当产品销售额下降,产品需求达到饱和时,利润就会日益减少。最后,产品被市场淘汰的这一阶段被称为产品衰退期。这时,应当逐渐放弃超龄的客房、毫无新意的餐饮产品,实现酒店产品的更新换代。

4.4.4 新产品开发策略

在市场竞争中,经营成功的酒店会不断地将本酒店的产品推陈出新以满足市场需求。所谓新产品指在设施、家具、用品、原料、工艺、结构、特色、功能和服务等方面有明显的提高或改进的房务产品、会展产品、餐饮产品和商务产品等。酒店新产品开发是一个创新过程,产品开发需要一定的资金投入,必须通过准确的市场调查和预测,根据酒店的能力和条件量力而行,其前提是满足酒店对经济效益的追求,应由指定的产品开发负责人和技术人员一起研究和实施开发策略。大型酒店可成立新产品开发部,负责与协调酒店新产品开发工作,降低新产品开发的盲目性和风险性,保证新产品在设计、制作、服务和营销方面的一致性。新产品开发必须有完善和科学的开发程序,必须经过构思、筛选、形成产品、市场试销和正式上市等 5 个程序。所谓构思即产品的创意,是新产品开发的第一个阶段。新产品的创意常常来自酒店的技术人员、营销人员、顾客、竞争者、中间商及专业报纸杂志等。筛选是对有创意的新产品进行优选的阶段,正确的筛选必须考虑市场需求、营销环境、资金能力、设备和技术能力等。然后,把产品构思具体化,形成正式产品并估算出产品的销售量和投资效益率,做好新产品的营销组合工作。酒店新产品上市时,不会立即被顾客普遍接受,需要时间和推广。美国著名的学者罗杰斯提出了新产品扩散和使用理论。他认为,顾客从知晓到使用新产品要经过 5 个阶段,即了解某个新产品、对新产品产生兴趣、分析与评估新产品、试用新产品、使用新产品。

4.4.5 价格营销策略

在成功的营销活动中,产品价格营销策略扮演着重要的角色。所谓价格营销策略是指酒店确定产品价格的策略和技巧。通常,酒店在确定产品价格时,必须依据产品成本、产品质量、产品功能和特色、顾客认知水平与购买时段、市场竞争状况、消费者与组织购买者的构成及顾客消费水平等因素。在酒店市场上,新产品价格的高低决定着它能否在市场上持续发展,能否满足消费者和组织购买者的需要等。

在价格营销策略中,首先是酒店新产品的价格营销策略,主要包括撇脂价格策略、渗透价格策略、满意价格策略和折扣价格策略。撇脂价格策略是指在新产品投入市场的初期,酒店有意识地把产品价格定得高一些,力争在竞争对手出现前迅速地获得较多的利润,尽快收回投入的资金,待同类产品大量上市后,逐步降低产品价格。通常,这种价格策略常用于需求弹性较小的产品及不易被竞争者仿制的产品上。渗透价格策略是指在新产品上市初期,酒店有意识地把产品价格定得低一些以便在短期内产品能渗入市场。这种价格策略是把部分产品价值让渡给顾客,酒店仅留下小部分利润。这样,在新产品的市场开拓阶段,尽管利润可能不理想,但是有利于酒店营销的长期发展。满意价格策略也称温和价格策略,是指将酒店产品的价格定在目标顾客可以接受的水平上。酒店给顾客和中间商或经常购买酒店产品的回头客以某种价格折扣的策略被称为折扣价格策略。折扣价格策略主要包括批量折扣策略、累计折扣策略和季节与时段折扣策略等。

其次,酒店为适应不同的顾客心理而选择适当的心理定价策略,主要包括声望定价策略、尾数定价策略、小单位定价策略和产品束定价策略等。一些顾客把酒店产品的价格看作产品质量和顾客身份的标志，因此高星级酒店常为其房务产品和部分餐饮产品（风味餐厅、传统餐厅）确定比较高的价格以满足顾客的求名心理。这种定价方法被称为声望定价策略。尾数定价策略是指在确定酒店某种产品价格时，利用顾客的消费心理，确定非整数价格并以零头数结尾，使顾客在心理上有一种实惠的感觉，或是价格尾数取吉利数而激起顾客的购买欲望，从而促进酒店产品的销售。高星级酒店为了迎合顾客的自尊心理，将产品以整数定价。小单位定价策略是指酒店将某些产品分成小的销售单位进行销售。其目的是降低单位产品的价格以利销售，也方便顾客购买。这种价格策略被广泛地用于餐饮产品。例如，在酒水营销中，酒店将顾客经常饮用的各种烈性酒、餐前酒和餐后酒以 30 ml（约 1 盎司）为 1 个销售单位。一些酒店还将葡萄酒分为半瓶或 1/4 瓶等进行销售。近年来，酒店还实施了产品束定价（product bundle pricing）策略。这种方法是将几种产品打包后，以优惠的价格出售给消费者或组织购买者。例如，将房务产品，早餐、会议室服务及宴会产品打包成为会展产品后进行销售，将商务楼层的房务产品、早餐、下午茶和健身产品打包后组成商务楼层产品进行销售等。

4.4.6　广告营销策略

广告是指酒店的招牌、信函广告、各种宣传册、网络广告和交通广告等。广告在酒店营销中扮演着重要的角色。广告可以创造酒店的形象，使顾客明确其产品的种类、特色和价格，增强顾客的购买信心和决心。招牌是酒店最基本的营销广告，它直接将产品信息传送给顾客。因此，酒店招牌的设立应讲究位置、高度、字体、照明和可视性并且方便乘车人、过路人等观看，使他们从较远的地方也能看到酒店的名字和符号。酒店招牌必须配有灯光照明，使它在夜晚发挥营销效果。招牌的正反面都应写有酒店名称。在晚间，霓虹灯提高了招牌的晚间可视度，使酒店灯火辉煌，为酒店营造朝气蓬勃和欣欣向荣的景象。酒店宣传册或在航班杂志中的广告是酒店营销的一种有效方法。其最大的优点是阅读率高，可集中投向目标顾客。酒店的网络广告常用于酒店新开业，重新装修后的开业，举办周年推销活动，新季节、节庆和特别时段的产品推销等。交通广告是捕捉流动顾客的好方法。许多顾客都是通过交通广告的宣传到酒店消费的。交通广告的最大优点是宣传时间长，目标顾客明确，例如投放在机场的酒店广告等。酒店的交通广告有多种，包括张贴在酒店电梯里的宣传餐饮、客房、会议室和康乐设施的照片等。

4.4.7　绿色营销策略

绿色营销策略是指酒店以环保、健康和安全为运营原则，倡导绿色消费、保护生态、合理地使用资源，为顾客提供舒适、安全和健康的房务产品和餐饮产品等的营销策略。酒店绿色营销主要包括绿色的房务产品营销和餐饮产品营销等。绿色的房务产品是指客房采用无化学污染的装饰材料，安全的日常用品（毛巾、枕套、床单和浴衣），特别是一次性用品（牙刷、梳子、小香皂和拖鞋等），按顾客意愿更换，减少棉制品和日用品的频繁更换和洗涤次数，客房内放置对人体有益的绿色植物，提供洁净的饮用水，客房采光充足并有良好的新风系统，室内无异味、无噪声，客房有害气体指标趋于零或符合国家标准。绿色餐饮产品是指酒店使用健康、无化学添加剂的食品原料，采用健康的生产工艺制作菜点，保护原料自身的营养素，控制和减少各种环境污染。大型酒店或酒店集团可建立无污染、无公害的原料种植基地和饲养场所。此外，餐厅应为无烟区，有良好的通风系统，提供剩余食品打包服务，不使用一次性餐具，倡导适量点菜，避免浪费。绿色营销观念认为，酒店服务对象不仅是单一的顾客，还包括整个社会，要求酒店在营销中不以短期狭隘的利润追求为导向，而应具备强烈的社会意识和环保意识。酒店营销活动的基本出发点应是保障社会整体利益和促进社会长期发展。因此，酒店营销活动应注重人的价值，更多地把竞争对手看作保护环境的合作伙伴。酒店应重视设备设施的保养与维修，延长其使用寿命，降低更换频率，制订科学的采购计划，分批适量地购买各类原料和用品，防止因过度采购、储藏不当等而造成的浪费，酒店应减少废物和垃圾的产生，物尽其用，采用可重复使用的日用品，采用先进的节能设备，安装节能照明、节水设备及能源控制设施，增加酒店的园林绿化，提高酒店绿色植物覆盖率。

4.4.8 概念营销策略

概念营销是指酒店以产品优势或个性化的房务产品、会展产品和餐饮产品等为基础，借助传媒，创造新的消费概念以扩大市场份额的营销理念。酒店概念营销的关键点是理念创新，以独特视角审视顾客对酒店产品的现实需求或潜在需求，从某一层次或某一方面迎合顾客的需求，体现酒店或酒店集团在营销某一领域产品时的追求和突破。因此，酒店概念营销应体现出酒店产品的个性，与其他酒店产品的特色形成区别，创造酒店或酒店集团的形象和品牌。例如，在餐厅布局方面体现度假和休闲或体现现代商务与会展气氛等概念，从酒店房务产品和餐饮产品的新颖、特色、实用和服务效率等方面入手，为顾客提供新的选择，使消费者在理性的思考中接受新的消费观念，动摇其原有的消费习惯，建立新的消费倾向并将潜在需求转化为现实需求。此外，环保客房、智慧客房、舒适而高效的商务楼层、绿色健康的餐饮、度假酒店等概念的营销都是酒店个性化的营销手段。在概念营销中，概念要诚实，实事求是，不可夸大，酒店概念营销应与健康和生态保护联系在一起。概念的形成应反映客观事实，切忌牵强附会、无中生有。酒店实施营销概念应抓住产品的核心内容，应关注产品概念的时效性，过度地超前和滞后都将导致营销失败。

酒店是顾客住宿、用餐，商务聚会及休闲度假等的场所。但是，顾客的消费需求有多种，包括对酒店环境的需求、对酒店文化的需求、对酒店设施的需求、对酒店地点的需求和对清洁卫生的需求等。一些酒店为满足顾客对酒店空间的需求，为顾客提供了轻松、舒适、宽敞和具有风格的环境。高高的天花板中透过自然光线，大厅内的绿树郁郁葱葱。有些酒店在餐厅中建造了雅静的开放式小单间，增加了餐厅的休闲气氛，满足了商务顾客聚会和商务谈判的需求。许多企业家认为，当今酒店已成为会展和社交的场所，成为联络感情的媒介。因此，酒店装饰应注重颜色和图案，保持酒店标志性设施的统一，做好酒店的清洁和安全工作，包括制定清洁质量标准，保持招牌的清洁度，发挥绿色植物和盆景的作用等。

4.4.9 事件营销策略

事件营销通过策划和组织有社会影响的活动，吸引顾客对酒店的关注和购买酒店产品并提高酒店知名度和美誉度，树立酒店的品牌和形象。事件营销作为酒店有效的营销策略，越来越受到酒店管理人员的重视。这种营销方式以较低的成本达到理想的营销效果。通常，这种策略传播广度和客户接受程度都高于一般的广告效果。事件营销必须及时抓住社会上有价值和有影响的事件，不失时机地将其与本酒店及品牌联系在一起，达到传播效果，培养顾客对企业的信任度。此外，酒店通过精心策划事件，向公众传递信息，宣传酒店的产品和服务，为推广本酒店产品创造"新理念"和"新潮流"。事件营销必须符合酒店和顾客双方的利益，考虑相关企业、政府、供应商、竞争对手和股东的利益，不过仅靠一两篇文章、举办少数的营销活动无法获得社会关注，只有连续不断地举办有影响力的营销活动才能达到预期效果。事件营销借助的活动应当具备新闻性、新潮性、简单性、视觉性和参与性，突出酒店的特色，简化活动程序，使营销活动产生话题，具有现代气息，从而引起顾客的兴趣和关注。事件营销应避免呆板平淡、烦琐复杂，应与酒店的级别、当地的消费习惯和消费水平相协调。此外，应有严密的营销活动计划和安排，明确营销活动目标，使顾客能够慕名而来。管理人员应安排好营销活动的主题、场所、时间、资金和目标顾客，保证营销活动成功举办。例如，假日酒店集团推出的"子女住宿免费"计划中规定了 18 岁以下未成年子女随同父母住宿假日酒店，可免费加床，住在父母的房间。该项活动之所以能成功，主要的原因是通过提供某种明显可见及可理解的价值，满足了夏季家庭旅游市场的需要，事件主题直截了当，易于消费者理解。此外，有些酒店虽然也尝试过类似的事件营销，但它们提出的各种限制条件给消费者带来麻烦，例如"仅限 12 岁以下的儿童""入住酒店不允许加床"等。因此，事件营销主题愈简单，使消费者和职工愈容易理解，营销成功的可能性就愈大。

4.4.10　关系营销策略

关系营销是指酒店与供应链中的纵向伙伴（供应商、中间商、顾客）、横向伙伴（竞争者、产品互补企业）和政府机构等互相协作，建立和发展良好的关系，使酒店运营成功的营销策略。传统的营销理论认为，酒店运销是利用内部可控因素，对外部不可控因素做出的积极的动态反应，进而促进产品销售。随着社会经济的发展，特别是酒店市场竞争的日益激烈，酒店管理学家和企业家认识到营销组合不再是酒店营销成功的唯一策略，许多精心策划的酒店营销组合实施后，难以达到预期的营销目标。实际上，传统的交易营销是仅以交换为基础的营销活动，酒店与顾客的关系由交易而产生，随着交易的停止而结束。当今，酒店以关系为基础的营销活动，是通过发展长期稳定的顾客关系来建立顾客忠诚，从而提高酒店的市场竞争力的。采用关系营销策略，酒店可与顾客、供应商、中间商和竞争者等建立长期的信任和互惠关系，保持长期稳定的互助关系，这种关系或纽带可促进酒店的生存和发展。此外，关系营销策略可促进酒店之间的合作，减少无益的竞争，增加营销机会，有助于酒店多角化经营。关系营销还有助于协调酒店与政府的关系，创造良好的经营环境，获得所在地政府的支持和帮助，对酒店开展市场营销具有十分重要的意义。交易营销与关系营销的不同见表 4-12。20 世纪 90 年代美国学者唐·舒尔茨（Don E. Schultz）认为关系营销的内涵包括 4 个关键因素（4Rs）：关联（relevancy）、反应（respond）、关系（relation）和回报（return）。当今，酒店与顾客已成为命运共同体，在经济利益上相关。酒店应建立和保持与顾客的长期互利关系，在买卖双方相互影响的市场中，最现实的问题是站在顾客角度及时倾听他们的希望和需求并及时做出反应，满足顾客的实际需求。因此，现代酒店营销观念包括 5 个转变：将传统交易转变为友好合作；将短期利益转向长期利益；将单一的销售转向参与运营；将利益冲突转变为和谐发展；将营销组合转变为与顾客互动。营销学家菲利普·科特勒在《营销管理》中总结："精明的营销者会同顾客、中间商和供应商建立长期的信任和互利的合作关系，这些关系是依靠不断地承诺和给予对方高质量的产品、优质的服务和公平的价格来实现的，也是依靠双方之间经济技术和社会联系来实现的。同时，双方也会在互相帮助中更加信任、了解和关心。"

表 4-12　交易营销与关系营销的不同

交易营销特点	关系营销特点
重视单项运营	重视企业与顾客的关系
轻视与顾客的持续联系	重视与顾客的持续联系
重视产品的个性	重视顾客的价值
关注短期销售	重视长期销售
产品个性化差	产品个性化强
有限的服务承诺	高度的服务承诺
营销部门重视质量	所有部门与职工重视质量

4.4.11　整合营销策略

酒店整合营销是指酒店以与消费者沟通为基础，将酒店品牌、运营理念、产品特色和价值、销售渠道、促销策略及服务方法整合成一个整体，使营销效果更加有效的营销活动。酒店整合营销涉及酒店各部门和各岗位及酒店外部的相关部门。这种整合既不是简单的拼凑，也不是普通的精简机构，是有计划和按系统循序渐进的，针对酒店长期经济效益，审慎而积极的资源整合。酒店整合营销的关键在于全体职工对整合的认识，因为整合会涉及部门和人员原有的利益。因此，管理人员必须对职工进行耐心的培训，使职工认识到个人利益与集体利益、眼前利益与长远利益的辩证关系；同时，强调资源整合的重要价值，获得全体职工的理解和支持。整合营销的核心理论是 4 C 营销理论（见图 4-10）。该理论认为，当今企业应将顾客放在第一位，关注顾客的需求（consumer wants and needs），注意顾客的购买成本和产品内在的价值（cost and value），为顾客的购买提供便利（convenience to buy），加强与顾客之间的沟通（communication with consumer），深入了解顾客的需求，提高顾客对企业的忠诚度。整合营销实际是对酒店资源的全方位审视与重组，从运营各方面认真分析，涉及目标市场、顾客忠诚度、职工对酒店的满意度、酒店价值链、酒店销售策略、酒店竞争优势等，以此综合酒店内部和外部所用资源，达到整体的营销效果。整合营销不仅是管理者的工作，也是全体职工必须参与的工作。由于酒店各部门任务各异，因此酒店整合营销策略的实施必须有针对性，落实到营销的细节上。整合营销并不是要求所有的酒店职工都去搞营销，而是管理者应将营销理念、市场意识、服务意识、产品质量意识等传递给每个职工。管理人员应激励职工满腔热情地工作，使其将自己的工作与顾客的需求相联系，使每个职工意识到本岗位是营销链中必要的一个环节，职工之间必须相互协调，成为营销整体。酒店决策层应将酒店发展与市场需求紧密结合，将经济效益与社会效益相结合，将长期效益与短期效益相统一，积极协调各部门，使其不偏离酒店总体的营销目标。在市场经济环境下，酒店和酒店集团的生存与发展，离不开与酒店外部资源。因此，供应商必须以较低的价格为酒店提供质量有保障的原材料和设施，银行必须在适当的时候提供足够的资金保证酒店有效运营，广告公司必须用较低的成本将酒店的营销信息传达给目标顾客，中间商必须有效地分销酒店产品。综上所述，外部资源的整合影响着酒店的营销效果，也影响着顾客对酒店的满意度。

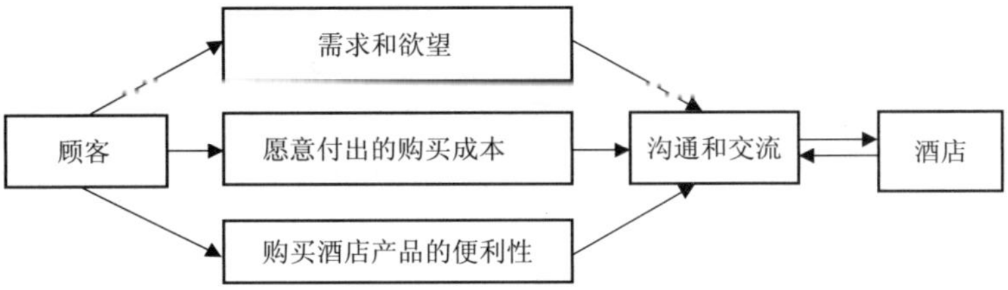

图 4-10　4 C 营销理论

4.4.12　品牌营销策略

酒店品牌是酒店的名称、标志或图案及它们的组合，用以识别酒店产品的内涵、质量和特色并使之与竞争对手相区别。通常，酒店或酒店集团品牌的构成包括两个部分：品牌名称和品牌标志（见图 4-11）。例如，喜来登（Sheraton）是酒店的品牌名称，“S”代表品牌标志。品牌营销是通过创造品牌价值增强营销效果的过程。随着科学技术的发展和进步、人们生活水平的提高，酒店顾客不仅追求产品个性化，还追求心理需求的满足。因此，酒店仅通过创造酒店产品价值保持品牌竞争优势愈加困难。

图 4-11　世界著名的酒店品牌

酒店实施品牌营销有很多益处，如扩大市场范围，在目标顾客心中占有更高的位置。酒店品牌营销的关键内容包括品牌认知、品牌忠诚、品牌质量与品牌联想。品牌认知是指顾客对酒店品牌的整体印象，包括对酒店产品的价格、功能、设施、地点、服务和特色等的印象（见图 4-12）。品牌忠诚是指顾客购买产品的行为过程及表现出的对酒店品牌的偏好。品牌知名度是指某一酒店或酒店集团的品牌在市场上的知名程度。品牌联想是指通过品牌产生的购买联想，它提供了购买理由。通常，酒店品牌营销应采用差异化营销策略，为顾客提供新的利益点，建立稳定的品牌忠诚度。酒店实施品牌营销策略，首先要有品质超群的产品、严格的质量管理，并通过生产和服务标准和规范提高酒店产品的功能，最大限度地满足市场需求。因此,酒店品牌营销绝不是仅给酒店挂个牌子,而是要将酒店名称、产品和需求紧密地联系在一起。此外,品牌营销必须拥有高素质的专业人才,充分考虑酒店的财力和管理能力,立足酒店的长远目标,促进可持续发展。在品牌营销中,酒店进行品牌定位是关键,品牌定位前必须深入了解目标市场,将顾客的期望与品牌特色融合在一起。品牌营销必须通过广告、公关和促销等手段宣传酒店的特色产品,建立稳定的品牌忠诚度。目前,我国酒店业已涌现出多个知名品牌,然而与世界著名的雅高、香格里拉、万豪、希尔顿等品牌的知名度尚存在一定的距离。实际上,在品牌营销中,酒店品牌必须符合目标顾客的产品需求,符合酒店的营销目标,符合顾客的消费水平。调查结果显示,当今人们随意观察物体常只有短短的千分之二秒的时间。所以,酒店品牌名称应当易读、易写、易听和易记,文字简单和清晰,易于分辨,字数要少而精,中文应以 2~5 个字为宜,英文以在 9 个字母之内为宜。例如,凯悦、万豪、喜来登、希尔顿(Hyatt、Marriot、Hilton、Sheraton)等。

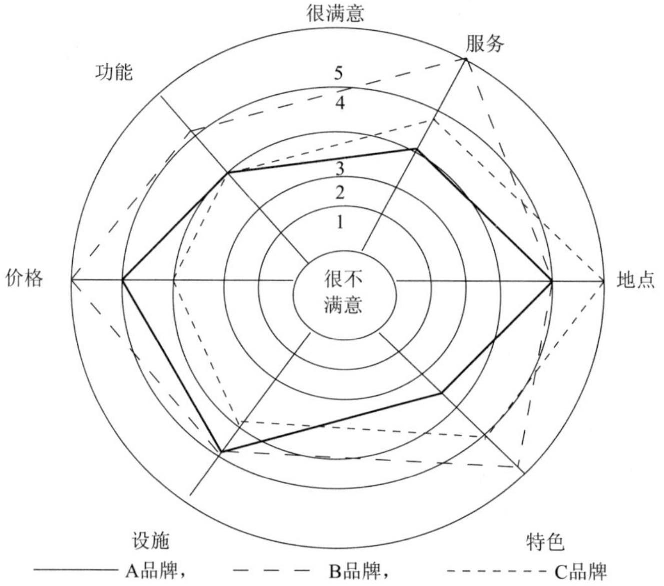

图 4-12　顾客对酒店品牌的印象

同时,品牌文字排列顺序应考虑周到,避免将不易辨认的字体和易产生歧义的文字排列在一起。

字体设计应美观,容易辨认,易于引起顾客的关注,易于加深顾客对酒店的印象和记忆。酒店常是人们聚会的地方,而人们通常是通过电话或者微信进行联系,因此酒店名称必须方便联络,容易听懂,避免使用易混淆的文字、有谐音或可引发联想的文字。

4.4.13　文化营销策略

随着知识经济时代的到来和酒店竞争的加剧,文化因素逐步渗透并贯穿于酒店营销活动中。当代经济的发展要求酒店营销各环节应富有浓郁的文化气息以满足顾客的需求。因此,文化营销已成为酒店开拓市场、在市场竞争中取胜的必要手段,成为酒店业关注的话题。文化营销是指以目标市场的文化需求为导向的一系列营销活动。随着人们消费观念的变化，顾客消费行为越来越具有文化性。许多顾客在选购酒店产品时，不仅注重产品的使用价值，还注重产品的文化价值。因此，酒店或酒店集团在研发房务产品时，应注重环境、家具、装饰和用品的文化内涵和文化价值；在开发餐饮产品时，应关注用餐环境的文化气氛、餐具文化和菜点的文化内涵及造型等。在市场细分和市场定位时，酒店同样应关注其产品的文化内涵，将顾客乐于接受和喜爱的文化注入产品中，关注民族文化、地区文化、国际文化，使酒店房务产品、餐饮产品和会展产品成为特定文化的载体。酒店文化营销的特点是成本低、竞争对手不易模仿等，这有助于酒店与顾客之间的互惠互利。如果酒店跨国运营，还必须将本国和本民族文化与东道国文化融合在产品中。例如，北京贵宾楼饭店内部环境呈现出中国宫廷文化风格（见图 4-13）。广州白天鹅宾馆的大厅设计体现出中国传统的园林文化（见图 4-14）。

图 4-13　酒店内部环境的中国宫廷文化

图 4-14　酒店内部环境的园林风格

4.4.14　奖励营销策略

酒店或酒店集团常采用奖励营销策略吸引顾客购买本酒店的产品。奖励营销策略主要包括价格折扣、产品升级、增值服务和赠送产品。价格折扣是指酒店对各种产品采取不同的价格折扣策略，特别是在销售淡季或针对新开发的产品、成熟期或衰退期的产品等采用这一策略以促进顾客购买酒店产品。一些酒店对重复购买本酒店的房务产品和会展产品的顾客给予产品升级的优惠策略。例如，某顾客在重复购买酒店的房务产品且达到一定数量或金额时，就可只付标准客房的房费，入住较高级别的客房。一些酒店还会为顾客提供增值服务。例如，顾客购买房务产品时，每天可免费获得一件衣服的洗涤和烫熨服务。一些酒店根据顾客的消费额或购买产品的种类，向顾客发送奖券。例如，某酒店的中餐厅为了鼓励顾客购买其产品，根据顾客的消费额发放 10%的奖券，奖券可以作为现金使用，主要用于顾客的重复购买。一些酒店会赠送顾客礼品。例如，每天上午赠送入住的顾客水果或者葡萄酒。

一些酒店，每天在客房开晚床时为入住的顾客赠送一块儿甜点。一些酒店给用餐的顾客赠送水果或点心及菜单等。但是，赠送的礼品应使酒店和顾客同时受益才能达到理想的营销效果。通常，酒店赠送的礼品包括住宿产品、健身产品、洗衣服务、餐饮产品（酒水、生日蛋糕、水果盘、各式面点)、贺卡、精致的菜单等。贺卡和菜单属于广告类赠品。贺卡上应有酒店的名称、宣传品和联系电话,菜单除了餐厅的名称、地址和联系电话外,还应有特色菜点的介绍。这种赠品主要起着宣传酒店特色产品,使更多的顾客了解酒店,提高酒店知名度的作用。住宿产品、餐饮产品、健身产品等属于奖励赠品。奖励赠品应根据顾客不同的消费目的、消费需求和节假日有选择地赠送,以满足不同顾客的需求,使他们真正得到实惠并提高消费的次数和消费额,提高酒店的知名度。酒店采用奖励营销策略应有明确的营销目的,如提高酒店的知名度,增加非运营高峰时段的营业额等。酒店只有明确营销目的,才可按照每年的节假日和顾客的消费目的做出详细的奖励营销安排,以便真正发挥营销作用。此外,酒店赠品的包装要精致,要讲究赠送的气氛。当然,赠送的礼品,在种类、内容和颜色等方面,一定要符合赠送对象的年龄、职业、国籍和消费目的。

本章小结

酒店市场是酒店与顾客进行交易的场所,酒店的一切营销活动都是围绕市场展开的,这一含义代表了酒店市场的场所论或空间论。根据市场营销理论,市场即需求。因此,酒店只有不断地满足顾客的需求才能取得满意的营销效果。基于这一理论,酒店市场构成要素包括购买酒店产品的顾客、满足酒店产品消费需要的购买力及购买欲望,这 3 个要素互相制约,缺一不可。任何事物的存在与发展都离不开特定环境,酒店市场营销也是如此。实际上,酒店市场营销就是酒店的营销管理者努力使内部的可控因素与外界的不可控因素相适应的过程。因此,关注酒店内外环境的变化,识别酒店环境变化给酒店带来的机会和威胁是酒店营销管理的基础和任务。目标市场营销是酒店营销规划与营销活动的重要内容,是酒店确定市场营销组合的前提和基础。为了有效地实施目标市场营销,酒店必须相应地采取 3 个重要的步骤:市场细分、选择目标市场和市场定位。

练习题

1. 名词解释题

酒店市场、酒店市场营销、目标市场、市场定位、产品生命周期

2. 判断对错题

(1)酒店产品的培育、构思和形成阶段被称为产品成长期,这一阶段的酒店产品成本高,销售额和利润基本为零,尚无竞争者,主要营销策略是将产品尽快投入市场。(　　)

(2)酒店品牌营销绝不是仅给酒店挂个牌子,而是要将酒店名称、产品和需求紧密地联系在一起。(　　)

(3)酒店业是由多个生产和运营相近的住宿产品和餐饮产品的酒店组成的,且各酒店生产与销售的产品常可以互相替代。(　　)

(4)顾客是指购买各类酒店产品的个人消费者和组织购买者的总和。顾客是酒店产

品市场的客体，没有顾客及其需求，就没有酒店市场。(　　)

(5)产品组合也称产品搭配，是指酒店提供给顾客的全部产品范围和结构，是酒店对产品组合宽度、长度、深度和相关性等 4 个方面的决策。(　　)

3. 多项选择题

(1)市场是酒店(　　)，酒店的一切营销活动都围绕着市场展开。因此，掌握酒店市场营销的相关知识必须从理解酒店市场及其相关概念开始。

A. 营销的出发点　　B. 营销的归宿

C. 产品销售的场所　　D. 产品交换的场所

(2)酒店或酒店集团常采用奖励营销策略以吸引顾客购买本酒店的产品。奖励营销主要包括(　　)。

A. 价格折扣　　B. 产品升级　　C. 增值服务　　D. 赠送产品

(3)事件营销借助的活动应当具备(　　)，突出酒店的特色，简化活动程序，使营销活动产生话题，具有现代气息，从而引起顾客的兴趣和关注。

A. 新闻性　　B. 新潮性　　C. 重要性　　D. 视觉性和参与性

(4)关系营销是指酒店与供应链中的纵向伙伴(供应商、中间商、顾客)、横向伙伴(竞争者、产品互补企业)和政府机构等(　　)。

A. 建立和发展良好的关系　　B. 互相协作

C. 是酒店运营成功的营销策略　　D. 互相竞争

4. 问答题

(1)简述酒店市场的功能。

(2)简述酒店营销环境的特点。

(3)简述酒店市场细分的方法。

(4)简述文化营销策略。

(5)论述酒店市场细分作用。

(6)论述酒店市场细分理论基础。

(7)论述酒店目标市场营销策略。

主要参考文献

[1]　王艳，程艳霞. 现代营销理论与实务[M]. 北京：人民邮电出版社，2012.

[2]　武铮铮. 实用市场营销学[M]. 南京：东南大学出版社，2010.

[3]　王天佑，张威. 饭店管理概论[M].3 版. 北京：清华大学出版社，2015.

[4]　阳翼. 人工智能营销[M]. 北京：中国人民大学出版社，2019.

[5]　叶陈刚. 企业伦理与社会责任[M]. 北京：中国人民大学出版社，2012.

[6]　吴勇. 市场营销[M].5 版. 北京：高等教育出版社，2017.

[7]　苗月新. 市场营销学理论与实务[M].2 版. 北京：清华大学出版社，2008.

[8]　王天佑. 酒店市场营销：第 2 版[M]. 天津：天津大学出版社，2018.

[9] 骆品亮. 定价策略[M].4 版. 上海:上海财经大学出版,2019.
[10] 李荷华. 现代采购与供应管理[M]. 上海:上海财经大学出版社.2010.
[11] 科特勒,凯勒. 营销管理:第 15 版[M]. 何佳讯,于洪彦,牛永革,等译. 上海:上海人民出版社,2016.
[12] 沃茨,洛夫洛克. 服务营销:第 8 版[M]. 韦福祥,等,译. 北京:中国人民大学出版社,2018.
[13] 纳格,查莱,陈兆丰. 定价战略与战术:通向利润增长之路:第 5 版[M]. 龚强,陈兆丰,译. 北京:华夏出版社,2012.
[14] 朱晋伟. 跨国经营与管理[M].2 版. 北京:北京大学出版社,2015.
[15] 胡春森,董倩文. 企业文化[M]. 武汉:华中科技大学出版社, 2018.
[16] 李建华,刘霞. 现代企业文化理论与实务[M]. 北京:机械工业出版社,2012.
[17] 杨劲松. 酒店战略管理[M]. 北京:机械工业出版社,2018.
[18] 陆敬怡. 消费者的决策[M]. 上海: 上海教育出版社,2020.
[19] 宿文渊. 商用心理学[M]. 北京:中国华侨出版社,2017.
[20] 庚为. 广告学教程[M]. 北京:首都经济贸易大学出版社,2017.
[21] 乔布尔,费伊. 市场营销学[M].3 版,大连:东北财经大学出版社,2013.
[22] JAUHARI V .Hospitality marketing and consumer behavior: creating memorable experiences [M].Oakville: Apple Academic Press,2017.
[23] HAMILTOH C, KROLL T L. communicating for results: A guide for business and the professions[M]. 11 th ed MA: Cengage Learning, 2018.
[24] BARAN. Customer relationship management[M]. Mason: Thomson Higher Education, 2008.
[25] USUNIER J C. Marketing across cultures[M]. 4th ed Essex: Pearson Education Limited, 2005.
[26] BARROWS C W, POWERS T, REYNOLDS. Introduction to management in the hospitality industry [M]. 9th ed. New Jersey: John Wiley & Sons, Inc.,2009.
[27] DAVIS B, LOCKWOO A. Food and beverage management[M]. 5th ed. New York: Routledge Taylor & Francis Group, 2012.
[28] WALKER J R. Introduction to hospitality management[M]. 8th ed. Essex: Pearson Education Inc.,2021.
[29] KOTLER P. Marketing for hospitality and tourism[M].7th ed. NJ: Pearson Custom Publishion,2017.
[30] COOPER R G. Winning at new products: creating value through innovation[M].4th ed. New York:Basic Books,2017.
[31] MCKEAN J. Managing customers through economic cycles[M].New Jersey: John Wiley & Sons, Inc., 2012.
[32] WOOD R C. Hospitality management: a brief introduction[M]. London: Saga Publications Ltd.,2015.

[33] ALEXANDER V L . The handbook of financial communication and investor relations. [M].New Jersey：John Wiley & Sons, Inc., 2017.
[34] JAULAUN C J. Advertising and society：an introduction[M].2nd ed. West Sussex：John Wiley & Sons, Inc., 2013.
[35] KELLER K. Consumer-brand relationship theory and practice[M].NY：Cenveo Publisher Services, 2012.
[36] HASTINGS G. Social marketing[M].2nd ed. Oxford：Butterworth Heinmann, 2014.
[37] MCDONALD M. Market segmentation [M]. 5th ed.New Jersey：John Wiley & Sons, Inc., 2012.
[38] West E, MCALLISTER M P. The routledge companion to adverting and promotional culture[M]. New York：Tailor & Francis Group, 2013.

第5章

人力资源管理

本章导读

人力资源被称为酒店的第一资源，而酒店人力资源管理是通过有效的招聘与培养和激励职工实现酒店的运营目标并获得市场优势的过程。通过对本章的学习，读者可了解酒店人力资源管理的内容和作用，熟悉酒店人力资源的规划方法和程序，掌握酒店职工配备与职工培训管理、职工职业发展管理和职工激励与薪酬管理等方面的内容。

5.1 人力资源管理概述

5.1.1 人力资源及其特点

资源是指投入生产并可创造财富的一切生产要素。资源可分为自然资源、资本资源、信息资源、知识资源、时间资源和人力资源。人力资源是指一定范围（例如，国家、地区和企业）内所有劳动能力的总和。所谓劳动能力就是指人的体力、智力、知识和技术等。所以，人力资源又泛指承载这些劳动能力的人。酒店的人力资源常指某一酒店内部的人力资源及与该酒店相关的合作组织的人力资源的总和。酒店内部的人力资源包括酒店总经理、业务总监、部门经理、业务主管及普通职工。酒店人力资源有以下特点。

1. 具有社会性和主观能动性

人力资源是一种社会资源，具有社会性的特点。人力资源既是社会的主体，又是人类社会活动的结果。从宏观分析，人力资源的形成、配置和使用要通过社会进行；从微观分析，人类社会是群体劳动的结果，不同的人在不同的企业和组织中。因此，酒店人力资源管理既要关注职工的个人状况，又要重视对其产生影响的社会因素。酒店必须通过精神文化、价值观念、人际关系、团队建设和利益整合等方式，促进人力资源的开发和管理。同时，人力资源存在于人的生命中，是有生命的资源，这种资源与物质资源有着本质的不同。人力资源在经济活动中居主导地位，具有主观能动性，是最积极、最活跃的主动性生产要素，在社会生产中具有主导地位。人力资源的主观能动性还表现在自我强化、选择职业及积极工作等方面。自我强化常通过努力学习和积极锻炼身体实现，而选择职业是人力资源的主动性与物质资源相结合的过程。人力资源积极工作，创造性劳动和敬业精神是其主观能动性最重要的表现，对发挥人力资源的潜力具有决定性作用。

2. 可再生与增值

人力资源是一种可再生资源，其再生性可基于人口的再生产和工作能力的再生产实现。与物质资源相似，人力资源在使用过程中会出现有形的磨损和无形的磨损。有形磨损是指由于个人身体的疲劳、衰老、体质下降、技能退化等原因造成的工作能力下降。无形磨损是指由于社会和科技进步导致的个人知识、技能和经验相对老化造成的能力下降。人力资源的有形磨损是不可抗拒的，但是可通过医疗和保健等延缓其磨损程度。人力资源的无形磨损是可以预防的，甚至可在一定程度上避免。酒店业常通过各种培训和教育等减缓和避免人力资源的无形磨损。同时，人们可通过知识更新和经验积累，提高自身的价值和工作能力，从而提高酒店的服务水平和在市场上的竞争力。

3. 受时效与时代的影响

人力资源是存在于生命中的工作能力，其形成和利用均受到时间的影响或限制。一方面，作为生命有机体的人都有生命周期——幼年期、青年期、壮年期和老年期。人在每个时期的体力和智力水平不同。甚至，在不同的时期，其工作能力也不同。从酒店管理的角度分析，人才培养和使用有培训期、成长期和成熟期。此外，人力资源在其形成过程中，受一定时期的社会和经济发展水平的限制。因此，人只能在某一时代提供的具体经济和社会环境下，努力发挥个人的能力。

4. 具有生产与消费两重性

人力资源既是创造财富的生产资源又是酒店投资的结果，它与其他资源一样具有投入产出规律。对酒店人力资源的开发和维持是酒店的投资行为，人力资源的使用和创造财富是生产行为。一方面，不论职工是否能为酒店创造效益都需要消耗酒店的成本；另一方面，职工的生产行为受年龄、能力、机会和设施等多种因素影响。因此，酒店在开发、利用和管理人力资源时，应充分重视和处理好人力资源的数量与质量的关系。

5.1.2　酒店人力资源质量要素

酒店人力资源的质量是指酒店职工的道德、身体、知识和能力的总体情况，包括身体，心理，道德、知识、技能和工作能力 3 个要素。通常，酒店人力资源质量的 3 个要素既互相影响又互相作用(见图 5-1)。

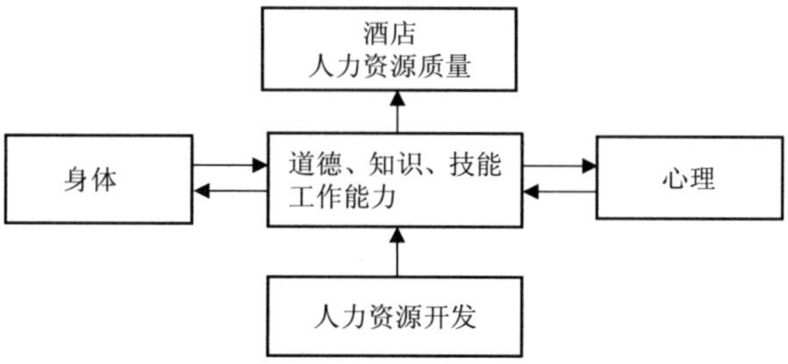

图 5-1　酒店人力资源质量要素

5.1.3　酒店人力资源管理

1. 酒店人力资源管理含义

酒店的人力资源管理是指根据酒店的业务发展和职工的职业发展需要利用一定的机制、方法和技术等对酒店职工进行有效的招聘、培养和任用及相关的一系列科学管理的过程。现代管理学家——彼得·德鲁克(Peter F. Drucker)认为“企业只有一个真正的资源:人力资源”。人力资源又被称为酒店的第一资源,它是酒店运营管理的基础和核心。酒店资源的配置和运营活动的展开都要依托人力资源。而人力资源管理的核心是职工的开发、培养与工作岗位的科学匹配。一些学者与企业家认为,可提供潜在合作及有利于酒店运营的顾客也应当属于酒店的人力资源范畴。这是实现酒店运营目标的保证。从战略视角分析,人力资源的有效管理是酒店获得市场竞争优势的关键。

2. 酒店人力资源管理的发展

酒店人力资源管理约于 20 世纪 70 年代开始出现,由传统的酒店人事管理转变为酒店人力资源管理。这一变化说明在酒店管理中,职工不再是物质资源的附属物,而是不同于物质资源的一种特殊资源。同时,人力资源管理从酒店单纯的业务管理中分离出来并成为酒店业务发展与战略管理中的一项重要内容。尽管酒店人事管理与人力资源管理无疑都涉及对职工的管理,但是两者的区别不仅是名称的不同,更重要的是管理理念的转变,管理模式、管理方法和管理手段等都存在差异。

1)传统的酒店人事管理

人事管理的概念源于第二次世界大战后的美国,管理工作只限于人员的招聘、选择、委派、工资发放、档案保管等,后来逐渐涉及职务分析、职务编写、绩效考核制度与方法拟定、奖酬制度设计与管理、人事规章制度制定和职工培训规划等,这些均属于行政事务工作,很少涉及酒店整体的战略决策。因此,传统的酒店人事管理是封闭式的管理,只强调人事计划、人事控制、人员配备、用人方式,很少重视对职工的培养,轻视职工的个性,限制了职工的职业发展。

同时,人事管理被看作成本管理,把降低人力成本作为重要目标之一。当然,传统的酒店人事管理通常是相对孤立和静止的,并将其职能与酒店整体运营分离,管理手段单一,方法死板,常采取指标数量、行政命令等管理方法。此外,传统的酒店人事管理可以被认为是事务型管理,把管理职工作为一项工作任务来完成,管理者整天忙于事务,解决个别人的重点和难点问题,着重于行政方面的管理方法,用命令式的方式对待职工,使其服从于现状,仅注重完成眼前的工作任务。

2)现代的酒店人力资源管理

现代的酒店人力资源管理由传统的人事管理发展而来,是人事管理的一个飞跃。酒店人力资源管理把职工看作一种资源,其工作的出发点是根据酒店发展的需要和职工职业发展目标,最大限度地挖掘、利用和发展这种资源并从管理中获得人力资源的最高价值。现代的酒店人力资源管理与酒店的发展与战略紧密结合,将酒店整体战略作为依据并成为酒店战略不可分割的组成部分。尽管人力资源管理同样也具有招聘、考核、奖惩等一系列人事管理功能,但是这一工作是从酒店整体发展和战略的层面进行的,因此具有较高的立足点。当今,人力资源部为酒店人力资源决策提供必要的信息,就人才市场状况、酒店人力资源质量与结构等情况为酒店提供参考意见并结合酒店的发展目标,与酒店高层管理者共同制定酒店运营与发展战略。同时,酒店战略计划在很大程度上又依赖于有效的人力资源管理。现代的酒店人力资源管理由权力型管理转变为服务型管理,向所有业务部门提供人力资源支持和服务,为酒店业务部门提供人力资源管理方法和管理手段,提供用人政策和规范方面的咨询，协助业务部门做好职工绩效评估和奖金分配、协调业务部门职工流动和职务晋升等工作。现代的酒店人力资源管理否定了传统的记录本式的管理方法，运用科学的考核工具，强调职工的素质、职业道德及工作绩效，确保绩效测评的客观性和公正性，提高人力资源管理的透明度，激发职工的工作热情。现代的酒店人力资源管理体现以人为本的管理思想，把职工视为一种核心资源进行科学的配置，在管理过程中充分尊重这种资源的能动性和再生性，高度重视人力资源开发，采取切实可行的激励措施和职业培训，实现人力资源的充分利用和不断增值，促进职工和酒店的共同发展；同时，应用一切科学管理和激励手段激发职工的积极性，重视职工的工资、福利及工作环境，调动职工的主动性和创造性，加强对职工的考核与评估，为其营造良好的工作环境以提高酒店运营效果。

5.1.4　酒店人力资源管理原则

为了更好地指导人力资源管理实践，酒店人力资源管理工作须向科学化和规范化的方向发展，从而提高酒店的核心竞争力。酒店人力资源管理必须遵循以下基本原则。

1. 科学配置原则

在酒店工作的每个职工，由于其身体条件、专业知识、实践能力等的不同，他们的职务爱好、工作能力、工作方式与工作效率也不同。因而，酒店人力资源管理应遵循科学配置原则，根据每个职工的特长和爱好，对职工与工作职务进行科学配置，以发挥职工和酒店的整体人力资源优势。

2. 互补增值原则

由于酒店职工个体在年龄、性别、个性、爱好、学历和经历等方面存在差异。酒店为了更有效地激发其人力资源的潜力，秉持互补增值的原则，招聘不同特长的职工使他们在学历、知识、技术、经验和能力等方面形成互补。

3. 同素异构原则

“同素异构”这一词语来自化学领域，表明相同的物质原子在不同的分子结构中，由于排列顺序、空间构架的不同，在物理性能、化学性能、经济价值等方面具有较大的差别。在酒店人力资源管理中，即使人力资源要素一样，但是酒店采用了科学与合理的组织结构并注重职工的职业发展，可以更充分地激发人力资源的潜力，使酒店整体人力资源产生更高的效益。这就是酒店人力资源管理中的同素异构原则。

4. 能级对应原则

能级对应是来自物理学的概念，在酒店的人力资源管理中是指充分利用职工的知识、经验和特长，将具有不同能力的职工配置在酒店各部门和各层级中的不同职位并给予其不同的权利和责任，使职工的能力与其工作职位相适应，使酒店人力资源的整体结构更加牢固，更具有竞争力。

5.1.5　酒店人力资源管理内容

酒店人力资源管理内容主要包括人力资源规划、职工配备、职工开发与培训、职工职业发展、职工业绩考核、激励与薪酬管理等（见图 5-2）。酒店人力资源管理工作首先应进行人力资源规划，通过对酒店当前人力资源情况与未来发展进行评估，测算人力资源的短缺与超额情况，在此基础上，再决定是否进行职工招聘或选拔等。同时，为适应酒店的业务发展，确保职工知识和技能的更新，应有计划地进行职工培训和人才开发，注重职工的职业发展，通过对职工的工作考核使他们保持良好的工作绩效。

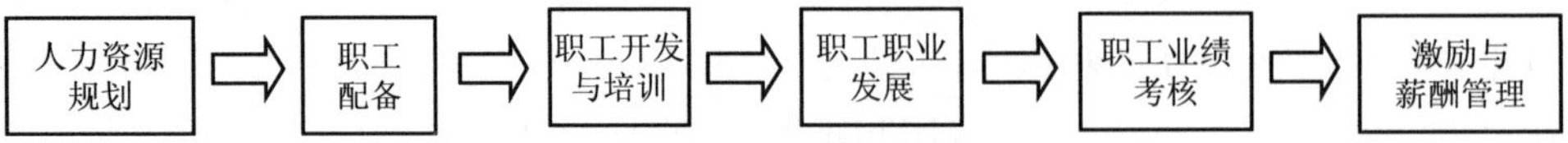

图 5-2　酒店人力资源管理内容

1. 人力资源规划

人力资源规划是指根据酒店未来业务的发展目标，预测和分析酒店可能出现的新职务并采取适当方法招聘和培养人才以担任这些职务。酒店制定人力资源规划应有预见性和长期性，避免在已经或即将出现职务空缺时才制定规划，应将酒店人力资源规划与人力资源管理的其他职能相协调，避免人力资源管理与酒店运营业务脱节。酒店人力资源管理关注人力资源规划的战略性和前瞻性，准确分析企业内部和外部的人力资源需求与供给状况，做到内部规划和外部供给的协调。

2. 职工配备

职工配备是指从酒店内部或外部招聘和培养职工，补充到有需要的职务岗位上的过程。酒店招聘和选拔的职工，其素质和能力直接决定酒店人力资源的整体水平并影响酒店发展战略的实现。因此，在招聘或选拔职工时，应准确把握招聘对象，选择合适的工具，设计科学的评价标准，采用灵活的录用方式，协调好职工招聘、职工进修和培训等工作。

3. 职工开发与培训

酒店对现有内部人力资源的培训和业务能力的开发是人力资源管理的一项重要内容。现代人力资源管理认为，科学地开发人力资源、重视职工培训可满足酒店业务发展和市场竞争的需要；同时，还能增进职工和酒店之间的关系，提升信任度。此外，酒店在开展培训工作前应准确分析职工的知识和能力状况及其与酒店发展目标之间的差距，认真分析职工的需求，协调培训工作和职工的职业发展之间的关系，采用合理的培训方式，注重培训效果。

4. 职工职业发展

职工职业发展管理是酒店人力资源管理不可缺少的内容，它可帮助酒店了解职工的性格、兴趣、特长、价值观和业务能力，帮助职工了解和掌握酒店的发展目标、运营理念和人力资源供需状况，从而使职工个人职业生涯目标与酒店运营发展目标相一致。

5. 职工业绩考核

职工业绩考核也称职工绩效考核，是对职工的工作数量和质量、完成的速度、对待工作的态度、与同事和上下级合作的情况等进行的评价。效率高和信度高的考核结果可用于确定职工的待遇、薪酬和福利等。针对考核中反映出的职工知识和技能的不足，酒店可制订相应的培训计划。同时，在考核中，酒店还能发现职工的潜能并将其作为职工晋升和培养的依据。现代酒店人力资源管理要求建立科学合理的考核体系，选择科学的考核方式，积极探索人力资源管理的新途径，为职工奖励、晋升和培养决策提供客观依据，为职工合理的竞争提供公正的考核依据。

6. 激励与薪酬管理

薪酬管理是人力资源激励管理的基础。现代酒店人力资源管理中的薪酬管理是一项专业性和技术性较强的工作,也是一项动态管理工作。酒店要充分利用有限的资金,合理地确定职务工资结构和水平,探索职工工资与职工考核的关联途径,使工资能及时反映职工工作成绩。职工激励管理是指科学地激发和奖励职工,调动职工的积极性,提高酒店的凝聚力并提高职工工作效率的过程。职工激励方法包括薪酬激励法、信任激励法和目标激励法。

除此之外,酒店人力资源部的自身建设也是酒店人力资源管理的一项工作。酒店建立一个现代化的人力资源部门是促进传统人事管理向现代人力资源管理转变的首要前提。酒店人力资源管理人员应树立现代人力资源管理意识,掌握人力资源管理的方法和手段,了解开发人力资源的途径,掌握科学的考核办法和激励方法。

5.2　人力资源规划与配备

酒店人力资源规划是指根据酒店发展战略、运营目标和市场的变化与发展,科学地分析和预测人力资源需求和供给,及时制定和调整相应的人事政策,确保企业获得合适的人选。同时,酒店职工,特别是管理人员在酒店运营中起着举足轻重的作用,他们既是酒店的指挥者、集合者,又是执行者。因此,科学地配备人力资源是酒店人力资源管理不可缺少的程序和手段,可保证酒店业务发展,满足市场竞争的需要,维持酒店职工的忠诚度,提高酒店声誉和知名度。

5.2.1　酒店人力资源规划

1. 酒店人力资源规划的作用

酒店根据其内部运营环境、发展目标、市场竞争状况进行人力资源供需预测,使之平衡的过程被称为酒店人力资源规划。实际上,酒店人力资源规划是对酒店职工和各职务需求的补充和调整规划。人力资源规划对酒店运营管理有着非常重要的意义,尤其是在大型的酒店或酒店集团的组织中。通常,酒店或酒店集团各种职务的调整都要通过人力资源规划才能完成,酒店运营和发展是一个动态过程,人力资源的需求和供给不可能自动平衡,所以必须采取适当措施调整它们之间的差距。因此,酒店或酒店集团的人力资源规划非常重要。其作用主要表现在以下 3 个方面。

(1)人力资源规划可保证酒店在发展中对职工的需求,保证这种需求的动态平衡,促进酒店人力资源管理有序化,促使职工个人发展目标与酒店运营和发展目标相一致,保证酒店或酒店集团人力资源的合理配置,将人工成本控制在理想的范围内。

(2)酒店人力资源规划充分考虑了职工职业生涯并制定了相应的政策和措施,包括职工晋升政策、工作轮换政策、培训进修政策等,因而有利于满足职工的发展需求,能够调动职工的积极性和创造性。

（3）现代酒店管理强调动态管理，对市场环境变化预先做好防范工作。如今，经济的发展和旅游业的大发展，可能导致酒店人力资源与社会需求不协调或关系紧张。因此，酒店应对酒店内部和外部环境不断地进行分析和预测，及时对酒店职工的数量和知识与能力结构进行调整，从而使酒店适应社会需求和人才环境的变化。

2. 酒店人力资源规划内容

酒店人力资源规划实际是酒店人力资源的战略规划。其内容包括职工配备规划、职工培训与开发规划、职工职业发展规划与职工薪酬规划等（见表 5-1）。职工配备规划是人力资源规划的具体体现。由于职工晋升的影响，组织内的职位空缺逐级向下移动，最终积累在普通职务的职工需求上。在人力资源规划中，有计划地提升有能力的职工，以满足酒店对职工的需要是人力资源规划的重要职能，也是满足职工自我实现需求的必要工作。酒店职工提升不仅意味着职工地位提高，更意味着职工不断地参与更富有挑战性的工作。职工配备规划首先应做好酒店或酒店集团计划期内的人力资源配备总体框架，遵循酒店人力资源管理的方针和政策，确定计划期内人力资源投资总额等。做好职工培训与开发规划，科学地将职工职业发展规划与酒店职位需求结合起来，既有利于提高职工的素质和工作的积极性，又可及时填补酒店管理职位空缺以满足酒店的长期人才需求。酒店通过合理的职工绩效考核规划和薪酬规划可控制职位数量和薪酬的变化幅度，充分调动职工积极性。

表 5-1　酒店人力资源规划内容

规划项目	主要内容	预算内容
酒店总体规划	酒店人力资源管理总体目标和相应政策	预算总额
职工配备规划	中、长期不同部门和职务分布情况	职工规模变化引起的费用变化
退休解聘规划	对工作效率低下和离职、退休的职工的安排	安置费用
职位补充规划	需要补充的职务及人员数量，对职工的要求	招聘和选拔费用
职工使用规划	职工晋升政策和时间，轮换工作岗位安排	职位变化引起薪酬和福利变化
职工培训与开发规划	培训与开发对象的选择、目的、内容、时间、地点和师资计划等	培训与开发总投入、脱产职工工资及职工脱产引起的费用
职工职业发展规划	管理人员和技术人员培养方案	含在上项中
职工薪酬规划	职工和部门业绩考核、薪酬结构、工资总额、福利项目等	薪酬福利的变动额
劳动关系规划	减少和预防劳动争议，改进劳动关系措施	诉讼费用及可能的赔偿

3. 酒店人力资源规划程序

酒店人力资源规划是对酒店人力资源供需平衡（尤其是管理人员的供需平衡）的管理过程。因此，酒店在规划人力资源时，首先要考虑其业务发展的需要和人力资源的供给情况，例如酒店或酒店集团的运营规划、年度预算计划、各类人员需求量等，并根据酒店未来的业务发展，分析和评估酒店现有人力资源数量、结构、质量和特长；同时，还要关注酒店内部与外部的人才来源渠道，在此基础上，预测酒店未来对各类人才的需求；最后，制定出酒店人力资源规划，实施后，还要进行评估和提出改进措施（见图 5-3）。

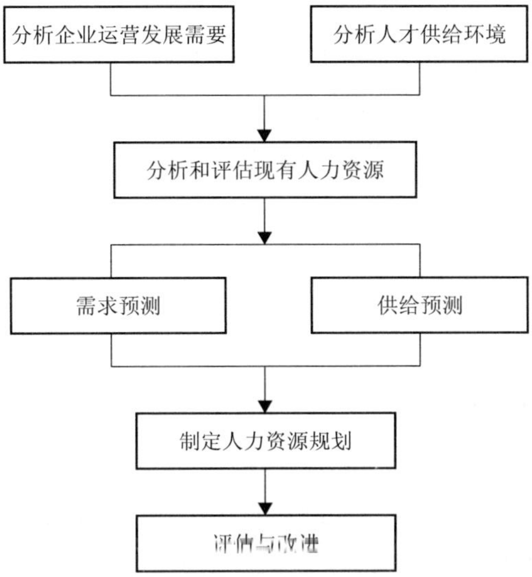

图 5-3　酒店人力资源规划程序

1）分析和评估现有人力资源

酒店在制定人力资源规划时，首先要对现有人力资源状况进行调查，撰写人力资源调查报告。调查内容涉及职工的姓名、年龄、性别、学历、工作简历、职业专长、教育培训经历等。评估的另一个重要内容是职务分析，拟定职务说明书与职务规范。

a. 职务分析

职务分析是人力资源规划的前提，其目的是合理地确定酒店职务的工作内容和工作目标，确定各种职务的任务、内容、性质及胜任某一特定职务的人员应具备的经验、知识、技能和意志品质等。职务分析决定着酒店对长远战略目标的制定，决定着酒店招聘、筛选、培养管理人员的评估标准，还决定着职工培训的方向和依据。现代人力资源管理要求企业根据自己的实际情况，选择合适的职务分析方法，形成较为规范的整体职务描述、每个具体岗位的工作描述及职务说明书，尽量降低人力资源管理的随意性，提高所有人力资源管理的科学性。

b. 离职率分析

酒店职工离职率是指酒店人力资源损耗情况，损耗指数越高，说明人力资源供给情况越差。因此，酒店在评估现有人力资源时，必须考虑职工的离职率，从而保证酒店的人力资源供需平衡。

$$\text{酒店职工离职率}=\frac{\text{一年内离职职工数}}{\text{一年内平均在职职工总数}}$$

c. 人力资源稳定指数

通过调查和分析现有在职时间满一年的职工总数与酒店一年前在职职工人数可得出酒店各种职务的稳定情况。

$$\text{人力资源稳定指数}=\frac{\text{现有在职时间超过一年的职工人数（包括一年）}}{\text{一年前在职的职工总数}}$$

2)预测未来的职务需求

通常,酒店人力资源需求由酒店运营目标所决定。在对酒店现有人力资源进行评估后,应根据酒店的运营目标确定未来规划期内对人力资源数量、质量、层次和结构的需求。预测方法可采用定性预测和定量预测相结合的方法。

3)制定人力资源规划

酒店对现有人力资源和未来的各种职务需求进行全面评估后,应以此为依据,进行人力资源供需分析比较,及时发现酒店人力资源在数量、结构方面的短缺及过剩情况,明确酒店人员不足或超额的部门,在此基础上制定出人力资源招聘和培养的具体方案。

5.2.2 酒店人力资源配备

酒店人力资源配备简称职工配备或职务配备,是指对酒店的职务进行持续补充和配备的人才管理过程。人力资源配备根据酒店具体的职务需求,为酒店选择最合适的人才,实现职工与职位的最佳匹配。

1. 职工配备的任务

职工配备的任务是根据酒店不同职务对职工的知识和能力的需求,从应聘人员中挑选出称职的人员并明确其职务和职称。人员经培训和培养,适应职位的业务和能力要求,更好地履行岗位职责。酒店应定期对任职人员的素质与业务能力进行考核和评价,通过考评了解和把握各级人员的实际业务和能力状况,为培训与职务调整提供依据。根据考评情况,酒店可决定职工是否继续留任、晋升、降职、调职和被辞退,使职工能力与职务的需求形成最佳动态结合。

2. 职工选拔计划

职工选拔计划是对职工选拔工作的具体安排,包括选拔目标和途径、方法和费用、步骤和时间等。职工选拔的目标是指有关被选职工的类型、数量和条件的具体要求。职工类型是指需要人员的类别,例如财务人员、餐饮运营人员、前厅主管人员、楼层管理人员、商务中心领班等。职工条件是指被选人员应具备的知识、学历、业务经历和业务能力等。通常,影响酒店对职工的需求的因素有酒店目前拥有的职位、职工离职率、酒店发展需要的职位。影响酒店管理人员供给的因素有酒店目前拥有的职工数量、种类和业务水平及目前补充职工的渠道等。

1)工作日程安排

一般而言,酒店招聘工作常在业务淡季或学生毕业前进行,例如在每年的 4 月和 5 月。然而,根据工作需要,也可以进行紧急招聘。通常,招聘工作周期在 30 天内(见表 5-2)。

表 5-2 酒店管理人员招聘日程安排

工作内容	具体日程	日期计划
初选(收到申请至发出考试通知)	× 月 1 日—× 月 7 日	3~7 天
考核(笔试和面试)	× 月 8 日—× 月 15 日	3~7 天
录用(评估至发出录用通知)	× 月 16 日—× 月 23 日	3~7 天
开始工作(发出录用通知至开始工作)	× 月 24 日—下月 30 日	3~7 天
工作完成总时间		15~30 天

2)工作费用计划

职工配备的费用包括广告费、工作人员差旅费、通信费、办公费和场地费等。

$$平均每个职工的配备成本=\frac{职工配备总费用}{配备总人数}$$

3. 职工配备原则

1)因职择人原则

由于酒店管理人员的晋升和流动及酒店业务的发展,酒店各部门内的职位会出现空缺。因此,职工配备应以职位空缺和实际需要为出发点,以职务对人员的要求为标准,选拔合格的人员。这种原则的优点是可以精简机构,提高工作效率。

2)公平竞争原则

公平竞争原则即公开酒店空缺职位的名称与数量、各职位的条件、录用方法和时间,并根据申请人的学历、经历、考试和面试成绩等条件择优录取。

3)量才适用原则

不同的职务需要配备具有不同的学历、专业和业务素质的管理人员。从应聘者角度考虑,只有根据申请人业务能力和特长安排工作,才能发挥他们的潜能,激发他们的工作热情。因此,酒店应根据申请人的能力、特长和爱好,将其安排到适合的职位上。

4)动态平衡原则

在酒店运营和发展中,人力资源常处于不稳定的状态,所以酒店必须根据业务发展需要,积极做好人才招聘、人才培养和职位调换等工作,进行合理的人员调配。科学的动态平衡措施能有效地提高工作效率及控制人工成本,在预测酒店未来发展的前提下,有计划地逐步调整职工的岗位和分布。

4. 职工选拔途径

1)酒店内部提升

酒店内部提升即从酒店内部培养、选拔和任用管理人员。这种途径减少了由于信息不对称而导致的招聘风险。同时,酒店对内部职工的知识和能力的了解程度高于对外聘者的。通常,酒店从内部提升的人员熟悉本酒店运营特点和酒店文化,熟悉本企业的战略目标,可迅速适应新的工作和岗位。酒店内部提升途径还可以给基层职工带来希望,使酒店职工认识到,只要不断地提高自己的知识和业务能力,就可能被提拔到更高或更有技术性的岗位上。酒店内部提升制度可保持职工对酒店的忠诚,使职工更积极、更主动地工作,从而促进酒店的发展,为酒店创造更多的职务机会。实际上,内部选拔职工有利于吸引外部人才,可以使有潜力的职工认识到酒店运营管理必须理论联系实践,管理人员必须从基层逐步升至高层。但是,酒店也常采用一些灵活的职位提升策略,以满足对人才的需要,如根据职工的知识、业务能力和业绩,将部分职工迅速提升到较高的管理职位。内部提升制度手续简单、成本低,但是在若干个内部候选人中如果仅提升一两个职工,就会使落选者情绪低沉,不利于被提拔者迅速展开工作。此外,被选对象数量少,也不利于酒店运营管理的发展或创新。

2)酒店外部招聘

酒店外部招聘即根据酒店的任职标准,从酒店外部候选人中选出符合职务要求的人员。采用这种选拔途径可使被聘人员迅速打开工作局面,缓和内部竞争者的紧张关系,为酒店带来新的管理方法和经验。酒店外部招聘主要通过高等院校招聘、职业介绍所推荐和刊登广告、网络招聘及内部职工推荐等方法进行。但是,外聘人员不熟悉酒店企业文化和具体的管理方法,需要适应一段时间才能有效地开展工作。由于酒店仅通过短期招聘判断被聘者的素质和才能,因此有一定的风险。此外,外部招聘人才容易挫伤内部职工的积极性,影响职工的士气,加速内部职工尤其是优秀的职工的流失。

5. 职工选拔程序

酒店职工选拔程序如下(见图 5-4)。

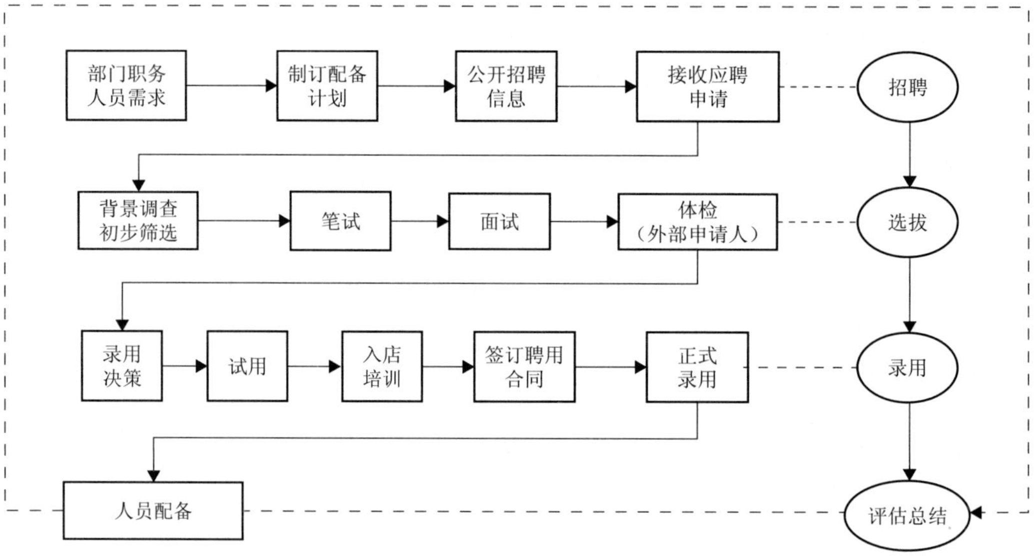

图 5-4 酒店职工选拔程序

1)公开招聘信息

当酒店需要某种人才或出现职位空缺并需要补充时,应根据职务的层次和重要性,建立相应的选聘机构。选聘机构应通过适当的媒介公布待聘职务数量、性质及对候选人的能力要求等信息,面向酒店内外公开招聘,鼓励那些符合条件的候选人积极应聘。

2)对申请人初选

初选是对应聘者是否符合酒店职务要求的初步资格审查过程,是审查申请人申报材料的过程。申报材料包括应聘申请表、个人简历、学历证明和工作经验证明等。由于应聘者的数量可能很多,选聘机构不可能对每个申请者进行详细的分析,否则人力成本和费用会过高,人力资源部通过审查申报资料的真实性和有效性,了解申请人的意愿和经历,通过他们的经历预测其适应未来工作的可能性。对于申报材料中的疑点或某些重要部分,人力资源部应补充调查,淘汰那些不能达到职务最基本要求的申请者。

3)对初选合格者考核

酒店或酒店集团对初选合格的申请者进行知识和业务能力的测验,包括笔试和面试。通过笔试可考核应聘者掌握的知识,通过面试和心理测试可判断应聘者的素质、思维敏捷度、价值观、对职务的兴趣及实践管理能力等。通过考核可以评估申请人未来的工作能力。选聘高层管理人员还应征询其原在部门的职工意见，以核实申请者的领导和协调能力。完成上述各项工作后，计算各申请人的综合分数并根据待聘职务的特点，选聘既有工作能力，又被职工接受的管理人员。由于面试方法比较灵活，因此其在酒店职务选拔中应用十分普遍。常用的方法包括模式化面试、问题式面试和非引导型面试。模式化面试的特点是面试者根据预先准备好的题目，询问申请者的背景和简历、工作情况和爱好等。问题式面试是面试者就有关酒店发展、调整和决策及存在的问题，向申请者提问并观察其分析问题、解决问题和应变的能力。非引导型面试是面试者与申请者随意交谈，无固定题目，无限定范围申请了解其知识和价值观，观察其判断能力和组织能力等。

面试常会出现一些误差，影响对申请者的选拔，通常表现在以下几个方面。

（1）相似效应。面试者对与自己兴趣、个人背景和仪表相似的申请者感兴趣，反之相反。

（2）对比效应。面试者比较前后数个申请者的面试结果得出不正确结论。尤其在前面数个申请者面试结果不理想，而后面的申请者面试结果优于前面的申请者时，这种效应会更显著。

（3）负面效应。面试者重视申请者的缺点，而不重视申请者的优点。

（4）第一印象。面试者重视对申请者的第一印象，轻视后面的测试情况。

（5）光环效应。面试者被申请者某一优点或特长吸引，轻视其他方面的内容。

（6）不正确记忆。面试者没有记住和理解申请者回答的全部问题。

（7）记忆不全面。面试者容易记住申请者最后回答的问题。

（8）非语言因素。面试者重视申请者的服装、微笑和回答问题的方式，而轻视回答的内容。

4）体检与录用

由于酒店管理人员工作时间长、工作劳累，外部申请者必须通过体检，达到职务的身体素质要求才能被录用。通常，酒店业务主管层以下人员，包括基层管理人员，由各部门经理和人力资源部决定是否录用，而部门经理及以上职务申请者的录用还需经酒店总经理批准。酒店人力资源部对被录用者发出正式通知，对未被录用者致函表示歉意。

5.3　职工培训与职业发展

自 20 世纪 90 年代开始，随着科学技术和酒店业的发展，酒店运营设备不断地更新，例如声呐系统、计算机网络和智慧客房系统等的运用，运营手段和营销策略不断地提高，酒店服务已不是简单的劳动，酒店对职工，尤其对管理人员提出了更全面和更新的知识与技术要求。因此，职工培训已成为酒店运营管理不可缺少的环节。职工职业发展管理也称职工职业生涯管理，是酒店对职工的职业发展规划及其执行、评估和修正的全过程的管理，通过为职工构建职业通道，实现酒店与职工共同发展的有机融合管理。

5.3.1 职工培训

1. 职工培训含义与作用

职工培训不论对职工的个人职业发展，还是对酒店运营管理都具有重要的意义。对职工个人而言，培训能使他们更加熟悉酒店产品特点和运营环境，更加了解酒店的企业文化，接受酒店的价值观念和行为准则。通过培训，职工可及时补充和更新专业知识与技术，提高自身在决策、指挥和创新等方面的能力，改善工作方法，提高工作效率，减少安全事故，促进个人职业发展。对酒店而言，培训能使职工在各方面更能适应所任职位的要求，推动酒店文化建设，提高职工综合素质和能力。当今，酒店的运行效率既取决于该组织的结构合理化程度，又取决于管理人员的素质和能力。由于酒店不断地发展，酒店管理队伍需要不断地更新和补充，而管理人员的成长是一个渐进的过程。酒店定期而有计划地培训职工是促使职工进步和成长的有效途径。同时，通过培训，酒店可了解职工的发展潜力，使那些掌握了现代酒店运营管理知识和技术的职工能担任更重要的工作。

2. 职工培训管理原则

职工培训工作应认真规划、精心组织。酒店培训部或人力资源部要立足酒店整体培训工作，协调各职能部门，优化酒店整体培训效果，要对酒店整体培训需求进行调查分析，根据培训目标和任务、培训对象、职务范围及职工素质等要素编制培训计划和实施方案，避免盲目和随意，使培训内容与职位需求相一致。在培训中应使用案例教学、演示教学等方法，培养职工实践管理能力，坚持专业知识和技能培训与企业文化相结合的原则，使全体职工成为有理想、有职业道德、有文化的专业工作者。职工培训还应坚持全员培训和重点培训相结合的原则。全员培训是指对酒店全体职工按管理职能和职位特点进行有计划的培训，这是全面提高职工业务素质和技能的有效途径。此外，还应根据市场变化和酒店经营管理需求，集中力量，有重点地培训相应的人才，即重点培训。酒店培训内容和方法常针对不同管理层次而设计，以达到实用效果。此外，严格的考核制度是保证培训质量的必要措施，也是检验培训质量的重要手段。酒店应制定培训考核制度，将培训考核、择优录用和职工晋级结合在一起，从而激发职工的进取精神。

3. 职工培训体系

职工培训体系包括入职培训、任职培训、主题培训、在职培训和脱产培训(见图 5-5)。

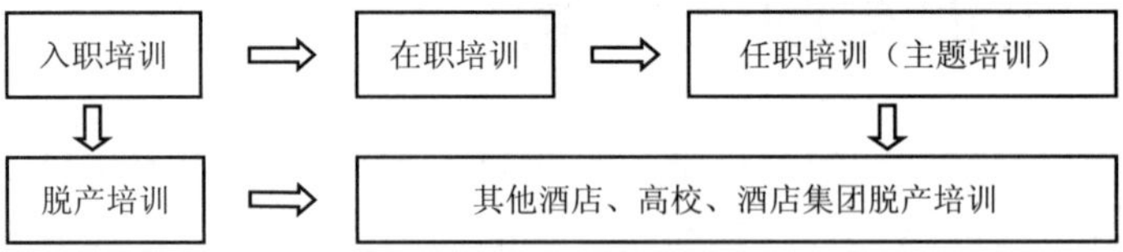

图 5-5 职工培训体系

1)入职培训

入职培训是指酒店为把新职工培养成合格的工作人员对其进行的专业知识、技能和工作素质等方面的培训，使新任职的职工掌握企业概况、组织结构、工作环境、礼节礼貌、职业道德和消防等知识，减少焦虑，消除不安情绪，增强归属感，从而尽快融入工作。

2）任职培训

任职培训是指对新任职的管理人员（包括晋级和调整职务的管理人员）进行的培训。任职培训能使他们熟悉新的业务环境，获取胜任新职务所必需的知识和技能，获得新职务入职资格，以便更有效地开展工作。

3）主题培训

主题培训是指酒店为满足当前业务需要就某一主题内容对职工进行的培训，包括使用新设备的培训、采用新服务程序的培训及外语培训等。

4）在职培训

在职培训是指利用所有的场所和现成的设备，聘请经验丰富的管理者作为教师让受训职工一边工作一边学习的培训。其特点是经济、方便，适合对职工的工作态度、专业知识和技能等的综合培养。在职培训有多种形式，包括职务轮换、委以助手、安排临时职务等。职务轮换可全面培养职工的综合业务能力，使他们开阔眼界，认识自身的不足，这种形式会按个人特长确定适合职工的职位。委以助手是通过安排有业务潜力的职工担任业务主管的助手，使其在较高层次上了解运营情况并通过授权参与各项管理工作。安排临时职务是指当某一管理职位空缺或需要培养时，让受训者临时担任这个职务，使其体验较高层管理工作并在代理期内充分展示其管理能力。

5）脱产培训

脱产培训是指受训者暂时脱离工作岗位，到高校或专业培训机构，集团内部的连锁酒店或外部著名的酒店接受培训。这种方法可使受训者全面学习管理理论和专业管理知识，适合中层及以上管理人员的知识更新和补充，有利于受训者集中精力学习专业知识和技能，进步快、效果好，但是成本较高。

4. 职工培训程序

酒店完整的职工培训程序主要包括确定培训目标、制订培训计划、实施培训计划、评价培训效果 4 个环节（见图 5-6）。

图 5-6　职工培训程序

1）确定培训目标

确定培训目标应从分析酒店运营目标开始，对酒店人才整体需求状况进行分析和评估，根据各部门业务发展趋势、酒店设施与技术的变化、顾客满意度与投诉原因等，有针对性地确定培训对象和培训内容等。

2）制订培训计划

培训计划是针对未来培训工作的各项内容所做的安排。其合理程度直接影响对职工的培训效果。酒店培训计划的内容主要包括选择培训对象、设计培训内容和方法、安排培训师资、选择培训教材、安排培训场地与设备、确定培训费用与时间等。在这些计划中，以设计培训内容为关键。培训内容应根据酒店运营发展需要和管理人员业务素质状况确定。培训教材应完整，印刷整洁、清晰。培训师资是培训内容的直接传授者，其教学水平和能力将直接影响培训质量和效果。

3）实施培训计划

实施培训计划前，应将培训计划报上级主管人员批准，然后交予实施计划的管理人员认真落实与执行。同时，人力资源部或培训部应为培训教师与受训人员创造良好的沟通环境，采取有效的激励措施，开展课下的娱乐活动，以保证培训效果。

4）评价培训效果

评价培训效果就是对培训产生的效果进行的考核、分析与总结。培训结束后，管理人员对培训的完成情况、教学内容、教学方法、学员满意度、出勤率、结业考核及结业后带来的酒店运营状况与服务质量等的变化进行评价。通过这种评价，酒店可明确培训效果，从而有针对性地指导下一次的职工培训。

5.3.2 职工职业发展

1. 职工职业发展的含义及其作用

职工职业发展是指职工根据自己的专业特长和能力，在不同年龄和学历阶段得到不同的职业发展。通过职业发展规划，职工结合自身情况和客观制约因素，为自己实现职业目标确定行动方向、实施方案和完成时间。因此，职业发展是职工不断提高自身素质、努力实现自身价值的重要手段。职工职业发展包括一系列职业生涯中的重大转折，例如职业发展方向的选择、部门职务的选择等。同时，职工要做好自我分析，在个人价值观的指导下确定个人长期与近期的发展目标，进而拟定具体的职业发展规划。当然，职工职业发展规划应有一定的灵活性，以便根据实际能力予以调整。在职工职业发展中，个人应树立正确的人生观和价值观，认清专业方向，清晰地认识到自身掌握的知识、具备的能力及工作经历等；同时应认清本人的个性和风格，以促进个人的职业发展，少走弯路。此外，职工职业发展应建立在酒店发展的基础上，通过实现个人目标和酒店发展目标，促进个人和酒店共同发展。

2. 职工职业发展程序

酒店应帮助职工准确地进行自我评价，根据职工自身特点帮助职工确立职业生涯目标；同时，开展必要的职业指导，依据职工素质和能力及酒店职位需求为职工选择合适的职位。酒店应向青年职工提供富于挑战性的工作，让中年职工认识到自己的重要性，帮助他们学习新知识和新技能，对在管理职位任职和晋升有困难的职工，通过工作轮换提高他们的工作兴趣。此外，酒店应不断地评估职工职业发展工作，通过信息反馈及时纠正职业发展管理中的偏差，明确职工职业发展目标，帮助其树立信心。

3. 职工职业发展阶梯

职工职业发展阶梯是决定酒店内部职工晋升条件、方式和程序政策的组合。职工职业发展阶梯可表明酒店职工晋升的方式、机会和途径，从而为渴望晋升的职工指明方向。当前，酒店为职工提供两种职业发展阶梯，一种是管理职务阶梯，沿着这个阶梯，职工可通向较高级的管理职务，例如，业务主管晋升为部门经理；另一种是专业技术职务阶梯，沿着这个阶梯，职工可通向高级技术职位，例如，会计师可晋升为高级会计师，中级厨师可晋升为高级厨师等。酒店应实施继任规划。所谓继任规划是保障内部职工晋升高一级职务而采取相应的培训和管理措施。此外，职业发展年度评审工作是落实职工职业发展的重要措施，可使酒店预计的职业发展管理与职工职业发展相联系。职业发展年度评审的关键和价值在于职工和酒店的直接交流。此外，根据酒店职位的需要，职工职业发展阶梯的幅度可灵活调整。职工晋升速度应根据职工的能力和业绩而定。

4. 职工职业发展管理及其意义

职工职业发展管理可以帮助酒店了解职工的性格、兴趣、特长、价值观、能力、需求和工作目标等内容，帮助职工了解和掌握酒店的发展战略、运营理念、人力资源供需状况、职位空缺与晋升情况等，从而使职工个人职业生涯目标与酒店运营发展目标保持一致。职工职业发展管理有利于酒店合理使用人力资源，为职工设计不同的职业发展通道，确定不同职务发展方向和途径，利于酒店或酒店集团人力资源的稳定和提高，增强酒店对人才的吸引力，对酒店可持续发展有重要的作用。

1）新职工职业发展管理

酒店对新职工的职业发展的管理从职业导向培训开始，然后根据新职工的学历、职业背景和工作能力对其进行合理的安排。这样可缓解新职工的紧张情绪，充分激发他们的工作积极性，引导其建立符合实际的职务期望，使他们充分展示才能，提高其归属感和对酒店的忠诚度。酒店应为新职工提供具有挑战性的工作，帮助他们适应工作并激发他们的潜能。招聘新职工时，酒店应向他们提供工作说明书，使其了解未来的职业发展，最大限度地降低实际情况与新职工对职位的期望之间的差距，为新职工选择优秀的教师，对其进行严格培训，鼓励他们进行职业发展规划。酒店应定时开展以职业发展为导向的绩效评估，提供阶段性的工作轮换机会，促进职工的职业发展。

2）在职职工职业发展管理

调查结果显示，在酒店工作 5 年的职工对实现自己的职务理想、获得成就感的欲望比早期表现得更强烈。因此，酒店应畅通职工的职业发展通道，使有前途的职工不断地获得晋升，把富有挑战性的新工作交予他们并制定明确的工作轮换规划，使有能力并富有经验的职工获得发展的新机会。酒店或酒店集团应制定明确的内部职务晋升规划，使职工能清楚地看到自己的职业发展方向。当某一职务空缺时，酒店应尽量从内部挑选合适的人才。

5.4　职工激励与薪酬管理

5.4.1　职工激励

1. 职工激励概念

职工激励是酒店通过激励职工的方法使全体职工理解和接受酒店的运营目标，将酒店运营目标转化为职工的信念和动机并推动职工为实现酒店既定的目标而努力工作的过程。现代酒店人力资源管理的核心工作之一是对职工的激励管理,引导职工为实现酒店和职工共同的愿景而努力工作。其中,激励是指激发鼓励,是激发职工的动机,指导职工的行为,使其发挥内在潜力,为实现酒店运营目标而努力。

2. 职工激励特点

1)相容性

职工激励以酒店职工的需求为出发点,通过提供不同的薪酬、工作环境以满足不同职工的需要。

2)奖惩性

酒店既要为职工提供丰厚的薪酬以奖励优秀的职工,也要制定相应的制度和措施规范职工的行为,以预防那些不符合国家和酒店工作标准的行为出现。这就是职工激励的奖惩性。

3)过程性

心理学家认为人的一切行动都受动机支配,动机由需要引起,而人的行为方向是寻求目标,满足需要。因此,激励过程实际上是由需要开始,到需要得到满足的一个连锁反应过程(见图5-7)。职工激励贯穿于酒店管理的全过程。因此,激励工作从了解职工的需要开始,把握每个职工的特长,了解每个职工的工作表现并对职工的工作成绩做出评价。

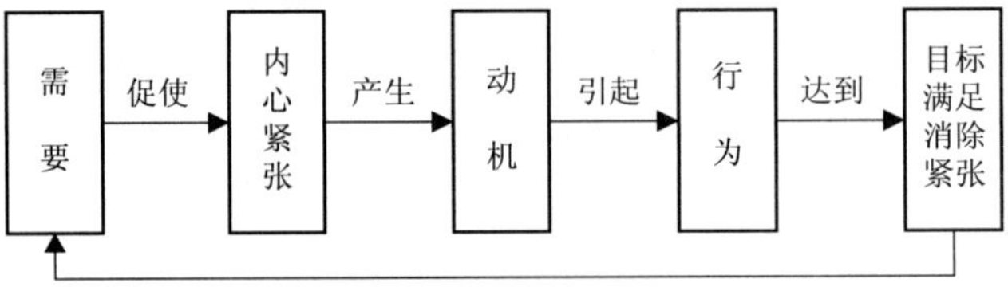

图5-7 职工激励过程模型

4)可变性

职工激励可变性表现为在不同时期,同一激励方法对同一个职工产生的激励效果不同,同一激励方法对不同职工的激励效果也不同。

3. 职工激励作用

职工激励是酒店人力资源管理的有效手段。该方法对提高工作效率、实现酒店预期的运营目标起着关键作用(见图5-8)。

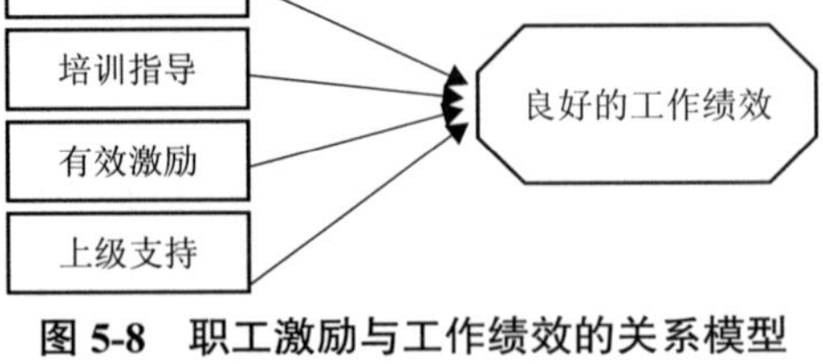

图5-8 职工激励与工作绩效的关系模型

1）利于运营目标的实现

职工激励可以吸引更多的人才，提高职工的创造性，激发职工进取精神并有利于实现酒店运营目标及提高酒店市场竞争力。

2）调动职工的积极性

职工激励可以充分激发职工的智力和体力潜力，使职工长期保有工作热情。美国心理学家威廉·詹姆士经过研究发现受激励的职工，可发挥出其 90%的个人能力。

3）利于部门工作的协调

酒店激励使得各职能部门工作协调统一，使职工认识到实现酒店效益可为自己带来发展机遇，从而将个人职业发展目标与酒店发展目标统一起来，最大限度提高工作绩效。

4）增强企业的凝聚力

职工激励是保证落实酒店规章制度及有效地建立部门与职工之间的协调关系的方法。该方法对增强酒店职工向心力和酒店凝聚力有着不可低估的作用。

4. 职工激励方法

1）薪酬激励法

在酒店的职工激励中，薪酬激励具有重要的意义。由于在现实生活中，薪酬不仅能使职工维持家庭生活，还能满足职工的价值感。因此，薪酬影响着职工的工作情绪、积极性及能力的发挥。心理学家经过研究，发现当职工的职务工资处于较低水平时，他会积极表现、努力工作，在提高工作绩效的同时争取更高的工资。在此过程中，职工会体验到由于晋升和加薪带来的价值感和被企业认可的喜悦，从而更加努力地工作。不仅如此，薪酬激励还包含成就激励、地位激励和荣誉激励等。酒店如果能巧妙地运用薪酬激励，不但能调动职工高昂的士气和工作热情，还可吸引高素质职工和管理人员，为酒店进一步发展注入生机和活力。因此，合理地设计薪酬结构很重要。但是，运用薪酬激励法应注意薪酬的差距，差距不合理会挫伤职工的积极性。通常，相同职位上的职工薪酬应与贡献成正比，不同的管理职位应使用不同的薪酬组合，从而达到最佳激励效果。

2）信任激励法

信任激励法通过让职工参与酒店的决策和各级管理工作，加强沟通与协调，使职工感受到上级主管对自己的信任并产生强烈的责任感和成就感。这种方法既对职工个人产生了激励，又为酒店目标的实现提供了保证。职工参与管理的关键因素包括酒店管理者应给予职工适当的决策权，保证管理信息顺利地流向职工，提高职工的管理知识水平和运营技能，为职工提供一定的报酬。做好信任激励，酒店管理者必须对酒店的各职务内容、职责和职务之间的关系进行科学的设计和整合。职务内容、职责和职务之间的关系会直接影响职工的工作积极性、创造性和人际关系。因此，合理的职务设计（岗位设计、工作设计）可保证职务的意义和价值的实现，进而达到激励职工的目的。信任激励的具体策略有职务轮换、工作扩大化和工作丰富化等。

a. 职务轮换

职务轮换是指在业务流程不受影响的前提下，对职工职务每隔一段时间进行一次调整。职务轮换可减少职工从事常规性工作的单调感和厌烦感，为其提供学习其他职务知识和参与技能培训的机会，从而提升职工自身竞争力，激发职工工作积极性。这种方法对职工的工作效率有一定的作用。

b. 工作扩大化

工作扩大化是指扩大职工横向工作范围。每个职工除担负原来的工作任务外,还承担其他职务范围内的部分工作,使工作多样化。扩大化的职务可减少职工对单一工作的厌烦感,提高职工工作效率,使职工掌握更多的知识和技能,提高职业竞争能力。此外,工作扩大化还可提高产品质量和职工满意度,使职务配置更有灵活性,但这可能导致酒店发放更多薪酬。

c. 工作丰富化

工作丰富化是指扩大职工纵向工作范围,使职工做一些能自主完成的工作,增强其任职责任感,提高职工满意度,降低缺勤率。工作丰富化的途径有任务组合,即把零散的工作组合在一起,形成新的、内容丰富的工作职务。例如,酒店将行李部、问讯部、停车场服务部、酒店迎宾部等部门组成金钥匙部并扩大其服务范围,这不仅增加了回头客,提高了顾客满意度,还丰富和扩大了原职务的范围,满足了职工职业发展计划。工作丰富化策略应将职工的工作客户相联系,提高职工知识的多样性、管理的自主性,使职工在工作中直接了解有关绩效的反馈,从而提高工作质量和工作效率,进而提高运营效率和产品质量,降低职工流失率和缺勤率。

3)目标激励法

目标激励是指酒店管理人员通过为职工确定职业发展目标、职务工作目标等,使职工努力工作,实现自己的职业发展目标。酒店运营过程实际是不断地实现既定运营目标的过程,而职工在职业生涯中,根据个人需求,也会不断设计和实现自己的发展目标。目标激励法实际是构建酒店与职工的共同愿景,培养共同价值观和使命的方法。通过目标激励,职工不断地突破自己,取得成就,实现目标和愿望。现代酒店已不仅是职工的工作场所,还是职工获得个人发展、实现个人价值与理想的场所。因此,创造良好的沟通环境和人际关系,在酒店的运营目标、发展战略、实际运营状况、职务空缺、职工的晋升和调动、招聘信息等方面及时与职工沟通很有必要。目标激励法可凝聚团队精神,更直接地为职工明确努力方向,培养职工相互合作的良好品质,从而增强酒店职工的成就感、自豪感和归属感。因此,目标激励的原则是保证职工个人目标与酒店目标协调一致。目标应是职工可以接受的和能够达到的。目标难度应以中等为宜,难度过大,职工会失去信心,目标难度小,激励的作用差。此外,使用目标激励法必须规定实现目标的时间范围,确保具体目标任务是可操作的。目标激励法中的目标包括近期目标和远期目标。目标激励的前提是管理人员对职工进行必要的培训,减少他们在职业生涯中的挫折。同时,对取得成绩的职工应进行及时评价,给予认可。

5.4.2 职工薪酬管理

1. 薪酬含义与形式

薪酬是指酒店根据职工在酒店所做贡献而付予其的酬劳或回报。薪酬是职工的物质利益,也是重要的激励因素,它与职工的切身利益紧密相关,是影响和决定职工工作态度和工作行为的重要因素之一。薪酬与酒店的运营绩效紧密相关。酒店人力资源管理的一项重要工作就是建立科学的薪酬制度，合理地确定职工的薪酬水平和薪酬结构，从而激发职工的积极性，吸引和稳定高素质和具有突出能力的职工，保证酒店取得良好的运营绩效。酒店的薪酬或薪酬总额通常分为不变薪酬和可变薪酬（见图 5-9）。不变薪酬又称基本薪酬或工资。可变薪酬又称浮动薪酬，包括奖金、津贴、红利和福利。

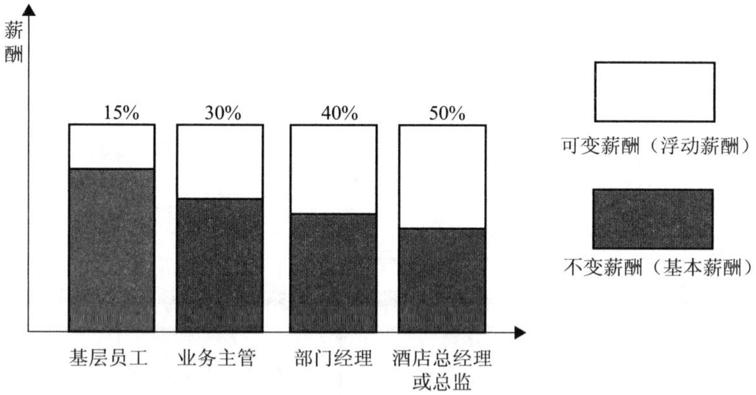

图 5-9　不同职务不变薪酬与可变薪酬比例

注：百分数代表的是可变薪酬在职工薪酬中所占比例

1）工资

工资也称基本薪酬，是以职工工作复杂程度、熟练程度、所负责任及劳动强度为基础，按职工实际完成的质量和数量、工作时间或劳动消耗计付的报酬。工资是职工收入的主体，也是确定其他报酬和福利待遇的基础。酒店工资可分为多种类别，就其计量形式而言，可分为计时工资和计件工资；从工资的内容而言，可分为职务工资、技术工资和结构工资（职务工资是根据职务等级和工作内容确定的薪酬，技术工资是根据职务技术的需要而确定的薪酬，结构工资是职务工资和技术工资及其他方面的综合，已被酒店业广泛采用）。根据各酒店的人力资源管理模式和运营特点，结构工资中的工资项目和比例不尽相同，结构工资主要由基础工资（维持职工生活的部分）、工龄工资、职务工资和技术工资等组成。因此，工资是满足职工的生活需要，规避风险，保证职工有安全感和稳定感的报酬。在薪酬总额中，基本薪酬比例要适当，过高不利于激励职工，过低不利于职工稳定。

2）奖金

奖金也称绩效薪酬，是指针对职工超额完成工作的部分支付的奖励性报酬，是酒店为鼓励职工提高工作效率和工作质量付给职工的货币奖励。

3）津贴

津贴是指酒店支付给职工的一种补充性报酬，是对职工在一定的工作环境下完成的额外工作进行的补偿。

4）红利

红利是指职工分享企业利润的一种报酬形式。现代酒店为了调动职工积极性，提高职工对酒店的忠诚度，除了工资外，还将酒店的部分利润以分红形式分配给职工。

5)福利

福利是指酒店为确保职工生活顺利和身体健康所采取的一系列措施的总称,是改善职工工作条件的手段,也是对职工进行补偿的一种形式。福利通常包括医疗保险、失业保险、养老保险、住房补贴和交通补贴及为职工建立的服务设施和提供的服务项目,例如职工食堂、职工宿舍、职工学习场所、节日礼物、工作午餐和有偿假期等(见图 5-10)。

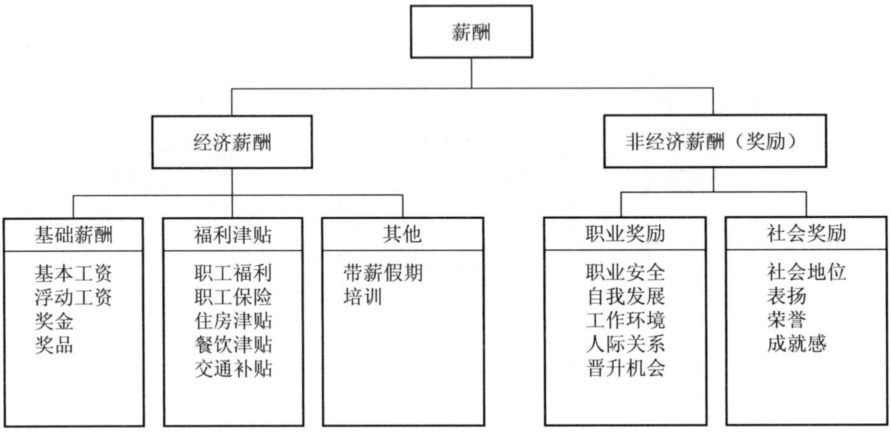

图 5-10　酒店薪酬结构

2. 薪酬管理策略

薪酬管理是指酒店或酒店集团对职工薪酬总额、薪酬结构、薪酬形式和薪酬水平等的管理。在实际薪酬管理中,酒店必须遵循我国与薪酬相关的法律和法规,确立公平合理的薪酬结构,对于同种职务、同等绩效的职工,薪酬应是相等的。酒店应区别不同的职务和不同绩效的职工,其工资结构应根据工作的复杂程度、技术水平、责任大小、贡献多少而确定。这样通过薪酬的差异体现薪酬的公平原则。为了有效地控制人工成本,使薪酬更具激励作用,酒店应建立科学的绩效评估体系。现代酒店的薪酬管理目标已不仅局限于维持酒店的正常运转,而是要充分调动职工的工作积极性,激发职工的潜在能力,使职工和酒店真正成为命运共同体,提高酒店的市场竞争力。因此,职工的薪酬设计要注重激励因素,遵循激励原则,不断地提高职工的实际生活水平。此外,随着社会消费品价格指数的变化,酒店应相应地调整职工的薪酬水平。

3. 薪酬构建程序

酒店确定职工薪酬时,首先应制定薪酬原则与策略,进行工作分析与职务设计,进行职务评价;然后,根据职务所需知识、技术和所负责任等的特点设计薪酬结构;最后,落实确定的薪酬并及时做出相应的调整(见图 5-11)。

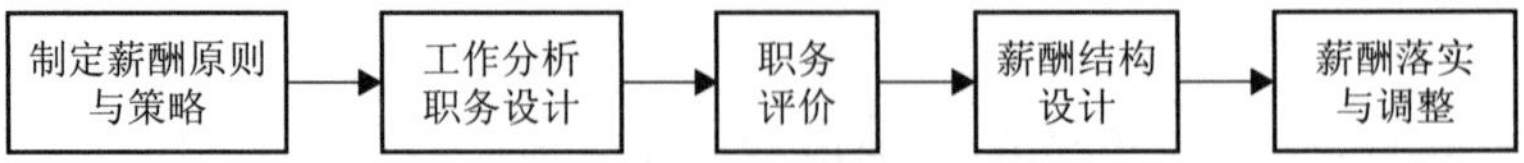

图 5-11　酒店薪酬设计程序

5.5　职工考核管理

职工考核亦称绩效考核或工作评估，是酒店对包括管理人员在内的全体职工进行工作考核和评价的过程，是激励职工和提高职工士气的有效方法之一。酒店职工渴望了解自己的工作成绩，使自己和管理人员之间产生互动，以塑造自我形象和提高工作水平。职工考核是根据酒店人力资源管理的需要，对职工的素质、能力、工作表现及其工作成绩全面进行考核与评估的活动。酒店根据对职工的考核，给予职工扩大工作范围和丰富工作经历的机会。业务部门（职能部门）和人力资源管理部门可联合制定职工职业发展目标和进展日程，并通过晋升、增加薪酬及其他奖励方法对工作表现优秀的职工进行激励。酒店的考核工作不应流于形式，应集中考查职工的工作表现，使考核结果能体现职工业务水平和业务技能。职工考核应公正、客观、资料丰富并且积极向上。在考核结束后，酒店应让职工清楚今后的努力方向和改进措施。通常，酒店每年至少进行一次职工考核工作。一般而言，酒店每月或每季度进行一次阶段性考核。此外，管理部门应在职工考核表中留出一定空间，让职工对自己进行考核并填写考核意见。

5.5.1　考核目的

职工考核能为酒店进行有关职工的任用、晋升、培养和薪酬支付等的决策提供客观依据，是人力资源管理的关键内容之一。职工考核能为酒店以提高市场竞争力为目的而合理配备管理人员和技术人员提供依据。酒店职工晋升应以充分激发职工的潜能为目标，做到人尽其才。其前提是必须对每个职工的素质和潜力全面了解并以职工职业发展为导向，进行有效的引导和培养。职工考核可促进职工的自我成长，一方面考核使职工看到了自己的成绩和进步，得到了组织和上级主管部门的认可，会产生激励作用；另一方面，考核也使职工看到了自己的不足和差距，从而起到促进职工发展的作用。

5.5.2　考核标准

职工考核的标准直接影响酒店职工考核的效果。通常，考核标准由酒店人力资源部、职能管理部门、职工和专家共同制定，经酒店总经理或酒店集团人力资源管理部门批准。职工考核内容主要包括 3 个方面，即个人能力、工作行为和工作结果。考核标准常以主观标准和客观标准为基础。主观标准和客观标准各有优点和缺点。因此，酒店常同时使用这两个标准对职工进行科学、全面和有效的考核。

1. 主观标准

主观标准又称定性标准，适用于对职工个人特长、工作行为和工作结果的主观描述。在评估内容无法测量的前提下，可采用该标准，使用文字进行总结考核。其缺点是缺少客观统一的评价，考核结果仅由职工本人和上级主管的评价决定。

2. 客观标准

客观标准又称定量标准，适用于对可用数字测量工作成果的工作岗位的考核。其缺点是无法测量职工的具体工作状态。

酒店在对职工进行考核时,可参考如表 5-3 所示的考核评分表。

表 5-3 职工考核评分表

考核指标	评分标准				
	不合格（0~40 分）	需改进（41~60 分）	合格（61~80 分）	良好（81~95 分）	优秀（96~100 分）
工作质量	错误频繁	失误较多	工作基本正确,偶有小的失误	工作正确	工作质量高
合作精神	无法与人合作,不愿接受新事物	经常不合作,表现不合作的态度,不易与同事相处	与其他职工能相处,偶有摩擦	合作良好,愿意接受新任务	与其他职工进行有效的合作,与同事相处融洽
工作知识	不了解与岗位相关的知识	仅了解部分相关知识	对工作知识基本了解	对工作知识全面了解	全面掌握工作知识
工作主动性	只能照章办事,服从指挥,需不断地督导,喜欢闲谈	处理新工作常出错,需要督导,不重视工作	能主动完成日常工作,处理新工作需要监督,偶尔会闲聊	机智,聪明,几乎不需要督导,主动改进,偶尔需要提醒	主动工作,主动增加额外工作,有才智,可信赖,勤恳
工作数量	工作效率低,从未按时按质完成工作	低于平均水平	符合要求,偶尔超额	经常超额完成工作量	工作效率高,每天超额完成工作量
学习能力	理解能力差	学习缓慢,理解能力较差	理解能力一般,偶尔需要帮助	学习速度快,记忆良好,能加以应用	学习速度快,完全吸收,并能有效利用
出勤情况	请假、迟到、早退多	请假、迟到、早退较多	偶尔请假、迟到或早退	很少请假、迟到或早退,每次有正当理由	从不请假、迟到或早退

5.5.3 考核方法

1. 描述法

管理人员定期给每位职工一份正式的书面反馈,指出职工的特长、工作中的优点和缺点、工作中的成绩和个人发展潜能并提出改进计划和措施。

2. 评分表法

该方法在评分表中列出一系列考核要素,涉及工作数量与质量、出勤情况、工作创新等。每个要素都有不同的分值,职工根据自身情况填写评分表。最后,上级管理人员和人力资源部门根据职工填写的内容和分值进行总结和考核。

3. 反馈法

该方法综合运用职工本人、职工的上级和同事、职工的下级与顾客的总体反馈信息进行考核。该方法涵盖了不同渠道的信息,评估结果全面,但是也容易出现偏差,需耗费较多的时间,不适用于对职工的报酬和人事决策的考核。

5.5.4　职工考核发展趋势

传统的酒店职工考核尽管以工作绩效为考核目标，但是管理者只关心考核结果，不考虑考核过程，职工考核的导向是面向过去的成绩或工作。考核者成为监督者，考核工作常由上级业务主管进行单方面的评价。从考核目标的建立到考核结果的鉴定，都由上级主管以秘密的方式进行。因此，考核结果常受管理者主观因素影响，经常会出现偏差。现代酒店职工考核工作不仅关注职工的工作绩效，同时还帮助职工改进工作方法，提高职工工作能力，更是对职工知识与技能潜力进行开发的手段，其导向是面向未来，为酒店培养人才，为职工的职业发展提供支持。现代酒店职工考核管理者常兼具引导者和教练员的身份，为了保证职工考核的准确和公正，常参照被考核职工的意见，对职工的业绩和优缺点等进行全面完整的评估。现代职工考核管理越来越重视酒店与职工的交流和互动，上级业务主管与职工进行充分的沟通，使他们明确考核标准、考核目的、绩效实现的方法，并且提供必要的指导和帮助。职工考核工作流程见图 5-12。

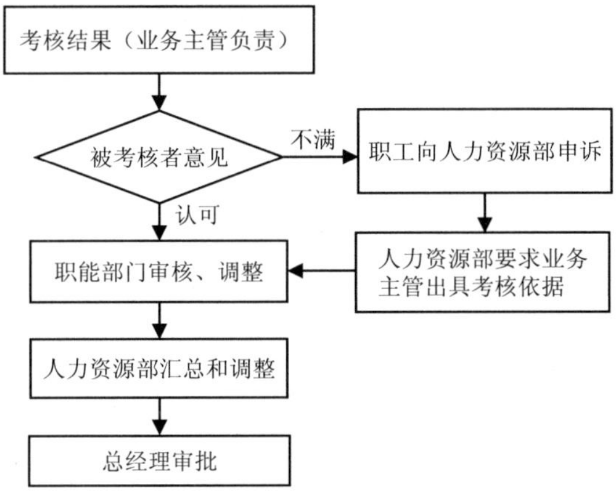

图 5-12　职工考核工作流程

5.5.5　职工奖励计划

奖励计划是酒店表彰职工工作成绩的有效方法之一。酒店应制订长期的奖励计划。奖励计划可提高职工的生产效率，提高职工对顾客满意度的重视程度，激励职工通过提建议参与运营管理工作。酒店开发奖励计划时，应考虑奖励的适用性和专用性，应确定奖励的具体目标，确定职工受奖励的条件、形式，确定评奖和受奖日期和时间。酒店奖励方法包括写表扬信，张贴展示照片，举办表扬晚宴，发放礼品与证书、表扬徽章，提供培训机会，甚至提供出国培训机会，发放奖金等。

本章小结

酒店人力资源管理是指酒店对人力资源进行有效的开发和利用，提高经济效益，提高酒店核心竞争力的过程。人力资源又被称为酒店的第一资源,是酒店运营的基础。酒店人力资源管理的主要任务是了解职工与酒店的相互关系,充分利用人力资源,不断地提高和改善职工的工作和生活质量,充分调动职工的主动性和创造性。具体而言,其内容包括人力资源规划、职工配备、职工开发与培训、职业发展、职工业绩考核和激励与薪酬管理等。除此之外,酒店人力资源部门的自身建设也很重要。现代酒店人力资源管理不同于传统的人事管理,它将人力资源管理部门纳入酒店的战略决策部门,重视职工配备和对他们潜能的开发,鼓励职工参与运营管理,这是人事管理的飞跃。酒店人力资源管理的出发点是最大限度地挖掘、使用和培养酒店的人力资源,从中获得最高的价值。酒店人力资源管理以酒店整体战略为依据,已成为酒店发展战略的重要组成部分。

练习题

1. 名词解释题

人力资源、职务分析、薪酬管理

2. 判断对错题

(1)人力资源是一种可再生资源,其再生性可基于人口的再生产和工作能力的再生产实现。(　　)

(2)客观标准又称定性标准,适用于对职工个人特长、工作行为和工作结果的主观描述。在评估内容无法测量的前提下,可采用该标准,使用文字形式进行总结考核。(　　)

(3)反馈法综合运用职工本人、职工的上级和同事、职工的下级与顾客的总体反馈信息进行的考核。该方法涵盖了不同渠道的信息,评估结果全面。(　　)

(4)职工考核亦称绩效考核,是酒店或酒店集团对包括管理人员在内的全体职工进行工作考核和评价的过程,是激励职工和提高职工士气的有效方法之一。(　　)

(5)酒店运营和发展是一个动态过程,人力资源的需求和供给会自动平衡,必须采取适当措施调整它们之间的差异。(　　)

(6)职工职业发展管理是酒店人力资源管理不可缺少的内容,它可帮助酒店了解职工的性格、兴趣、特长、价值观和业务能力,帮助职工了解和掌握酒店的发展目标、运营理念和人力资源供需状况。(　　)

3. 多项选择题

(1)酒店人力资源的特点主要包括(　　)。

A. 具有社会性和主观能动性　　B. 可再生与增值

C. 受时效与时代的影响　　D. 具有生产与消费的两重性

(2)现代的酒店人力资源管理体现以人为本的管理思想,把职工视为一种核心资源进行科学的配置,充分尊重这种资源的能动性和再生性,(　　)。

A. 高度重视人力资源开发

B. 实施可行的激励措施和职业培训

C. 实现人力资源的充分利用和不断增值

D. 促进职工和酒店的共同发展

（3）酒店人力资源规划是根据酒店的发展战略、运营目标和市场的变化与发展，（　　）。

A. 科学地分析和预测人力资源需求和供给

B. 及时制定和调整相应的人事政策

C. 确保企业获得合适的人选

D. 持续地招聘管理人员

（4）酒店为了更好地指导人力资源管理实践，使人力资源管理工作向科学化和规范化的方向发展以提高酒店的核心竞争力。酒店人力资源管理必须遵循（　　）原则。

A. 科学配置　　B. 互补增值　　C. 同素异构　　D. 能级对应

4. 问答题

（1）简述人力资源的含义与特点。

（2）简述酒店人力资源管理的作用。

（3）简述现代酒店人力资源管理的内容。

（4）简述酒店人力资源规划的作用。

（5）论述职工配备原则和程序。

（6）论述职工培训体系及其特点。

（7）论述职工薪酬管理的策略。

主要参考文献

[1] 余昌国. 旅游人力资源开发[M]. 北京：中国旅游出版社，2003.

[2] 陈志学. 现代饭店培训[M]. 北京：中国旅游出版社，2003.

[3] 王学力. 企业薪酬设计与管理[M]. 广州：广东经济出版社，2001.

[4] 郭朝晖. 人才素质测评技术[M]. 北京：北京大学出版社，2018.

[5] 格里芬. 管理学第 9 版（精要版）[M]. 刘伟，译. 北京：中国市场出版社，2011.

[6] 谢品，肖霖岳. 现代企业管理[M]. 成都：电子科技大学出版社，2017.

[7] 严新明. 人力资源开发与管理[M]. 南京：江苏科学技术出版社，2012.

[8] 克拉耶夫斯基，里茨曼. 运营管理：流程与价值链：第 7 版[M]. 刘晋，向左春，译. 北京：人民邮电出版社，2007.

[9] 朱晋伟，汤卫君，徐海俊. 跨国经营与管理[M].2 版. 北京：北京大学出版社，2015.

[10] 胡春森，董倩文. 企业文化[M]. 武汉：华中科技大学出版社，2018.

[11] 赖利. 管理者的核心技能[M]. 徐中，梁红梅，译. 北京：机械工业出版社，2014.

[12] 魏江，严进. 管理沟通：成功管理的基石[M].3 版. 北京：机械工业出版社，2014.

[13] 吉布森，伊万切维奇，唐纳利，等. 组织：行为、结构和过程：第 14 版[M]. 王德禄，王坤，等译. 北京：电子工业出版社，2015.

[14] 科特. 总经理[M]. 耿帅，译. 北京：机械工业出版社，2013.

[15] 王长城,关培兰. 员工关系管理[M]. 武汉:武汉大学出版社,2010.
[16] 王朝晖. 跨文化管理概论[M]. 北京:机械工业出版社,2020.
[17] 尤建新,王莉,赵红丹. 管理与组织行为学[M]. 北京:清华大学出版,2016.
[18] 季辉. 现代企业经营与管理:第 5 版[M]. 大连:东北财经大学出版社,2020.
[19] 余泽忠. 绩效考核与薪酬管理[M].2 版. 武汉:武汉大学出版社,2016.
[20] 杨明娜. 绩效管理实务[M].2 版. 北京:中国人民大学出版社,2012.
[21] 孙宗虎. 薪酬体系设计实务手册[M].3 版. 北京:人民邮电出版社,2012.
[22] 王天佑,张威. 饭店管理概论[M].3 版. 北京:清华大学出版社,2015.
[23] 贾俊花. 企业人力资源管理同步教程[M]. 武汉:武汉大学出版社,2015.
[24] 徐斌,王德晓. 绩效管理[M]. 北京:中国人民大学出版社,2018.
[25] 布鲁斯,汉佩尔,拉蒙特. 经理人绩效管理指南:快速有效解决员工绩效问题[M]. 陈秋萍,译. 北京:电子工业出版社,2012.
[26] BOTTGE R P. Leading in the top team[M]. Cambridge: Cambridge University Press, 2008.
[27] WALKER J R. The restaurant: from concept to operation[M]. 6th ed. New Jersey: John Wiley & Sons, Inc., 2011.
[28] SCHEIN E H. Organization culture and leadership [M].5th ed. New Jersey: John Wiley & Sons, Inc.,2016.
[29] SHARMA P. Intercultural service encounters: cross-cultural interactions and service quality[M]. Switzerland: Palgrave Pivot,2018.
[30] FLOYD K, CARDON P. Business and professional communication: Putting people first[M]. New York: McGraw Hill Education,2019.
[31] BARROWS C W, POWERS T, REYNOLDS. Introduction to management in the hospitality industry[M].9th ed. New Jersey: John Wiley & Sons, Inc.,2009.
[32] WOOD R C. Hospitality management: a brief introduction[M].London: Saga Publications Ltd.,2015.
[33] HARZING A W, PINNINGTON A. International human resource management[M]. 3rd ed. CA:SAGE Publications Ltd.,2010.
[34] KONOPASKE R, IVANCEVICH J M, MATTESON M T. Organizational behavior and management[M].11th ed. New York: McGraw Hill Higher Education,2017.
[35] MOORHEAD G, GRIFFIN R. Organizational behavior and management[M]. NJ: South-Western College Publishing,2011.
[36] JAUHARI V. Hospitality marketing and consumer behavior: creating memorable experiences[M] Oakville: Apple Academic Press,2017.
[37] COAKLEY M. Motivation ethics[M]. London: Bloomsbury Academic,2017.
[38] ALDERMAN M K. Motivation for achievement[M]. 3th ed. New York: Routledge Taylor & Francis Groups,2015.

第 6 章

房务运营管理

本章导读

酒店房务管理是对酒店房务业务的运营管理，即对酒店的客房规划与布局、客房出租和住宿服务等的管理。通过对本章的学习，读者可了解房务运营业务 4 个基本环节的管理工作，掌握与顾客入住前的预订、住宿登记、客房服务和办理退房与离店等业务相关的管理知识与技能。

6.1 房务管理概述

6.1.1 房务管理的含义与内容

房务是指酒店住宿业务，房务管理的全称是酒店房务运营管理。在酒店中，负责该项业务的管理部门被称为房务部或客务部(room division)。根据房务管理实践，房务管理是对酒店客房出租和住宿服务等的管理，不同规模和管理模式的酒店，其房务管理工作也不同。对于大多数的酒店而言，房务收入是酒店的基本营业收入或主要收入。房务产品质量是酒店产品质量的重要标志，因而房务管理是酒店运营管理的核心。酒店房务管理工作主要包括前厅接待管理(front office management，常被称为前厅管理)，客房服务管理(housekeeping management)，环境卫生管理(public area cleaning management，常被称为公共区域卫生管理)，洗衣房管理(laundry management)，一些酒店还包括健康中心或康乐设施的运营管理(fitness and recreation management)。

6.1.2 房务管理环节

根据房务流程，顾客在任何酒店住宿都要经过 4 个环节：入住前的预订环节，抵店办理住宿登记环节，住宿环节，办理退房与离店环节。酒店管理人员必须了解这些环节内在的具体工作、服务内容及各环节之间的联系。同时，酒店的房务服务必须紧紧围绕这些环节，才能满足顾客对房务产品的质量需求。具体房务服务流程见图 6-1。

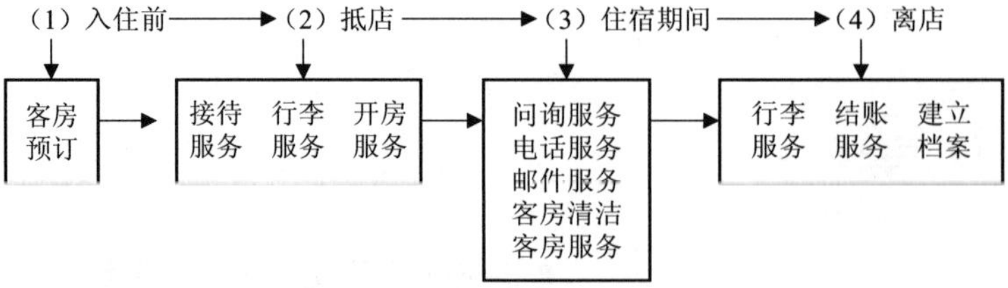

图 6-1　房务服务流程

6.1.3　房务组织管理

由于酒店的种类与规模不同、目标顾客不同、管理模式不同，酒店房务管理的组织结构也不同。通常，酒店房务管理组织可分为小型酒店房务组织、中型酒店房务组织和大型酒店房务组织。小型酒店房务组织下设前厅接待组和客房清洁与服务管理组，由房务业务主管（room division supervisor）负责酒店全部房务运营工作。中型酒店设一名房务部经理（room division manager），负责酒店的房务管理工作，其下有 5 个二级业务部门的主管，分别为前厅业务主管、前厅副理、客房业务主管、公共卫生业务主管和洗衣房业务主管（见图 6-2），负责房务运营中的不同管理工作。大型酒店的房务管理由酒店房务总监（room division director）负责，这一职务相当于酒店的副总经理，负责[前厅部、客房部、管家部（公共区域卫生部）、洗衣房与康乐部]5 个业务部门的运营管理（见图 6-3）。综上所述，房务管理人员必须具备良好的业务素质，讲究仪表仪容，具有良好的人际关系和协作精神，有礼貌，责任心强，做事认真且高效，善解人意，善于沟通，具备突出的英语沟通能力，机智且有事业心。

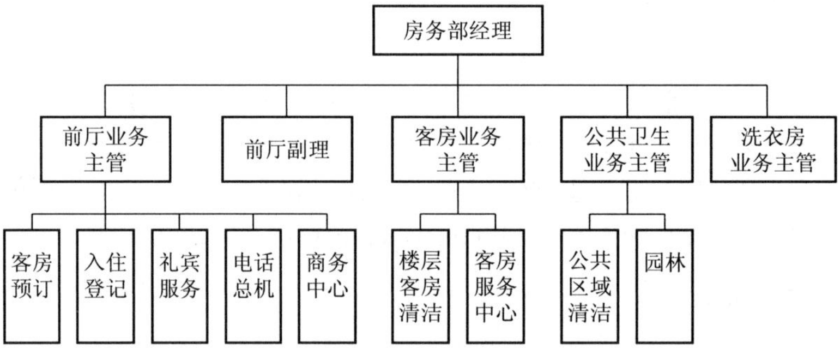

图 6-2　中型酒店房务组织结构

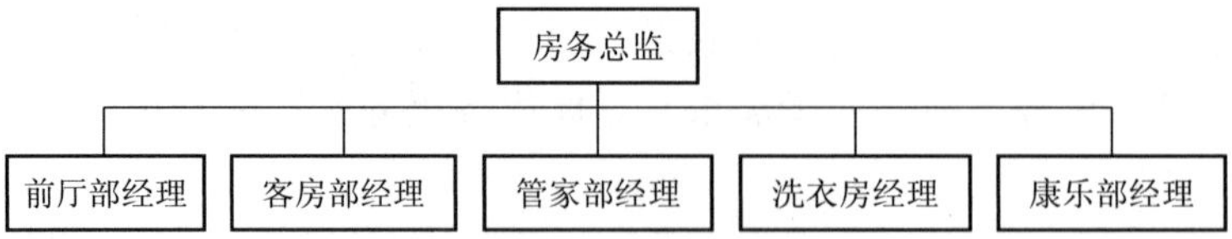

图 6-3　大型酒店房务组织结构

6.2　前厅接待管理

酒店房务管理中的客房预订与接待管理,又称前厅接待管理。前厅部负责客房预订、住宿接待和酒店信息服务,定期向酒店管理机构提供运营数据和顾客对服务的建议。同时,前厅部的各项服务代表酒店服务的整体形象。通常,客房预订与接待工作,大型酒店由前厅部经理(front office manager)负责,中型酒店由前厅业务主管负责,小型酒店由前厅领班负责。

6.2.1　前厅部各部门职责(中型酒店)

1. 客房预订部(reservation)

客房预订工作由客房预订部工作人员(reservation clerk)负责。该部门负责确认和取消顾客对客房的预订并做好顾客入住前的准备工作;同时,掌握客房的各种状态,整理顾客预订资料,回复客房预订信息,及时将预订资料输入电脑并处理预订的更改和取消等工作。

2. 住宿接待部(reception)

住宿接待部又称前厅接待部,该部门为顾客办理住宿登记、住房分配、续住、换房和离店手续,并负责客房钥匙卡制作、发放和收回工作。小型酒店不设住宿接待部,甚至不设专职的接待员。

3. 前厅收银部(cashier)

前台收银部又称前台结账部,前厅收银员(cashier)负责办理入住顾客的收款和离店顾客的结账业务并为入住顾客开立账户、提供外币兑换服务等(见图 6-4)。目前,许多酒店的财务部直接管理前厅收银部。

图 6-4　会议酒店住宿接待部与收银部(前台)

4. 礼宾部(concierge)

礼宾部又称金钥匙部,主要负责问讯、行李运送与寄存、顾客迎送、机场接送、顾客委托代办等服务工作。其中,行李员(bell boy)为顾客提供热情和及时的行李运送、传真递送、留言与物品递送、行李寄存和委托代办等服务。门前迎宾员(door man)在酒店门口处迎送到达和离店的顾客,协助行李员做好行李的搬运工作,确保顾客行李的安全,疏导酒店门口的车辆等。机场代表(air representative)负责机场接送工作及帮助顾客运送行李。小型酒店不设礼宾部。

5. 电话通信部(operation)

该部门常被称为电话总机,负责酒店信息传播、顾客留言、问讯、寻人及背景音乐播放等服务;同时,负责酒店日常电话通信、叫醒和留言服务。这项工作通常由电话总机领班(telephone operator captain)负责。

6. 商务中心(business center)

该部门负责出租小型会议室,出租电脑及电脑工作室,协助举办商务会议,提供翻译、打字、复印、传真及代售机票服务。这些工作的管理由商务中心领班(business center captain)负责。

7. 大厅副理(lobby manager 或 assistant manager)

大厅副理又称前厅副理或大堂副理,是代表酒店领导机构处理顾客投诉、保护顾客财产和人身安全的部门。同时,大厅副理也是前厅部的一个管理职务,其工作职责是协调顾客与酒店之间的关系,处理酒店突发的服务事件,纠正酒店不规范的服务行为,接待顾客问讯,协助顾客办理住宿,协助接待团队入住,维护大厅秩序并与保安部一起维护酒店安全等。为了更有效地协调酒店各部门的工作、提高酒店的服务质量和效率,一些酒店将大厅副理归属总经理办公室管理。

8. 夜审员(auditor)

夜审员是核对和计算顾客和酒店账务的工作人员,还为管理层编制相关的统计资料。传统上,夜审员由前厅部管理。目前,大多数酒店将夜审员归属财务部管理。

6.2.2 客房预订管理

客房预订(room reservation)是顾客在未入住酒店前预订客房的过程。酒店或酒店集团开展客房预订业务可方便顾客住宿,在顾客入住前满足顾客对入住时间、房型和房间设施等的需求,提高客房入住率。酒店客房预订主要来自网络、电话或直接向酒店预订客房的顾客,与酒店签订合同的网络预订平台,连锁酒店集团订房系统,全球酒店分销系统(GDS),包括 Sabre、Galileo international、Amadeus、World Span 等。在国际酒店的客房预订中,还常有来自旅行社、航空公司和会议组织的顾客等。

1. 预订程序管理

客房预订程序管理是指客房预订部根据顾客需求提供不同种类的客房,记录顾客预订的资料,完成顾客到达酒店前的准备工作的过程。其包括记录顾客的姓名、身份、国籍、人数、房数、房型、到达酒店与离开酒店的时间、保留的预订时间、使用的交通工具、工作单位和联系电话等。以上顾客是指个人及其同住成员。在团队预订管理中,客房预订部工作人员还应记录团队名称、所有住客的姓名和国籍、收费方式、房型和房数、用餐类别和用餐标准，对预定会议产品的团队还应记录会议室名称、所需会议设施、会议室使用时间等信息。通常，团队的客房预订由酒店营销部负责。

2. 订房确认管理(confirmation)

酒店接收客房预订被称为订房确认。订房确认的形式主要包括电话、网络与传真。订房确认的类型包括保证类客房预订和非保证类客房预订。

1)保证类客房预订(guaranteed reservation)

为了保证顾客准时入住，酒店实施预付订金的订房方法，这类预订被称为保证类客房预订。酒店要求散客在入住前向酒店付 1 天的房费，要求团队在入住前 30 天向酒店预付 1 天的全部房间的房费并在顾客离店时扣除。此外，酒店还根据具体情况，与企业或组织签订合同、协议以保证顾客准时入住等，如不能签订协议还可通过预付款，旅行社及企事业单位担保等形式。

2)非保证类客房预订(non-guaranteed reservation)

这类预订的特点是酒店不向顾客收取订金，为顾客保留客房至入住当天的下午 4 点。一些酒店会保留至下午 6 点。超过保留时间，酒店就不再为顾客保留客房。

3. 取消订房(cancellation)

为了方便顾客取消订房并保证酒店免于经济损失，酒店规定了取消订房的程序与方法。第一，对于保证类客房预订的取消，在酒店规定的日期和时间内取消预订，酒店不收取任何费用，超过酒店规定的取消日期或时间，酒店会收取一定的费用作为补偿。第二，对非保证类客房预订，顾客取消不收取任何费用，然而，一些特别优惠的客房预订不允许取消。酒店会在顾客订房时告知顾客。

4. 超额订房管理(over booking)

为了避免预订了房间的顾客不入住或顾客取消预订房间给酒店造成经济损失，酒店在预订客房时提供的客房数常会超出酒店实际拥有的客房数，超出的数量一般控制在酒店房间总数的 10%以内。这种现象被称为超额订房。超额预订的房间数通常根据各酒店的实际运营情况决定。酒店超额订房的目的是在保证顾客满意的前提下，降低酒店的损失。

5. 订房费管理(commission)

订房费又称手续费或佣金。若顾客通过订房中介购买住宿产品，按照国际惯例，酒店会向中介机构支付房费的 5%至 10%作为订房费。

6. 顾客资料卡(guest history card)

顾客资料卡是酒店用于市场分析和营销管理的资料文件。该文件记录顾客的姓名、住址、联系电话、入住日期、离店日期、消费项目、消费额和其他有关事宜。

6.2.3　礼宾服务管理

礼宾服务管理又称金钥匙服务管理。其主要的服务内容包括机场迎送服务、门前迎送服务、电梯迎送服务、行李搬运服务、行李寄存服务、访客留言服务、递送传真服务、问讯与委托代办服务等。通常，运营管理模式和消费水平不同的酒店，其礼宾服务项目不完全相同。

1. 机场迎送服务管理

通常，大型酒店常设有机场代表职务，机场代表在迎送顾客前应了解顾客当天的出发时间与地点、空港地址及是否有重要的顾客等；根据航班表，了解顾客抵达和离港时间，预先做好各项准备工作并提醒司机准时发车；同时，应精神饱满地迎送顾客，帮助顾客搬运行李。此外，接站时应举牌迎接，有礼貌地称呼顾客姓名，介绍酒店设施和服务并做好记录。

2. 门前迎送服务管理

酒店门前的迎宾员应按照酒店规定的服务标准在酒店门前迎候顾客，随时关注来往顾客，当顾客车辆抵达酒店门口时，将车辆指引到方便下车的位置。雨天，应将车引领到没有积水的地方。为顾客开车门，问候顾客，用手挡在车门框沿，以免顾客碰伤头部。对儿童、老人或行动不便的顾客，应主动搀扶下车，请顾客认领行李件数，提醒顾客勿将物品遗留在车上。顾客外出或离店时，主动帮助联系出租车，帮助搬运行李，打开车门并请顾客上车，记录车牌号并交给顾客。

3. 电梯迎送服务管理

一些高级别的酒店，当顾客接近电梯时，电梯迎宾员或电梯服务员会为顾客按电梯开关，请顾客进电梯，目送顾客。当听到电梯开门的门铃时，电梯迎宾员两手轻轻挡住电梯门，请顾客走出电梯。酒店贵宾（very important person，VIP）可使用专用电梯。目前，许多酒店在日常服务中，不提供电梯迎送服务。然而，在举办重要会展的时期或节假日及业务旺季时，会提供这一服务。一些酒店对 VIP 专用电梯设有电梯迎送服务。

4. 行李搬运服务管理

行李搬运服务管理包括散客行李运送、团队行李运送和行李寄存管理。顾客到酒店时，行李员会及时推出行李车，主动问候顾客，帮助顾客卸下行李，请顾客核对行李件数并将行李运送至酒店大厅内。行李员应轻拿轻放并将行李分放，而不应将行李纵向放在一起。当顾客办好入住手续后，行李员携带行李，引领顾客进入客房。对于团队的行李管理，行李员应注意收集行李，统计行李件数，请领队确认。顾客办好入住手续后，行李员按顾客入住房间号将行李分别放在房内。团队离开酒店时，行李员应先了解团队名称、楼层和搬运时间，按时到楼层搬运行李，做好记录，避免错漏。

5. 行李寄存管理

当顾客需要寄存行李时，应核对顾客行李件数、寄存时间、姓名、顾客房号等，请顾客确认后，在“暂存行李登记簿”上签名，填好“行李暂存卡”后将其中一联交给顾客，酒店保留一联。顾客领取行李时，核对“暂存卡”和“登记簿”，请顾客在“暂存行李登记簿”上签名，防止错拿与漏拿行李。酒店应婉言拒绝贵重物品的寄存。

6. 访客留言管理

当来访顾客要求向住店顾客留言时，礼宾部职工应先确认电脑中的住客记录。然后，请来访者填写留言单并通知电话总机留言。话务员应准确无误地复述留言内容，开通客房留言灯。经济型酒店会将顾客留言单直接交给行李员送入客房并做好记录。一些酒店使用声音或文字留言记录系统，将顾客留言通过电话或电视直接送至客房。

7. 递送传真管理

商务中心收到传真后交予礼宾部，礼宾部通过电脑核对住客资料，无误后，将传真送至房间并请顾客签收。如果房间无人，则通知电话总机，做电话或电视留言处理，同时记录备查。

8. 问讯服务管理

前台服务员需准备好回答顾客问讯的资料并掌握本市交通最新信息、旅游景点和旅行社概况，协助顾客安排好旅游活动，熟记所在区域的风味餐厅，掌握联系人的姓名和电话等。前台服务员准备的材料应包括国际和国内航班情况，铁路和公路车次与时间表，酒店所在地与各大城市间的距离，酒店所在地的高等院校、学术机构、医院、银行、著名商业公司、购物广场、名胜古迹，酒店所在地的海水浴场、游泳池、运动场、著名的酒店和餐厅等。

9. 委托代办服务管理

通常，酒店金钥匙部负责住店顾客的委托代办服务，帮助顾客小修、小补或代购。

6.2.4　住宿接待管理(reception)

住宿接待管理又称前台接待或接待管理，其服务内容包括办理入住手续、确认房价、分派房间、收款及办理离店手续等。

1. 入住登记管理(check-in)

顾客在入住酒店客房前需要办理入住手续，包括登记、付房费和领取房间钥匙卡。顾客办理入住手续应遵守各国和各地区户籍管理的相关规定。前台接待员应了解顾客资料，满足顾客对客房与房价的要求，提供可靠的价格依据，推销客房服务与设施等。办理入住登记手续的程序包括询问顾客客房预订信息、告知房价、填写登记表、排房、收款、完成入住手续、制作有关表格。服务员应询问散客，包括外籍散客(foreign individual tourist)，是否预订客房并填写入住登记表(guest registration form)。为团体(group)办理入住时，大厅副理应主动迎接顾客，帮助顾客填写入住登记表，分发钥匙，确认房数、人名、用餐计划、叫醒时间、离店时间及运送行李等。

2. 房价分派管理

客房价格主要由客房成本决定，而影响客房成本的因素主要是酒店的地理位置、建筑设计、硬件设施、空间布局、家具和日常服务等。然而，客房价格还常受到消费者的预订渠道与预订日期及消费者需求的影响。需求价格是客房价格上限，超过价格上限即超过市场需求。此外，客房价格还常受市场竞争的影响，当客房供应大于需求时，客房价格较低。根据房务运营实践，客房价格受营业的淡季和旺季影响，受周末和平日的影响，因此同一质量和规格的房间，顾客支付的价格可能不同。

3. 客房计价方式

(1)住宿加自助早餐计价：通常，酒店的房费包括住宿费、自助早餐费用。不同的酒店，其自助早餐中的菜点品种与质量完全不同，这主要与酒店的级别和客房价格紧密相关。

(2)欧式计价(European plan)：房费只包括住宿费，不含任何餐饮费用。

(3)大陆式计价(continental plan):房费包括住宿和大陆式早餐(continental breakfast)的费用。该早餐比较简单,只提供面包、黄油、果酱和冷热饮料或简单的自助餐。

(4)美式计价(American plan):房费包括住宿和三餐费用,适合会议及会展团体。

(5)修正美式计价(modified American plan):房费包括住宿、早餐和晚餐费用,适合旅游团队。

(6)百慕大计价(Bermuda plan):房费包括住宿和美式早餐(American breakfast)的费用。早餐比较丰富,提供面包、黄油、面点、果酱、咖啡、果汁、茶水、鸡蛋和肉类菜肴。

4. 客房计价种类

(1)标准价(rack rate)。该房价常被称为散客价(FIT rate),是酒店制定的标准房价,在同类客房中价格最高,常用于没有预订的散客。

(2)商务合同价(commercial rate)。该房价用于与酒店签有合同的企业和组织,价格较低,常为标准价的70%。

(3)家庭价(family plan rate)。该房价用于长期入住酒店的家庭,价格较低,常在标准价的60%以下。

(4)团体价(group rate)。该房价用于会议团队和旅游团队,价格较低,常在标准价的70%以下。

(5)小包价(package rate)。该房价用于会议团队,价格较低,常在标准价的70%以下。

(6)免费(赠送, complimentary)。客房不收取房费,针对同行业的管理人员,会议工作人员或旅游团队的领队等。

(7)其他种类。客房的价格种类还包括淡季价、旺季价、军人价、教师价、半日价和激励价(incentive rate)。激励价格较低,常常是成本价,主要用于航空公司和旅行社等协作单位。这种价格具有营销作用。

5. 离店结账管理(check-out)

顾客离店结账时,前台收款员根据顾客入住的信息,审核时间、房型、价格和顾客的消费情况,收回房间钥匙卡并结账。为散客结账,先收回房间钥匙卡、预付金收据;然后,电话通知客房部查房,取出顾客的账单,通过电脑核对房价、累计房租及其他费用等并根据查房情况将顾客的消费资料输入电脑,请顾客确认,无异议后,请顾客付清账款。为团队结账,应先确认入住委托书注明的消费承付项目,然后再向顾客收款。对VIP客户,酒店应使用快速结账法,不等客房部反馈查房结果,快速结清顾客账单,帮助顾客离店。

6.2.5 电话总机管理

电话总机管理包括电话留言、接听电话和电话叫醒服务等。当话务员收到顾客电话留言时,须详细记录留言内容并向顾客复述,无误后,打开客房留言灯并采取相应措施。话务员回答顾客问讯时,音量应适中,使用敬语和礼貌用语。当接受叫醒服务(morning call)预约时,应问清房号及叫醒时间,特别留意是“上午”还是“下午”,然后重复时间和房号,以便顾客确认并在叫醒记录本上做好记录。叫醒时注意观察电脑,确认顾客是否已经接受叫醒服务，必要时派服务员敲门叫醒。

6.2.6　顾客投诉管理

接待投诉（dealing with complaints）是前厅接待管理的关键内容。通常，酒店将顾客意见作为服务质量的反馈。前厅部应重视顾客投诉并快速处理，加强顾客与酒店的沟通，消除顾客不满情绪，提高酒店声誉。通常，前厅副理负责接待顾客投诉，严格遵守投诉处理程序。当接到顾客投诉时，不要反驳或抗辩，应当认真听取并记录，要表现出热情和关心，与顾客一起协商处理方式，诚心诚意地解决实际问题，给顾客留下电话和姓名，切忌在公共场所处理投诉。处理顾客投诉应与有关部门人员合作进行事故调查，了解事情真相并及时处理，后用书面文字告知顾客。

6.2.7　商务中心管理

酒店商务中心是为顾客提供打印服务、复印服务、秘书与翻译服务、出租设备服务、代购机票服务等的部门。当顾客要求复印文件时，服务员应问清顾客的具体要求，如纸张大小、数量、颜色等，并将收费标准告知顾客，之后按顾客要求选择纸张进行复印。当顾客要求打印文件时，详细了解顾客的打印要求及稿件内容，不明之处先了解清楚，告知打印收费标准及完成打印的时间，打印后自行校对一遍。客人取件时，请客人当面校对，如有错误立即更改。当顾客要求秘书或翻译服务时，服务员首先要了解专业范围、语言种类及具体要求并向顾客报价。酒店商务中心应选择合适的秘书人员、翻译人员并征求顾客的意见。秘书及翻译人员应做好准备并认真完成工作。顾客租用设备时，要详细了解租用设备的型号，介绍租用方式和收费标准，服务员要请顾客填写设备租用单，内容包括姓名、房号、设备名称、数量、租用时间、押金和设备情况，待顾客签字后，交纳押金，经办人在“租用单”上签名。出租设备时，要当面试用，确认所租设备的完好程度并演示操作方法，有特殊情况要详细记录。当顾客要求需要购买飞机票或火车票时，服务员要请顾客填写旅客购票单，注明日期、张数、航班号、车次、去向、顾客姓名、地址、身份证号或护照号、联系电话、价格以及顾客特殊要求等。例如，商务中心职工需外出为顾客购票时，应向顾客预收票款并开具收据，要顾客提供身份证，详细做好售票登记。当顾客要求发传真时，服务员要问清传真号码，注意核对号码是否正确，国家、地区代码是否完整，杜绝错发事故，传真发出后在传真收发簿上进行登记。

6.3　客房服务管理

客房清洁与服务管理简称客房服务管理，又称住宿服务管理或房务服务管理。负责客房服务和房间清洁工作的部门称作客房部（housekeeping department）。该部门的职责是清洁客房，使客房舒适、干净、整洁，为顾客提供热情和周到的房务服务。该部门的管理工作由房务部经理负责。小型酒店的房务部经理相当于大型酒店的房务业务主管。

6.3.1 客房部组织

1. 楼层部(floor)

根据酒店组织结构,酒店客房部下设数个二级职能部门,其中包括数个楼层部。每个楼层部负责数十间客房的清洁和服务工作并对所管楼层和客房进行卫生检查,同时兼管本部门清洁技术的培训工作。

2. 夜间业务主管(night supervisor)

夜间业务主管负责晚班(夜班)客房清洁、卫生和服务管理工作,对入住客房、退房和开晚床服务进行指导和监督。

6.3.2 客房规划与布局

客房规划与布局是指根据酒店运营目标、管理模式及顾客对客房功能的需求确定客房面积、设施、家具及其布局等的工作。对客房的规划和布局应显示不同的酒店文化,比如亚洲各国文化、欧洲各国文化,或者宫廷文化、民间文化等,并且满足顾客的实际住宿需要。

1. 客房类型规划

根据市场调查,酒店的客房类型与顾客需求有紧密的联系。例如,商务顾客常参加各种会议或忙于商务,在酒店住宿的时间为2~4晚,其中,70%是男士,30%是女士。他们青睐有较大床铺(1.35米 ×2米)的单人间或有大床(2米 ×2米)的房间,希望浴室有较大的空间,客房有写字台、传真机、计算机网络接口等。以度假为目的的家庭顾客喜欢住连通式客房,其组合为一间标准客房与一间大床房连通。家庭度假或休闲的顾客主要是在三星级至四星级酒店消费。长期住宿的家庭顾客需要带有厨房、洗衣房、会客室、两个以上卧室及两个卫生间的组合套房。高级行政管理人员需要带有完美设施和高级家具的两室套房。综上所述,酒店的客房类型主要有以下几种。

1)单人间(single room)

单人间带有一张单人床,房中有卫生间、衣柜、写字台、电视等。客房是多功能的,兼具住宿、洗浴、办公和会客等功能。单人床的宽度通常为1.15~1.5米,长度在2米左右。

2)大床间(big bed room)

大床间带有一张双人床,房中有卫生间、衣柜、写字台、电视等(见图6-5)。客房是多功能的,兼具住宿、洗浴、办公和会客等功能。

3)标准间(twin room)

标准间是指带有两张相同类型与大小的单人床的房间,房中有卫生间、衣柜、写字台、电视等(见图6-6)。客房是多功能的,兼具住宿、洗浴、办公和会客等功能。英语standard room与twin room含义相同。这种房间主要适合参加会议或家庭旅游的顾客。

4)普通套房(junior suite)

普通套房又称商用套房(business suite),由一间卧室和一间会客室组成,中间连通,可以带有一张双人床或两张单人床,房中有卫生间、衣柜、写字台、电视等。

图 6-5　人床间

图 6-6　标准间

5）行政套房（executive suite）

行政套房又称豪华套房（deluxe suite），有豪华的家具和卫生设施，包括一间卧室和一间会客室，中间连通，带有一张双人床和沙发，房中有卫生间、衣柜、写字台、电视等，装修豪华，空间大，适合企业管理或行政管理人员住宿和办公。

6）总统套房（presidential suite）

酒店最高级别的套房被称为总统套房，由多个房间组成，有两间以上的卧室，一间以上的客厅，两间以上的卫生间（分为男士和女士），有餐厅、厨房和洗衣房等。一些高星级酒店的总统套房还有接待室、办公室、小餐厅，甚至配有游泳池。各酒店的总统套房没有固定的模式，酒店常会根据市场需求对总统套房进行最佳配置。总统套房设备豪华，通常有优质家具、豪华卫生洁具和洗浴设施。一些总统套房的客厅为花园式的，阳光充足，有绿树、草地、鲜花、微型园林景观。

7）公寓套房（apartment）

公寓套房包括单间套房、双间套房和家庭套房。单间套房有一间卧室，双间套房有两间卧室，家庭套房至少有三间卧室，套房中至少配有一间卫生间，有会客室、餐厅、厨房和洗衣房等。各种房间都配有适用的家具和设施。

8）内景房（inside room）、外景房（outside room）与角房（corner room）

内景房的窗户朝向酒店内部的庭院，外景房的窗户面向酒店外部街区，楼层边缘的房间被称为角房。

9）连通房（connecting room）与相邻房（adjoining room）

连通房中间有门，有相通的两个房间。中间无门而相邻的房间被称为相邻房。

2. 客房床铺规划

为满足不同地区顾客的住宿需要，考虑顾客的消费习惯和需求，酒店在客房中设计了不同种类的床铺。

（1）单人床（twin-size bed）：1~1.35 米宽，1.8~2 米长的床。

（2）大号床（queen-size bed）：1.5 米宽，2 米长的床。

（3）特大号双人床（king-size bed）：1.8~2 米宽，2.05~2.1 米长的床。

（4）加床（rollaway bed）：可以折叠的床，用于客房加床。

（5）婴儿床（cot）：四边带有护栏的小床。

3. 客房家具布局

客房家具是客房室内布置的主体。客房家具布局首先要考虑家具的实用性并与酒店运营特色协调一致。当今，酒店关注家具布局的现代化及其与地区文化的统一，不论是对家具式样和色调，还是对家具功能都要求适用、舒适且造型美观。客房家具布局要根据房间类型、面积、朝向、门窗位置等进行整体规划，按室内的功能分区，做到既有规律又有变化，既有区别又有联系，美观适用，使室内空间轻松、活泼、安静，又富有生活气息。客房家具布局常用对称法、自由法、分散法和集中法等。通常，在标准客房中，床的摆放采用对称法，使客房整齐美观；写字台的摆放采用自由法，使室内轻松、活泼。由于客房主要用于睡觉和休息，所以对于普通的客房而言，床铺占房间较大的面积，其他家具如沙发和小桌就进行集中摆放。同时，为方便顾客洗浴，卫生设施和用品相对集中，被放在卫生间固定的位置。此外，由于客房的多功能，家具摆放较多，但家具尺寸、色调并不相同，因此房务部应注意客房空间的和谐和整齐。

4. 客房布件装饰

客房布件主要是指床上用品、窗帘、帷幔、家具布件和地毯等。客房布件装饰主要通过质感、色彩和式样的对比或协调增强室内的艺术和文化氛围。客房布件装饰讲究实用性，在此基础上布件色彩、式样、质地要与家具相衬，达到美感与协调的统一。客房窗帘应起到调节室内采光的作用，能遮挡外来光线。因此，窗帘应有两层，外层质地厚，起到遮挡光线的作用，内层质地薄、透明，可调节室内采光，美化房间。客房布件的色彩应适合房间家具，尺寸应适合房间面积。床罩和床单的大小应与床铺协调。同时，床罩的色彩应与房间、地毯和窗帘色调相协调。

5. 客房艺术品布置

客房艺术品可分为几案、摆设品(如古玩)、悬挂品(如字画)、插花(绿色植物)及其他艺术品。客房布置艺术品可增强房间的文化气氛,提高客房的等级和规格。客房在艺术品布置上应突出地方文化特色并尊重顾客的消费习惯。壁挂艺术品应突出客房主墙面,使之成为装饰中心。艺术品的布置应结合酒店的运营主题和特色,衬托酒店个性,注意艺术品的成本、摆放位置及安全,不要造成顾客仰头、屈背、扭体等不自然的观赏姿态。要调节好光线,使顾客获得艺术享受。

6.3.3　客房清洁与维护管理

客房清洁与维护管理主要是指房务部制定客房清洁与维护标准,对客房日常清洁进行管理的过程。客房清洁与维护标准包括客房清洁员或服务员进入房间的标准,清洁车放置标准,客房家具、布草等日用品摆放标准,客房室内空气标准,客房卫生间消毒标准等。客房日常清洁与维护管理包括客房清洁前的准备工作管理、客房分派管理、客房清洁程序管理、客房清洁检查管理、小整理服务管理和开晚床服务管理。

1. 客房日常清洁与维护管理

1)准备工作管理

通常,客房清洁员或服务员在客房布草间(存放客房床单、毛巾和用品的房间)准备客房清洁车,并将客房床单和毛巾等日用品及清洁用品放在车上。清洁车上配备的客房日用品包括床单(bedsheet)、枕套(pillowcases)、床垫(mattress)、面巾(towels)、浴巾(washcloths)、地巾(bath mats)、卫生纸(toilet tissue)、面巾纸(facial tissue)、冷水杯(drinking glasses)、洗发水(shampoo)、洗浴液(body wash)、香皂(soap)、牙刷(toothbrush)和牙膏(toothpaste)等。客房清洁物品包括多功能去污剂(all-purpose cleaner)、玻璃清洁剂(glass cleaner)、清洁刷(bowl brush)、除尘剂(dusting solution)、抹布与海绵(cloths and sponges)、橡胶手套(rubber gloves)等。清洁车的两边应放有垃圾袋和布草袋,布草袋放顾客用过的床单和毛巾等(见图 6-7)。

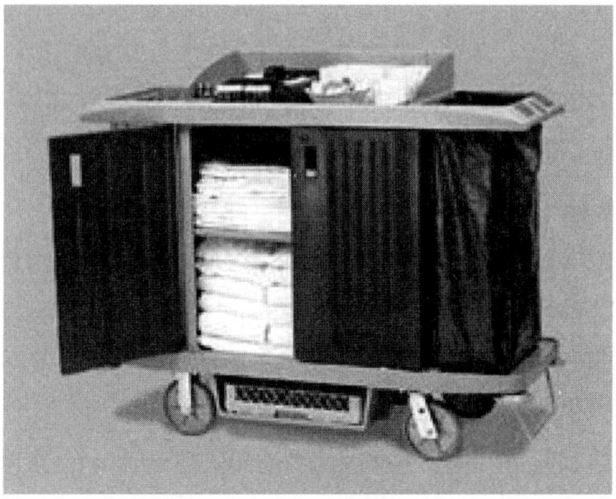

图 6-7　客房清洁车

2）客房分派管理

通常，酒店客房部根据每天的房态报告（room status report）向客房清洁员分派要清洁的房间，并将房间号写在客房分派表中（见表 6-1），表中注明要清洁与维护房间的房号和房态（住客房、走客房）。根据需要，酒店客房清洁顺序是需要立即清洁（early makeup）的客房、重要顾客（VIP）客房、走客房（check-out，已结账的客房）、继续住宿（stay over）的客房、转天退房（due out）的客房。

表 6-1 客房分派表

（正面）

房号（room #）	房态（room Status）	注释（comments）
房态：V—（走客房，vacant），O—（住客房，occupied）		

（背面）

房间号（room no.）	
电视机（television）	
水龙头（faucet）	
灯（lights）	
窗帘（drapes）	
桌子（table）	
艺术品（art）	
抽水公桶（commode）	
门（door）	
地毯（carpet）	
浴盆（tub）	
梳妆台（dresser）	
床（bed）	
………	

3）客房清洁程序管理

客房清洁员或服务员进入客房前应先观察客房指示灯。如果，客房门口的“请勿打扰”灯亮时，就不要敲门打扰顾客，应等待一段时间后，再清扫客房。如果没有这种情况，按门铃，说“客房服务员（housekeeping）”，间隔 10 秒钟后，再按第 2 次，直至按第 3 次。如果无回答声音，确认房内无人后，用房门钥匙卡开门，轻轻推开门，同时说“客房服务员”。如果顾客前来开门，应先向顾客问好，然后说明来意，征得顾客同意后方可进入房间。否则，表示道歉，晚些时候再清扫客房。清扫客房时，应先打开窗户，保持空气清新，打开室内各种灯，检查灯泡是否完好，检查窗帘和窗帘构架，检查空调运转情况，检查室内是否有丢失或损坏的物品，收回顾客用过的餐具（放在门外并通知餐饮部撤走），更换垃圾袋，撤走用过的茶杯等。收拾床铺，做床，抹尘，收拾卫生间，吸地毯，自查质量，锁门。最后，在客房分派表中注明房态，继续清扫下一间客房。

4）客房清洁检查管理

客房清洁员或服务员每天按管理人员指示对房间进行清扫和整理。楼层业务主管每天应检查所管辖区域的所有房间的清洁和维护情况并按照房间设施保养和清洁状况表所列的项目进行检查，将相关情况记录在客房检查日报表上。通常，客房部业务主管人员会随机抽查清洁过的房间。在检查过程中，如发现不符合酒店客房质量标准的房间应立即指派客房清洁员进行重新清洁。楼层业务主管检查客房合格并无人住宿后，应及时通知前厅部准备销售。

5）小整理服务管理

一些高级别的酒店会提供客房小整理服务。在客房小整理中，客房清洁员常在下午进入客房，更换顾客用过的毛巾和杯具，清倒垃圾，整理顾客床铺，清扫地面杂物，清点和补充客房食品柜中的酒水，补充日用品。

6）开晚床服务管理

通常，客房部提供开晚床服务。所谓开晚床服务是指常在下午 6 点以后，客房清洁员对每间客房进行短时间的清洁整理，并为顾客收拾床铺的服务。客房清洁员应按服务规范进入房间。如果顾客在房内，应礼貌地向顾客问好，征询顾客是否需要开晚床服务。当顾客不需要时，应立即退出房间。待顾客需要时再为顾客服务。提供开晚床服务时，清洁员应打开床头灯，拉上窗帘，更换用过的杯具，清理垃圾，将床罩整理好，放在行李架底层，将靠近床头柜一侧的被子向上折起，约成 45 度角，然后压平。如房间只住一位顾客，则做靠近窗户的床，打开夜灯并整理卫生间。

2. 客房专项清洁管理

客房专项清洁管理是指对客房部在一定时间周期内，对酒店所有客房的某一设施或区域做的一次彻底的清洁或保养工作的管理。专项清洁工作是指在日常客房清洁中容易被忽略的区域的清洁和维护工作和技术性较强并需要集中力量完成的清洁工作。一些酒店每天指派一名客房清洁员做某一专项清洁和保养工作；一些酒店每天指派一名客房清洁员做一间客房的全面清洁和维护工作；许多酒店利用集体力量定期对酒店所有客房进行某一专项卫生清洁和维护工作等。以上这些工作都属于客房专项清洁管理的范畴。

6.3.4　退房查房管理

通常，客房部接到前厅部的顾客退房信息后，应当立刻查房并把查房的结果反馈给前台部。查房的目的是查看房间设施，房间内自费消费品使用情况及检查顾客是否遗留物品等。服务员按酒店服务规范进入房间，检查酒水消费，打开柜门、抽屉、保险箱及掀开床罩和枕头，检查顾客是否遗留物品，检查房间的电话指南、遥控器、布草等是否齐全，检查电器、棉织品、地毯是否完好。所有的检查程序均应在两分钟内完成，然后锁上房门并通知客房清洁员清洁客房。

6.3.5 布草用品管理

所谓布草是指客房的毛毯、床罩、床单和毛巾等。通常,客房部会根据布草的颜色、种类分别收发布草。收发布草时应清点数量,检查布草内是否有杂物,做好记录。同时,应按照部门的使用情况发放,管理人员应把好质量关,不发放破损与不整齐的布草。

6.3.6 客房服务中心管理

客房服务中心是房务部为住宿顾客提供服务的部门,通常提供 24 小时服务。该中心的主要服务项目是代客开门,代客保修客房设备,接待重要的顾客及向顾客借出物品,例如椅子、茶杯等。该中心的服务员应在电话铃响两声内接听电话,使用敬语,说明自己的部门,准确记录顾客的讲话内容,准确回答顾客提出的问题。为没带钥匙卡的顾客开门时,礼貌地请顾客出示房卡,验证后,为顾客开门并向客房服务中心报告与记录。当顾客要求增加椅子时,应记录房号和椅子数量,通知服务员增加椅子,茶杯和茶叶。待访客离开房间后,及时撤出借用的物品,保持房间整洁。客房服务中心接到 VIP 入住通知单时,做好记录,确认他们到店和离店的时间,提前将赠品放进房间并办好交接班手续,准备热毛巾和茶水等,安排服务员及管理人员迎送。客房服务中心接到房间报修信息时,应立刻联系工程部并检查落实工程人员维修情况。工程人员进房前,应核对房号,征得顾客同意后进入。客房服务员应检查工程部人员的维修效果并记录。

6.4 公共区域卫生管理

酒店公共区域卫生管理是酒店房务管理的一项重要内容。一些大型和中型酒店成立公共区域清洁部负责酒店公共区域的清洁卫生工作。通常,该项工作包括对酒店外观、停车场、门口喷泉、大厅、电梯、多功能厅、公共洗手间、办公区域和职工生活区域等的卫生清洁及保养,其中包括这些场所的日常清洁管理和定期专项清洁管理。此外,还包括公共区域的绿化管理,指导酒店内外树木、草地和植物的规划和保养工作。

6.5 洗衣房管理

通常,中型和大型酒店建立洗衣房以方便本酒店洗涤各种布草和工作服,同时还为顾客提供干洗和水洗衣物服务。

6.5.1 顾客衣服收发管理

酒店通常在每天上午 9 时及 11 时指派收衣员将从各楼层收取的客衣送至洗衣房,顾客加急的情况下衣服可由收衣员随时送洗。洗衣房客衣收发管理的关键是认真检查顾客衣服并做好记录。洗衣房工作人员应逐件检查,认真记录件数、种类、颜色、磨损程度和遗留物品。酒店对职工制服的收发管理是“以脏换净”,换制服应做好记录。

6.5.2　洗涤工艺管理

酒店对洗涤的衣物有严格的质量标准。水洗服装,洗涤前应根据颜色、种类分拣清楚,防止将不同颜色的衣服一起洗涤,造成衣服被染色。同时,不要将客房的布草与餐厅台布或不同颜色、不同种类的布草混合洗涤。客房的毛巾和浴衣洗涤后要加柔顺剂。餐厅台布和餐巾洗涤后要过浆。工作人员操作时,应严格遵守岗位职责,做到机不离人,发现问题应及时处理。使用烘干机前,工作人员要清理机器内的毛尘并将蒸汽和冷水排净。停机前应先关蒸汽,节约能源消耗。在机器运转时,工作人员应坚守岗位,随时关注机器运转状态,发现问题及时处理。对于干洗的衣服,先按颜色、厚度、布料分类,注意胶质纽扣、装饰物等不适宜干洗的物品。干洗前应检查衣袋是否遗留有物品。

本章小结

酒店房务管理工作主要包括前厅接待管理(前厅管理)、客房服务管理、环境卫生管理和洗衣房管理。一些酒店还包括健康中心或康乐设施的运营管理。不同规模和管理模式的酒店,其房务管理组织结构不同。一般而言,酒店房务管理组织可分为小型酒店房务组织、中型酒店房务组织和大型酒店房务组织。客房预订与接待管理称作前厅接待管理,由于前厅部负责酒店预订和住宿接待,传播酒店信息,因此前厅部的运营管理很重要,代表着酒店的整体形象。住宿服务管理又称客房服务管理。负责客房服务和房间清洁工作的部门称作客房部。该部门的职责是清洁客房,使客房舒适、整洁和安静,为顾客提供热情和周到的房务服务。

练习题

1. 名词解释题

保证类客房预订、超额订房管理、顾客资料卡、欧式计价、大陆式计价、美式计价、修正美式计价、百慕大计价

2. 判断对错题

(1)房务是指酒店住宿业务,房务管理的全称是酒店房务运营管理。在酒店中,负责该项业务的管理部门被称为房务部或客务部(room division)。(　　)

(2)布草是指客房的毛毯、床罩、床单和毛巾等,也被称为棉毛织品。(　　)

(3)客房服务中心是房务部为住宿顾客提供服务的部门,通常是每天提供 8 小时服务。该中心的主要服务项目是办理顾客住宿登记,代客开门,代客保修客房设备,接待重要的顾客等。(　　)

(4)楼层业务主管每周检查所管辖区域的所有房间的清洁和维护情况并按照房间设施保养和清洁状况表所列的项目进行检查,将相关情况记录在客房检查日报表上。(　　)

（5）酒店最高级别的套房被称为总统套房，由多个房间组成，有两间以上的卧室，一间以上的客厅，两间以上的卫生间（分为男士和女士），有餐厅、厨房和洗衣房等。一些高星级酒店的总统套房还有接待室和办公室。各酒店的总统套房没有固定的模式，酒店常根据市场需求对总统套房进行最佳配置。（　　）

（6）百慕大计价（bermuda plan），房费包括住宿和大陆式早餐费用。早餐比较丰富，提供面包、黄油、面点、果酱、咖啡、果汁、茶水、鸡蛋和肉类菜肴。（　　）

3. 多项选择题

（1）酒店公共区域卫生管理是酒店房务管理的一项重要内容。一些大型和中型酒店成立公共区域清洁部负责酒店公共区域的卫生清洁工作。通常，该项工作包括对（　　）的卫生清洁及保养。

A. 酒店外观与停车场　　B. 酒店门口与喷泉
C. 酒店大厅与电梯　　D. 酒店多功能厅与公共洗手间

（2）根据房务流程，顾客在任何酒店住宿都要经过 4 个环节：（　　）。

A. 入住前的预订环节　　B. 抵店办理住宿登记环节
C. 住宿环节　　D. 办理退房与离店环节

（3）礼宾部也称作金钥匙部，该部门主要的工作职责是（　　）等。

A. 行李运送与寄存　　B. 为顾客办理入住手续
C. 机场接送　　D. 顾客委托代办服务

（4）酒店客房预订主要来自（　　）。

A. 传真、电话　　B. 与酒店签订合同的网络预订平台
C. 连锁酒店集团订房系统　　D. 全球酒店分销系统

4. 问答题

（1）简述房务管理的内容。
（2）简述房务管理的 4 个环节。
（3）简述不同规模的酒店的房务组织结构的特点。
（4）简述房务部各部门的工作职责。
（5）简述客房类型及其特点。
（6）简述客房家具布局的注意事项。
（7）简述客房布件装饰的注意事项。
（8）论述酒店客房清洁与维护管理的内容。

主要参考文献

[1] 余炳炎. 现代饭店房务管理[M]. 上海：上海人民出版社，1998.
[2] 国家旅游局人教司. 饭店客房部的运行与管理[M]. 北京：旅游教育出版社，1991.
[3] 国家旅游局人教司. 饭店前厅部的运行与管理[M]. 北京：旅游教育出版社，1991.
[4] 赫瑞比. 管理知识员工：挖掘企业智力资本[M]. 郑晓明，等译. 北京：机械工业出版

社，2000.
[5] 谢品，肖霖岳. 现代企业管理[M]. 成都：电子科技大学出版社，2017.
[6] 王天佑. 饭店管理概论[M].3 版. 北京：清华大学出版社，2015 .
[7] 朱晋伟. 跨国经营与管理[M].2 版. 北京：北京大学出版社，2015.
[8] 杨劲松. 酒店战略管理[M]. 北京：机械工业出版社，2015.
[9] 赖利. 管理者的核心技能[M]. 徐中，梁红梅，译. 北京：机械工业出版社，2014.
[10] 布鲁斯，汉佩尔，拉蒙特. 经理人绩效管理指南：快速有效解决员工绩效问题[M]. 陈秋萍，译. 北京：电子工业出版社，2012.
[11] 马风才. 运营管理[M].4 版. 北京：机械工业出版社，2017.
[12] 詹姆斯·A. 菲茨西蒙斯，莫娜·J. 菲茨西蒙斯，波多罗伊. 服务管理：运作、战略与信息技术（英文版·原书第 8 版）[M]. 张金成，范秀成，杨坤，译. 北京：机械工业出版社，2015.
[13] 李建华，刘霞. 现代企业文化理论与实务[M]. 北京：机械工业出版社，2012.
[14] MOORE G. Virtue at work：ethics for individuals，managers，and organizations[M]. New York：Oxford University Press，2017.
[15] NINEMEIER，JACK D. Foundations of lodging management[M].New Jersey：Prentice Hall，2011.
[16] JONES P. Introduction to hospitality operations an indispensible guide to the industry [M].2nd ed. Hampshire：South-Western Cengage Learning，2002.
[17] JONES，THOMAS J A. Professional management of housekeeping management[M].5th ed. New Jersey：John Wiley & Sons，Inc.，2008.
[18] WALKLER J R. Introduction to hospitality management M].6th ed. New Jersey：Pearson Education Inc.，2013.
[19] BARDI J A.Hotel front office management[M].5th ed. New Jersey：John Wiley & Sons，Inc.，2011.
[20] BARROWS C W，POWERS T，REYNOLDS. Introduction to management in the hospitality industry[M].9th ed. New Jersey：John Wiley & Sons，Inc.，2009.
[21] OKUMUS F ALTINAY L，CHATHOTH P K. Strategic management for hospitality and tourism[M]. 12th ed Ohio：Elsevier Ltd.，2010.
[22] WOOD R C. Hospitality management：a brief introduction[M]. London：Saga Publications Ltd.，2015.
[23] ALEXANDER V L. The handbook of financial communication and investor relations [M].New Jersey：John Wiley & Sons，Inc.，2017.
[24] JAUHARI V. Hospitality marketing and consumer behavior：creating memorable experiences[M] Oakville：Apple Academic Press，2017.

第7章

餐饮运营管理

本章导读

酒店是运营房务产品、会展产品和餐饮产品的综合型企业。一个高品质的酒店应有符合目标顾客需求的客房、餐饮设施、会议室和康乐设施,并且在餐饮运营方面有一定的知名度。通过对本章的学习,读者可了解现代酒店餐饮运营管理内容,掌握餐饮生产管理、餐饮成本控制和餐饮营销管理的基本知识。

7.1 餐饮管理概述

7.1.1 酒店餐饮管理的含义

酒店餐饮管理是指酒店菜点和酒水的生产和营销管理。由于酒店餐饮运营方法不同于工业,所以酒店餐饮的生产和销售必须在同一地方。因此,酒店必须吸引顾客到餐厅购买菜点和酒水。现代酒店餐饮运营的规模不断扩大,专业化程度愈来愈高。酒店根据顾客的个性化需求运营不同特色和风味的餐饮产品,包括商务餐饮、主题餐饮、节庆餐饮、休闲餐饮和会议餐饮等。

7.1.2 酒店餐饮管理成功的要素

1. 理想的运营环境

理想的餐饮运营环境是餐饮运营成功的要素之一。理想的餐饮运营环境是指餐厅必须在交通方便的地方,餐厅外部应有停车场,方便顾客停车。运营不同菜点的餐厅应选择适合酒店的市场环境,餐厅气氛、装饰与设施和服务等方面都要符合菜单运营的需求。例如,咖啡厅的运营环境应选择有人文环境的商务区。

2. 可口的菜点和酒水

菜点和酒水是餐饮产品的核心。可口的菜点和酒水的基础是选择安全、无污染且新鲜的食品原料。菜点与酒水的质量标准是无化学添加剂,有营养,有特色。热菜、热汤和热饮料的温度应在 80 ℃以上,冷菜和冷饮料应是凉爽的,约为 10 ℃。菜点和酒水的质量应达到国家、地区和酒店规定的各项质量标准。

3. 真诚的餐饮服务

餐饮服务既是无形的餐饮产品,又是餐饮营销方法。餐饮服务应使顾客感受到真诚和热情,为顾客提供满意的服务环境、服务效率、服务方式。酒店管理人员应重视餐饮服务的礼节和礼貌,加强餐饮服务技术的培训,使职工自觉和主动地为顾客服务。

4. 满意的产品价值

所谓满意的产品价值是指酒店出售的餐饮产品必须使顾客满意和得到其认可。许多酒店餐饮消费水平较高,但是其营销效果很好,回头客多并且不断有新顾客光顾。顾客认为,尽管酒店菜点和酒水的价格比其他酒店高一些,但是其提供的菜点、酒水和服务质量高。有些酒店餐饮价格表面上很实惠,但是其营销效果很不理想,原因是顾客觉得其价格低于顾客对产品的质量预期。实际上,餐饮产品的价值来自各因素的总和,包括菜点和酒水、用餐环境、设备与设施和餐饮服务。

5. 科学的运营管理

酒店必须依靠科学的运营管理才能在餐饮运营方面取得成功。所谓科学的运营管理包括有效的人力资源开发与管理、科学的餐饮成本控制、严谨的餐饮质量管理、优秀的企业形象、灵活的营销策略和良好的职业道德等。

7.1.3 不同酒店餐饮运营特点

近年来,随着我国旅游业和休闲业的发展,餐饮产品需求也在快速发展,不同地理区域、人口特征、消费心理和消费行为的群体对餐饮产品的需求有着明显的不同。同时,餐饮市场也在持续细化和发展。因此,酒店及酒店集团应根据所在餐饮市场及自身资源情况,认真选择适合自己的细分市场或目标顾客,从而打造本酒店的餐饮运营特点。

1. 商务酒店餐饮运营特点

商务酒店主要服务于工商企业、政府机关、非营利组织、会展与旅游团队。这类酒店常坐落在城市商务区或交通便利的城郊接合部,有各种客房和会议室,有商务中心和健身设备。餐饮设施齐全,包括中餐风味餐厅、经典西餐餐厅(扒房)、各种宴会厅、咖啡厅、自助餐厅和大厅酒吧与特色酒吧等。餐厅营业时间长,菜点和酒水种类多。由于商务顾客来自世界各国,因此商务酒店的菜点和酒水的种类、服务方法要符合各国和各地区、各民族的餐饮文化和习惯。

2. 度假酒店餐饮运营特点

度假酒店常坐落在风景名胜区或名山秀水附近。其主要的目标顾客是旅游团队、休憩与会议团队、度假散客。度假酒店除了有舒适的客房、适合休闲和健身的设备外,还配有游泳池、高尔夫球场等。特色菜点和酒水是度假酒店运营成功的关键。目前,许多度假酒店运营当地的经典菜肴、传统菜点、民族菜点以满足休闲顾客对餐饮文化和餐饮旅游的需求。

3. 长住酒店餐饮运营特点

长住酒店常被称为公寓酒店,是为满足长期住宿的顾客的需要而建立的,其常坐落在交通方便的城市和郊区。客房以套房为主,包括有单间卧室的套房、有两间卧室的套房和有多间卧室的套房。每套客房包括客厅、卧室、厨房、卫生间和洗衣房等,房间设施比商务酒店齐全,包括各种炉灶、冰箱、洗衣机和烘干机等。由于入住酒店的顾客工作忙,不常在公寓自己做饭,所以他们常在酒店的餐厅用餐。因此,长住酒店餐饮运营的特色和吸引力应当在于满足顾客平时的用餐需要,关注顾客的身体健康和饮食习惯,同时应讲究菜点的营养、品种的丰富和价格的实惠。许多长住酒店提供免费的自助早餐和价格实惠的自助晚餐(正餐)。长住酒店餐饮运营不仅应为酒店带来利润、客房率和声誉,还应为顾客带来方便和实惠。一些长住酒店实施餐饮外包策略,把餐饮设施外包给酒店外部的餐饮公司,以增强餐饮的特色、提高入座率并节约成本。

4. 汽车酒店餐饮运营特点

汽车酒店坐落在城郊、高速公路和飞机场附近,是为长途驾车的旅客提供住宿和餐饮的中小型酒店。传统汽车酒店房间数常在 100 间以下,现代汽车酒店已经发展至中等规模,其客房数可达 200 间。通常,汽车酒店提供免费的自助早餐,提供经济实惠的午餐和晚餐。现代汽车酒店的餐饮运营设施和销售的餐饮产品完全可以与三星级商业酒店媲美。一些汽车酒店还提供中型宴会服务。

5. 会展酒店餐饮运营特点

会展酒店是以承办会议和展览会为主要业务的酒店,也接待旅游团队和散客,常建在交通方便的城市、风景名胜区或旅游区。会展酒店的规模常为中型或大型,房间数从 300 间到 2000 间不等,可容纳较多住宿顾客。现代会展酒店重视餐饮业务的运营,配备多个宴会厅或多功能厅,可同时为世界各国的各种传统宴会、自助宴会和鸡尾酒会等提供服务。这种酒店常销售各国风味菜点、地区特色菜点、各国著名小吃,讲究餐厅的文化与装饰,以满足各国来宾的猎奇需求。

6. 机场酒店餐饮运营特点

机场酒店常建在飞机场附近,其设施和服务与商务酒店很相似,其主要客源是转机和被延误出行的旅客。咖啡厅、大众餐厅、宴会厅、多功能厅、酒吧和各种小吃店是机场酒店不可缺少的运营设施,经济、实惠、快速和卫生的餐饮产品最受旅客欢迎。近年来,机场酒店的客房规模不断扩大,一些机场酒店的客房数达 600 间,餐饮设施不断地增加。现代机场酒店可以承办上千人的会议和展览会,并可运营中型宴会业务。

7. 休闲酒店餐饮运营特点

休闲酒店是指客房在 100 间以下并服务于参加主题休闲活动(例如钓鱼、滑雪和打高尔夫球等活动)的顾客的酒店。该类酒店的餐饮设施、菜点与酒水和服务项目既要有特色,又要满足休闲顾客的需求,因此对餐饮人员来说是严峻的考验,要求他们必须全面掌握餐饮原料知识并善于制作各国菜点。

8. 经济型酒店餐饮运营特点

通常,经济型酒店的主要业务是住宿业务,也提供简单的自助式早餐。除此之外,还运营实惠并大众化的中餐和西餐零点(散客)业务。当今,一些经济型酒店的客房数可以大于 300 间,其餐饮设施可以接待中小型的展会团队。同时,其餐饮质量和特色可以满足中等消费水平的顾客的需求。

9. 培训中心餐饮运营特点

当今,很多培训中心相当于中型规模和中等消费水平的商务酒店,其设施和商务酒店很相似,而服务水平比商务酒店稍逊色。这种酒店配备多功能厅、咖啡厅和大众餐厅。餐饮客源主要是会议顾客、企业与实验单位的培训职工。因此,培训中心的餐饮运营特点是价格实惠,菜点适合大众,能满足不同地区、不同民族顾客的日常用餐需要。

7.2　菜单筹划管理

菜单是餐厅为顾客提供的菜点与价格说明书,是酒店餐饮销售的工具。一个有营销力的菜单应反映餐饮产品的质量与特色,衬托餐饮文化,为酒店带来理想的收益。同时,菜单作为一种艺术品常能给顾客留下美好的印象。因此,酒店餐饮运营的影响因素也包括菜单。

7.2.1　菜单的种类与特点

1. 零点菜单

零点菜单(a la carte Menu)是餐饮运营的最基本菜单。这种菜单根据菜点的品种,以单个菜点计价的方式销售菜点。这种菜单适合家庭和个人消费者。

2. 套餐菜单

套餐菜单(table d' hote menu)是根据顾客的需求,将不同营养成分和不同食品原料科学地搭配在一起设计而成的菜单。套餐菜单是以每套菜点为计价单位销售菜点的,其中的菜点的价格常比零点菜单中的价格优惠。现代化的套餐菜单不仅适用于个人消费者,还常用于宴会、旅游团队及会议团队,也用于咖啡厅的散客等。套餐菜单的特点是菜点品种、数量和价格是固定的,这大大节省了顾客的购买时间与开支。

3. 固定菜单

许多中餐厅、扒房、咖啡厅和食街餐厅(各国经典小吃餐厅)都有自己的固定菜单。所谓固定菜单(static menu)就是经常不变动的菜单。菜单上的菜点都是餐厅的特色菜品,是经过认真研制并在多年销售实践中总结出的有地域文化和特色的产品。这些菜点深受顾客的欢迎且知名度较高。

4. 周期循环式菜单

通常,在酒店的咖啡厅和西餐厅常使用周期循环式菜单(cyclical menu)。周期循环式菜单是一套完整的菜单,而不是一张菜单。这些菜单按照一定的时间周期(1 个月或 1 年)循环使用。1 套周期为 1 个月的套餐菜单常有 31 张菜单,供 31 天循环使用。每天菜单上的菜点不重复,厨房根据当天的菜单制作菜肴。

5. 宴会菜单

宴会菜单(banquet menu)是餐厅推销餐饮产品的一种技术性菜单。该菜单体现酒店的运营特色,菜单上的菜点都是美味佳肴。同时,还根据不同的季节安排一些时令菜点。宴会菜单常根据宴请对象、宴请主题、宴请标准或宴请者的意见随时更改。

6. 每日特菜菜单

每日特菜菜单(daily special menu)是为了弥补固定菜单菜点品种单一而设计的。每日特菜菜单常在一张纸上展示几个有特色的菜点。其特点是强调菜单的使用时间,只限某一日使用。菜单上的每日特菜常带有季节性、地区性或节日性等特点。

7. 节日菜单

节日菜单(holiday menu)是根据地区和民族节日筹划的传统菜点菜单。市场调查结果显示,节日菜单的需求不断地增长。一些国际酒店在节假日会增加儿童自助餐业务。这一业务不仅吸引儿童客源,同时吸引节假日的家庭或休闲人群。

7.2.2 菜单筹划

在传统上,酒店筹划菜单时,会尽量扩大产品范围以吸引各种类型的顾客。而在现代餐饮运营中,为了避免成本过高,降低运营费用,酒店会把菜点限制在一定的目标市场范围内,这样能最大限度地满足目标顾客的需求。现代酒店菜单筹划的三大原则是菜单必须符合目标市场需求、必须反映酒店餐饮的质量与特色、必须为酒店带来经济效益。

1. 菜单筹划步骤

为了保证菜单筹划的效果,菜单筹划人员应明确酒店餐饮运营策略、运营方式,明确菜单上菜肴的品种、数量、质量标准及风味特点,明确食品原料品种和规格,明确生产设施、生产设备和生产时间要求,掌握食品原料与燃料成本等一切运营费用。同时,依照菜点销售记录、食品成本及酒店获得的收益情况,不断地对菜单进行改进。

2. 菜单筹划内容

一份好的菜单,它的菜肴种类应紧跟市场需求,菜肴名称是人们喜爱的,菜肴原料结构符合营养需求,菜肴味道和特色被顾客喜爱,菜肴价格符合目标顾客消费水平。因此,菜单筹划内容必须包括餐厅名称、菜肴种类、菜肴名称、菜肴解释、菜肴价格、服务费用、酒店名称和其他运营信息。

3. 菜单定价策略

菜单定价是菜单筹划的重要环节。菜点的价格不论对顾客选择餐厅或酒店,还是对餐厅的运营效果都是十分重要的。菜点价格过高顾客不会接受,就不能为酒店带来收益;菜点价格过低,酒店得不到应有的利润,会造成酒店亏损。菜点价格应反映菜点价值,突出餐厅级别,适应市场需求,并保持稳定。菜单定价策略主要有三点:以市场为中心的定价方法、以成本为中心的定价方法和以竞争为中心的定价方法。同时,菜单定价常采用的策略有薄利多销策略、渗透价格策略、数量折扣策略、尾数定价策略和声望定价策略等。

7.2.3 菜单设计与制作

菜单设计是餐饮管理人员、厨师长和艺术家们对菜单的形状、大小、风格、页数、字体、色彩、图案及菜单封底与封面的构思与设计。实际上,菜单设计是菜单的制作过程。由于菜单是餐厅与顾客沟通的媒介,因此其必须外观整齐、色彩丰富、洁净无瑕。菜单封面代表着餐厅的形象,反映餐厅的运营特色,因此应当与餐厅内部环境的餐饮文化与布局相协调。菜单是通过文字向顾客提供产品和其他运营信息的。因此,文字表达一定要清楚和真实,避免使顾客对菜点产生误解,切忌张冠李戴、内容夸张、外语拼写错误等。菜单的质量与所选用的纸张有很大的关系。对于只使用一次的菜单,应选用价格较便宜的纸张,不用考虑它的耐用性。对于使用时间较长的菜单,则应考虑纸张的光洁度和耐用性。通常,菜单的形状是长方形。然而,儿童菜单和节日菜单则各式各样。菜单有各种尺寸和大小,每日特菜菜单尺寸较小,宽度可以是 9 厘米,长度可以是 12 厘米。零点菜单和固定菜单宽度常是 15~23 厘米，长度是 30~32 厘米。菜单页数一般是 1~6 页。宴会菜单、每日特菜菜单、周期循环式菜单、季节菜单、儿童菜单、快餐厅菜单和某些咖啡厅只使用一次的零点菜单通常是 1 页纸。固定菜单、零点菜单通常是 3~6 页纸，包括了菜单的封面和封底。菜单带有颜色可增强销售菜点作用，使菜点更具吸引力。一般而言，鲜艳色彩的菜单可反映餐厅的运营特色，而柔和清淡的色彩使菜单显得典雅。

7.3　餐饮生产管理

7.3.1　餐饮生产组织

餐饮生产管理的主要部门是厨房。因此，厨房是菜肴和面点的生产部门或加工厂。中型和大型酒店的厨房组织结构比较复杂，其中包括中餐厨房、西餐厨房及送餐厨房等。在酒店的餐饮生产中，这些厨房都属于分厨房。所谓分厨房是为专业餐厅或主题餐厅加工和生产餐饮的厨房。现代酒店厨房组织系统中必须设置生产厨房（宴会厨房）。所谓生产厨房是为以上分厨房做初加工和半成品生产的厨房。此外，这一厨房还要为宴会生产菜点。

近年来，由于餐饮市场的发展与变化及酒店或酒店集团在餐饮营销方面的改革与创新，厨房更加细化和特色化。然而，不论厨房的分类如何变化，大型酒店常设行政总厨师长 1 名，负责管理酒店所有厨房的生产工作。该职务通常为餐饮总监或副总监。这一级别在一些酒店相当于酒店总经理助理。此外，每 1 个专业厨房设业务主管或副厨师长 1 名，带领若干名厨师及辅助人员完成行政总厨师长分配的工作任务。中型酒店的厨房负责人是厨师长，相当于部门经理，负责酒店所有餐厅的菜点生产管理工作。小型酒店组织简单，只包括 1 个可进行初加工、切配、烹调和面点制作的综合型厨房。厨房组织简单，职工少，仅配备 1 名厨师长负责管理，该职务相当于业务主管。酒店厨房的组织设计主要根据酒店的规模、菜单内容、厨房布局、菜点生产量等相关因素而定。现代酒店根据厨师的专业知识、技术等级、业务能力、工作责任心、管理才能和创新精神授予他们不同的职务。

7.3.2　生产环境规划

菜点生产环境规划也被称为厨房环境规划，是确定厨房规模、形状、建筑风格、装修标准及部门之间关系的管理工作，是一项复杂而专业性强的工作，需要聘请建筑、消防、卫生、环保、公用设施等方面的专业人士。现代厨房环境规划重视人机工程学的应用，降低厨房人力成本，使厨房的生产更加安全和舒适，从而保证生产效率和厨师的健康。通常，厨房需要建在地基平、位置偏高的地方，这对食品原料的运输、污水排放都有益。厨房应接近自来水、排水、供电和煤气等管道设施，选择自然光线充足和通风好的位置。厨房面积规划常受厨房功能、设备性能、餐厅类型、用餐人数等的影响。通常，菜点品种愈丰富，菜点加工愈精细，厨房设备愈多。同样，餐厅用餐人数愈多、用餐时间愈集中的酒店需要的厨房面积愈大。此外，厨房贮藏室、办公室及其他辅助设施都是影响厨房面积的因素。厨房高度影响着厨师的身体健康和工作效率：厨房天花板过低会使厨师感到压抑，影响生产效率和菜点质量；厨房天花板过高会浪费空间并造成经济损失。传统上厨房高度为4.2米。由于厨房空气调节系统的发展，现代厨房高度不低于2.8米。当然，这不包括天花板内的管道层高度。厨房地面常出现水渍和汤汁，为了厨师安全和厨房卫生，厨房地面应选用防滑、耐磨、不吸油和水、便于清扫的地砖。厨房墙壁和天花板应选用耐潮、不吸油和水、便于清洁的材料。墙壁和天花板应平整，没有裂缝，没有凹凸，没有暴露的管道。厨房所有墙壁应贴上整齐的瓷砖，天花板可由轻型不锈钢板组成。厨房除利用自然通风方法外，还应安装排风和空气调节设备，例如排风罩、换气扇、空调器等，以保证生产高峰时，能及时排除被污染的空气，保持厨房空气清洁。照明是厨房环境规划的重要内容。良好的厨房光线是菜点质量的保证，还可避免或减少厨房安全事故。通常，工作台照明度应达到300勒克斯（lux），加工区应达到150~200勒克斯。厨房温度也是影响工作效率和菜点质量的因素之一。厨师在高温环境工作会加速体力消耗，而温度过低，厨师会手脚麻木，影响工作效率。厨房温度在17~20 ℃为宜。厨房必须采取措施消除噪声，将噪声控制在40分贝以下。为了保证厨房生产和卫生的需要，厨房必须具有冷热水和排水设施。

7.3.3 生产设备管理

生产设备包括各种炉灶、保温设备和切割机械。由于菜肴的形状、口味、颜色、质地和火候等各指标质量都受生产设备的影响，所以厨房设备对菜肴质量起着关键作用。现代厨房设备已具有经济实用、生产效率高、操作方便、外观美观、安全和卫生等特点。现代西餐生产设备趋向于组合式，占地面积小，自动化程度高（见图7-1）。在厨房设备管理中，设备选购是首要工作。优质的设备不仅能生产高质量的菜点，而且生产效率高、安全、卫生、易于操作、节省人力和能源。因此，酒店应有计划地购买厨房设备，并且将需要购买的设备分为两种：必要的设备和适用的设备。必要的设备是指生产必需的设备。这些设备可保证生产菜点的质量和数量，可为酒店带来收益和利润。适用的设备是指对生产有一定的价值但不一定是急需的设备，酒店可根据需求和财力情况综合考虑购买。在厨房生产管理中，生产任何菜点都必须具备相应的生产设备。例如，生产广东菜必须有广东灶，生产牛排必须有扒炉等。总之，选购餐饮生产设备，一定要进行收益分析、生产性能评估、安全与卫生评估、式样尺寸评估。此外，设备保养也是重要的管理内容，包括编制保养计划和保养措施。

7.3.4 生产卫生管理

卫生是餐饮质量的基础和核心。餐饮生产卫生管理包括食品卫生管理、厨师卫生管理和环境与设备卫生管理。根据市场调查，顾客选择餐厅的理由，首先是安全和卫生，然后是菜点质量与特色，最后是菜点的价格、用餐环境和服务态度等。可见，菜点卫生在餐饮质量和餐饮营销中的重要作用。

图 7-1 西餐生产设备

1. 食品卫生管理

食品生产要经过多个生产环节，从食品原料采购、运输、加工、烹调至服务等。这些环节都可能发生病菌和寄生虫污染。因此，酒店应采购安全、新鲜、无污染的食品原料，其中畜肉、家禽和海鲜类原料必须符合国家卫生标准，预防原料在运输和贮存中被污染；应控制食品原料的温度，认真清洗水果和蔬菜，保证食品原料安全与卫生。

2. 厨师卫生管理

为了防止病菌污染菜点，酒店必须管理好厨师卫生问题。厨师卫生管理包括个人清洁和健康管理、工作服管理和卫生知识培训等。个人清洁是厨师卫生管理的基础。厨师个人清洁情况不仅显示其个人的卫生习惯，还代表了酒店或餐厅的整体形象。厨师个人清洁应以培养个人良好的卫生习惯为前提，每天洗澡、刷牙并尽量养成餐后刷牙的习惯。工作前，衣帽应整齐干净，接触食品前应洗手。酒店管理人员应重视和关心厨师身体健康并为他们创造良好的工作条件，不要随意让职工加班，厨师应呼吸新鲜空气和均衡饮食。厨房工作服应合身、干净、无破损、便于工作，职工应准备 3 套工作服，必须每天清洗和更换。按照国家卫生法规，餐饮生产人员每年应做一次身体健康检查。

3. 环境与设备卫生管理

环境与设备卫生管理包括通风设施、照明设施、冷热水设施、地面、墙壁、天花板等的卫生管理等。厨房必须安装通风设备以排出炉灶烟气和仓库发出的气味。通风设备要定期或经常清洁，每 2 天清洁一次。每周清洁厨房照明设施一次。洗手间不可朝向厨房，酒店应安排专人负责洗手间的卫生和清洁。厨房地面要保持清洁，闭餐后应冲洗地面。厨房墙壁应结实、光滑、不渗水、易冲洗，以浅色为宜，保持清洁，工作人员应经常用热水配以清洁剂冲洗墙壁，每天擦洗高度在 1.8 米以下的厨房墙面，每周擦洗一次 1.8 米以上的厨房墙面。厨房门窗应没有缝隙，保持清洁卫生，以使光线充足。厨房门窗可以 3 天至 1 周清洁一次。同时，保持食梯卫生，不在食梯内留食物残渣，以免病菌繁殖。不卫生的生产设备常是菜点被污染的原因之一，因此厨房环境与设备卫生管理不容忽视。合格的生产设备应易于清洁,易于拆卸和组装。设备材料应坚固、不吸水、光滑、易于清洁、防锈、防断裂、不含有毒物质。环境与设备卫生管理的关键是每天工作结束时应彻底清洁。

7.3.5 生产安全管理

生产安全管理是指在菜肴和面点加工、切配和烹调中的安全管理。厨房出现任何安全事故都会影响酒店的声誉,从而影响酒店餐饮运营。厨房安全事故常因职工疏忽大意而造成。在繁忙的营业时间,如果职工不重视安全生产的预防工作,摔伤、切伤、烫伤和火灾等事故就会极易发生。跌伤和撞伤是厨房生产中最容易发生的事故。因此,厨师走路应精神集中,眼看前方和地面。厨房地面应保持整洁、干净、无杂物,在刚清洗过的地面上应放置"小心防滑"的牌子。切伤发生率仅次于跌伤和撞伤,造成切伤的主要原因是精神不集中,工作姿势或程序不正确,刀具钝或刀柄滑,作业区光线不足或刀具摆放位置不正确等。因此,厨师工作时应精神集中,不要用刀具开罐头。厨师手持刀具时,不要指向人,防止刀具伤人。当刀具落地时,不要用手去接,应使其自然落地。在接触破损餐具时,应特别留心。使用电动切割设备前,应熟悉设备说明书,确保各种设备带有安全防护措施。工作时,厨师在忙乱中会意外碰触到热锅、热锅柄、热油、热汤汁和热蒸汽,极易受伤,因此应小心谨慎,烹调时,炒锅一定要放稳,不要使用手柄松动的容器,容器内不要装过多的菜肴和汤汁。厨师应经常检查蒸汽管道和阀门,防止出现漏气伤人事故。厨师搬运物体时,应量力而行,不要举过重的物体,应采用正确的搬运姿势。电击受伤虽然在餐饮生产中很少发生,但是也应当特别留心,做好预防措施,给厨房和备餐间的电设备安装地线,不要将电线放在地上,要保持配电盘的清洁。使用电设备后,应立即关掉电源。厨房是火灾极易发生的地区,火灾危害顾客和职工的生命,会造成财产损失。因此,厨房防火非常重要。厨房生产安全管理除了要有具体措施外,还应使厨师了解火灾发生的原因并掌握防火知识。

7.4 餐饮服务管理

7.4.1 餐饮服务设计

所谓服务就是行动、流程和绩效。餐饮服务又称餐厅服务,是餐饮服务人员帮助顾客用餐的一系列活动,是无形的餐饮产品,既也是餐饮营销方法和营销策略之一。通常,酒店为了达到理想的餐饮营销效果,会设计和开发各种餐饮服务方法以满足顾客的用餐需求。

1. 法式服务

法式服务是餐饮服务中最专业和最周到的,主要用于传统西餐厅或扒房。在法式服务中,服务员必须接受过专业服务的培训,注重礼节礼貌,掌握餐饮服务技巧。法式服务的特点是服务周到,使每位顾客都能得到充分的照顾,常由两名服务员为一组或一个餐桌的顾客服务。服务员会在顾客面前进行一些简单的菜点烹制表演或切割菜肴与装盘服务表演。法式服务节奏慢,需要较高的人工成本,导致用餐费用高。由于法式服务需要较多的服务设备,因而餐厅空间利用率和餐位周转率都比较低。

2. 俄式服务

俄式服务是西餐宴会常用的一种服务方式,餐桌摆台与法式餐桌摆台很相近。在俄式服务中,每一个餐桌通常只需要一个服务员,服务方式比法式服务简单快速,不需要较大的空间,服务效率和餐厅空间利用率比较高。俄式服务的程序是服务员先用右手从顾客的右侧送上空餐盘,待菜肴在厨房制熟后,服务员在厨房将菜点装在大餐盘上,用肩托的方法送到餐厅。然后,服务员用左手在胸前托盘,右手持服务叉和服务匙从顾客的左侧为每一位顾客分菜。俄式服务会使用大量银器,使每一位顾客都能得到尊重,享受到周到的服务。目前,一些俄式服务程序经过调整也用于中餐宴会。

3. 美式服务

美式服务是简单和快捷的餐饮服务,一个服务员可为多个顾客服务,菜点在厨房中烹制好,按顾客人数装好盘,餐厅服务员用托盘将菜点运送到餐厅服务桌上。服务员在顾客的左侧,用左手从顾客左边送上菜点(见图 7-2)。在美式服务中,餐具和人工成本都比较低,空间利用率和餐位周转率高。美式服务广泛用于咖啡厅和宴会厅。

图 7-2　美式服务

4. 英式服务

英式服务又称家庭式服务。服务员从厨房将烹制好的菜点传送到餐桌上,由主人亲自动手切肉、装盘、配上蔬菜,服务员依次将菜点送到每一位顾客面前。调味品、少司(调味酱)和配菜都摆放在餐桌上,由顾客自取或相互传递。英式服务家庭气氛很浓,许多餐饮服务工作由顾客自己完成,用餐节奏慢,在美国和欧洲一些国家流行。

5. 中式服务

中式服务也称中餐服务,是以中国传统餐饮文化和地方餐饮文化为基础,结合法式服务、俄式服务、美式服务和英式服务等的餐饮服务方法。由于中国地域广、民族多,所以各地的中式服务各有特色,主要表现为餐具、摆台和服务程序等的不同。

6. 综合式服务

综合式服务是融合了法式服务、俄式服务和美式服务的餐饮服务方式,国际宴会常采用这种方式。一些菜点以美式服务的方式传上桌,例如开胃菜。主菜常通过俄式服务的方式传上桌,让顾客体验到尊敬感,甜点以法式服务的方式传上桌,即用手推车将多个品种的甜点展示给顾客,让顾客自己挑选喜爱的甜点。这样,顾客既能感受到服务效率,又能体验到餐厅的专业服务。根据实践,不同的餐厅或宴会选用不同组合的服务方式,这与餐厅的类型与特色、顾客的消费水平、餐厅的销售方式和顾客的需求有紧密的联系。

7. 自助式服务

自助式服务是事先准备好菜点,摆在餐台上,顾客进入餐厅后自己到餐台选择菜点,然后,拿到餐桌上享用。通常,在自助式服务中,餐厅服务员主要负责餐前的布置和摆台,在顾客用餐过程中撤掉顾客用过的餐具和酒杯,补充餐台上的菜点等。

7.4.2 餐厅内部环境规划与布局

餐厅内部环境规划与布局是对餐厅门面、空间、光线、色调、音响、温度、家具以及餐厅中顾客与服务员流动线路的设计与规划的管理。现代餐厅从传统封闭式发展到开放式,采用大型玻璃使餐厅透明化,行人能看到餐厅的风格与布局,而用餐顾客可透过玻璃窗看到整齐的公路、草地与绿树及街道的美景。许多餐厅建立在临近公路或靠近酒店内部花园的地方并以玻璃窗代墙面。

1. 光线与色调设计

餐厅的光线和色调与餐饮营销效果相关。首先,照明的效果应以能使顾客看到餐厅招牌为准,照明的高度应与建筑物高度相适应,光线以柔和光线为主。一些餐厅建立在高层建筑上,充分利用了自然光线,不仅使顾客享受到舒适的阳光,还能给顾客以明亮宽广的感觉,使顾客心情舒畅。一些餐厅建立在建筑物中央,借助灯光,摆设艺术品或花卉,光线与色调十分协调,吸引顾客消费。因此,餐厅无论采用何种光线和色调都应充分突出餐厅的运营和营销作用。

2. 流动线路设计

流动线路设计是指对顾客和餐厅服务员在餐厅行走的通道的设计。这些流动线路或通道与餐厅服务效率和餐厅的安全有着紧密的联系。酒店餐厅的通道必须畅通、便利和安全。其中,顾客在餐厅中的流动线路应以门口到座位之间畅通为基本要求,餐厅通道应采用直线型,避免迂回绕道。服务人员流动线路对服务质量有直接的影响。在服务员流动线路设计中,流动线不要太集中,尽可能去除不必要的曲折。餐厅应设置区域服务台,既可存放餐具,又可缩短餐厅服务员的行走线路。

3. 温度与湿度控制

根据研究,所有的顾客都希望在四季如春的餐厅就餐。因此,餐厅内空气的湿度与温度调节对餐厅运营效果具有一定的作用。当然,餐厅温度和湿度受地理位置、季节和空间的制约。所以,餐厅必须通过一定的人工调节创造温度宜人和湿度适合的环境。

4. 辅助服务设施设计

根据营销需要,餐厅应安装音响设备。高级餐厅和大众餐厅都需要播放轻松愉快的乐曲或聘请乐队演奏等。餐厅应设有辅助的服务设施,包括接待区或等待用餐区(适合高消费的餐厅)、衣帽架、结账处和卫生间等。接待区应有沙发和茶几,当餐厅的座位满员时，等待用餐的顾客可在接待区休息。此外，接待区通常摆放电视机、报纸和杂志等，一些接待区还设立小酒吧，为顾客提供各种饮料。衣帽架和结账处是餐厅必要的辅助设施，结账处常设在餐厅进口处。通常，评估一个餐厅服务设施的质量应从洗手间开始，酒店应特别关注洗手间的设计与布局，洗手间应与餐厅在同一层楼，洗手间的标志应清晰，采用中英文对照的方式。

7.4.3 酒店餐厅类型规划

1. 高级餐厅

高级餐厅（up-scale restaurant）是提供经典的中餐和西餐菜点的特色餐厅。其内部装饰豪华并有雅致的空间。高级餐厅提供周到和细致的餐饮服务，讲究摆台，使用银器和水晶杯，常有高雅的现场音乐或文艺表演，用餐费用高。例如，风味中餐厅、意大利餐厅或法国餐厅等。

2. 大众餐厅

大众餐厅（mid-priced restaurant）是提供大众化的中餐和西餐的餐厅。这种餐厅有实用的空间、雅致的装饰、明快的色调和照明、传统的背景音乐或现代音乐，提供周到的餐饮服务，讲究餐具和摆台，适合大众消费。例如，普通中餐厅和咖啡厅。

3. 传统餐厅

传统餐厅（traditional restaurant）是将菜点和酒水服务到桌的餐厅，包括传统中餐厅、传统西餐厅及海鲜餐厅等。这种餐厅价格比较实惠，销售传统的菜点，餐厅的装饰带有地区文化和特色。

4. 自助餐厅

自助餐厅（cafeteria restaurant）是顾客自我服务的餐厅（见图 7-3）。顾客到餐台拿取自己需要的菜点和酒水，然后到收款台付款。这种餐厅根据目标顾客的用餐习惯和爱好设计菜单并将菜点和酒水放在几个不同的餐台上，例如开胃菜餐台、主菜餐台、甜点餐台和酒水台等。顾客走到餐台自己取菜点。然后，收款员根据顾客托盘上的菜点和酒水的种类及数量进行结账。目前，自助餐厅不在餐桌摆放餐具，顾客自己到餐台拿取餐具。

图 7-3 自助餐厅

5. 扒房

扒房(grill room)是指销售烧烤菜肴的餐厅。这种餐厅属于高级西餐厅,常销售法国菜点、意大利菜点或美国菜点等。扒房关注高质量并有文化内涵的菜点、服务、餐具、摆台和环境等,服务周到,用餐费用高(见图 7-4)。

图 7-4　某酒店扒房

6. 咖啡厅

咖啡厅(coffee shop)是销售大众化的西餐和各国小吃的餐厅。其营业时间和销售品种常根据顾客的需求而定。许多咖啡厅营业时间从早上 6 点至午夜 1 点,甚至 24 小时营业。咖啡厅有时被称为咖啡花园,这是因为餐厅内的布局像花园,里面有鲜花、草地、人工山或人工瀑布等。一些咖啡厅的规模较小,装饰很雅致,被称为咖啡室。此外,咖啡厅在非用餐时间还销售咖啡、茶水、各种果汁和甜点等,供人们休憩、聚会和聊天时享用。

7. 多功能厅

多功能厅(function room)是用于举行各种中餐宴会、西餐宴会、酒会、自助餐宴会和其他各种会议的场所(见图 7-5)。多功能厅空间大,服务设施齐全,根据需要,可分割成几个不同规模的餐厅。

图 7-5　多功能厅

7.4.4　餐厅清洁管理

餐厅是销售餐饮的场所，代表着酒店的形象。其清洁卫生情况与餐饮营销有着紧密的联系。餐厅应保持地面清洁，每天清扫（大理石地面要定期打蜡抛光）并用油墩布清洁木地板，定期除去木地板上的旧蜡，涂上新蜡并磨光。如果餐厅地面铺了地毯，应每天吸尘两至三次并用清洁剂和清水及时擦干净洒落的汤汁等。餐厅应保持墙壁和天花板的清洁，保持餐厅门窗及玻璃的清洁，下雨天和刮风天要及时擦拭玻璃；每月清洁餐厅的灯饰和通风口一次；每餐后认真清洁餐台、餐椅、服务桌和各种服务车。备餐间是专备餐饮的地方，备餐间必须保持绝对干净卫生，每天应整理和擦拭备餐间的餐具柜、洗碗机。餐厅应保持餐台上的花瓶、花篮和各种调料的卫生，每天更换花瓶中的水，每天更换调料瓶中的各种调料。

7.4.5　服务设备与餐具管理

餐厅的服务设备主要有餐厅的家具、服务车、展示柜和酒精炉等。餐厅的服务设备与餐具既是餐厅运营和服务的必要工具，又是餐饮成本控制的内容之一，因此必须认真管理。通常，餐桌和餐椅应根据餐厅的种类和服务特色等进行选择。餐桌有圆形和长方形的，圆形餐桌适合中餐厅，长方形餐桌适合西餐厅。餐椅有不同的式样、尺寸和颜色。酒柜是陈列和销售酒水的设施。服务柜常存放服务用品和餐具等。

1. 家具管理

餐厅家具应防潮与防止暴晒，木质家具受潮后容易膨胀，家具不能靠近暖气片摆放，应定期为家具抛光打蜡，保持室内通风。搬动家具时，应轻拿轻放。餐厅服务车包括运输车、开胃菜车、切割车、牛排车、甜点车、烹调车、酒水车和送餐车等，均不能装载过重的物品，使用时速度不可过快。每次使用后，应用洗涤剂认真擦洗，对于镀银的服务车应定期用银粉擦拭。

2. 棉织品管理

餐厅棉织品是指台布、餐巾、毛巾、台裙和窗帘等。棉织品是餐厅运营和服务的必需品，使用后要及时清洗，妥善保管，切忌将台布裹成包裹在地板上拖着运走，换下来的潮湿布件应及时送走。如果来不及送洗衣房，应晾干过夜，否则易损坏。因餐厅经常铺设地毯，尤其是高级餐厅，所以地毯必须定期洗涤，保持清洁。目前，许多大众餐厅和快餐厅不铺地毯。

3. 餐具管理

餐厅常配有各式不锈钢保温锅，用于自助餐。保温锅必须正确使用与保养，在操作时应小心，用后要认真擦洗。餐具是餐厅营销和服务不可缺少的器皿，它反映了餐厅的特色和文化，同时对美化餐厅和方便服务都具有一定的作用。

1）瓷器

瓷器是餐厅服务常用的器皿。瓷器常可衬托及反映餐饮产品的文化和特色（见图 7-6）。通常，瓷器餐具都有完整的釉光层，餐盘和菜盘的边缘都有一道服务线以方便服务。瓷器必须和餐桌上的其他物品相衬并与餐厅的文化和菜系特点等相协调。当今，顾客愈加关注瓷器的质量和色彩。其中,骨瓷(bone china)是一种优质、坚硬和昂贵的瓷器。通常,骨瓷中的图案都是烧在釉里面的,酒店使用的骨瓷可以加厚和定制。瓷器应堆放在碗架上,不要堆得太高,应便于放入和取出,要用台布覆盖,避免落入灰尘;每次使用完毕后要洗净消毒,用专用布巾擦干水渍,然后分类并整齐地放在碗橱内,防止灰尘污染。在搬运瓷器时,要装稳托平,防止碰撞。收拾餐具时,要根据瓷器的尺寸,整齐地堆放,便于存放和取出,注意防尘。

图 7-6　瓷器与餐台设计

2)玻璃器皿

玻璃器皿主要是指玻璃杯。玻璃杯是餐厅销售酒水的基本工具。不同的玻璃杯用于不同种类和特色的酒水。玻璃器皿要经常清点,妥善保管。各种水杯和酒杯使用过后,应认真清洗,用干净的布巾擦干水渍,保持杯子透明光亮,擦干后的杯子要扣在盘子内,依次排列,安全放置。较大的水杯和高脚杯要用专用木格子或塑料格子存放。小的杯子放在特制的小木格内。存放杯子时,切忌重压或碰撞以防止破裂。此外,有损伤和裂口的酒水杯应立即扔掉,以保证顾客的用餐安全。

3)银器

所谓银器是指金属餐具和服务用具,包括用不锈钢、镀金与镀银的金属制作的餐具。各种银器使用完毕后必须细心擦洗,精心保养。凡是贵重的餐具,一般由餐饮后勤部门派专人负责保管,银器要分种类管理并登记造册。餐厅使用的银器需要每天清点。大型宴会使用的银器数量大,种类多,更需要认真清点。在营业时间结束后,应防止把小银器倒进杂物桶里。同时,对所有的银器餐具和用具要定期盘点,发现问题应立即报告主管人员并认真清查。应认真贮存银器,理想的贮放容器是盒子和抽屉,将每种刀叉分别放在一个特定的盒子或抽屉中,每个盒子或抽屉可垫上粗呢布,防止因滑动和相互碰撞而留下划痕和印记。银器要定期清洗,保持卫生。其他金属器具应编号,放在仓库货架上,高度要方便服务员放置和取用。有些餐厅甚至将贵重的银器和其他金属器皿装在碗橱中上锁保管。

7.5　餐饮成本控制

7.5.1　餐饮成本控制概述

餐饮成本控制是指在餐饮运营中,管理人员为了保障餐饮的质量和市场营销效果,按照酒店规定的成本标准,对餐饮各成本因素进行监督和调节,采取措施及时纠正偏差,将餐饮实际成本控制在计划范围之内的过程。科学的餐饮成本控制可以提高酒店营销水平,减少物质和劳动消耗,使酒店获得较高的收益。对餐饮成本的控制关系到餐饮质量和价格,关系到酒店营业收入和利润,关系到顾客的利益及需求,是餐饮成功运营的关键。

1. 食品原料成本控制

食品原料成本是餐饮运营中主要的变动成本,它包括主料成本、辅料成本和调料成本。餐饮食品原料成本由食品原料的采购量和消耗量决定。因此,食品原料成本控制主要包括食品原料采购控制和食品原料使用控制(包括验收与贮存控制)。

1)食品原料采购控制

食品原料采购控制是餐饮成本控制的首要环节,它直接影响餐饮运营效益,影响餐饮成本。食品原料采购是指根据生产和运营需求,采购员以理想的价格采购符合酒店质量标准的食品原料。采购的食品原料应符合菜点的质量和特色要求,价廉物美,本着同价论质、同质论价、同价同质论费用的原则,科学采购。严格控制因急需而购买高价食品原料的情况,应从管理制度上规定食品原料的采购价格,控制食品原料采购的运杂费。此外,采购员应就近取材,减少中转环节,优选采购方式和运输方式,降低食品原料采购的运杂费,控制运输途中的消耗。

2)食品原料验收控制

食品原料验收控制是指验收员根据酒店制定的食品原料验收程序与验收标准检验供应商或采购员运送的食品原料的质量、数量、规格、单价和总额,并将检验合格的各种原料送到仓库或厨房,记录检验结果。

3)食品原料贮存控制

食品原料贮存控制是指仓库管理人员保证食品原料的数量和质量,减少自然损耗,防止食品流失,及时接收、贮存和发放各种食品原料并将有关数据送至财务部以保证成本得到有效的控制。仓库管理人员应制定有效的防火、防盗、防潮、防虫害等措施,掌握各种食品原料日常使用和消耗的数量,合理地控制食品原料库存量,减少资金占用和加速资金周转,建立完备的货物验收、领用、发放、清仓、盘点和清洁卫生制度。

2. 菜点生产成本控制

菜点生产成本控制包括生产预测与计划、食品原料折损率控制、菜肴份额控制、标准食谱管理等。菜点生产预测与计划是指厨师长参考过去一年及某一阶段的菜点销售记录和近期的订单与销售情况,计划近期某一阶段各类菜点的生产量。调查结果显示,厨房生产成本过高的原因主要是过量生产,这种无效的生产增加了食品成本。因此,预防菜点过量生产可以有效地控制菜品生产成本。厨房生产预测的目的是将菜点生产数字精确到实际销售水平,避免剩余。厨房生产计划常分为年度计划、季度计划、月计划,甚至每天的计划等。菜点销售量常受许多因素影响,例如天气、节假日和市场需求等。当天气炎热时,清淡的菜肴、冷食品、沙拉和冷汤的销售量会增加。当天气寒冷时,热汤、热菜的销售量会增加。节日期间,多种菜肴和西点销售量会增加。社会经济因素的变化也会影响菜点的销售量。为了提高预测数字的准确性,过去的销售量只能作为参考,管理人员必须考虑当时的经济和市场需求变化及多种因素。菜点份额是指每份菜肴或每块儿甜点的数量或重量标准,而菜点份额控制是根据顾客对菜点原料重量和数量的需求,规定出每份菜点各种原料重量或数量的标准量并在生产中严格执行,避免食品原料浪费。此外,菜点份额控制还指科学地设计每份菜点中的主料和配料的重量或数量大小与比例以满足不同顾客的用餐和价格需求。通常,酒店餐饮部会制定标准食谱,标准食谱中规定了每份菜点的标准重量及各原料的标准重量等。

7.5.2 人工成本控制

人工成本控制是对餐饮运营总工时、工资总额、职工数量、工资率等的控制。总体而言,人工成本控制包括用工数量控制和工资总额控制。用工数量控制是对职工工作时间的控制,尽量减少缺勤工时、停工工时、非生产工时,提高职工出勤率、劳动生产率及工时利用率,严格执行岗位定额。为了有效控制人工成本,管理人员应控制餐饮工资总额,并逐日按照每人每班的工作情况,进行实际工作时间与标准工作时间的比较和分析并做出总结报告。现代餐饮管理应从实际运营出发,充分挖掘职工潜力,合理地进行职务编制,提高职工业务素质,控制非生产人员数量,防止人浮于事,以合理的定员为依据控制职工人数,使工资总额稳定在合理的范围内。

7.5.3 能源成本控制

能源成本是餐饮生产中不可忽视的成本,尽管它在一盘菜肴的成本中可能占很小的比例,但是,在酒店运营中仍然占有一定的比重。当今,燃料和能源成本价格不断提高,其占餐饮运营成本的比例也愈来愈高。酒店控制能源成本的主要工作之一是培训厨房职工,使他们重视能源节约,掌握节约能源的方法。管理人员还应经常对节能工作的效果进行检查、分析和评估,并提出改进措施。

7.5.4 其他运营费用控制

除了食品原料成本、菜点生产成本、人工成本和能源成本外,餐饮成本还包括设备折旧费、保养费、维修费,餐具与低值易耗品费,排污费等,这些费用都是餐饮运营中必要的费用。因此,有效地控制餐饮运营费用只有在加强日常管理的前提下才能实现。

本章小结

酒店餐饮管理是指酒店餐饮运营管理,是酒店对菜肴、面点和酒水的生产和营销管理。由于酒店运营餐饮产品的方法与工业不同，所以酒店餐饮的生产和销售必须在同一地方。因此，吸引顾客到餐厅购买菜肴和酒水是酒店运营成功的关键。不同酒店的餐饮运营方法与特点不同。餐饮生产管理在酒店餐饮管理中占有重要的位置，主要包括餐饮生产组织管理、生产环境规划管理、生产设备管理、生产卫生管理。酒店餐饮营销的关键是菜单设计和餐饮服务。菜单是餐厅为顾客提供的菜肴和价格说明书，是餐厅销售菜点的工具，不同种类的菜单有不同的销售作用。餐饮服务是餐厅服务人员帮助顾客用餐的一系列活动，餐饮服务既是餐饮的无形产品，也是餐饮营销方法和营销策略。

餐饮成本控制是指在餐饮运营中，管理人员按照酒店规定的成本标准，对餐饮各成本因素进行监督和调节，采取措施及时纠正偏差，将餐饮实际成本控制在计划范围之内，保证酒店的餐饮质量，实现市场竞争和成本目标的过程。

练习题

1. 名词解释题

菜点生产环境规划、零点菜单、固定菜单、宴会菜单

2. 判断对错题

（1）理想的餐饮运营环境是餐饮运营成功的要素之一。理想的餐饮运营环境是指餐厅必须建在城郊接合部，餐厅外部应有停车场，方便顾客停车。（　　）

（2）因为酒店餐饮运营方法不同于工业，所以酒店餐饮的生产和销售必须在同一地方。因此，酒店必须吸引顾客到餐厅购买菜点和酒水。（　　）

（3）个人清洁是厨师卫生管理的基础，厨师个人清洁情况不仅显示其个人的卫生习惯，还代表着酒店或餐厅的卫生管理水平。（　　）

（4）当今，燃料和能源成本价格不断提高，其占餐饮运营成本的比例也愈来愈高。酒店控制能源成本的主要工作之一是培训厨房职工，使他们重视能源节约，掌握能源节约的方法。（　　）

（5）所谓银器是指金属餐具和服务用具，包括用不锈钢、镀金与镀银的金属制作的餐具。（　　）

（6）餐饮服务又称餐厅服务，是餐厅服务人员帮助顾客用餐的一系列活动，既是餐饮的有形产品，也是餐饮营销方法和营销策略之一。（　　）

3. 多项选择题

（1）餐饮人工成本控制是对（　　）等的控制。总体而言，人工成本控制包括用工数量控制和工资总额控制。

A. 餐饮运营总工时　　B. 工资总额

C. 职工数量　　D. 工资率

（2）现代酒店餐饮运营的规模不断扩大，专业化程度愈来愈高并根据顾客的个性化需求运营不同特色和风味的餐饮产品，包括商务餐饮、（　　）等。

A. 主题餐饮　　B. 节庆餐饮　　C. 聚会餐饮　　D. 会议餐饮

(3)现代餐厅从传统封闭式发展到开放式,(　　)。

A. 采用大型玻璃使餐厅透明化

B. 行人能看到餐厅的风格与布局

C. 用餐顾客可透过玻璃窗看到整齐的公路

D. 顾客可看到街道的美景

(4)酒店必须依靠科学的运营管理才能在餐饮运营方面取得成功。所谓科学的运营管理包括(　　)、灵活的营销策略和良好的职业道德等。

A. 有效的人力资源开发与管理　　B. 科学的餐饮成本控制

C. 严谨的餐饮质量管理　　D. 一般的企业形象

(5)菜点生产成本控制包括(　　)等。

A. 食品采购管理　　B 食品原料折损率控制

C. 菜肴份额控制　　D. 标准食谱管理

4. 问答题

(1)简述酒店餐饮管理成功的要素。

(2)简述不同酒店的餐饮运营特点。

(3)论述不同的餐饮服务方法及其特点。

(4)论述酒店餐饮生产的管理。

(5)论述菜单的筹划与设计。

(6)论述酒店餐饮成本的管理。

主要参考文献

[1] 刘佳程. 食品质地学[M]. 北京:中国轻工业出版社,2013.

[2] 汤高奇. 食品安全与质量控制[M]. 北京:中国农业大学出版社,2013.

[3] 周洁. 食品营养与安全[M]. 北京:北京理工大学出版社,2018.

[4] 赵荣光. 中国饮食文化史[M]. 北京:中国轻工业出版社,2013.

[5] 王天佑. 酒水经营与管理[M].6 版. 北京:旅游教育出版社,2020.

[6] 王天佑. 宴会管理[M]. 北京:清华大学出版社,2019.

[7] 王天佑,候根全. 西餐概论[M].6 版. 北京:旅游教育出版社,2020.

[8] 刘少伟. 食品安全保障实务研究[M]. 上海:华东理工大学出版社,2019.

[9] 马风才. 运营管理[M].4 版. 北京:机械工业出版社,2017.

[10] 詹姆斯·A. 菲茨西蒙斯,莫娜·J. 菲茨西蒙斯. 服务管理:运作、战略与信息技术(原书第 7 版)[M]. 张金成,范秀成,杨坤,译. 北京:机械工业出版社,2013.

[11] 李荷华. 现代采购与供应管理[M]. 上海:上海财经大学出版社.2010.

[12] 科特勒,凯勒. 营销管理:第 15 版[M]. 何佳讯,于洪彦,牛永革,等译. 上海:格致出版社,2016.

[13] 沃茨,洛夫洛克. 服务营销:第 8 版[M]. 韦福祥,等译. 北京:中国人民大学出版社,

2018.

[14] 纳格,查莱,陈兆丰. 定价战略与战术:通向利润增长之路:第 5 版[M]. 龚强,陈兆丰,译. 北京:华夏出版社,2012.

[15] DOPSON L R, HAYES D K. Food & beverage cost control[M]. 6th ed.New Jersey: John Wiley & Sons, Inc., 2015.

[16] The Culinary Institute of America. The professional chef's techniques of healthy cooking[M].2nd, ed. New Jersey: John Wiley & Sons, Inc.,2000.

[17] EICHELBERGER E. Remarkable banquet service[M].New Jersey: John Wiley & Sons,Inc.,2014.

[18] RAO M. Knowledge management tools and techniques: Practitioners and experts evaluate KM Solutions[M]. MA: Elsevier Inc.,2005.

[19] BARAN. Customer relationship management[M]. Mason: Thomson Higher Education, 2008.

[20] WALKER J R, The restaurant: from concept to operation[M].6th ed. New Jersey: John Wiley & Sons, Inc., 2011.

[21] BARROWS C W, POWERS T, REYNOLDS. Introduction to management in the hospitality industry[M].10th ed. New Jersey: John Wiley & Sons, Inc.,2009.

[22] OKUMUS F, ALTINAY L, CHATHOTH P K. Strategic management for hospitality and tourism [M]. 12th ed Ohio: Elsevier Ltd., 2010.

[23] MIKE P, BIRGIT P. Innovation in hospitality and tourism[M]. NY: Haworth Press Inc., 2006.

[24] Kotler P, LEE N R.Social Marketing [M]. 2nd ed.London:SAGE Publications,Inc.,2012.

[25] DAVID F R. Strategic management concepts and cases[M]. 13th ed. NJ: Pearson Education Inc.,2011.

[26] SHARMA P. Intercultural service encounters cross-cultural interactions and service quality[M]. Switzerland: Palgrave Pivot,2018.

[27] CARDON P W. Business communication[M].3rd ed. New York: McGraw Hill Education,2018.

[28] WOOD R C. Hospitality management: a brief introduction[M]. London: Saga Publications Ltd.,2015.

[29] JAIME C G. Food quality control: methods, importance and latest measures[M]. Oakville: Delve Publishing,2018.

[30] KOTAS R. Management accounting for hotels and restaurants [M]. 2nd ed New York: Routledge,2016.

[31] FLOYD K, CARDON P. Business and professional communication: Putting people first[M]. New York: McGraw Hill Education,2019.

[32] JAUHARI V. Hospitality marketing and consumer behavior: creating memorable experiences[M] Oakville: Apple Academic Press,2017.

第8章

会展运营管理

本章导读

会展是各种会议和展览会的总称。随着世界会展业的迅速发展,人们越来越认识到会展管理专业知识的重要性。通过对本章的学习,读者可了解会展的起源与发展,熟悉会议和展览会的种类与特点,掌握酒店会展服务的销售和合同管理,把握酒店会展运营与服务管理。

8.1 会展概述

8.1.1 会展含义

会展是各种会议和展览会的总称。就会议的含义而言,"会"是聚会和聚合,而"议"是商量和讨论。会议是组织者对准备的会议主题进行阐述和讨论的形式,其目的是使参会者达成共识。"展"常作为展览会的简称,展览会是一种促进交流或营销的展示活动,其目的在于宣传、展示、交流、销售各种产品和服务等。目前,随着世界会展经济的发展,会展的种类不断地增加,会展的内容和会展的分类也更加细化。在国际上,"会展"一词由4个大写英文字母组成: MICE。其中, M代表meeting(普通商务活动与会议), I代表incentive tour(奖励旅游活动), C代表conference(大型会议), E代表exhibition /exposition and event(各种展览会和节事活动)。

当今,会展已成为人们相互沟通和进行贸易的有效活动形式。随着我国社会经济的发展和科技的进步,会展的形式、内容、功能和运营模式不断地得到了调整和发展,而酒店业的会展服务也随之变化与发展。

8.1.2 会展与会展业的发展

会展是古老的活动,其发展取决于经济发展并服务于经济。世界上最早的展览会可追溯到629年,即在法国巴黎近郊的圣丹尼斯举办的交易会。随着各国社会和经济的发展,交易会的举办次数不断增加,规模和范围也不断扩大。中世纪,作为展览会前身的贸易集市就已定期或不定期地在人口集中且商业发达的欧洲城市举行。17世纪至19世纪,在工业革命的推动下,欧洲出现了工业展览会。例如, 1851年在伦敦举办的世界博览会。1894年,莱比锡举办了第一届国际工业样品博览会并对展览方式和宣传手段进行了改革和创新,如根据不同的国家和专业将展台分类,使展览业走上了规范化和市场化的道路。北美展览会开始于 18 世纪，美国举办展览会是为了满足美国各州之间贸易往来的需要，遂称其为“地区贸易展览会”。随着 20 世纪 70 年代到 90 年代经济全球化的发展，国际分工体系和科学技术逐渐深化和进步，给国际会展业带来了发展的动力。世界各国，特别是经济发达的国家出巨资建造会议厅和展览馆。目前，德国、美国、意大利、英国、法国和日本等属于世界上会展与会展业比较发达的国家。其中，欧洲会展业的特点是数量多、规模大。根据研究，中国会展业可追溯到两千年前，改革开放以来，我国会展经济以年均约 20%的速度递增并开始走向世界。尽管会展有悠久的历史，然而会展成为独立的行业还不到 100 年。

当今，世界各国对会议、展览会和节事活动的各项研究还处于起步阶段，会展策划者也来自不同的行业，至今学界还未对会展策划者进行过任何正式的研究。许多会展策划者最开始都是企业或协会负责分管会议和展览会的工作人员。随着人们对会展策划的熟悉和了解，企业和组织管理者逐渐开始策划各种会议和展览会，最终会展策划工作成了他们的全职工作。还有一些会展策划者的职业生涯始于旅游部门，出于偶然的机会，这个部门的工作人员被要求负责策划会展。当今，随着世界会展业的迅速发展，人们越来越认识到会展业的专业知识涉及广泛，会展业也将会持续稳定发展。20 世纪 90 年代是世界会展业高速发展的时期。许多国家意识到，会展业是旅游产业的一个重要组成部分并开始努力地研究和运营会议和展览会业务。为了吸引更多的会展在本国举行，各国开始建设会展中心。同时，许多酒店也开始兴建展馆或在原有建筑和设施的基础上增建会议室和展厅以运营会展服务产品。例如，各酒店集团及酒店的营销部门为了占领会展市场，为会展组织者提供实惠与舒适的住宿、安全且富有营养和特色的餐饮、方便实用的智慧型场馆、快速与高效的后勤保障。

8.1.3　会议的种类与特点

依据不同的划分标准，酒店服务的会议有多种类型。根据会议规模，会议可分为小型会议、中型会议、大型会议及特大型会议。小型会议参会人可达数十人至 100 人，中型会议参会人达 100 人至 1000 人，大型会议的参会人数为 1000 人至 10000 人，特大型会议的参会人数可超过 10000 人。根据会议组织形式和目的，会议可分为年会、学术会议、论坛、研讨会、交流会、新闻发布会、产品介绍会（洽谈会）、报告会、传达会、表彰会、签字仪式、动员会和总结会等。不同的会议，主办者和参会者的需求不同，酒店的运营策略和服务方法也不同。

1. 根据会议组织形式分类

1）年会（convention）

年会是指企业、非营利组织和政府机关等举办的工作总结与政策商讨会议。年会议题可涉及政治、经济、科学或技术等领域。年会组织形式常包括一次全体会议和几次小组讨论等。年会的举办具有周期性，通常一年举办一次，会议持续的时间为 1~2 天。

2）代表会议（congress）

代表会议是指企业、企业集团、政府及政治群体召开的定期会议。代表会议通常有特定的主题，报告者及讨论者常是相关领域的成员或协作团体。代表会议每一年或两年举办一次。国际范围的代表会议通常每两年举办一次，国内代表会议常是一年举办一次。有时，代表会议举办的频率不确定，需临时协商，会议持续的时间为3~5天。

3）论坛（forum）

论坛是学术团体、经济团体、政治团体和政府机关针对共同的会议主题举办的研讨会。大型论坛举办形式包括一次主会场报告会、一次主会场总结会和几次分会场的讨论会。论坛的特点是反复讨论主题并由指定的分会场负责人主持，会议持续时间为两至三天。

4）讨论会（panel discussion）

讨论会是由企业或政府机关的少数人进行的商讨会议，参会者对某一问题或政策进行讨论和交流。讨论会的进行方式是面对面，常选出一位主持人主持会议，参会者针对某项专题进行商讨，提出自己的观点。讨论会的规模常是中小型会议，持续时间为2~3天。

5）休憩会议（leisure meeting）

休憩会议是指企业或协会等单位利用周末或假期组织管理人员、技术人员或职工进行的带有休假特点的表彰会、研讨会或工作例会。会议目的是既要解决实际工作问题，又要使参会者放松身心，增加部门和人员之间的沟通，增强企业的凝聚力。休憩会议常选择在位于风景区的酒店举办，规模以中小型会议为主，持续时间为2~3天。

6）交流会议（communion meeting）

交流会议是各协会、民间组织、企业和各地政府召开的本地区或跨地区的信息交流会议。这类会议通常以报告或讨论等形式进行，持续时间为2~3天。

7）专题学术会（symposium）

专题学术会与论坛相似，常由某一领域的科研单位或协会举办。实际上，这种会议是某一科研领域的专家集会。会议就某一特定科研主题请专家发表意见或宣读研究成果。专题学术会议参加人数较多，持续时间为2~3天。

8）学术讨论会（workshop）

由少数人参加的学术团体或教育机构举办的学术讨论会，以面对面的方式进行。学术讨论会常选出一位主持人主持会议，参会者针对某项学术专题进行信息交流，提出自己的观点，持续时间为2~3天。

2. 根据会议主题分类

1）商务会议（commercial conference）

商务会议是指企业因运营活动和管理工作需要而举办的会议，出席会议的常是企业的管理者、技术人员和营销人员。

2）展销会议（exhibition）

展销会议有参加商品展销、交易和展览的各类人员参加。展销会议还常举办各种招待会、报告会、谈判会和签字仪式等。

3）政治会议（political conference）

政治会议是国际政治组织、国家和地方政府为某一政治专题、地区行政管理等召开的各种会议。会议常以报告会和讨论会等形式进行。

4)学术会议(academic conference)

学术会议是由学术团体、高等院校就某一科研和学术专题召开的会议。会议形式包括全体人员参加的报告会和分组的研讨会。

5)培训会议(training)

培训会议是指某企业或企业集团为对职工进行业务知识和技能培训而举办的会议。培训会议多采用讲座和演示等方法进行。

3. 根据会议举办单位分类

1)协会团体类会议

世界上举办过各种协会团体类会议,可以说协会团体是会议市场最主要的会议组织者。各种协会的人数和性质不同,根据协会的规模,协会可分为小型的地区组织、中型的全国协会和大型的世界协会。协会团体类会议主要有贸易协会会议、行业协会会议、专业和科学协会会议、教育协会会议和技术协会会议。

2)行业与企业集团会议

行业会议或企业集团会议近几年发展迅速。它是某一行业或企业集团召开的有关管理、协调和技术方面的各种会议。通常,包括营销会议、技术会议、管理会议、培训会议、代理商会议和股东会议等。

营销会议是行业会议中举办频率最高的会议。通常,会议持续 2~3 天,地方销售会议时间为 1~3 天。根据市场调查,目前世界各国行业或企业集团会议呈现增加的趋势。这种会议是企业技术人员传达新专业知识和技术不可缺少的会议。而企业业务主管会议、企业领导会议和企业培训会议的召开频率也很高。

3)政府与工会等组织会议

世界各国和各地政府机构每年都在办公地以外的地方举行会议,议题较多,涉及面广,参加会议的人员不是以政府工作人员为主,而是相关行业、企业的负责人或部门管理人员。政府召开各种会议的经费来自上级行政拨款或参会者自付。世界各地和各组织都有工会,每年各地的工会组织都要举办会议。这些会议与政府会议很相似,参加会议的人员并不只有工会人员,还有相关行业、企业的负责人或部门管理人员。

8.1.4　展览会的种类与特点

展览会是一种促进交流或营销的展示活动,其形式可以是展销会或交易会等。其目的在于宣传、交流和展示产品和服务。随着我国社会经济的发展和科技的进步,展览会的形式、内容、功能和运营模式不断地变化和发展。 通常,展览会可根据展示范围和参展行业分类。当今,随着会展市场的逐步完善,众多会展组织者为展商提供了丰富的参展机会。近年来,参展商和展览运营企业对展览会市场细分不断地进行了加强与管理。至目前,几乎每个行业都有自己的展览会,经济发达的地区和国家的展览会已经从举办综合展览会向举办行业或专业展览会的方向发展。此外,根据参展商的调查,展览会可针对参加者进行市场细分,可分为面向企业顾客的展览会和面向大众消费者的展览会。随着全球经济一体化及我国加入 WTO,每年在我国举办的国际综合展览会和行业展览会越来越多。根据酒店展览会运销情况的统计,大部分展览会希望在专用展览场所举办。展览场所应包括室内展览馆和室外展览场。室内展览馆多用于展示常规展品，例如电子商品等。室外展览场多用于展示非常规的展品和超大与超重的展品，例如航空器材展、矿山设备展等。

1. 根据举办形式分类

根据举办形式，展览会可分为展销会和交易会。展销会直接面对公众，是有多个行业参加的综合型交易会。展品直接销售并与专题展览品的展示相结合。交易会常与一个大型的会议相结合，参展商多为会议的参加者。通常，专业交易会只限定一个或几个相关行业的供求企业双方及本行业有关单位参加。

2. 根据展示范围分类

根据展示范围，展览会可分为国际展览会、国家展览会、地区展览会和本地展览会。国际展览会的参展商和观众来自世界各国，国家展览会主要吸引国内参展商和参观者，地区展览会是指各国某省区或跨地区的展览会。跨国展览会有时被称为洲际展览会，也被称为地区展览会。本地展览会只吸引本地区的参展商和参观者，例如各城市举办的展览会。

3. 根据参展商分类

根据参展商，展览会可分为行业展览会和综合展览会。行业展览会又称专业展览会，只涉及某一领域的专业展品并具有较强的专业性质。它是以贸易为目的、以兴趣爱好为纽带的展览会。行业展览会专业性强，规模通常小于综合展览会。行业展览会可以划分为轻工业、石油化工、纺织、建材、房地产、服务、医疗、能源、环保、机电、体育等不同专业的展览会。这种展览会围绕展览会的主题，由主办者、参展者或有关协会组织各种专题研讨会、报告会、洽谈会，以期对本行业的技术、产品或营销发展起到指导作用。综合展览会也称作博览会，是带有综合业务性质的展览会，其规模大，展品和参展商来自各个领域。其内容可涉及工业、农业、人文和历史等各个方面。世界上规模最大、范围最广的综合展览会是世界博览会。综合展览会可分为宣传类展览会、贸易类展览会。这些展览会常以宣传和教育为目。

4. 根据举办频率分类

根据举办频率，展览会通常分为定期展览会与不定期展览会。定期展览会的举办频率可以是一年四次，一年两次、一年一次及两年一次等。不定期展览会可以根据举办单位的需要而定。在经济发达的国家和地区，专业展览会的展示持续时间通常为三天。在英国，一年一次的展览会占展览会总数的 75%。根据对展览会召开季节和时间的调查，展览会的召开日期常受财务预算、订货情况以及节假日的影响，因此有旺季和淡季之分。根据英国展览业协会的调查，每年 3 月、4 月、5 月、6 月、9 月、10 月是举办展览会的旺季，12 月至下一年的 1 月、7 月、8 月为展览会的淡季。

8.2 会展销售管理

酒店会展销售管理主要涉及对网络销售、电话销售、集中销售、会展中销售、实地考察销售、广告与手册宣传和营销员访问销售等的管理。

8.2.1　网络销售

互联网已成为越来越强大的会展销售工具。各企业和社会团体会议组织者常通过互联网得到有关会展服务产品的信息。现代互联网可展示有声像的酒店会展产品，介绍会展服务相关的全部设施。

8.2.2　电话销售

许多酒店为了控制会展服务产品的销售成本，提高了电话销售的比重，尤其是把电话作为鉴别潜在顾客的工具。尽管电话销售不能完全替代营销员访问，但是将电话销售作为一种营销手段确实能加强与客户的联系。因此，在访问销售前，使用电话销售方法筛选潜在的客户，能使会展销售更有针对性。此外，电话销售的优势是可利用电话和顾客约定营销员的访问时间和地点，缺点是电话销售不能像营销员访问销售那样，给客户留下持久的印象。因此，电话销售的后续措施很重要，建议营销员在电话销售后给潜在顾客写一封感谢信，感谢其付出了时间或确认了约会时间，并且还应顺便寄去他们需要的资料和宣传册。为了取得电话销售的最佳效果，酒店应培养专业的电话营销员，让他们按照准备好的内容与顾客联系。作为会展产品的电话营销员，应认真对待电话销售的 6 个阶段。

1. 准备阶段

电话销售前，电话营销员要做好准备工作。打电话之前，营销员要就涉及的问题列出提纲并打印，其中包括客户全名、地址、电话号码、会展业务的主管人员等，以保证谈话的逻辑性。在销售会展产品时，选择合适的时间很重要，因为电话销售的对象应是做出会展业务购买决策的关键人物且电话销售需要在电话中沟通一段时间。如果找不到合适的人选或在其工作繁忙的时间打电话，会增加电话销售的失败率。此外，进行电话销售时，营销员应使话筒与头部保持一定距离，讲话要有节奏，吐字要清晰。

2. 身份介绍

当潜在的购买者接听电话时，营销员应介绍自己的姓名、企业名称，热情表达，逻辑清晰，音量要适当。

3. 导入主题

介绍完身份，营销员应立即导入销售主题，表明电话访问的目的，陈述准备好的所有内容。

4. 激发兴趣

营销员一旦导入主题，就应致力于吸引顾客的注意力，运用简短的谈话激发潜在顾客的兴趣，使潜在顾客有兴趣继续交谈。

5. 请求约见

通过简短的谈话激发了潜在顾客对推销的会展服务产品的兴趣后，营销员应争取当面拜访的机会并确保抓住访问销售的机会。为保证达到与潜在购买者约见的目的，电话销售的时间要简短，内容要适当，要激发顾客了解更多信息的欲望。此外，约见的时间一定要确认清楚，不能含糊不清。

6. 处理拒绝

在电话销售会展产品时,潜在顾客给出的任何无法见面的理由都视为拒绝。当营销员收到对方拒绝约见的信息后,不能直接地接受这一信息,应争取将这一信息变为另一个面谈的埋由。

8.2.3 集中销售

集中销售是指在某一地区集中联系潜在和全部会展服务产品的需求者,这一方法适合寻找新客户。首先,营销员可简单地对某一地区的企业或协会组织进行简单的访问,也可以举办午餐会、鸡尾酒会等。但是,无论采用何种形式,营销员都需要提前做好周密的安排,包括对组织过程及菜单设计等的安排。在很多情况下,酒店会邀请一些地方政府的机构代表参加集中销售会,目的是提高酒店会展服务产品质量的可信度及知名度。集中销售时,酒店营销部应为每位营销员划定具体的营销地区,写出有潜在会展服务产品需求的企业和组织的地址,这样就可减少营销员的出行时间。一些酒店聘用临时销售员或放假的大学生做集中销售工作。

8.2.4 会展中销售

会展服务不仅是酒店的服务产品,还为酒店提供了接触会议组织者的机会。酒店营销人员可通过展台分发材料并为会展服务产品的询问者提供信息。在会展中销售会展产品的优点是能遇到潜在的顾客,营销成本相对较低。为了充分利用会展中销售会展服务产品的机会,会展营销员必须提前做好销售计划,识别潜在的客户,制订业务跟踪计划。酒店利用会展进行销售时,应把销售目标对准那些极具购买潜力的顾客,酒店营销代表应当查明这些组织的办公场所,在会展开始前 2 天,通过电话与他们联系。同时,会展结束后应跟踪访问新挖掘出来的顾客。在酒店会展期间,赠送给顾客的推销材料一定要少而精。

8.2.5 实地考察销售

实地考察销售是最有效的销售酒店会展服务产品的方法之一。所谓实地考察销售是酒店营销员邀请会展组织者来酒店参观,使他们亲自感受酒店的会展设施和相关服务。许多会议组织者在购买酒店会展服务产品前,都会亲自调查酒店会展设施和住宿与餐饮服务等,否则他们不会预订和购买。因此,酒店使用实地考察销售的方法,把销售活动安排在会展业务繁忙的时候以使会议组织者有机会看到酒店的服务水平和效率,增强酒店可信度。酒店应培训专业工作人员,为这些实地考察者讲解会展产品情况并回答他们提出的相关问题。

8.2.6 广告与手册宣传

通常,刊登在报纸或杂志上的会展销售广告起着关键的营销作用。其优点是可根据潜在客户的需要而制作。一些酒店常在行业杂志上做广告。这种广告可印成彩色的,带有照片，方便阅读。此外，报纸杂志广告的文字应简单易懂，内容包括优惠条款和免费联系电话等。根据研究，酒店会展服务产品介绍是极好的营销媒介，会展组织者常在选择酒店时比较其中介绍的设施和服务。此外，酒店宣传手册给会展服务购买者提供所需的资料，然而宣传册的关键内容应着重展示会展设施、酒店环境和优质的服务等。

8.2.7　营销员访问销售

调查结果显示，酒店营销员访问销售是会展产品最有效的销售方式之一。由于该方法能使营销员有机会详细展示酒店的会展设施，当面回答企业或组织者提出的问题，所以会提高会展举办方的购买信心。此外，营销员还可观察潜在客户对酒店的会展设施、住宿设施、餐饮设施和各项服务的反应，以便更好地把握销售过程。酒店营销员通过访问客户销售会展服务的方法包括以下 6 个基本程序。

1. 访问前的准备工作

会展营销员在访问客户前，应了解潜在客户对会展服务产品的具体需求和购买能力，帮助他们了解本酒店可提供的设施、他们感兴趣的设施、服务项目和优惠价格等，在访问前寄去本酒店会展服务说明的小册子并附带个人信件。在向潜在客户介绍本酒店设施和服务前，要对竞争者的情况及客户需求做认真的分析。如果了解到竞争对手的产品价格低于本酒店，应有准备地为本酒店的高价格做出的解释，指出地理位置的优越、设施性能的完善、服务的周到、停车场的免费等，让会展举办单位感到物有所值。当营销员掌握客户的实际需求后，应制定满足会展组织者需要的陈述材料，在确定潜在客户有希望成为本酒店会展服务产品的顾客后应与其多接触。

2. 开始访问销售

通常，会展营销员与客户的第一次见面是销售的关键时刻。在这一时刻，营销员必须引起客户对本酒店会展产品的注意力和兴趣，否则，其以后的行动均不会起到任何的营销作用。营销员访问客户时，应向其说明访问的目的，思考好要陈述的所有内容，说明本酒店会展服务产品能为组织者和参加者带来的利益，使潜在客户觉得访问者很诚恳。访问销售开始阶段，营销员必须得到客户的信任，与其建立信任关系。实际上，营销员的自我介绍、有关访问及给潜在客户带来的利益的陈述等属于过渡性陈述，关键是向潜在客户展示对其有利的产品组合与实惠的价格，使其参与销售活动。

3. 争取客户参与销售活动

争取客户参与销售活动，首先应确认潜在购买者需要的会展设施、服务模式、产品组合、价格组成等关键信息。这些关键点可以通过访问客户并向客户提出问题得到确认。例如，你们每年举行多少次会议或展览，每次平均参加人数是多少，你们每次会展的预算情况，等等。调查结果显示，一个喜欢并信任营销员的潜在购买者会愿意倾听营销员的陈述。

4. 介绍酒店设施和服务

在会展服务产品销售中，营销员介绍酒店设施和服务是访问销售中的主要内容。营销员应重点说明与本酒店会展相关的住宿设施、餐饮设施与地理环境及相应的服务所能给客户带来的利益和作用。为了达到销售效果，营销员必须经过专业培训和演练，使用满足不同顾客需求的介绍词。调查结果显示，当客户了解到酒店的会议室、展览厅、视听设备、客房与餐饮特色能满足他们的需求时，他们才会真正地感兴趣。

5. 协调和商讨双方的利益

在会展销售中，营销员与客户协调和商讨双方利益的时候是个人访问销售的另一关键阶段。客户希望会展营销员能给出满足他们需要的设施、产品、服务和价格组合。根据销售经验，会展组织者几乎总是提出不同的与产品特色、服务细节、价格组合等有关的问题。因此，会展营销员应事先预测客户提出的各种问题并能立刻对这些问题做出回答。在协调双方利益时，营销员永远不要否决客户的建议，应与客户协商，以事实和充分理由说服客户，这一点非常重要。

6. 结束访问和后续措施

会展销售的关键是营销员在离开潜在客户的办公室前，应争取让客户有购买本酒店会展产品的意向。访问结束时，营销员应有礼貌地离开。不论访问销售是否成功，营销员一定要在访问销售结束后写一封感谢信。

8.3 会展合同管理

会展合同的全称是会展产品销售合同或会展服务销售合同，是有关酒店与会展组织者双方接受的特定条款的文本，通常在特定时间内有效。会展合同可以是只有两页纸的简单文件，也可以是条款全面的完整文件。会展合同必须明确会展服务的每一个细节，以免酒店遭受经济损失或使客户对酒店服务产生误解和不满意。根据会展服务管理实践，内容清晰完善的会展合同不仅可保护酒店利益，也可保护客户的利益，因此会展合同必须具体和详细。现代酒店对会展合同的管理更加规范和具体。

8.3.1 基本条款

1. 专业用语或名称

通常，在酒店会展合同中，首先应解释合同使用的专业用语或名称。例如，“主办单位”是指组织会展的单位或会展组织者，即租用酒店会议室或展览馆并需要酒店会展服务的企业或组织，是合同定义的乙方。“公用区域”是指酒店内的大厅、走廊和会议室与展览馆（租用区域）外的所有区域。通常，会展组织者或展商使用公共区域必须经酒店会展部或营销部的同意。“展位”是指参展商或会展组织者租用展览馆期内，在展览馆临时隔开的部位或房间。“进馆期”是指租用展览馆期内并在会展开始前的时间。“撤馆期”是指租用展览馆期内，会展举办后的撤离期间。专业用语或名称解释在合同中很重要，因为各国和各地区的语言有着不同的表达方法，且相同的词语可能出现不完全相同的含义和解释。在会展合同中必须将专业用语或名称解释清楚。

2. 双方名称

酒店应与会展组织者就双方的名称达成一致。会展组织者选择合同规定的酒店作为会展地点，而会展组织者成为合同规定的某一会展的组织者。

3. 会展具体日期

酒店与会展组织者签订合同时应明确：具体的会展举办日期，会展中的各项活动日期与时间，客房预订与住宿日期，结束住宿日期，参会者到店日期与时间、离店日期与时间，展品进入酒店仓库或展览馆、离开酒店仓库或展览馆的日期与时间等。

4. 会议室与展厅

酒店与会展组织者签订合同时应明确规定会展组织者租用的会议厅和展厅的名称、个数、楼层、面积与空间、会议室或展厅中的设施与布局（见图 8-1）。

5. 会展食宿安排

1）客房与工作间

酒店与会展组织者签订合同时应明确规定会展组织者租用客房的类型与特点、天数、楼层及门牌号等，同时会展合同应明确规定客房的价格、付款方式，包括客房住宿终止日期、工作间的房价等。

2）菜单与餐次

酒店与会展组织者签订合同时应明确规定会展活动每天用餐的次数（餐次）、用餐方式、用餐地点（会中茶点可能在会议室的走廊）、用餐人数、每人每餐消费标准、付费人与结算方法、菜点种类（中餐、西餐、清真、素食、其他）、菜单内容（菜点品种）等。如果会展组织者临时取消餐饮活动或减少人数常会引起餐饮费用的变化，会议组织者必须提前通知酒店，通常餐费不会退回。

8.3.2　主要条款

1. 安全与防火措施

在会展合同中，酒店应注明国家安全法规和酒店防火制度。酒店应规定参展商在装修展位时要保证防火通道畅通，禁止使用明火，展厅禁止堆放易燃易爆物品、放射性物品，展位与墙壁之间禁止存放可燃物，不得在通道上做产品宣传，不得使用煤气等可燃气体。在观众较多时，参展商不得免费发放物品。每日闭馆前，参展商及馆内安全负责人应检查用电设备是否关闭。展馆内严禁吸烟，若违反规定，可根据《中华人民共和国治安管理处罚条例》进行处理。所有运行的机器均应安装安全装置并由专业人员操作。酒店应规定会展主办者对因使用油漆等而造成的展厅损坏负责并承担损坏部分的修复费用。禁止动物和宠物进入酒店展厅。一般而言，会展组织者和参展商不得外带食品及饮料。

如果会展主办单位要在租用区域内分发食品及饮料，应获得酒店有关部门的书面批准。当然，会展组织者或参会组织和个人的饮食必须是健康和安全的，符合中华人民共和国食品卫生管理部门的规定。此外，展厅内所售的食品和饮料，应由酒店指定单位提供。会展举办期间，一切托运物品都由会展主办单位自行负责，会展主办者租用的仓库的钥匙应在场地租用期满时归还酒店。酒店保安部 24 小时值班，会展主办者应遵守酒店保安部制定的安全规定。

2. 运输与贮存条款

酒店与会展组织者签订合同时应规定物品和参展设备的运输方式、会展物资抵达酒店的贮存条款、展品运进运出的时间与费用等。例如，酒店大厅的自动扶梯不能用作运送货物和设备的工具。同时,合同应规定参展单位的货物和设备的运送方法和运送通道。例如,规定展品和大件货物可通过货物电梯或吊装平台进入二楼等。

3. 搭建与拆除项目

酒店应规定展厅的地面负重标准。例如,一楼展厅A地面负重3吨/平方米,二楼展厅B地面负重0.4吨/平方米。同时,规定展品如有振动部位,上述地面负重应减少50%。会展主办单位不得对展厅造成任何损坏或改变,不能搭建影响展厅的任何建筑结构。展厅因损坏造成的修理费由会展主办者全额支付。未经许可,会展组织者不得在展厅内施工、装修或拼装,不得改变展厅地面、墙、门窗及展厅的其他建筑结构不得在展厅的任何部位打入钉子、螺丝或钻洞。通常,酒店允许参展商使用可擦洗的粉笔或经批准使用的胶带标识,其他地面画线方法均不得使用。酒店仅允许使用非残留性的胶带将地毯和其他地面覆盖物固定于地面,不允许在石质地面或墙面使用黏胶物。酒店不允许将背面有黏性的图案或宣传品粘贴于建筑物的任何部位。酒店不允许主办单位在消防设施、监控设施、空调排风口等地方搭建隔离物或展板。参展商不得在通向出入口的通道放置物品。在会展举办期间,进入租用区域的所有出口不得锁门。展厅的临时搭建物与展厅墙面之间必须留有0.5米的检修通道。展厅防火喷淋设施或灯具上严禁系挂物体。酒店将协助会展组织者和参展商的运输和施工单位的现场管理工作。合同应规定,会展主办商应通知所有运输和施工单位在进馆前一周将运输单位和施工单位的人员名单、工作人员身份证复印件交给酒店会展管理部门,由酒店统一制作展览会的施工人员证件,无证人员则不得进入。

4. 电器与设备安装

酒店通常会为所有展位安装照明等设施。如果展位需要延长断电、断水、断电话的日期,要向酒店提出申请。如果参展商需安装电器线路、电器设备,则应由持证的电工负责。当然,铺设的电线应采用套线,接头必须是专用接头,横跨通道的线路应有保护措施。此外,不得擅自安装高温灯、霓虹灯,霓虹灯高度不得低于2.5米,经有关部门检查和批准后,方可使用。

5. 展厅平面图

通常,会展合同应规定,会展组织者将展厅平面图在会展开始前30天交予酒店会展管理部审核并报公安部门批准。会展中,展位搭建和拆除应遵守消防安全规定。同时,会展主办单位应在30天前向公安主管部门提交大型会展消防审批表。表中应涉及会展主办单位的审批文件、总体平面设计图、会展活动计划、消防措施和应急疏散方案等。

6. 广告、标记和装饰

酒店拥有展厅内部及建筑周围的广告位使用权,会展主办单位若要使用上述空间刊登广告,应按酒店付费标准进行付费。

8.3.3 终止与损失条款

会展合同应注明双方不能履行合同时的补偿条款并规定仲裁条款。由于自然灾害等原因导致会展无法进行时,取消方不负违约责任。同时,会展合同应规定会展方实际租用的客房不得少于原预订客房数的百分比,低于合同规定的范围,会议组织者应给予酒店一定的补偿。

8.4　会议服务管理

8.4.1　会议服务概述

理想与优质的会议产品必须为顾客提供高效与便利的会展及相关服务。其中，便利主要包括两个方面的便利，即设施便利和服务便利。设施便利主要侧重于硬件方面，包括客房、餐厅、会议室、停车场、坡道、入口、过道、电梯、楼梯、应急措施、零售店或小超市及相关的一些服务设施。服务便利是指酒店提供给参展商的服务程序和方法能使其感到高效。此外，为残疾人专门提供的服务，要保证残疾人享有与正常参会者同样的待遇。

8.4.2　会议准备工作

会议召开前，酒店会展部业务主管人员应与会议主办方协商会议召开的细节，包括明确会场、主席台、讲台、视听设备、多媒体、水杯、桌签、信笺、笔、指示牌及花木等的布置（见图 8-1）；同时，针对会议需要的机票、车票、住宿、会议场所、交通服务等要编制完善的计划书并协助会议主办方考察现场、客房和餐饮设施，确定具体方案，签订合同，预付订金。会议准备工作的前提是会议组织者已向酒店提供详细的会议安排资料，包括会议日程、席位安排、贵宾名单、宴会活动等，这些资料应在会议开始的前一周交予酒店会展部。酒店与会议主办单位在协商过程中，工作人员应保持良好的仪表仪容，要和蔼大方，显示出自信心。然后，酒店将确认的会议计划和程序包括客房与餐饮活动的安排通知前厅部、客房部、餐饮部、保安部、财务部、总经理办公室等。会议通知单如有变动，必须由主办者确认，经酒店各业务部门认可和签字。

图 8-1　会议室桌椅及摆放的物品

8.4.3　会中服务管理

酒店会议主管人员与会议组织者协商，共同完成参会者报到程序。通常，在酒店大厅摆放欢迎牌、签到台、指示牌，办理住宿登记等。酒店会议主管与商务中心协作，准备好会议需要的资料、用品、演讲稿。同时，酒店会议主管人员与酒店工程部根据会议组织者需求完成会议室的条幅、灯光、音响、同声传译系统、会议系统或电视电话会议系统等的安装和调试工作，而会展部或客房部准备相应的用具，如投影仪等（见图 8-2）。会展部与餐饮部确认参会者的用餐时间、费用标准及其他用餐要求。

图 8-2　投影仪

酒店应为有健康要求的参会者提供特殊的饮食。如果会议过程中参会者有旅游需求，酒店则应安排旅游线路和导游员，准备交通工具。对参会人员开放康乐设施，包括健身房和游泳池等。为会议代表准备摄影器材和人员，提供文秘服务及相关服务。酒店应建议会议组织者对参会人员安排固定的、次数较多的中间休息时间，让他们利用这段时间去卫生间或服用药物。酒店的会议接待人员应全程跟踪会议，以便及时和参会者保持联系并处理突发事件，例如火灾、飓风、暴雨、突发医疗事件等。酒店应有自己的急救措施及防止恐怖活动的措施。

8.4.4　会后服务管理

酒店会展部应为会议组织单位提供详细的各项费用说明并与会议组织单位核对各项费用。会议费用通常涉及两个方面：一类由会议组织者支付，另一类由参会者个人承担。酒店财务部应根据会议合同规定的支付内容和方法分别收取。出于礼貌，也为下一次的合作创造条件，酒店应向会议组织者表达谢意。酒店会展部应在会议结束后向会议组织者发出感谢信并征求对会议服务的意见。

8.4.5　会议室管理

会议室是指用于召开各种会议和接待来宾的房间。通常，小型的房间被称为会议室，而大型的会议房间被称为会议厅或多功能厅。本书将会议房间统称为会议室。

1. 会议室总体要求

会议室内温度和湿度应适宜，温度通常为 18~22 ℃，湿度应控制在 50%~60%。为保证室内的空气新鲜，会议室应保持良好的通风。会议室应防止噪声，声音应在 40 dB 以下。因此，必须控制空调机等设施的噪声，否则会影响音频系统的性能。为保证声音效果，会议室内应铺有地毯，装有天花板，四周墙壁使用隔音材料，窗户采用双层玻璃。此外，会议室桌面应采用浅色调，忌用白色和黑色桌布。这两种颜色会让人产生不舒服的感觉。

2. 会议室布局

所谓会议室布局主要是指会议室内的桌椅安排。为了达到会议效果，不同会议的桌椅摆放方法不同。通常大型会议，特别是政府和企业组织的行政管理会议，常设主席台，参会领导在主席台上就座，代表席在主席台下方，面对主席台平行排列。学术会议，在主席台一侧设主持席，另一侧设发言席。研讨和咨询会议，常以圆桌或 U 形布置，周围按参会人数布置长桌。分组讨论会，常以圆桌布置。酒店通常根据会议组织者的要求摆放桌椅，相同面积的会议室，由于桌椅摆放不同，容纳人数也不同（见表 8-1）。

表 8-1　某酒店各会议室不同的布局方法及可容纳的人数

会议室名称	坐落位置	面积/m²	长度/m	宽度/m	剧院式布局可容纳人数	教室式布局可容纳人数	U 形布局可容纳人数
上海厅	一楼	271	23.6	11.5	240	140	90
北京厅	二楼	113	14.9	7.6	80	60	40
成都厅	二楼	84	12	7	60	40	30
天津厅	二楼	59	9	6.5	40	28	20
广州厅	二楼	38	6.3	6	20	18	10

1）剧院式布局

剧院式布局是常用的会议布局形式，它适用于各种规模的会议。在这种布局中，只摆放椅子，不摆放桌子。所有椅子按弧形或方形排列好，面向主席台或面对发言者。当会议室少于 100 人时，每人可占 1.1~1.2 平方米的面积；当会议室容纳 100~300 人时，空间可以降到 1.0~1.1 平方米/人；超过 300 人时，空间可再降低到 0.93~1.0 平方米/人。两排椅子之间至少相隔 60 厘米（见图 8-3）。

2）教室式布局

教室式布局是方便参会者做会议记录的布局形式。由于这种布局既要摆放椅子，也需要摆放桌子，所以对空间的要求大。通常，参会者少于 100 人时，每人可占 2.0~2.1 平方米；参会者为 100~300 人时，空间可降低到 1.9~1.95 平方米/人；超过 300 人时，空间可以降低到 1.6~1.7 平方米/人。教室式布局的关键是不要在会议室内放太多桌子，应留有方便进出的人行道（见图 8-4）。

图 8-3　剧院式布局

图 8-4　教室式布局

3）圆桌式布局

一些会议室布置以会议桌为中心，四周摆放椅子，这种布局适合小型董事会、信息交流会和讨论会。圆桌式布局可将桌子摆放成椭圆形或圆形，中间为空地，可摆放鲜花，椅子摆放在桌子外围。这样的布局有利于参会者进行互动（见图 8-5）。

图 8-5　圆桌式布局

4)接待式布局

接待式布局的会议室是会议组织者与参会者或上级领导会面的场所,同时也是政府之间或企业之间会面的理想场所。接待式布局的桌椅摆放呈 U 形,沿着会议室正门向两边并靠近墙面摆放数个沙发,会议室中间空出较宽敞的空间或摆放两个沙发等(见图 8-6)。

图 8-6　接待式布局

5)其他布局方法

会议室的布局方式除上述四种外,还包括四方形、马蹄形、T 形和 V 形的布局方式。四方形布局是将桌子围成正方形或长方形,椅子摆放在桌子外部,这种布局方式适用于讨论会。马蹄形布局是将桌子摆放成马蹄形状或"冖"形。该布局的开口处朝向会议室的门,内部摆放椅子。T 形布局是将桌子摆放成大写的英语字母"T",会议组织者和发言者位于"T"的横线部分,参会者坐在 T 形的两边。

8.5　展览会服务管理

8.5.1　展览会服务概述

展览会服务包括广义展览会服务和狭义展览会服务。广义展览会服务包括展览会现场的租赁、广告、安保、展品运输、仓储、展位搭建、餐饮、住宿、交通和运输等服务。狭义展览会服务包括住宿、餐饮、会议和接待服务。通常,酒店展览会服务是指狭义服务。展览会服务质量直接影响酒店与展览会组织者及参展商的合作。参展商作为展览会的主体,是酒店收益的主要来源。因此,酒店为了展览会能顺利进行,常会在服务方面尽己所能让参展商满意以取得他们的信任。当今,酒店根据专业化要求,实现了展览会服务的规范化和标准化,创立了一套完整的服务体系,即包括展场租赁、展览工程、展馆租赁等的较为完善的服务体系。

8.5.2　展览会服务手册

在展览会进行的过程中,酒店和展览会组织者应为每家参展商提供一本展览会服务手册。这本服务手册既要通俗易懂,又要符合印制规范,手册内容应包括所有的服务项目。这样可提高展会工作人员和参展商的工作效率,减少酒店、展览会组织者和参展商的误会与摩擦。展览会手册内容应涉及展览的中英文名称、展览举办城市、酒店名称、展馆名称、展览会举办日期(包括进场、出场日期)、展览会组织者的名称、地址、电话和传真等。其中,应详述摊位租金、付款方式、展览内容等。此外,服务手册还应包括其他信息,例如展厅装潢、设备运输、设施安置、相关的劳务费、电力、消防、清理工作、邀请函、配套宣传、住宿与行程安排、视听设备、摄影、花艺和盆景租借等方面的信息。

8.5.3　展览会服务硬件

展览会举办期间的通信系统很重要。通常,展位、会议室、贵宾室、咖啡厅和临时办公室等区域都应具备完善的网络系统,为展厅内每个展位提供服务。各临时办公室、会议室、贵宾室、洽谈厅都应有网络接口,为参展商和参展观众提供服务。各展厅、办公室和咖啡厅等区域应有相匹配的空调系统,保证一年四季室内都能达到标准温度。各展厅应装有消防警报系统和消防设施,酒店应对展厅各部位进行 24 小时监测。各展厅应装有摄像机和自动报警系统,以对展厅进行全天的安全监控。各展厅、办公室和通道应装有音响系统,为展览会提供清晰的展会消息和背景音乐及必要的广播服务。

8.5.4　展览会服务管理

酒店与展览会组织者签订合同后,酒店会展部应于展览会开幕前 15 天与主办单位召开展前会,了解该展览会的组织细节及服务要求并将主办单位的服务要求传达给各职能部门,号召大家共同协助完成展览会。其中,涉及的部门有总经理办公室、餐饮部、房务部、工程部和保安部等。

1. 展览会准备工作

开展前 15 天,酒店会展部或营销部与有关部门制定切实可行的接待方案并以此进行筹划。开展前 7 天,会展部现场管理组应根据图纸分割展馆空间,细化展位(见图 8-7)。会展接待组根据展览会规模和服务要求准备物品,安排服务人员。

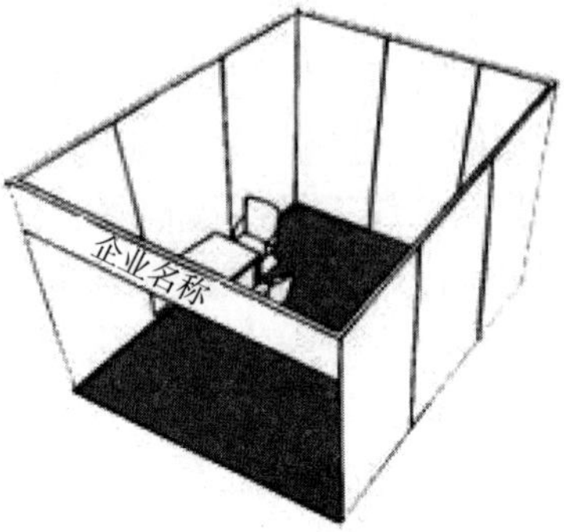

图 8-7 展厅中的展位

2. 展览会举办期间服务管理

这一阶段的工作是整个展览会服务工作的核心,展览会服务工作应当做到细致入微。展场管理组应设立总服务台,为参展商提供租赁和咨询等服务。现场管理人员应随时关注展馆情况,解决现场出现的任何问题,商务中心则提供打字和复印等服务,美工室做好参展商的美术制作工作,保安部人员应在各厅出入口及大厅内巡视,维护展会秩序,确保参展商和展品的安全。展览会总服务台则为参展商及时提供其他服务。

3. 展览会结束工作

酒店会展部应为展览会组织者提供详细的各项费用说明,核对各项费用无误后向展览会组织者收取。同时,会展部现场管理人员与会展组织者根据合同规定,按时清理展馆。酒店应根据展会组织者的要求制作参展商通讯录。出于礼貌,也为了下一次的合作创造条件,酒店应向展览会组织者表达谢意。会展部应在展览会结束后向展览会组织者递上感谢信并征求对展览会服务的意见。

本章小结

会展是各种会议和展览会的总称。就会议的含义而言,“会”是聚会和聚合,而“议”是商量和讨论。会议是组织者对准备的会议主题进行阐述和讨论的形式,其目的是使参会者达成共识。“展”常作为展览会的简称,展览会是一种促进交流或营销的展示活动,其目的在于宣传、展示、交流、销售各种产品和服务等。在国际上,会展一词由 4 个大写英文字母组成:MICE。其中,M 代表 meeting(普通商务活动与会议),I 代表 incentive tour(奖励旅游活动),C 代表 conference(大型会议),E 代表 exhibition/exposition and event(各种展览会和节事活动)。

依据不同的划分标准,酒店服务的会议有多种类型。根据会议的规模,会议可分为小型会议、中型会议、大型会议及特大型会议。根据会议组织形式和目的,会议可分为年会、学术会议、论坛、研讨会、交流会、新闻发布会、产品介绍会(洽谈会)、报告会、传达会、表彰会、签字仪式、动员会和总结会等。不同的会议,主办者和参会者的需求不同,酒店的运营策略和服务方法也不同。

随着我国社会经济的发展和科技的进步,展览会的形式、内容、功能和运营模式不断地变化和发展。通常,展览会可根据展示范围和参展行业分类。近年来,参展商和展览运营企业对展览会市场细分不断地进行了加强与管理,行业展览会已成为展览会的主流。至目前,几乎每个行业都有自己的展览会,经济发达的地区和国家的展览会已从举办综合展览会向举办行业或专业展览会的方向发展。

会展服务销售合同简称会展合同,是有关酒店与会展组织者双方接受的特定条款的文本,通常在特定时间内有效。会展合同可以是只有两页纸的简单文件,也可以是条款全面完整的文件。会展合同必须明确会展服务的每一个细节,以免酒店遭受经济损失或使客户对酒店服务产生误解或不满意。根据会展服务管理实践,内容清晰完善的会展合同不仅可保护酒店利益,也可保护客户的利益,因此会展合同必须具体和详细。现代酒店对会展合同的管理更加规范化和具体化。

练习题

1. 名词解释题

会议、展览会

2. 判断对错题

(1)许多国家意识到,会展业是旅游产业的一个重要组成部分并开始努力地研究和运营会议和展览会业务。为了吸引更多的会展在本国举行,各国开始建设会展中心。(　　)

(2)在展览会进行的过程中,酒店和展览会组织者应为每家参展商提供一本展览会服务手册。这本服务手册既要通俗易懂,又要符合印制规范。(　　)

(3)中世纪,作为展览会前身的贸易集市就已定期或不定期地在人口集中且商业发达的欧洲城市举行。(　　)

(4)参展商不得在通向出入口的通道放置物品。在会展举办期间,进入租用区域的所有出口要随时锁门。(　　)

(5)展销会议是指企业因运营活动和管理工作需要而举办的会议,出席会议的常是企业的管理者、技术人员和营销人员。(　　)

(6)会展营销员应事先预测客户提出的各种问题并能立刻对这些问题做出回答。在协调双方利益时,可随时否决客户的建议。(　　)

3. 多项选择题

(1)在国际上,会展一词常由 4 个大写英文字母组成:MICE。其中,(　　)。

A.M 代表 meeting　　B.I 代表 incentive tour

C.C 代表 conference　　D.E 代表 exhibition/exposition and event

(2)酒店与会展组织者签订合同时应明确规定会展组织者租用客房的类型与特点、天数、楼层及门牌号等，同时会展合同应明确规定(　　)等。

A. 客房价格　　B. 付款方式

C. 客房住宿终止日期　　D. 工作间的房价

(3)酒店会展服务手册要(　　)。

A. 通俗易懂　　B 符合印制规范

C. 讲究封面设计　　D. 内容包括所有的服务项目

(4)酒店与会展组织者签订合同时应明确而详细地规定(　　)及展品进入酒店仓库或展览馆及离开酒店仓库或展览馆的日期与时间等。

A. 会展举办日期

B. 会展中的各项活动日期与时间

C. 客房预订、住宿日期与结束住宿日期

D. 参会者抵店日期与时间及离店日期与时间

(5)酒店与会展组织者在合同中应规定物品和参展设备的运输方式，(　　)并规定酒店大厅的自动扶梯不能运送货物和设备。

A. 会展物资抵达酒店的贮存条款　　B. 展品运进运出时间与费用

C. 货物和设备的运送方法　　D. 货物和设备的运送通道

4. 问答题

(1)简述会展的发展史。

(2)简述会议的种类与特点。

(3)简述展览会的种类与特点。

(4)论述酒店会展服务的合同管理。

(5)论述会议服务的管理。

(6)论述展览会服务的管理。

主要参考文献

[1] 林宁. 展览知识与实务[M]. 北京：经济科学出版社，1999.

[2] 潘杰. 中国展览史[M]. 成都：电子科技大学出版社，1993.

[3] 戈德布拉特. 国际性大型活动管理[M]. 陈加丰，王新，译. 北京：机械工业出版社，2003.

[4] 沈燕云，吕秋霞. 国际会议规划与管理[M]. 沈阳：辽宁科学技术出版社，2001.

[5] 摩司魏克，尼尔森. 会议管理：如何创造高效率会议[M]. 高维泓，译. 桂林：广西师范大学出版社，2001.

[6] 张翠娟，尹丽琴，洪晔. 会展策划实务[M].2 版. 北京：清华大学出版社，2021.

[7] 黄鹂. 会展营销[M]. 武汉：华中科技大学出版社，2019.

[8] 舒波,冯麟茜. 会展策划与管理[M]. 北京:清华大学出版社,2016.
[9] 王起静. 展览产业空间布局[M]. 北京:经济管理出版社,2016.
[10] 王天佑,张威. 饭店管理概论[M].3 版. 北京:清华大学出版社,2015.
[11] 郑建瑜. 会议策划与管理[M].2 版. 天津:南开大学出版社,2014.
[12] 卢进勇,刘恩专. 跨国公司经营与管理[M]. 北京:机械工业出版社,2013.
[13] 克拉耶夫斯基,里茨曼. 运营管理:流程与价值链:第 7 版[M]. 刘晋,向佐春,译. 北京:人民邮电出版社,2007.
[14] 孙晓光,周鸿. 企业策划学[M]. 北京:经济管理出版社,2017.
[15] 王春雷. 会展策划与管理[M]. 北京:高等教育出版社,2018.
[16] INNERARIT, DANIEL. Ethics of hospitality[M].New York: Routledge Taylor & Francis Group,2017.
[17] KRUGMAN C, WRIGH R R. Global meetings and exhibitions[M].New Jersey: John Wiley & Sons,Inc.,2007
[18] WIESNER, KNUT A. Ethical management and marketing[M].Berlin: Walter de Gruyter GmbH, 2016.
[19] SCHEIN E H. Organization culture and leadership [M].5th ed. New Jersey: John Wiley & Sons, Inc.,2016.
[20] WOOD R C. Strategic questions in food and beverage management[M].2nd ed New York: Routledge Taylor & Francis Group,2018.
[21] WALKER J R. Introduction of hospitality management [M].6th ed. New Jersey: Pearson Education Inc.,2013.
[22] WOOD R C . Hospitality management: a brief introduction [M].London: Saga Publications Ltd.,2015.
[23] SHARMA P. Intercultural service encounters: cross-cultural interactions and service quality[M]. Switzerland: Palgrave Pivot,2019.
[24] CARDON P W. Business communication[M].3rd ed. New York: McGraw Hill Education,2018.
[25] EICHELBERGER, EZRA. Remarkable banquet service[M].New Jersey: John Wiley & Sons,Inc.,2014.
[26] MALOUF, LENA. Events exposed: managing and designing special events[M].New Jersey: John Wiley & Sons, Inc.,2011.
[27] RAJ R, WALTERS P, RASHID T. Events management principles & practice[M].London: Saga Publications Ltd.,2013.

第9章

产品质量管理

本章导读

现代酒店质量管理已成为酒店管理战略的内容之一。酒店产品由满足顾客需求的某种物质实体和非物质形态的服务构成。酒店产品质量是用来表达酒店产品本质的规定性和数量上的规定性的概念,是指酒店产品或服务的适用性,即酒店产品符合顾客需求的程度。通过对本章的学习,读者可了解现代酒店产品的组成和特点,掌握酒店全面质量管理、酒店服务质量管理和顾客满意的质量管理的相关知识。

9.1 产品质量概述

9.1.1 质量含义

质量是用来表达产品本质的规定性和数量上的规定性的概念。质是产品所固有的、特点方面的规定性,量则是关于产品的范围和程度的规定性。

1. 酒店产品质量

酒店产品质量是指酒店产品或服务的适用性,即酒店产品符合顾客需求的程度。例如,菜肴在新鲜度、营养成分、外观、形状、工艺、色泽、气味、数量和包装等方面满足顾客的程度。由于不同的顾客对酒店产品质量的要求不同,因此质量具有相对性、时间性和空间性。所谓相对性是指质量满足顾客需求的程度因人而异,产品相对于价格、成本或酒店等级可能是优质或一般的,时间性是指随时间的变化,顾客对酒店产品质量的要求有所不同。由于科学技术的进步、旅游业和酒店业的发展、人们生活水平的不断提高,顾客对酒店产品质量会提出不同甚至更高的要求,因此酒店产品质量具有时间的动态性。空间性是指顾客对酒店产品质量要求因地域环境而异。例如,在我国东部地区、西部地区、经济发达城市或欠发达地区,由于人们的生活方式、风俗习惯等不同,他们对酒店产品的质量要求也有所不同。此外,酒店产品质量常以一定的技术指标来表示,即质量标准或技术标准。酒店产品的质量标准应是对产品适用性的一种定性和定量的表现。但是,由于技术、经济、环境和心理等原因,同一产品的质量标准对某一顾客适宜,而对另一顾客可能不适宜。这就要求酒店在严格遵守统一的质量标准的前提下,尽可能地满足不同顾客的需求。现代酒店产品质量在满足顾客需求的基础上,使产品性能和特征总体满足特定顾客的需求。酒店产品质量的实质是产品满足顾客需求的程度,顾客的需求是确定产品质量高低的标准。

2. 工作质量和工序质量

酒店产品质量不仅是指产品质量（例如，客房、菜点或酒水本身的质量），还包括工作质量和工序质量。工作质量是指为保证和提高酒店产品质量，要求技术工作及管理工作和组织工作所要达到的质量、效率和效果。工作质量常根据产品质量的高低、不合格产品的数量等因素判定。工序质量是指满足酒店产品生产的程序的质量。例如，影响房务产品质量的工序质量有迎宾质量、行李服务质量、前台接待质量和客房清洁质量等。影响餐饮产品质量的工序质量有原料采购与贮存质量、原料初加工与切配质量、菜点生产与服务质量等。优良的工作质量和工序质量是酒店产品质量的保证。

9.1.2　影响酒店产品质量的因素

1. 职工素质

当今，世界已进入知识经济时代，旅游业和酒店业迅速发展，尤其在产品和服务创新方面，包括餐饮服务技术与设施创新、用餐环境与餐具及摆台创新、客房预订与分房系统创新、客房设施与家具创新、住宿环境与客房服务创新、会展设施与服务创新等。综上所述，不论是服务设施还是服务技术的创新都必须由酒店职工完成或操作。因此，酒店强调职工的业务素质，包括职工的质量意识、工作责任心、专业知识与技术质量等。

2. 设备性能

当今，在酒店市场激烈竞争的前提下，酒店设施和设备的性能、效率和质量直接影响酒店及酒店集团的产品质量。例如，当顾客入住智慧客房时，在房间无人或卫生间无人的情况下，室内的灯会自动熄灭，而有人时会保持正常的照明。同样，当顾客在菜单专业化的生态餐厅用餐时感到愉悦就会提高酒店的声誉与竞争力。

3. 原料与用品

酒店产品质量与产品原料和用品的质量紧密相关。例如，酒店的餐饮产品质量受食品原料的安全、品种、新鲜度、规格等的影响，而客房用品的安全性和实用性直接影响房务产品的质量和声誉。例如，个别酒店的洗发液质量低于家庭常用产品的标准，如此来，虽然酒店节约了一些成本，但是却严重地影响了客房入住率、餐厅入座率及会议产品的销售量。

4. 技术与工艺

酒店产品质量受生产与服务工艺、服务规程和操作规范等的影响。合格的酒店产品必须根据酒店工艺与服务工艺纪律、服务规程和操作规范生产与提供。因此，为了保证酒店产品质量，酒店必须规范各项服务的质量标准和工作程序，例如客房清洁的标准服务程序、电话问讯的服务规范、菜点加工与生产工艺纪律等。

5. 质检方法

为了保证酒店产品质量，酒店进行质量检验是必要的。但是，产品质检首先应由本部门进行，然后再由酒店质检部进行。通常，酒店各业务部门的质检手段和方法不同。例如，房务部的质检方法和手段是首先由客房清洁员根据客房清洁标准自查，清洁员每完成一间客房的清洁时，必须检查各项清洁工作的质量并查看摆放的物品是否整齐。然后，客房业务主管人员每天检验每间客房的清洁质量并填写质量检查表。餐饮部的质检方法是根据菜点生产程序，由下一道生产工序的工作人员检验上一道生产工序的质量，在菜点制成后，由厨房业务主管做最后检验，通过观察菜点的外观质量检验其生产工艺程序与生产工序标准，鉴别菜点的味道和气味，无误后，最后由服务员送往餐厅。根据成功质检的经验，酒店质检部必须重视产品质检的手段和方法，应每天抽查客房部、餐饮部、会展部和康乐部的产品与服务的质量。

6. 酒店环境

酒店产品质量受酒店位置环境、生产环境和服务环境的影响。高品质的酒店必须坐落在理想的营销环境或区域。理想的环境应是交通方便、环境优美、方便停车的环境，其应与酒店的种类和接待水平相协调。调查结果显示，酒店内部环境的温度、湿度和噪声等因素都会影响酒店的产品质量。

9.1.3 酒店质量管理的发展

我国酒店产品质量管理的发展大致可分为质量检验阶段、统计质量管理阶段和全面质量管理阶段。

1. 质量检验阶段

质量检验阶段是酒店质量管理的早期阶段。20 世纪 70 年代，我国酒店质量管理仅限于业务部门的内部质量管理，重视技术质量管理，产品标准化程度差。管理依靠各部门经理和主管人员的个人质量经验和产品检验技术。然而，随着科学技术和酒店市场的发展，质量检验阶段暴露了一些缺点，主要表现为质量问题没有得到及时的预防和控制。

2. 统计质量管理阶段

20 世纪 90 年代中期，我国酒店业进入了质量统计管理阶段。在客房里和餐厅的餐桌上，可看到顾客的意见单。酒店大厅有前厅副理接待顾客投诉。随着我国旅游业和酒店业的发展，质量检验阶段发展到了酒店统计质量管理阶段。酒店成立了质检部，检验各业务部门的产品质量，还通过各种投诉渠道，将得到的质量问题信息进行数理统计，将事后质量把关的管理方法发展为预防为主、防检结合的质量管理策略。同时，酒店还制定了产品质量标准，使各业务部门严格按照质量标准进行生产和服务。酒店质量统计管理实际是由酒店技术质量标准管理发展为产品质量标准管理。

3. 全面质量管理阶段

20 世纪 90 年代后期，我国旅游与酒店管理水平快速发展，顾客对酒店产品质量水平要求不断提高，这对传统的质量管理方法提出了挑战。这个时候，酒店管理人员认识到，产品质量管理仅依靠检验和统计方法不能解决问题，必须使用多种方法和手段，质量管理也不应只限于一线人员，还应包括管理人员，此外应当培养质量管理人才。酒店应制定和采取一系列完整的质量管理措施和手段。这一阶段，质量管理已发展为以满足顾客需求为前提并注重产品的适用性和产品质量的全过程管理。

9.1.4 酒店质量管理的意义

酒店质量管理的全称是酒店产品质量管理，是指为达到产品质量标准所必须的和全部的职能管理。酒店质量管理不仅受酒店内部的管理方式影响，还受多种社会因素影响。

例如，受国家主管部门和地区管理机构的质量政策指导，受政府有关部门质量审核和质量监督等。当今，我国酒店业面对着国际酒店集团的竞争，这些集团以连锁和特许经营的方式扩大市场。由于著名的国际酒店集团的优质产品影响了顾客，因此顾客对国内酒店集团管理的产品质量要求不断地提高，他们受益更多。当然，酒店产品质量管理是酒店发展和国家经济发展的需要，由于酒店产品质量既决定着企业的生存和发展，也代表了地区的旅游业和酒店业的竞争能力和吸引力，因此质量管理对酒店运营有着重要的社会意义。所以，在当前激烈的市场竞争中，酒店产品质量不应停留在原有位置，必须不断地改进和发展。

9.1.5　酒店质量管理观念

酒店质量管理主要存在两种不同的观念：传统的质量管理观念和现代质量管理观念。

1. 酒店质量管理的误区

目前，一些酒店管理人员将质量管理工作看作高星级酒店才应该开展的工作。他们认为，低星级酒店的利润低，难以提高产品质量。传统的酒店产品都是成功经验积累的结果，它们经久不衰，不存在质量问题。一些管理人员对酒店质量的理解不全面、不完整。他们认为，质量是指精致的产品外观或周到的服务，高质量的产品必须采用高价格的原料和设备，使用一般的设施和原料不会提高产品质量。一些管理人员还认为，质量管理是生产型企业要考虑的问题，酒店是服务业，只要加强认识就可以了，没有必要进行长时间的、系统的质量管理。一些职工认为，酒店质量管理工作浪费了人力和时间，增加了不必要的成本，对运营和市场竞争很不利，只要酒店产品符合国家和地方的质量标准就是优质的酒店产品。甚至，一些管理人员认为，产品质量问题是一线生产或服务人员的责任，而质量管理工作应当由质检部门负责等。

2. 传统的质量管理观念

传统的质量管理观念下，质量管理通常处于被动地位，当顾客对产品质量进行投诉后，酒店才研究和改善产品质量。传统的质量管理观念包括两种：防守型质量观念和进攻性质量观念。通常，持防守型质量观念的管理人员对酒店产品质量管理不全面、不彻底，应付了事，没有长远的质量目标和规划，经常搞突击型的质量攻关。甚至，一些部门对本部门的产品和服务不研究、不开发、不创新，仅靠抄袭、仿造及谋求引进。持进攻型质量管理观念的管理人员对酒店产品质量管理主动积极并有计划地提高产品质量，主动调查市场需求，并主动调查酒店产品在市场中的位置及酒店产品质量存在的不足与问题，及时调整运营方向，不断地改进和提高产品质量。

3. 现代的质量管理观念

现代酒店管理人员强调创新精神，强调不断创新并持续保持质量水平。管理人员将提高产品质量水平与开发新产品相结合，不断地使用新技术、新工艺、新原料、新设施、新家具、新布局、新结构等创新酒店产品，例如智慧客房、生态餐厅、安全与富有营养且有文化内涵的特色菜点等。

9.2 全面质量管理

9.2.1 酒店全面质量管理的特点

酒店全面质量管理是指酒店以产品质量为中心,以全员参与为基础,通过顾客满意,使酒店全体职工和全社会获得应得的利益,从而使酒店获得长期成功的运营途径。通常,酒店全面质量管理具有以下特点。

1. 从追求狭隘质量到追求完整质量

传统的酒店质量管理认为符合酒店规定的技术标准的产品即为合格的产品。现代质量管理强调产品的完整性,不以简单的服务指标来判定酒店产品质量的优劣,只有当产品所有的质量指标都符合顾客的需要时产品才会被认为是优质的酒店产品。同时,现代酒店产品质量管理还必须关注供应链和全社会所有受益者的期望和需要。其中,任何一方利益受到损害,都会影响酒店的形象和发展。因此,酒店应做好产品在生产和服务过程中的质量管理工作,采取有效的措施保证工作质量。现代酒店的质量观体现了顾客至上的理念,体现了所有部门在质量保证方面的责任。因此,全面质量管理包括产品全过程的管理,形成了一个综合性的产品质量管理体系。根据实践,酒店产品全面质量管理是一项细致的工作,它涉及各部门和各岗位,涉及运营中的各个方面和环节。所以,控制产品质量必须要求全体职工关心产品质量并对自己所做的工作负全责。此外,酒店各部门应当充分调动职工的积极性,培训和激励职工,做好产品质量管理的基础工作。

2. 从追求高指标到追求高使用价值

传统的酒店质量管理根据产品的技术指标评价酒店产品质量,许多酒店在没有对顾客需求进行周密调查和产品定位的前提下,主观确定产品的技术和性能指标,片面地认为标准越高越好,因酒店产品质量定义不明确或不能满足顾客需求而导致运营不善。这样,由于产品技术标准过高导致成本和价格上升,酒店失去市场竞争力,酒店的技术力量和设施不能保证质量,最终无法有效地运营。现代酒店认为产品质量应由消费者判定,技术标准并非越高越好,而是应保持较高的产品使用价值。这样,可以充分地满足目标顾客的需求。实践证明,多数顾客在购买房务产品、会展产品和餐饮产品时,首先考虑的是其价值和功能。如果产品功能剩余过大,会带来资源浪费。所以,适当的质量是最佳的,而满足顾客实际需求的质量是最关键的。当今,酒店的生存和发展离不开市场,尽管酒店面对的市场和环境相同,但是酒店自身的资源和职工的业务素质各不相同,每个酒店都应有明确并适合本酒店的消费群体。因此,酒店必须对顾客、竞争对手和资源等进行系统研究,以本酒店目标市场需求为基础,确定产品质量水平、技术标准和营销策略。

3. 从强调产品质量到完善保证能力

传统的酒店质量观认为酒店产品通过检验,符合酒店规定的标准就是合格的产品,因此只采取措施增加检验环节、督促职工认真工作等。但是,实践证明这种方法不能保证质量、防止问题的出现,且易造成产品质量的波动。现代酒店质量策略是酒店在准确定义产品质量水平的基础上必须具备保证质量的能力。由于影响酒店产品质量的因素很多并且在不断地变化,所以必须建立完善的质量保证体系,对影响酒店产品质量的各因素进行系统而有效的控制。系统工程是酒店全面质量管理的理论基础之一,在酒店管理中推行全面质量管理要依靠系统工程理论和方法,遵循管理理论,保证结果,根据生产质量和工作质量保证产品质量,根据开业前的准备工作质量保证营业中的产品质量,全面质量管理必须做到系统管理。酒店产品质量是在生产和服务中逐步形成的,其质量水平与生产和服务有直接的关系。传统的产品质量管理只抓产品后期质量,没有从根本上解决质量问题,而全面质量管理要求采取防检结合、以防为主的质量管理策略,把质量管理从对生产和服务后的控制转移到对生产和服务前的预防上,把影响产品质量的因素和环节全部有效地控制起来,把不合格的产品消灭在它形成的过程中,做到早期预防,形成一个稳定的管理系统以确保产品质量。

4. 从对顾客负责到对全社会负责

传统的酒店质量观认为酒店的任务是满足顾客的需求,顾客是酒店的基础与核心,只要顾客满意,酒店就会有收益,因此一些酒店不考虑环境保护及酒店的可持续发展问题。当今,酒店十分关注环境保护、社会效益和生态质量。酒店作为社会经济的细胞,要对全社会有所贡献,不仅要为社会创造物质财富,解决就业问题,还要为社区的生活和社会公益事业提供支持。

5. 从追究职工责任到追究管理者责任

传统的酒店管理人员认为质量事故是由一线职工造成的,质量责任应由职工承担。酒店在运营中,发生质量问题时,应将责任归咎于客房清洁员、服务员、厨师和餐厅领班等。现代酒店质量观认为产品质量问题必须追究管理者的责任,职工作为酒店人力资源的一部分,其生产和服务应由酒店质量标准文件加以规定并且酒店有责任对职工进行必要的培训。管理者应明确酒店是否对质量体系进行过全面的完善。一些酒店的质量体系存在严重的缺陷,职工工作随意性强、工作效率低下导致质量管理失控。在这样的环境下,职工不可能有效地控制产品质量。管理者应明确各岗位人员的业务素质和工作规范,提供适用的设备、充足的资金与信息及理想的工作环境。许多酒店的管理人员认为 80%以上的产品质量事故是由酒店管理者造成的,其余 20%的质量责任事故也与管理者有间接关系。

6. 从产品检验到提倡零缺陷服务

传统的酒店质量观强调酒店产品必须通过质量检验把关,产品有少量问题是不可避免的,对顾客需求不求完全满足。现代酒店管理人员强调质量管理应以预防为主,追求零缺陷。酒店应以顾客为核心,秉持顾客至上的服务理念,要使顾客 100%满意,而 100%满意意味着产品没有缺陷。这种转变是酒店发展与市场竞争的需要。此外,酒店全面质量管理是以企业获得更多的经济效益为目的的,无法取得经济效益的质量管理没有意义。

7. 从岗位管理到全员和全过程管理

传统的酒店质量观认为质量是生产出来的,是检验出来的,是职工工作的反映。目前,酒店管理人员逐步认识到产品质量在设计阶段就已经开始。其重要性甚至超过了产品生产和服务阶段。同时,现代质量观认为产品质量问题已不是酒店某个部门或某个岗位的问题,它涉及酒店的所有部门、生产和服务的全过程及全体职工。因此,酒店管理人员必须树立全面的服务意识,这表现在 3 个方面:第一,上一道工序为下一道工序服务;第二,管理部门为业务部门服务及为服务人员服务;第三,酒店要为市场服务。因此,现代酒店管理人员应认识到前一道工序的质量必须满足下一道工序的要求,每道工序都必须为下一道工序打好基础。酒店应在产品质量上坚持高标准和严要求,全心全意地为顾客服务。

9.2.2 酒店全面质量管理的内容

酒店全面质量管理的内容包括建立各项产品标准,实施标准计量工作,进行有效的质量培训,开展质量信息工作,健全质量责任制度,严格质量检验工作,加强质量管理的协调工作和建立质量控制小组。有效的质量管理应对酒店产品生产和服务各阶段进行科学的组合,保证为顾客提供优质的产品和服务,维护顾客的利益以取得顾客对企业的信任。

1. 建立各项产品标准

酒店应针对其设施和服务细节制定标准并严格执行。因此,酒店建筑结构与布局,共用系统,前厅,客房(见表 9-1),康乐设施,餐饮设施及家具与照明,各种菜点与酒水(见表 9-2),前厅服务,客房服务及餐饮服务的程序与方法(见表 9-3)应符合酒店标准和地区与国家管理机构制定的质量标准。

表 9-1 某酒店客房设施标准

设有 40 间(套)可供出租的客房
70%的客房的面积(不含卫生间)不少于 20 平方米
装修高雅,有高质量的软垫床、写字台、衣橱、衣架、茶几、座椅或简易沙发、床头柜、床头灯、台灯、落地灯、全身镜、行李架等配套家具。室内铺满地毯或优质木地板,采用区域照明且照明度良好
有卫生间,装有高质量的抽水恭桶,梳妆台应配备面盆和梳妆镜,有高质量的浴缸并配有浴帘。采取有效的防滑措施。卫生间地面采用高质量的材料,墙面色调高雅调和,采用分区照明且照明度良好。有良好的排风系统、110/220 V 电源插座和电话座机。卫生间配有吹风机,24 小时供应冷热水
有彩色电视机并有闭路电视演播系统及国际播放频道
具备十分有效的防噪声及隔音设施
有内窗帘及外层遮光窗帘
有单人间、套间和至少有 3 个开间的豪华套间
有残疾人客房,该房间能满足残疾人生活起居的基本要求
有与酒店配套的文具用品。有酒店服务指南、价目表、住宿制度、地区旅游景点介绍等

表 9-2 某酒店标准食谱

马铃薯沙拉(potato salad) (生产 10 份,每份重量约 120 克) 主菜 D-17 号	
食品原料	洗净的生菜叶 10 片,甜味红色辣椒条 20 条,煮熟的去皮鸡蛋 10 个,煮熟的带皮马铃薯 500 克,熟火腿肉丁 100 克,芹菜丁 50 克,酸黄瓜丁 20 克,洋葱末 50 克,马乃司(蛋黄沙拉酱)200 克,法国沙拉酱 120 克,细盐 8 克,白胡椒粉 8 克

续表

制法方法	1. 将生菜叶分别放入 10 个沙拉盘中，每盘放一片生菜叶，放在沙拉盘的中部，做底菜； 2. 将蒸熟的马铃薯去皮，切成 1 厘米的丁，马乃司与法国沙拉酱、盐、胡椒粉轻轻地搅拌在一起。注意，蒸熟的马铃薯必须冷却后才可以使用； 3. 将煮熟的鸡蛋切成丁； 4. 将鸡蛋丁、火腿肉丁、芹菜丁、洋葱末、酸黄瓜丁、沙拉酱搅拌好的马铃薯轻轻地搅拌在一起，制成马铃薯沙拉； 5. 将马铃薯沙拉平放在 10 个沙拉盘中，放在生菜叶的上面； 6. 在每盘沙拉的顶部放两条红色甜辣椒，作为装饰品

表 9-3　某酒店中餐厅点菜服务标准

当顾客点了酒水后，领班应及时将菜单递送给顾客。有时顾客喜欢在餐厅外部酒吧喝饮料、谈话并点菜。当顾客所点的菜肴即将上桌时，服务员应通知顾客进餐厅用餐	
服务程序	服务标准
递送菜单	在顾客的右边，将菜单打开，用双手将菜单递送给顾客，先递送给女士，再递送给男士。并说：“请看菜单，您用些什么？”
介绍菜肴	应说：“我们餐厅有新鲜的海鲜，如龙虾、螃蟹、三文鱼等，还有特色菜肴，请您先看菜单。然后，我再给您写菜单。”语言应简练并清楚
让顾客看菜单	给顾客 3~5 分钟的时间看菜单后，开始为顾客点菜（写菜单）。有些顾客不想自己看菜单，希望立刻点菜。这时，服务员应当立即为顾客点菜
点菜（写菜单）	服务员应说：“先生/女士，现在我可以为您点菜吗？”音量应适当
介绍菜肴	服务员应说：“我建议您先点一个凉菜，×× 怎么样？这个菜在上星期刚推出，顾客反应良好。然后，点 ×× 主菜，再点个 ×× 汤。这个汤配 ×× 菜很适合。”服务员点菜时应了解顾客的需求，考虑顾客对食品原料、生产工艺、菜肴味道及价格的需求
重复点菜内容	将顾客点的全部菜肴重复说一遍，请顾客确认，防止出差错。然后，对顾客表示感谢，离开餐桌

2. 实施标准计量工作

酒店应重视各种计量工作，完善各种量具，包括各种温度计、重量量具和容量量具。酒店的公共场所应设定标准温度。例如，前厅、楼道、餐厅等通常是 23~25 ℃。同时，酒店应为餐厅菜肴和酒水设定标准温度。热的菜肴、汤、咖啡和茶水温度应保持在 80 ℃以上，白葡萄酒的温度是 8~12 ℃，香槟酒和葡萄汽酒的温度是 4~8 ℃，红葡萄酒的温度常为 16~24 ℃。欧美国家常使用的温度计量单位是华氏度，而我国常用的温度计量单位是摄氏度。

3. 进行有效的质量培训

酒店产品质量保证必须以对全体职工的质量培训为基础，而且理论应联系实际。通常，培训的内容有入店培训、外语培训、礼节礼貌培训、专业技术培训、服务培训和新的服务项目培训等。

4. 开展质量信息工作

酒店质量信息是酒店实现运营效果的基础。酒店产品质量管理必须强调产品质量信息管理。随着酒店市场细分，新产品不断地增加，酒店需要经常对本酒店产品的种类、特色和质量标准进行评估和决策。调查结果显示，著名的酒店集团都有自己的特色产品和产品质量标准。由于现代酒店产品生命周期不断地缩短，顾客消费心理和需求不断地变化，这就要求酒店必须及时获得准确和适用的产品质量信息。过时的产品质量信息包括落后的客房布局、呆板的正宗菜肴、失实的产品质量、个人的产品偏好和传统经验，不适合本地区或本酒店的产品质量标准。当然，将其他消费水平的酒店产品质量标准用于本酒店应当慎重，否则会导致本酒店的产品销售或市场营销失败。酒店应持续地调查酒店产品质量发展趋势，研究酒店产品的市场需求，及时掌握本行业产品的质量动态和本酒店产品质量的发展。这是保证酒店产品质量水平的前提。

5. 健全质量责任制度

酒店应加强对产品质量责任的管理并制定各部门和各职务的质量责任。通常，酒店总经理或分管产品质量的副总经理对酒店产品质量负全部责任。采购部对酒店设施、用品、食品原料的质量负采购责任。保管员对用品和食品原料的质量负保管负责。房务部对房务产品生产和服务质量管理负有责任，对前厅、客房、洗衣房和公共区域清洁卫生负有质量责任。餐饮部对餐饮产品质量负有生产和服务责任，对宴会零点（散客）和酒水服务质量负有责任。工程部对酒店各种设施、设备及其运转情况与保养工作负有质量责任。安全部对酒店财产、食品安全、顾客人身及其财产安全质量负有责任并对职工人身与财产安全质量负有责任。

6. 严格质量检验工作

质量检验是酒店产品质量管理与控制的必要手段。质量检验管理强调酒店产品生产和服务中的各阶段和各环节的质量检验。酒店质检部应把好酒店产品生产和服务各环节的质量关。例如，酒店餐饮产品的生产必须经过 4 个阶段：采购、验收、生产（烹调）和服务。

7. 加强质量管理的协调工作

酒店应严格生产工艺纪律。强调人的因素的首要性，招聘和选拔优秀的管理人员和职工，制定严格的生产工艺纪律，这是保证酒店产品质量的前提。营销部和质检部应合作，共同掌握行业的质量动态，及时掌握本酒店产品质量动态，将那些落后于市场的产品消灭在萌芽中。酒店质检部应严格执行质量检验制度和方法，严格检验各种设施与原材料的采购质量。采购部应制定各种设施和原材料的采购质量标准。餐饮部与质检部应合作，制定各种菜点和酒水的质量标准，严格检查各项服务工作，制定各项餐饮服务的标准程序和方法。房务部和餐饮部等业务部门应做好生产和服务的工序质量管理工作，发现不合格的产品应及时纠正。酒店应加强对不合格产品的管理，找出出现不合格产品的原因和责任人，采取措施，及时改正。酒店应指派一名副总经理负责酒店全面质量管理工作，加强部门之间的合作，协调各生产和服务环节，贯彻和执行酒店制定的质量标准。通常，酒店产品质量标准不是经久不变的，产品质量管理必须以不断地提高和改进产品质量为基础。因此，全面质量管理是长期持久的，应作为酒店运营战略之一。

8. 建立质量控制小组

质量控制小组是由酒店各部门内工作性质相近的职工组成的，其工作任务是监督、检验和改进本组内生产产品的质量。酒店质量控制小组对酒店质量管理的作用有两点：一是外显作用，二是支持作用（见表 9-4）。外显作用可直接提高产品质量，支持作用对酒店产品质量可持续发展起着关键的推动作用。酒店的管理班子应重视对质量控制小组的建设，对该小组成员进行认真培训，及时奖励取得成绩的小组成员。

表 9-4 质量控制小组作用

外显作用	提高产品质量 提高工作效率 降低产品成本 减少各种浪费
支持作用	提高职工士气 加强部门沟通 改善人际关系 减少职工人才流动 提高职工知识与技能水平 创造优秀的企业文化

9.2.3 酒店全面质量管理体系

酒店全面质量管理体系是指为实现酒店质量策略和目标而开展质量管理和质量控制的一个特定系统。该系统依靠酒店组织机构，将酒店的各职能部门、各工作环节的质量管理活动紧密地组织起来，形成一个有明确的任务、职责和权限，可互相协调、互相促进的质量管理整体。酒店全面质量管理体系主要的作用是可有效地组织全体职工参与质量管理，将工作质量和产品质量有机结合，使酒店产品质量管理标准化、程序化、制度化和高效率。

1. 酒店全面质量管理体系类型

1）根据生产与服务过程分类

根据酒店产品从生产至销售的全过程，可将酒店产品质量管理分为三种类型：采购过程的质量管理、加工或生产过程的质量管理、服务过程的质量保证管理。

2）根据管理层次分类

有效的产品质量管理体系必须系统化。首先，班组应保证自己提供的产品的质量。例如，房务部的某楼层客房清扫小组或团队对其负责的客房卫生清洁质量的管理，某宴会厅的某一班次领班对其负责的宴会服务质量的管理，某厨房的某一班次厨师长（厨师领班）对其班次内生产的菜点质量的管理等。职能部门应设立质量管理小组对其下属的二级部门的工作质量和产品质量进行管理，酒店应设立质量管理部对各业务部门和职能部门进行质量管理的培训、指导、检查和管理。

3）根据专业和工作范围分类

酒店生产与销售多种不同的产品，各种产品的技术内涵丰富，质量标准的专业性很强。同时，酒店业生产的产品与工业生产的产品在性能方面有着较大的区别。其中，无形产品或称无形服务占有较大的比例。而且酒店的运营管理需要多个专业部门或职能部门。负责生产或服务及提供支持的各职能部门的有关产品质量的指导、培训、监督和检查尤为重要。所以,酒店产品质量管理的核心在各业务部门。

2. 酒店全面质量管理体系工作内容

1)成立专职的质量管理部门

酒店应成立质检部并培养专职的质检员。质检部在酒店总经理或专职副总经理的领导下行使酒店质量管理职能。该组织的职能是对酒店的质量管理进行统一的组织,制订完整的计划,进行各种检查,监督及协调各职能部门的质量控制工作。同时,与培训部合作,对酒店的工作人员进行质量培训;做好业内的质量信息反馈工作;掌握质量管理体系的活动动态。

2)制订明确的质量管理计划

酒店质量管理计划包括质量目标计划、质量指标计划和质量改进计划等。质量目标计划又称质量发展计划,是指导和组织酒店质量管理体系的战略目标,是全体职工的长远质量发展方向,例如,有关客房及其设施的更新换代、餐饮菜点的质量改进和创新等的计划。质量指标计划是根据酒店质量发展目标和不同的酒店产品制定年、季度及其他时间范围的质量发展目标。质量改进计划是实现质量指标的物质技术基础,它根据项目来制定。每一个项目都包括若干项工作内容,计划应规定每一个项目完成的时间进度、负责执行的部门或执行者、预计的费用及预期效果等。

3)明确各项产品质量责任

质量责任明确规定了各职能部门、各职务及每个职工在产品质量方面的职责、具体任务与权限等。酒店应把与酒店各项产品质量相关的工作和全体职工的职务责任结合起来,形成一个严密的质量管理责任制度。

4)完善工作标准和程序标准

在酒店产品质量管理中,完善各项工作标准和程序标准是质量管理的基础和核心。工作标准是酒店将各部门中的各项工作的质量要求按工作性质归纳分类,制成的各项工作标准和工作规范,是全体职工共同遵守的工作准则。程序标准是为产品生产过程所经过的环节、工作步骤制定的统一的程序标准及各程序中的工作标准。综上所述,完善的工作标准和程序标准可使酒店各项质量管理常态化、制度化和系统化。

5)建立完善的质量信息系统

质量信息系统是指酒店质量管理体系的各环节、各工序之间,按照工作顺序方向输送作为质量管理依据的质量信息的系统。质量信息系统根据信息来源及信息流动方向,可分为内部信息系统和外部信息系统。酒店质量管理体系的运转和协调必须依靠准确的信息传递,通过信息传递和反馈提高职工质量意识、质量知识水平和质量协调能力。

6)组织质量控制小组活动

在酒店质量管理中,成立质量控制小组(QC 小组)很有必要。所谓质量控制小组是由酒店各职能部门中的班组职工组织起来的与本部门或专业相关的产品质量研究、改进、创新和管理的小组。小组成员围绕部门质量目标、质量关键或薄弱环节,运用质量管理及相关知识和技术开展质量管理活动。质量控制小组是酒店质量管理的有效组织形式,是质量保证体系的专业基础组织。

7)协调供应链中的合作单位

酒店产品质量的保证离不开供应链中合作单位产品质量的保证，例如，供应商提供的食品原料的质量，酒店服务设施与设备的质量，客房家具与棉织品等的质量，外包酒店工程质量等。

3. 酒店全面质量管理体系工作程序

酒店全面质量管理体系工作程序是一个动态的管理体系，简称 PDCA 循环（见图 9-1）。该体系由美国质量管理专家戴明（W.E.Deming）首先使用，因此又称戴明循环。该体系反映了酒店质量保证体系运转所应遵循的科学及有效的管理程序。该管理程序包括 4 个管理阶段和 8 个工作步骤。在这一体系中，酒店各职能部门和各工作环节的质量管理体系推动着酒店整体质量管理体系的运转，而酒店整体质量管理体系会带动各职能部门和各工作环节的质量管理工作。根据酒店质量管理体系的工作原理，这一体系每转动一周期，酒店产品质量就会有所提高，如此循环，酒店产品质量将得到持续的改进和提高（见图 9-2）。4 个管理阶段的具体工作如下。

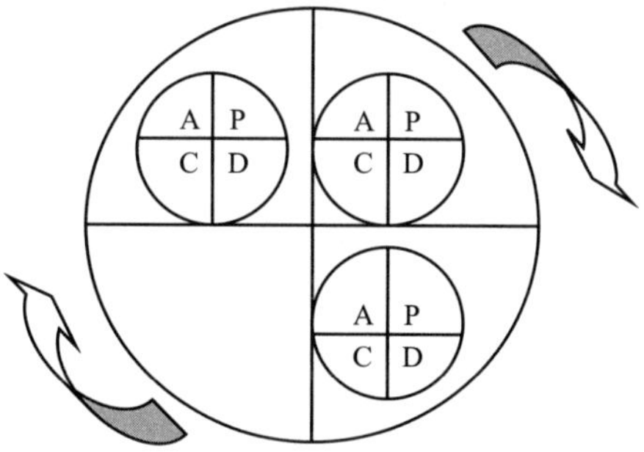

图 9-1　PDCA 循环

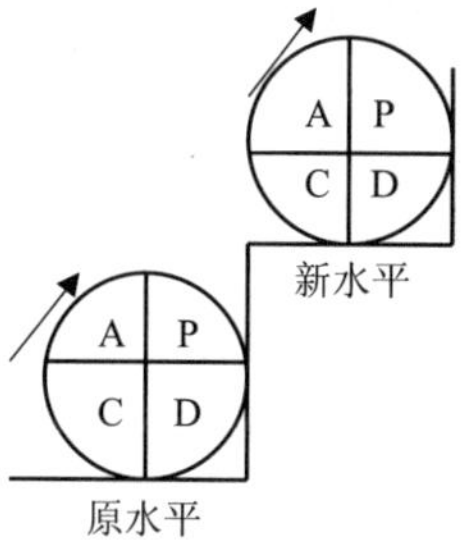

图 9-2　PDCA 循环持续转动

（1）计划阶段（plan）。在计划阶段，应以提高质量、降低消耗为目标，确定产品质量目标和活动计划，并制定具体的实施方案。计划阶段的具体工作包括：① 分析现状，找出存在的质量问题；②分析产生质量问题的原因；③从各种原因中找出主要原因；④针对主要原因制订调整措施和计划，确定质量改进目标。

（2）执行阶段（do）。在这一阶段，应根据计划和目标，落实质量改进计划和具体实施措施。

（3）检查阶段（check）。在这一阶段，应将质量改进结果与预期质量目标对比，检查措施及其实施效果并及时发现问题。

（4）处理阶段（action）。在这一阶段，应肯定成功的经验，巩固质量改进的成绩，解决目前存在的问题。处理阶段的具体工作包括：①总结经验，巩固成绩，提出存在的问题；②将未解决的质量问题转入下一个循环中去解决。

9.2.4　全面质量管理统计与分析方法

酒店全面质量管理常用的统计与分析方法有排列图法、因果分析法和分层分析法。

1. 排列图法

1）排列图制作

排列图又称主次因素分析图或帕累托图。帕累托（Pareto）是意大利经济学家。他在调查分析社会财富分布状态时，发现少数人占有大量的财富，绝大多数人处于贫苦状态，这就是所谓“关键的少数和无关紧要的多数”关系。后来，美国质量管理学家朱兰博士把排列图引入质量管理中。该方法在找出影响产品质量的主要因素方面很有效。排列图是由两个纵坐标轴、一个横坐标轴、几个直方块和一条折线构成的。影响产品质量的因素或项目在排列图的横坐标轴上按其影响程度的大小，从左到右依次排列。排列图的左纵坐标轴表示次数，右纵坐标轴表示频率，即百分比。直方的高度表示某个因素或项目发生的次数，从高到低，从左到右，顺序排列。将各种影响因素或项目发生的累积百分比连接起来，从左到右逐渐上升形成一条折线，这条折线被称为帕累托曲线。制作排列图，首先要确定调查的主要质量问题、不合格的项目、调查的时间安排、收集数据的方法（顾客投诉单、质检部记录、顾客意见单），然后这些制成数据记录表，表中有各项不合格的项目、累计不合格数、各项问题百分比及累计百分比。同时，统计带有质量问题的项目时，最好不要超过 3 项，为了简化图表，可将不重要的各项质量问题合为 1 项（其他项），放在横坐标轴的最右端，合理地选择计量单位。

2）排列图分析

在排列图中，将影响酒店产品质量的因素分为 A、B、C 类 3 类。A 类因素是累计百分数在 70%以下区间的因素，B 类因素是累计百分数在 70%~90%区间的各项因素，C 类因素是累计百分数在 90%~100%区间的各项因素。例如，2020 年 3 月，某酒店根据质检部检查报告、顾客意见单及顾客投诉记录总结出 3 类问题：A 类是酒店餐饮与房务产品质量问题，这是当前存在的最主要问题；B 类是会展和康乐产品质量问题；C 类是商务代办和酒店代售商品质量问题。通过分析发现，该酒店主要运营的产品都存在质量问题。在这些质量问题中，餐饮与房务产品质量问题是最主要的，占该酒店产品质量问题的 64.9%（见表 9-5，图 9-3）。可以通过因果分析法继续分析影响质量的主要原因，最后由管理部门决定应采取哪些措施去解决问题。

表 9-5　某酒店 2020 年 3 月不合格产品记录表

项目	不合格件数	累计件数	比例（%）	累计比例（%）
餐饮	31	31	41.9	41.9
房务	17	48	23.0	64.9
会展	12	60	16.2	81.1
康乐	9	69	12.2	93.3
其他	5	74	6.7	100
合计	74	—	100	—

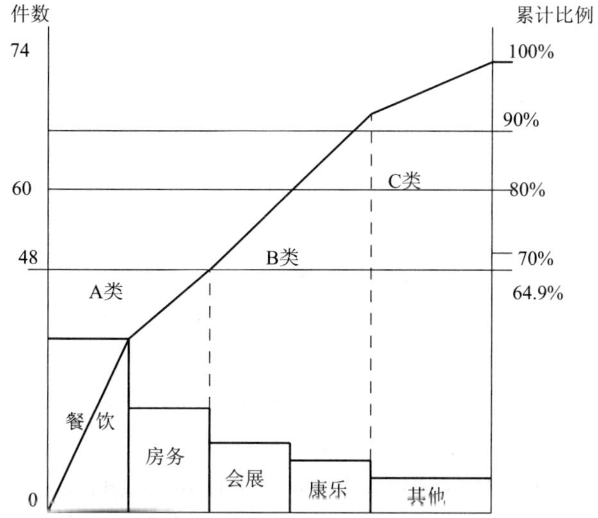

图 9-3　用排列图法统计与分析某酒店 2020 年 3 月的不合格产品

2. 因果分析法

因果分析法是对酒店质量问题寻根究源的一种方法，先找出那些严重影响产品质量的原因，再从大原因中找出中原因，从中原因中找出小原因，直至研究出解决这些质量问题的具体方法。应用因果分析法分析酒店产品质量时，应广泛听取有关人员的意见，将大家的意见做好记录并进行整理。例如，在餐饮产品中，造成质量问题的主要原因来自 6 个方面：人员、设备、环境、技术、原料和服务。在这些大原因的基础上再逐步细化出中原因和小原因（见图 9-4）。

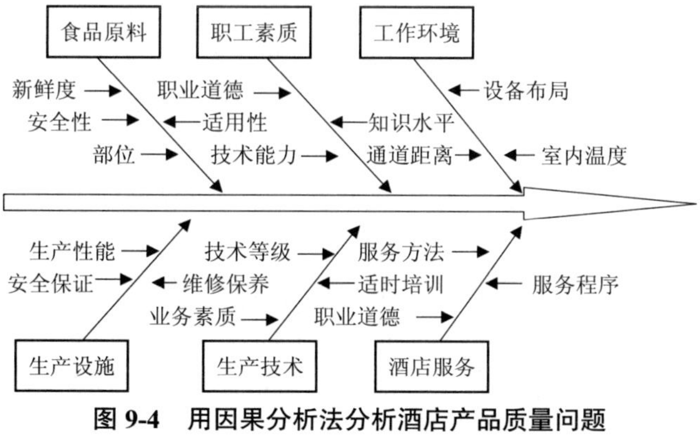

图 9-4　用因果分析法分析酒店产品质量问题

3. 分层分析法

分层分析法是把收集来的数据按不同目的和要求加以分类，把性质相同、条件相同的质量问题的相关数据归在一起进行分析的方法。这一方法可以使杂乱无章的和数据错综复杂的因素系统化和条理化，以便找出主要的质量问题，采取措施，解决问题。一般按下列原则将数据进行分层。

（1）按人员分层：新职工、老职工，男职工、女职工，不同技术等级职工。

（2）按部门分层：人力资源部、财务部、餐饮部、房务部、工程维修部、保安部等。

（3）按管理层次：酒店总经理、业务总监、部门经理、业务主管、领班、职工。

（4）按供应商分层：企业、品牌、地区。

（5）按不同班次分层：早班、中班和晚班。

（6）其他分层方法：不同季节、不同场合，例如，淡季与旺季、散客与团队。

9.3 顾客满意的服务质量

21世纪，服务质量是新时代酒店生存和发展的第一要素，酒店提供的服务能否在市场上成为有价值的产品并被顾客接受的决定性因素是服务质量。因此，酒店不仅要从服务提供者的角度来看待服务质量，还要站在消费者和其他受益者的立场来看待服务质量。酒店应不断地开发和利用新技术和新设施，提供便利和高效的服务，给顾客带来更多的附加值。由于现代酒店服务质量内涵的深化和知识化，管理者必须重视服务质量的广度和深度。现代酒店的市场竞争力是由酒店为顾客提供优质服务的能力决定的。采取优质服务战略的酒店应与顾客建立和发展长期的互惠关系。

9.3.1 酒店服务产品特点及质量的构成

1. 酒店服务的无形性及服务能力

酒店服务是无形产品。酒店服务是过程，是不可贮存的。由于服务的构成因素和消费者个性等原因，服务质量标准很难统一。酒店服务不仅本身无形，甚至顾客获得的利益也很难察觉到或仅能抽象地表达，但是酒店服务是可以被感知和体验的，因为许多酒店服务项目都包含有形因素的成分。例如，餐饮服务质量包括服务设施和餐饮的质量。此外，酒店服务的生产和消费具有不可分离的特征，即酒店服务（生产）和消费同时进行，服务人员为顾客提供服务的过程，也是顾客消费的过程。因此，酒店服务不可能像有形产品那样可以储存以备未来销售或顾客可以一次购买较多的服务以备未来需要。因此，对酒店服务能力的筹划和安排就显得格外重要。如果在某一时刻酒店服务能力不足，某些顾客得不到理想的服务，酒店就会失去应有的运营机遇。反之，酒店服务能力过剩，就会造成人力成本的浪费。此外，酒店服务的不可储存性还意味着服务存在效率管理问题，酒店必须充分利用现有服务人员和服务设备，提高职工的工作效率和设备的使用效率，以便解决供需矛盾。这就要求酒店增强服务人员的工作弹性，以适应不断变化的服务需求。

2. 酒店服务质量的个性及评价标准

由于酒店的服务理念是以顾客为中心，服务的设计者、管理者、提供者和消费者具有特殊性，因此很难采用统一的标准评价服务质量。服务员素质不同，提供的服务的质量也不同，即使同一服务员也很难保证提供的服务的质量相同。在同样的环境下，不同服务员提供的同一类服务的质量也有一定的差别。同时，由于顾客直接参与服务的生产和消费，不同的顾客在知识、素养、经验、兴趣和爱好等方面存在差异，因此不同顾客在同一时间消费相同质量的服务也会有不同的感受。以上这些因素直接影响服务的质量和效果。此外,由于顾客在不同时间消费,可能对酒店服务质量有不一致的评价,这就要求酒店严格保证服务质量,否则容易使顾客对酒店服务质量有不好的评价,从而损害酒店的形象和声誉。

3. 酒店服务质量的构成因素

酒店服务质量的构成因素有三个:服务设计、服务供给和服务关系。酒店如何认识和管理好这三方面的因素将会影响顾客对酒店总体服务质量的评价。

(1)服务设计。服务设计是否优秀的评价标准首先取决于其是否能满足顾客的个性化需求。

(2)服务供给。应将设计好的服务,经服务人员以顾客满意的方式提供给顾客,从而把理想的服务文化和服务技术等的质量转变为现实的服务质量。

(3)服务关系。在酒店服务过程中,服务人员与顾客之间的沟通质量会直接影响服务质量。服务人员应多关心顾客,尽量借助有形的服务设施和其他有形因素将无形的服务有形化,将优质的服务展现给顾客,给顾客以美好的体验。顾客对酒店服务质量的评价越高,对服务就越满意。

4. 服务体验质量的构成

通常,顾客体验或感知到的服务质量要受酒店形象、预期服务质量和具体体验到的服务质量的综合影响。顾客在消费前常受酒店广告或其他宣传资料的影响,或凭着以前消费的经验已形成对酒店形象的初步认识,对自己准备购买的服务质量有了比较具体的预期,这样顾客在消费前,就会带着具体的期望去体验服务。顾客在消费后,会把自己在消费中体验到的服务质量与预期的服务质量进行比较,从而对酒店的服务质量做出评价。此外,顾客对服务质量的最终评价还受顾客心理原有酒店形象的影响。顾客如果对酒店原有的形象印象良好,就很可能会原谅酒店在服务中的偶尔过失,从而提高对酒店服务质量的评价;如果对该酒店原有的形象印象不好,顾客就会放大服务中的缺点,对酒店服务质量做出负面的评价。酒店服务体验质量的构成与评价见图 9-5。

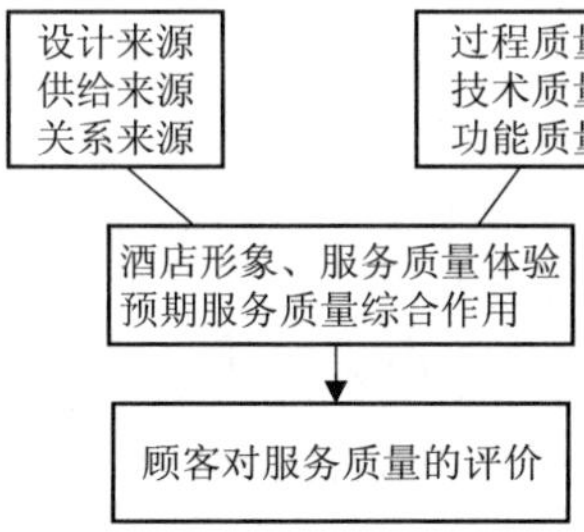

图 9-5　酒店服务体验质量构成与评价

9.3.2　顾客满意的服务质量管理

顾客满意(customer satisfaction)的服务质量管理是指酒店以顾客对服务质量的满意为目标,以顾客的利益为核心设计与销售各项服务产品,通过顾客持续的满意,提高其对酒店的忠诚度,从而提升酒店的市场竞争力和实现酒店长期的发展目标。

1. 顾客对酒店服务质量需求的分析

所谓顾客是指任何接受或可能接受酒店所提供的服务产品的个体或团队。这个概念既包括习惯上使用酒店产品的“消费者”和“团队”，也包括未来可能购买酒店服务产品的顾客。调查结果显示，顾客对酒店产品服务质量的需求总是以由低到高的方向发展，在最基本的服务质量需求得到满足后，顾客会有更高层的服务质量要求，其对酒店服务质量的需求通常随着他们的社会生活需求的发展而发展。顾客对酒店服务产品的需求可分为两个层次：基本需求和个性化需求（见图 9-6）。基本需求是顾客购买酒店服务产品的原动力。个性化需求是顾客购买酒店服务产品的续动力。了解和分析顾客对酒店服务产品的需求可进一步掌握顾客对酒店服务产品的期望，从而为酒店制定质量政策提供宝贵的依据。

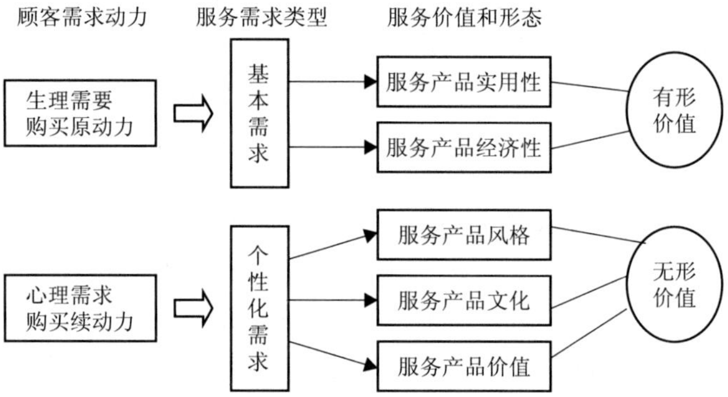

图 9-6　顾客对酒店服务产品质量的需求

2. 顾客满意的服务质量管理原则

在顾客满意的服务质量管理原则指引下，酒店应紧紧围绕顾客服务需求开展服务设计与服务运营业务，将顾客满意的服务质量理念引入现代酒店服务质量管理中。要想开展顾客满意的服务质量管理，所有职工必须遵循以下原则。

1）服务质量全过程管理

顾客满意的服务质量管理必须贯穿于酒店各种服务产品生产和服务的全过程，即从服务开发、服务方法与程序设计直至实施的全过程。

2）以顾客对服务产品的需求为导向

酒店实施顾客满意的服务产品质量管理需要从顾客对酒店服务产品的需求的调查开始，认真分析顾客服务需求的各项指标和结构，确定顾客对服务质量的体验。

3）持续改进服务质量

酒店实施顾客满意的服务质量管理，其目的在于推动酒店服务质量的改进和创新。由于顾客对服务质量的需求是变化和发展的，因此酒店必须持续对服务质量进行改进和创新。

3. 顾客满意的服务质量的构建与实施

酒店应做好以下 3 个方面的管理工作，提高顾客对服务质量的满意度。

1)构建以顾客满意为中心的服务质量文化

酒店运营活动应以满足顾客对服务质量的需要为出发点,通过搜集顾客潜在的服务质量需要,以改进和创新的服务产品质量吸引顾客,使顾客感受到意想不到的满意。同时,酒店在调查顾客需求的基础上,应形成顾客满意的运营理念、顾客满意的服务行为、顾客满意的视听系统、顾客满意的服务质量和特色。其中,顾客满意的运营理念是以顾客服务质量需求为基础,建设相适应的服务文化和酒店文化,表现在酒店运营目标和运营理念上,并贯穿于酒店的服务质量、社会责任和人才运用和培养等。

2)培养以顾客满意为中心的服务质量理念

(1)"客人永远是对的",这是美国斯塔特勒酒店(Statler Hotel)的服务理念。

(2)在喜来登酒店,小事是大事。

(3)集体的价值高于自我价值,普通岗位的价值高于权力的价值。

(4)酒店知名度的价值高于利润的价值。

(5)酒店的利益要服从顾客的利益,个人的利益要服从集体的利益。

3)养成以顾客满意为中心的服务质量行为

(1)关注酒店服务让内外顾客满意的情况。

(2)建设令顾客满意的视觉环境,包括色调、采光、照明、装饰品等方面,营造庄严、高雅、富贵、热情、喜庆、幽雅和舒适的服务气氛。

(3)构建令顾客满意的服务环境,包括花卉、盆景、假山、瀑布、壁画、内部装饰等,塑造舒适、安静的听觉环境。

(4)保证清新宜人的空气和适中的温度、湿度,让顾客产生舒服和愉快的心理。

(5)创造高效的服务管理文化,使职工得到尊重,使管理者提高个人修养。

4)设计以顾客满意为中心的酒店视觉形象

酒店可视的形象包括酒店名称、标志、标准字、标准色、造型和图案等。

本章小结

质量是用来表达产品本质的规定性和数量上的规定性的概念。质是产品所固有的、特点方面的规定性,量则是关于产品的范围和程度的规定性。酒店产品质量是指酒店产品或服务的适用性,即酒店产品符合顾客需求的程度,例如菜肴在新鲜度、营养成分、外观、形状、工艺、色泽、气味、数量和包装等方面满足顾客的程度。由于不同的顾客对酒店产品质量的要求不同,因此质量具有相对性、时间性和空间性。酒店全面质量管理是指酒店以产品质量为中心,以全员参与为基础,通过顾客满意,使酒店全体职工和全社会获得应得的利益,从而使酒店获得长期成功的运营途径。21世纪,服务质量是新时代酒店生存和发展的第一要素,酒店提供的服务能否在市场上成为有价值的产品并被顾客接受的决定性因素是服务质量。因此,酒店不仅要从服务提供者的角度来看待服务质量,还要站在消费者和其他受益者的立场来看待服务质量。酒店应不断地开发和利用新技术和新设施,提供便利和高效的服务,给顾客提供更多的附加值。

练习题

1. 名词解释题

工作质量、工序质量、酒店全面质量管理

2. 判断对错题

(1)质量是用来表达产品本质的规定性和数量上的规定性的概念。质是产品所固有的、特点方面的规定性,量则是关于产品的范围和程度的规定性。(　　)

(2)酒店产品质量是指客房、菜点或酒水本身的质量,不包括工作质量和工序质量。(　　)

(3)质量控制小组成员围绕酒店质量目标、质量关键或薄弱环节,运用质量管理及相关知识和技术开展质量管理活动。质量控制小组是酒店质量管理的有效组织形式,是质量保证体系的专业基础组织。(　　)

(4)现代酒店产品质量在满足顾客需求的基础上,使产品性能和特征总体满足特定顾客的需求。酒店产品质量的实质是产品满足顾客需求的程度,顾客的需求与确定产品质量高低的标准无关。(　　)

(5)由于顾客对服务质量的需求是变化和发展的,因此酒店必须持续对服务质量进行改进和创新。(　　)

(6)酒店产品质量受生产与服务工艺、服务规程和操作规范等的影响。合格的酒店产品必须根据酒店工艺与服务工艺纪律、服务规程和操作规范生产与提供。(　　)

3. 多项选择题

(1)当今,世界已进入知识经济时代,旅游业和酒店业迅速发展,尤其在产品和服务创新方面,包括(　　)、住宿环境与客房服务创新、会展设施与服务创新等。

A. 餐饮服务技术与设施创新　　B. 用餐环境与餐具及摆台创新

C. 客房预订与分房系统创新　　D. 客房设施与家具创新

(2)通常,顾客体验或感知到的服务质量要受(　　)等 3 个方面的综合作用。

A. 酒店品牌　　B. 酒店形象

C. 预期服务质量　　D. 具体体验的服务质量

(3)酒店全面质量管理体系依靠酒店组织机构,将酒店的各职能部门、各工作环节的质量管理活动紧密地组织起来,形成一个有(　　)的质量管理整体。

A 明确的任务　　B. 职责和权限　　C. 可互相协调　　D. 互相促进

(4)所谓顾客是指(　　)。

A. 任何接受酒店提供的服务产品的个体或团队

B. 不接受酒店服务产品的个体或团队

C. 习惯上使用酒店产品的“消费者”和“团队”

D. 未来可能购买酒店服务产品的顾客

4. 问答题

（1）简述现代酒店产品的特点。

（2）简述影响酒店产品质量的因素。

（3）简述酒店质量管理的发展。

（4）简述酒店服务质量形成的要素。

（5）论述酒店全面质量管理的特点。

（6）论述酒店全面质量管理的内容。

主要参考文献

[1] 王景峰. 质量管理流程设计与工作标准[M].2 版. 北京：人民邮电出版社，2012.

[2] 郭彬. 创造价值的质量管理[M]. 北京：机械工业出版社，2013.

[3] 克劳福德，贝尼迪托. 新产品管理：第 9 版[M]. 王彬，徐瑾，翟琳阳，译. 大连：东北财经大学出版社，2012.

[4] 温卫娟. 采购管理[M]. 北京：清华大学出版社，2013.

[5] 陈国华. 现场管理[M].2 版. 北京：北京大学出版社，2018.

[6] 赖朝安. 新产品开发[M]. 北京：清华大学出版社，2014.

[7] 汤高奇，石明生. 食品安全与质量控制[M]. 北京：中国农业大学出版社，2013.

[8] 刘少伟. 食品安全保障实务研究[M]. 上海：华东理工大学出版社 ，2019.

[9] 曹小红. 食品安全与卫生[M]. 北京：科学出版社，2018.

[10] 克拉耶夫斯基，里茨曼. 运营管理：流程与价值链：第 7 版[M]. 刘晋，向佐春，译. 北京：人民邮电出版社，2007.

[11] 韦福祥. 服务质量评价与管理[M]. 北京：人民邮电出版社 ，2005.

[12] 王天佑，张威. 饭店管理概论[M].3 版. 北京：清华大学出版社，2015.

[13] 温德成. 质量管理学[M].3 版. 北京：机械工业出版社，2020.

[14] 张小海，龙盛蓉. 质量控制[M]. 北京：机械工业出版社，2019.

[15] 王天佑. 饭店餐饮管理[M].4 版. 北京：清华大学出版社，2021.

[16] 蹇令香，李东兵. 采购与库存管理[M].3 版. 大连：东北财经大学出版社，2020.

[17] BALI P S. Quantity food production operations and Indian cuisine[M].New York：Oxford University Press，2011.

[18] COOPER R G. Winning at new products：creating value through innovation [M]. 4th ed. New York：Basic Books，2017.

[19] BALI P S.Food production operations[M].New York：Oxford University Press，2009.

[20] BOYLAN M.Business ethics [M].New Jersey：Jony Wiley & Sons. Inc，2013.

[21] DALE B G，WIELE TVD，IWAARDEN J V. Managing quality [M]. New Jersey：John Wiley & Sons，Inc.，2016.

[22] DAVIS B，LOCKWOOD A. Food and beverage management [M].5th ed. New York：

Routledge Taylor & Francis Group, 2012.

[23] WALKER J R. Introduction to hospitality management[M]. 8th ed.Essex: Pearson Education Inc.,2021.

[24] JAUHARI V. Hospitality marketing and consumer behavior: creating memorable experiences[M] Oakville: Apple Academic Press,2017.

[25] MONTGOMERY, DOUGLAS C.Managing, controlling and improving quality[M].New Jersey:John Wiley & Sons,Inc.,2010.

[26] EVANS J. R, LINDSAY W M. Managing for quality and performance excellence[M]. Ohio:South Western,2010.

第10章

酒店战略管理

本章导读

酒店战略是酒店为寻求和维持竞争优势而做出的全面的重大计划和谋略。酒店战略涉及酒店的生存与发展及酒店整体运营目标,涉及带有共性和指导全局作用的决策和行动。酒店战略由4个要素组成:运营范围、资源配置、竞争优势和协同作用。通过对本章的学习,读者可了解酒店战略特征和酒店战略结构,掌握酒店战略环境分析和战略选择的相关知识,熟悉酒店战略实施与控制的相关内容。

10.1 酒店战略概述

10.1.1 酒店战略的含义

酒店战略是以酒店未来为基点,在分析外部与内部环境的基础上,为寻求和发展酒店竞争优势而做出的重大计划和谋略。酒店战略决策指明了酒店发展的方向,明确了酒店的组织类型和业务范围。酒店战略涉及酒店的生存与发展,涉及酒店的整体运营目标、运营决策和运营行动。实际上,酒店战略是计划,是谋略,是模式,是定位,是观念。

10.1.2 酒店战略的特点

酒店战略是酒店根本性的重大决策,是对酒店长期运营目标和手段的谋划。当今,酒店正在从劳动密集型企业向知识密集型企业发展。酒店管理者已经认识到战略对于酒店运营管理的重要性,因此战略是酒店的全局性与纲领性文件,战略规定了酒店的长远性与稳定性发展,竞争与合作是酒店战略的实施纲领。当今,酒店战略规划不仅要考虑酒店的现实资源和能力,还应当密切关注市场的变化和发展,不断地创新。酒店战略的主要特征表现在以下几个方面。

1. 全局性与纲领性

酒店战略以酒店全局为目标,根据酒店总体发展需要而制定。它所规定的是酒店整体的运营行为,所追求的是酒店总体的运营效果。除此之外,它还包括局部运营活动,这些局部活动是酒店总体目标的有机组成部分。同时,酒店战略还规定了酒店总体的长远目标、发展方向、前进道路以及酒店要采取的行动方针、重大措施和基本步骤等。这些内容都是酒店的原则性和概括性规定,所以酒店战略具有全局性和纲领性意义。

2. 长远性与稳定性

酒店战略注重酒店长远利益,是酒店谋取长远发展的反映。虽然,它以当前的市场环境为出发点对酒店日常运营进行指导,但这一切都是为了酒店的长远发展。因此,评价酒店战略优劣的一个重要标准就是看其是否有助于实现酒店的长期发展目标及保证酒店长期利益的最大化。为了实现酒店的可持续发展,酒店战略应具有相对稳定性。如果朝令夕改,就会使酒店运营发生混乱,迷失方向,从而给酒店带来不可弥补的损失。因此,酒店战略既具有长远性,又具有稳定性。

3. 竞争性与合作性

制定与实施酒店战略的主要目标是凝聚酒店力量,取得酒店优势,占领酒店市场,获得酒店发展。竞争性是酒店战略实施的本质和基础,如果没有具有竞争性的战略就会导致酒店运营失败。竞争能激发酒店的潜能,使其发挥出超出平时的运营水平,提升其综合能力。合作是指酒店与酒店之间为了实现各自的运营目标,发挥各自的特点和优势,相互促进以取得双赢的过程。因此,合作是酒店战略不可或缺的。

4. 现实性与创新性

根据实践,酒店战略不是管理人员脱离日常运营的构想,而是立足酒店运营实践制定的长期发展目标。由于每个酒店面临的市场环境和内部资源等都具有自身的现实特点,所以不同的酒店总是存在着差别。酒店所处的市场环境和其自身条件总是不断变化的,不存在适应所有酒店的运营战略,当然也不会存在经久不变的酒店战略。酒店战略只有紧跟市场的发展而持续创新才能使酒店在日趋复杂的市场中取得优势。

10.1.3 酒店战略结构

1. 酒店总体战略

酒店总体战略又称酒店公司战略,是指独立运营的酒店的总体战略规划,是酒店高层管理人员指导本酒店一切运营活动的最高行动纲领,是酒店根据酒店使命(任务)和目标选择可竞争的市场领域,合理配置资源,决定酒店整体业务和核心业务,促使各业务单位和职能部门相互支持和相互协调的纲领性文件。

2. 运营层战略

运营层战略常称作运营单位战略或事业部战略,是指酒店集团下属各酒店或各独立运营酒店的各业务部门为了保证自身的市场竞争力和业务发展,有效地利用资源并针对不断变化的环境做出的战略规划。运营层战略应根据酒店集团总体战略规定的运营目标和任务制定本单位的战略目标和任务并与集团总体战略相协调。当然,对于独立运营的大型酒店而言,其住宿业务、餐饮业务和会展业务常基于酒店总体战略,制定独立的运营战略。

3. 职能层战略

职能层战略又称职能部门战略,是为了贯彻和实施酒店集团和运营单位的整体战略而在职能领域中制定的具体的运营战略。职能层战略的特点是涉及酒店运营管理的所有业务和管理领域,结合本部门的专业和职责将酒店总体战略具体化。例如,酒店房务营销战略、酒店人力资源管理战略、酒店财务管理战略、酒店宴会运营战略等都是职能层战略。

10.1.4　酒店总体战略的类型

酒店总体战略是指导酒店运营管理的蓝图，是从酒店全局发展考虑而做出的长时期的总体业务谋划和运营纲领，主要包括发展型战略、稳定型战略、防御型战略等。

1. 发展型战略

发展型战略即扩大酒店运营规模的战略，表现在增加酒店投入，提高市场占有率并增加酒店收入上，是酒店向更高一级目标发展的战略。发展型战略主要包括一体化战略、集中型战略、多元化战略、并购与重组战略、国际化战略。

1）一体化战略

一体化战略包括纵向一体化战略和水平一体化战略。纵向一体化战略是从酒店整体运营业务出发，向前或向后扩展以扩大运营规模的战略。当酒店向前扩展接近市场或顾客时，实行的是前向一体化战略，当酒店向后接近供应商时，实行的是后向一体化战略。水平一体化又称横向一体化，是酒店与其他企业在某方面业务的联合，这种战略是一种减少竞争对手、扩大运营规模、增强酒店实力与增加资源的战略。实施前向一体化战略的有效方式是特许经营（franchising）。特许经营是一种分销酒店产品和服务的营销模式，由特许经营者将自己的品牌、技术和管理等授权给被特许经营者使用，双方共担风险，共享利润。当酒店产品在市场上有明显的竞争优势时，可继续扩大运营范围或实施后向一体化战略，加强对供应商的控制以满足酒店对原材料的需求。目前，一些实力雄厚的酒店或酒店集团将水平一体化战略作为促进自身快速发展的重要战略，通过对同类企业的合并、收购和接管，进一步提高自身的运营规模，优化资源配置水平，例如酒店业务与房地产业务或旅游业务合作等。近年来，全球掀起的并购浪潮就是横向一体化战略广泛实施的体现。

2）集中型战略

集中型战略的特点是酒店在现有产品和市场的基础上，通过市场渗透、市场开发和产品开发等战略扩大酒店运营规模，增强酒店的竞争优势。采用集中型战略可使酒店运营不断地发展和壮大。集中型战略强调充分利用外部环境，努力挖掘和运用酒店内部资源，促使酒店向高水平发展，提高酒店的经营效益。实施集中型战略需不断地投入资源，扩大产销规模，提高市场占有率，增强酒店竞争力。集中型战略主要包括市场渗透战略、市场开发战略、产品开发战略。市场渗透是指酒店在利用现有产品和市场的基础上，通过改善服务和质量，强化促销手段，扩大市场份额。市场开发是指酒店依靠原有的产品寻找潜在的市场，吸引新顾客，争取新市场。产品开发是指在原有市场的基础上，不断地改善和调整原有产品并开发新的产品。

3）多元化战略

多元化战略是酒店或酒店集团为了降低主营业务风险而进行多元化运营的战略。这种战略包括相关多元化战略和非相关多元化战略。相关多元化战略是指酒店集团以现有设施和技术为基础，增加与现有产品相近的房务产品、餐饮产品和会展产品等业务种类，扩大规模的战略。采用相关多元化战略可保持酒店整体业务的发展水平，分散运营风险。非相关多元化战略是指酒店或酒店集团增加与现有产品无关或关联度小的产品的经营战略，例如，酒店增加房地产、商品批发与零售、农业与畜牧、旅游服务等项目。这种战略可分散酒店的运营风险，使酒店运营综合化，改善酒店的整体赢利效果，提高酒店的应变能力，但是，它带来的后果是组织结构和管理复杂化。此外，酒店在新业务中缺乏管理经验，缺乏部门之间的协调，可能使酒店总体运营效果下降。

4）并购与重组战略

并购重组是指两个或两个以上的公司合并、组建新公司或互相参股。这一概念常常与兼并和收购同义，泛指在市场机制的作用下，酒店或酒店集团为了获得对其他企业的控制权而进行的产权交易活动。其目的是谋求酒店经济实力的增长，促进酒店扩张，获取规模经济及吸引技术与人才等。同时，通过并购与重组，酒店可以跨入新的行业，低价收购资产，从中获得利润。酒店或酒店集团通过并购与重组战略将从根本上改变酒店的资产价值、股权结构和治理结构。

5）国际化战略

随着酒店集团运营实力的不断增强及国内市场的逐渐饱和，一些企业家把目光投向本国以外的市场。这一战略是酒店在国际市场运营中的发展规划，是酒店为不断增强市场竞争力而适应更广泛的市场环境制定的一系列战略决策。

2. 稳定型战略

酒店稳定型战略是指酒店的运营方向、运营产品和市场领域按既定的目标执行，基本保持不变或以较小幅度改变的战略。稳定型战略的特点是酒店对以往的经营业绩满意，决定追求既定的或与过去相似的运营目标，在市场占有率保持不变的情况下稳定地增加业绩，稳固酒店现有的竞争地位。酒店采取稳定型战略，通常面临比较稳定的市场需求及行业结构或由于酒店资源不足而不得不采用相对保守的战略，以避免开发新产品或增加市场资源投入。稳定型战略不必考虑原有资源的调整，可为酒店提供一个较好的休整期，降低风险，但是，容易形成害怕风险和回避风险的企业文化。

3. 防御型战略

防御型战略是指酒店从目前的战略经营领域进行收缩或撤退的战略。实施防御型战略的原因主要有酒店现有运营状况、资源条件及未来发展前途不适应外部环境的变化，目前经营状况不能为酒店带来效益，甚至会影响酒店的发展。防御型战略的特点是对酒店现有市场实行收缩、撤退或调整政策，缩小市场范围，甚至完全退出目前运营的领域。防御型战略的重点是改善酒店现金流量，对各项费用严格控制，采取消减措施，使酒店顺利渡过难关，降低损失，调整结构及优化资产组合等。防御型战略主要有收缩战略、剥离战略、清算战略。收缩战略是通过缩小产销规模和市场占有率，对原有运营领域进行压缩，控制成本，改善现金流量，为新的运营业务提供资金的战略。此外，当原材料价格上涨，原成本上升，需求下降时，也有必要实施收缩战略。实施剥离战略是为摆脱那些赢利少且需要大量资源投入的业务，剥离战略已成为酒店普遍采用的战略，可剥离不良资产，集中酒店核心力量，降低多元经营的风险。清算战略是指酒店受到全面威胁，濒临破产时，将酒店的资产转让或停止酒店运营的战略。清算战略通常在实施其他战略无作用后才被迫采用。清算战略的适用准则是酒店已采取收缩和剥离战略，但均未达到预期的效果。

10.1.5　运营层战略的类型

酒店各业务部门具有本部门独立的业务活动，拥有区别于其他部门的具体工作职责；同时，掌握一定的资源并根据酒店总体战略开发和创新本部门业务。在这种情况下，酒店会实施运营层战略。运营层战略主要包括成本领先战略、差异化战略和集中化战略。

1. 成本领先战略

成本领先战略又称低成本战略。该战略是挖掘酒店所有资源，使酒店的总成本低于竞争对手的战略。这种战略常用于酒店业的竞争。由于酒店业产品已基本标准化，产品之间差异小，价格竞争成了酒店市场竞争的主要方式之一。顾客愿意购买实惠的住宿产品和餐饮产品，而且顾客由购买高价的住宿产品转向购买较低价格产品所产生的转移费用很少或几乎不存在，所以该战略的实施效果显著。这种战略主要的优点是利于在价格竞争中击败竞争对手，进而夺取市场，同时也有利于争取更多的顾客。由于成本低，酒店产品销量大，对原材料的需求量也大，从而使酒店可以从供应商那里获得价格优惠的原料。此外，成本领先战略能阻止潜在的竞争者和替代产品进入市场。成本领先战略的风险是酒店需要较多的投资以保持设备的先进性及需要高效率和高质量的运营和服务。然而，当酒店把主要的精力投入在成本战略上而忽视了顾客的其他需求时，往往容易给竞争对手用其他的运营战略占领市场的机会。

2. 差异化战略

差异化战略是紧跟目标市场的需求和变化，生产和销售具有独特性的酒店产品的战略。这些独特性常表现在地理位置、服务设施与设备、产品安全与卫生、服务时间与效率、服务程序与方法、餐饮文化与特色等方面。具有独特性的产品易获得顾客青睐，同时其他酒店在短期内很难模仿。产品差异化战略的优点是利用顾客对产品独特性的青睐，分散顾客对价格的注意力，避开市场的价格战，使其他酒店难以模仿，形成独家运营的局面，降低替代品的威胁，其产品既能以较高价格出售，又能保持较大的销售量，使酒店保持竞争优势，获得理想的利润。实施产品差异化战略，酒店必须增加对产品的研发资金的投入并应用新技术、新设备和新原料。

3. 集中化战略

集中化战略又称专一化战略。实施该战略的酒店将运营项目集中在某些顾客或某些地区顾客的特定需求上，例如，经济型酒店、度假型酒店或商务型酒店等采用的就是这种战略。这种战略的优势在于酒店能够控制产品的营销范围，使竞争对手难以进入，竞争优势比较稳定，经营目标比较集中且便于运营管理。集中化战略可集中酒店的人、财、物等进行专业的产品开发和研究，可提高规模经济效益。这种战略适用于某些中小型酒店集团。实施集中化战略的风险是酒店对环境的适应能力差，当市场需求发生变化或替代品出现时，酒店产品的销售量会大幅下降，竞争能力减弱，酒店受到严重的冲击而陷入困境。

10.1.6　职能层战略类型

在酒店总体战略和运营层战略的框架内，酒店可制定各部门或二级部门的市场营销战略、职工结构发展战略、生产与服务技术战略和节庆餐饮推销战略等。

10.2 酒店战略环境

酒店或酒店集团是一个开放的经济系统,其战略选择与管理必然受客观的外部与内部环境的控制与影响。因此,酒店战略管理的前提是对影响其运营战略的环境进行认真分析。

10.2.1 酒店外部环境分析

酒店外部环境是指存在于酒店周围并影响酒店运营及发展的多种客观因素的总和。酒店作为一个开放系统,自身处于复杂、动态和竞争的市场环境中,而外部环境永远是制约酒店生存与发展的一个关键因素,因此酒店的首要任务就是洞察、分析外部市场环境,并适应外部市场环境。酒店识别外部环境的目的就是了解酒店面临的发展机遇和困难,了解社会环境的发展趋势,预测行业与市场的发展态势,从而对市场环境发展做出必要的反应。酒店外部环境分析主要包括宏观环境分析、战略群体分析、关键因素分析和产业结构分析。

1. 宏观环境分析

宏观环境分析又称 PESTEL 分析,是对政治(political)环境、经济(economical)环境、社会文化(social and culture)环境、技术(technological)环境、生态(environment)环境和法律(legal)环境的综合分析。PESTEL 中的每个字母分别是六种环境对应的英文单词的首字母。外部环境是影响酒店运营和发展的关键因素。

2. 战略群体分析

战略群体是指产业内在某一战略方面采用相似战略的酒店或酒店集团。战略群体特征包括酒店种类与星级、酒店组织与管理人员、酒店位置与产品、酒店细分市场、酒店分销渠道、酒店品牌知名度、酒店顾客忠诚度、酒店广告覆盖面、酒店营销策略、酒店纵向一体化程度、酒店产品与服务质量、酒店市场策略、生产与服务技术、酒店产品研发、酒店成本与投资、酒店产品价格、酒店设施情况、酒店与政府及金融等外部相关者的关系等。战略群体分析可帮助酒店或酒店集团确定市场环境中存在的机会和威胁。通常,只有在同一个战略群体中的酒店才是最直接的竞争对手。

3. 关键因素分析

关键因素又称关键成功因素。在酒店运营中,一些因素对酒店的成功运营起着关键作用,遂被称为关键因素。在酒店管理中,总经理等高级管理人员必须关注这些因素。通常,影响酒店运营的关键因素主要包括地理位置、生产与服务设施、房务产品与餐饮产品的功能与价格、酒店功能与特色、酒店声誉与星级等。酒店运营的关键因素是顾客选择酒店的基础,这既是酒店的基本资源,也是酒店所拥有的竞争优势。关键因素的重要性在于就算酒店只掌握了少数几项关键因素也可以确保拥有相当的市场竞争力。

4. 产业结构分析

酒店业由多个生产和运营相近替代产品的酒店组成。例如,长住酒店的住宿产品可替代商务酒店的住宿产品,度假酒店的会议产品可替代会议酒店的会议产品等;此外,不同酒店的餐饮产品常可互相替代。这说明,酒店除面临广泛的宏观环境因素影响外,还面临直接环境因素即产业结构的影响,因此酒店业结构对酒店竞争原则和战略选择有着强烈的影响。通常,酒店的激烈竞争不是巧合,而是源自产业内部的基础经济结构,包括五种竞争力量:潜在进入者或竞争对手的威胁、替代品生产者的威胁、购买者的讨价还价能力、供应商的讨价还价能力及现有酒店间的竞争(见图 10-1)。根据不同的情况,每种竞争力量对某一酒店的重要性也不同。以上五种竞争力量的状况及它们之间相互作用的强度决定着产业竞争的激烈程度和酒店的获利能力。在竞争激烈的区域,各酒店很难获得较高的利润,而在竞争相对不激烈的地区,各酒店普遍能获得较高的利润。如果某一地区酒店业的竞争不断地加剧,酒店投资收益率就会降低。如果投资者的投资收益率长期低于最低收益率,就会使投资者退出该地区的酒店业,将资本转入其他行业。相反,投资者的投资收益率长期高于最低收益率,将会吸引新的资本流入某地区酒店业,包括新加入者的投入和现有竞争者增加的投资。因此,酒店在制定和选择战略时,要认真分析以上五种竞争力量,透过现象看本质,分析每种竞争力量的来源,制定适应产业环境的正确战略。

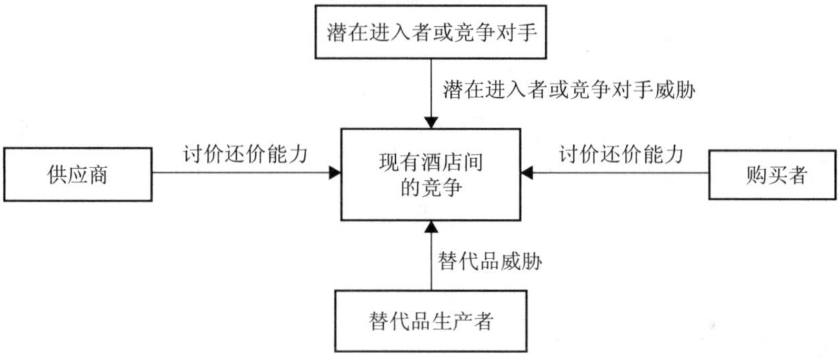

图 10-1　产业结构分析

1)潜在进入者的竞争

潜在进入者是酒店业的重要竞争力量之一,对酒店有巨大威胁。这种威胁状况与进入障碍、原有酒店的反击力度相关。如果进入障碍大,原有酒店反击力强,潜在进入者就难以进入该行业,对原有酒店威胁不大。酒店业进入障碍,受规模经济、产品差异优势、资本需求、转换成本、销售渠道及其他因素等的影响。规模经济能阻止潜在进入者进入行业,因为进入者面临大规模生产并承担原有酒店反击的风险或进入者以高成本的劣势进行小规模生产。产品差异优势是指原有酒店在广告、服务与产品特色或商业信誉与顾客忠诚度上的优势。产品差异优势形成了进入者的障碍,迫使进入者耗费大量资金树立信誉。资本需求所形成的进入障碍是指酒店业不仅需要大量资金,而且风险大。转换成本是指顾客变换供应者所支付的一次性成本,这些成本会引起买方对变换供应者的抵制。在销售渠道方面,如理想的销售渠道已被原有酒店占有,新酒店要想进入这些渠道,就必须通过让价或协同分担广告费用等方法,但这样会降低新酒店的利润。其他因素包括专利权和特有技术等。

2)酒店之间的竞争

酒店业内总是存在着竞争,而且在五种竞争力量中是最强大的。当行业内酒店数量多且规模相当时，一些酒店为了占有更大的市场份额和获取更高的利润会采取竞争手段排斥其他酒店，引起酒店之间的激烈竞争。由于酒店业在我国是个成熟的行业，效益增长较缓慢，酒店为了保证自身发展，必须增加市场占有率和销售额，从而使酒店间的竞争加剧。由于酒店业的固定成本较高且产品难以耐久，酒店为了降低单位产品的固定成本、抓住额外市场份额和提高销售量，常会发起价格战，使行业竞争加剧。酒店产品与工业产品相比差异性小，顾客对产品的偏好和忠诚度相对低，由于顾客对酒店产品使用转换成本较低，所以他们选择产品有很大自由，因此常会引起酒店间的竞争。此外，当运营困难的酒店从行业退出遇到大的障碍时，也会加剧行业竞争。其中，退出障碍主要是指专业化的固定资产处理的难度。

3）其他力量的竞争

其他力量的竞争主要是指替代品的竞争。替代品是指能够满足顾客需求的其他产品或服务，包括行业内更新换代的产品和其他行业提供的相同功能的产品。行业内，运营具有不同特色的产品的酒店之间存在竞争；行业外，酒店业与房地产业也存在一定的竞争。由于酒店住宿产品的替代品的存在，产品价格被设置了上限，当住宿产品价格超过上限时，顾客将转向消费替代品。例如，当长住酒店客房价格上涨，一些顾客就会购买外部公寓或向房地产运营商租用房间。当替代品价格下降或顾客改用替代品的转换成本下降时，替代品给现有的酒店带来的竞争压力会增大。在酒店业，供应商的产品质量、价格和服务效率会影响酒店的赢利能力，尤其当供应者少、合适的替代品少或改用其他替代品的转换成本高时更是如此。这时，酒店应采用前向一体化战略，加强对供应商的控制。调查结果显示，购买者或顾客的购买行为常会引起酒店间的竞争。 当个人消费者或组织购买者分布集中、规模较大或大批量购买酒店产品时，他们的讨价还价能力将引起行业竞争，酒店会提供更周到的服务从而赢得顾客的忠诚，对于在住宿产品、餐饮产品和会展产品方面差异小的酒店，顾客拥有更强的讨价还价能力并在产品价格和服务等方面提出更苛刻的要求。

10.2.2 酒店内部环境分析

酒店内部环境分析包括酒店资源分析、酒店核心能力分析、酒店运营分析和酒店业务组合分析等。

1. 酒店资源分析

酒店资源是指酒店向社会提供产品或服务的过程中所拥有的并用于实现酒店战略目标的各种要素的集合。例如，酒店建筑物与设施、组织结构、管理人员与职工、财务资源、企业文化、酒店制度及酒店声誉等，这些都是酒店完成使命、实现目标必不可少的因素。酒店运营活动离不开其拥有的资源，而酒店拥有的资源决定其竞争优势。酒店资源主要包括有形资源和无形资源：有形资源是容易被识别并且易于进行价值估算的资源；无形资源主要包括知识产权、企业文化及企业形象等（见表 10-1）。酒店管理人员在考量有形资源的价值时，不仅要看到其数量的多少，更重要的是要评估它在竞争中的价值潜力。由于酒店管理人员和技术人员构成的差异，酒店对有形资源的利用能力也不同。因此，同样的有形资源在不同的酒店表现出不同的战略价值。无形资源通常是酒店在长期运营中积累的宝贵财富，酒店管理人员应当重视本酒店的无形资源。不仅如此，酒店应不断地创造新的资源并实现对各种资源的整合。总之，在酒店战略环境分析中，酒店资源分析具有重要的意义（见表 10-2）。

表 10-1　酒店资源分类

有形资源	无形资源
财务资源：融资能力、酒店产生现金流的能力 物质资源：酒店地理位置、设施和设备性能、获得原材料的渠道和价格 人力资源：管理者与职工素质、业务水平、职工忠诚度、培训能力	技术资源：专有技术、商标等知识产权 创新资源：高水平的运营管理和创新管理能力 商誉资源：商业信誉、品牌和级别

表 10-2　某酒店中餐厅资源分析

方便的就餐环境	欢迎方式	服务水平	菜单营销力
方便的停车服务	欢迎问候	挑选服务员	满足顾客需求
方便交通的条件	免费饮料	培训服务员	适合的菜单尺寸
富有特色的外部环境设计	菜单介绍	摆放调味品	讲究菜单制作材料
令人心情愉悦的环境	尽可能短的接待时间	高效收款系统	讲究菜肴份额
高雅的摆台设计	可视查询系统	标准服务规范	提供服务的速度
方便的吧台	营销材料	健康与富有特色的生产工艺	适合的成本与价格
讲究的内部布局	消遣式排队方法	专业的管理人员	
摆放艺术品		优质的菜点	
关注生态环境			

2. 酒店核心能力分析

核心能力是指酒店在某一领域或某一方面领先于竞争对手的特殊能力，这是酒店长期积累且独自拥有的、其他竞争对手难以模仿的能力，可为酒店长期创造价值，使酒店获得经营主动权。酒店核心能力主要包括创新能力、技术能力和管理能力（见图 10-2）。酒店核心能力的主要特点表现在以下 6 个方面。

（1）稀有性。这种能力只为某一酒店独有，例如管理决窍。

（2）不可复制性。核心能力由某一酒店长期积累形成，因此难以复制。

（3）可持续性。酒店无形资源具有可持续性。随着科学技术的进步，有形资源生命周期越来越短，无形资源的价值及其影响力会持久地发挥作用。

（4）不可替代性。在酒店运营中的一些专有资源，不能被替代，例如，独特而领先的技术、良好的公众形象等。而一些容易被替代的资源有建筑物、设备、过时的知识与技术、普通技能的员工等。

（5）获利性。酒店的核心能力能为酒店带来丰厚的利润。

（6）优越性。在酒店竞争中，只有核心能力常显示出竞争优势而使酒店超越竞争者。

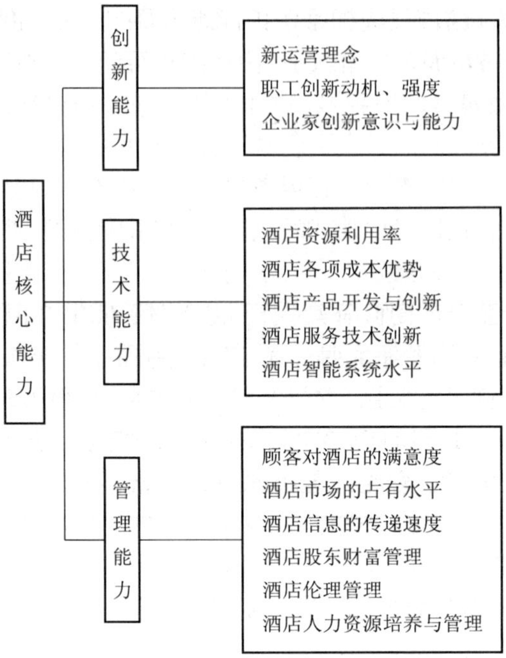

图 10-2　酒店核心能力的基本内涵

3. 酒店运营分析

酒店运营分析又称 SWOT 分析，是用于寻找和识别酒店面临的市场机遇的分析。其中，S 和 W 是指通过对酒店拥有的内部资源的分析来评价酒店目前的优势（strengths）和劣势（weaknesses），以便识别酒店有哪些与众不同的能力与优势及存在哪些问题与局限；O 和 T 是指在酒店外部环境分析的基础上评估酒店可能抓住的机会（opportunities）及面临的威胁（threats）。酒店外部环境分析一般可从宏观环境和行业背景两个方面入手。前者着重分析行业的发展情况，例如酒店业是属于蓬勃发展或潜力较大的新兴产业，还是属于逐步萎缩、日趋没落的夕阳产业？后者分析酒店在行业中的相对地位，是领先者还是落后者？是具有潜力的挑战者还是成熟稳健的守望者？SWOT 分析可以用来判定某酒店内在环境的优劣及外在环境存在的机会和威胁情况。酒店运营分析的目的是确认酒店当前的战略、特定的优势、劣势之间的关系，从而组织好应对环境变化的运营战略，帮助酒店做好市场定位。此外，酒店运营分析可帮助酒店了解内部与外部环境的共同作用，明确自身的战略地位，为选定具体的酒店战略奠定基础。通常，这种分析方法将酒店外部环境的机会与威胁同内部环境的优势与劣势相组合，形成四种可选择的运营战略（见表 10-3）。

1）优势与机会战略

优势与机会战略又称 SO 战略，是酒店发挥内部优势与利用外部环境机会的运营战略。通常，酒店管理者都希望酒店处于这种运营环境中。由于外部市场环境为酒店发展提供了最好的市场机会，同时酒店又具有利用外部市场机会的优势，所以酒店有条件制定与选择发展型或增长型的运营战略。

2）劣势与机会战略

劣势与机会战略又称 WO 战略，是酒店利用外部市场机会改进内部运营劣势的战略。酒店应采取措施，最大限度地利用外部市场环境，解决内在的资金、设施、组织与人力资源等方面的问题。

3）优势与威胁战略

优势与威胁战略又称 ST 战略，是酒店利用自身的各种优势回避或消除外部市场环境造成的威胁的战略及实施多种运营战略分散外部环境带来的威胁的战略。

4）劣势与威胁战略

劣势与威胁战略又称 WT 战略，是一种能克服酒店内部劣势和防止外部威胁的运营战略，目的是使酒店劣势和外部威胁弱化，属于防御型战略。运用这种战略的酒店其生存面临着严重的困难。

表 10-3　酒店运营分析

战略分类 内部因素 外部因素	优势（S） 列出优势因素	劣势（W） 列出劣势因素
机会（O） 列出机会因素	SO 战略 利用机会，发挥优势	WO 战略 利用机会，改进劣势
威胁（T） 列出威胁因素	ST 战略 利用优势，回避威胁	WT 战略 克服劣势，回避威胁

酒店运营分析的目标是通过实施补救措施改善现状，为变化的市场环境制定一套应变程序，使酒店具备将劣势转化为优势的能力，将威胁转化为机会的能力。如果由于缺乏技术熟练的职工队伍而表现出弱势，那么酒店必须将培训职工作为酒店内部战略的一项关键目标且投入资金为其提供支持。通常，在进行运营分析时，酒店应熟悉可控要素与不可控要素之间的区别。表 10-3 说明了在酒店运营分析中可能涉及的一些要素。

4. 酒店业务组合分析

酒店业务组合分析又称 BCG 矩阵分析法，该方法由美国波士顿咨询公司（Boston Consulting Group，BCG）首先提出。波士顿咨询公司认为，酒店应对自身的每一项业务进行分析并制定一个独立的运营战略。该战略的制定应主要参考两个参数：相对市场占有率和市场需求增长率。相对市场占有率表示酒店自身的市场占有率与行业中最大竞争对手的市场占有率的比，相对市场占有率以 1.0 为基础。市场需求是指在特定的地理范围和时期、特定营销环境和营销计划下，个人消费者和组织消费群体购买的某一酒店产品的总量。市场需求增长率可决定酒店的投资水平。BCG 矩阵的横轴代表相对市场占有率，纵轴代表市场需求增长率，四个方框分别代表酒店不同业务（例如，房务、餐饮、会展和康乐业务）的运营状况。通常，将其分为现金牛型业务、明星型业务、问题型业务和瘦狗型业务等（见图 10-4）。

	优势 ← 转化 — 弱势	
内部	成熟的产品线 规模经济优势 职工技术实力 优秀的企业文化 产品创新能力 酒店赢利能力 酒店智能水平 高品质的酒店产品	缺乏熟练的劳动力 员工流动率高 组织文化落后 内部沟通不畅 缺乏管理责任 松散的供应关系 资源短缺 运营组织落后 运营能力不足
外部	有效的市场营销能力 丰富的投资机会与经验 资产运营能力高 持续的服务技术创新 多元的营销渠道 充足的财务资源 理想的市场范围 理想的地理环境 原材料购买方便	市场范围局限 缺乏竞争力 财务资源不足 距供应商远 存在替代品 市场营销不力 组织变革阻力
	机会 ← 转化 — 威胁	

图 10-3　酒店运营分析涉及的因素

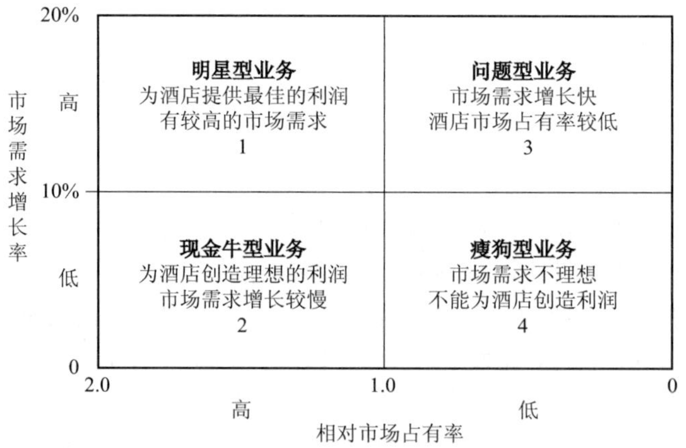

图 10-4　酒店业务组合分析

1）明星型（stars）业务

这种类型的业务的市场需求增长速度快，市场占有率高，因此可为酒店提供理想的利润，酒店在市场中也有较好的成长机会。该类业务为酒店回收了大量现金，当然，酒店也投入了较多的资金。

2）现金牛型（cash cows）业务

这种类型的业务使酒店在低增长的市场上有较高的市场份额，利润和现金生产量较高，资金投入量较低，可为酒店创造大量的现金和利润。这类业务为酒店提供了资金来源，并且是酒店的主要业务项目。

3）问题型（question marks）业务

这类业务虽然有较高的市场需求，但酒店的市场占有率较低。这类业务不断地增长，因而需要酒店投入资金，开发市场需求。在充分调查和分析市场的前提下，酒店可采取必要的投资促使其成为明星型业务或采取外包战略。例如，一些酒店由于缺乏技术和经验对西餐运营管理不善，然而根据市场调查，大众西餐属于快速增长的业务，因此，酒店决定将西餐业务外包给著名的餐饮企业，采取合作运营的模式。

4）瘦狗型（dogs）业务

这类业务是在低市场增长率的前提下，市场份额也较低。这类业务表明酒店产品既没有市场吸引力，又不能为酒店创造理想的收入和利润。通常，适用的运营战略方案是淘汰这类业务。

10.3　酒店战略选择

每个酒店都有它存在的理由，其独特性常通过酒店使命和酒店愿景反映出来，而酒店使命与愿景对酒店战略选择有着至关重要的作用。通常，在分析酒店内外部环境、明确酒店使命和愿景时，管理人员必须对酒店战略进行选择。酒店战略选择是酒店战略管理的基础与核心。

10.3.1　酒店使命与酒店愿景

1. 酒店使命

酒店使命（mission）又称酒店任务，是酒店存在的目的与理由，是酒店在社会发展中应扮演的角色，是酒店的运营哲学、信念和原则，是酒店管理者确定的酒店运营的总方向、总目标和总特征。实际上，酒店使命是对酒店市场形象的定位，反映了酒店准备为自身树立的形象。不同规模和运营模式的酒店，其使命不同。酒店管理人员认为，酒店使命应包括 9 个内容：明确酒店的目标市场、产品特色、市场范围、技术优势、酒店发展、运营模式、管理理念、酒店形象和全体职工等。

2. 酒店愿景

酒店愿景（vision）又称酒店运营目标，是酒店对其发展前景的设想，是在一定时间内为完成酒店使命而要达到的预期效果，是用文字描绘的酒店的未来前景，具体表达了酒店的运营哲学和运营宗旨，使酒店职工对未来产生向往，从而集中力量和智慧努力工作。酒店要制定正确的战略就必须紧密联系酒店使命和运营目标。由于酒店的任务比较抽象和概括，而酒店运营目标比较具体，因此制定酒店运营目标可有效地协调各职能部门的工作，改善职工与酒店的关系，使全体职工产生共有的价值观，使酒店任务具体化和定量化，可为酒店战略的执行提供评价标准和考核依据。综上所述,酒店运营目标是酒店战略的核心,可为酒店指明努力的方向。制定酒店运营目标必须严肃和科学,要发动全体职工,上下结合,集思广益,并经专家充分论证。酒店运营目标是一个完整的体系,在酒店总体目标下可分解成部门分目标;从时间上还可分为5~10年的长期目标、2~5年的中期目标、1年的短期目标等;从目标性质分析,有定性目标与定量目标。运营目标要建立在酒店环境允许的基础上,经过努力能够达到,要体现酒店奋发向上和不断进取的精神风貌,略高于酒店及职工个人的能力,使目标具有超前性和激励性,鼓舞全体职工为实现酒店的运营目标而发奋工作。

10.3.2 酒店战略选择的原则与方式

1. 选择原则

在选择酒店战略时,应遵循战略的适用性、可行性和可接受性。酒店选择战略必须保证酒店战略可适应外部市场和酒店内部环境,使酒店能利用外部市场机会及内部优越的资源。鲁梅尔特(Rumelt)认为酒店选择战略应遵循四项原则:战略目标与战略活动措施保持一致(consistency),战略与酒店市场变化相协调(consonance),战略与酒店资源优势相适应(advance),战略实施对酒店是可行的(feasibility)。当然,选择那些可回避外部环境风险及内部劣势条件的战略规划,以保持和提高酒店的市场竞争力是非常必要的。酒店战略选择必须依靠酒店现有的资源和能力以保证酒店能达到预期的战略目标。同时,酒店选择战略应考虑投资人、管理人员、全体职工和各部门对酒店的期望并关注财务状况变化及对利益相关者的影响。

2. 选择方式

酒店战略选择可根据酒店的特点与规模采用不同的选择方式,通常包括自上而下、自下而上、上下结合、建立规划小组等四种选择方式。自上而下方式,先由酒店高层管理人员选择酒店总体战略,然后各职能部门根据酒店的总体战略要求,结合各自职能部门的使命与愿景特点,选择酒店战略。这种方式的特点是由酒店高层领导决定酒店总体战略目标并对各下级和职能部门提出总目标的具体要求,使总体目标集中和明确。这种方式的缺点是容易忽略或偏离下级部门的工作实践。自下而上方式可充分发挥下级部门的积极性,可集思广益,但是由于下级部门的业务局限性,其提出的方案常常是不完整的,需要酒店高层管理人员进行重新分析和调整。上下结合式常用于小型酒店,其特点是协调效果好,可缩短酒店战略的选择时间。为了集中精力与时间,应建立由酒店总经理直接指导、下级和职能部门参与的战略规划小组,专门从事酒店战略的选择工作。这种方式的特点是上下结合,能发挥各方面的积极性,适合各种规模和类型的酒店和酒店集团。

10.3.3 酒店战略实施

酒店战略实施是战略管理的关键环节之一。实施酒店战略,首先需要一套完整的计划体系和高效的工作组织。酒店战略计划体系包括中期战略计划、年度战略计划、项目战略计划和预算计划。酒店应根据战略实施的要求,适时调整组织结构,做好人力资源安排。

1. 建立相适应的组织

酒店战略实施能否成功，主要取决于酒店组织能否满足战略实施的要求。因此，酒店必须建立与其战略实施相配的组织机构并配备适合的管理人员，明确责任和权限，建立相应的规章制度。

2. 制定规划和预算

在酒店战略实施的过程中，制定财务预算和规划十分重要。酒店必须为各职能部门配备充足的资源。职能部门应根据承担的战略任务，科学规划工作进度。酒店战略规划包括详细的战略项目和运营规划、资金投入、人力资源和市场开拓计划等。财务预算是酒店战略实施的计划费用。通常，财务预算和酒店战略规划是相互联系的两个因素，正确的酒店战略资源配置要考虑未来环境变化引起的战略变动，使财务预算和酒店战略规划有一定的灵活性。

3. 调动职工积极性

在实施战略规划的过程中，调动职工的积极性很重要，酒店应采取措施改变传统的运营行为，建立适合新战略的运营规范、工作方法和价值观念等。酒店应培养职工追求高业绩的进取精神，建立部门的绩效考核标准，运用激励方法（包括提高工资，发放奖金、津贴，其他激励方法等）使职工奋发进取，对于不称职的职工应及时调离岗位。酒店应建设与其战略相适应的企业文化。

10.3.4　酒店战略评价与控制

酒店战略评价贯穿于酒店战略实施的全过程。战略实施的每项工作效果都需要评价，并且评价应与各项工作同步进行。由于酒店外部环境与酒店内部资源是动态变化的，因此酒店各项战略都可能面临调整与修改，酒店管理者需要及时了解战略实施的各项工作的完成情况。战略控制是战略实施的保证，是为了使战略实施结果符合预期目标。在战略实施的过程中，酒店高层管理人员的任务是制定战略控制方法，及时获取有关信息，保证酒店全体职工按照战略规划行动；同时，对战略实施的状况进行全面评价，及时发现偏差并加以纠正。酒店战略控制过程可分为制定效益标准、衡量实际效益、评价实际效益和调整战略计划等 4 个环节。酒店的战略控制方法主要包括战略实施前控制、战略实施过程中控制和战略实施后控制。战略控制内容包括财务控制、生产控制、服务控制、质量控制和成本控制等。酒店战略控制常采用的手段是财务预算、统计分析和专题报告、战略审计和现场观察等。

本章小结

酒店战略是以酒店未来为基点，在分析外部与内部环境及变化趋势的基础上，为寻求和发展竞争优势而做出的全局性的重大计划和谋略。酒店战略结构包括酒店总体战略、运营层战略和职能层战略。酒店环境分析包括酒店外部环境分析和酒店内部环境分析。酒店战略选择应保证酒店适应外部环境与内部资源，使酒店能利用外部市场机会及内部优越资源，回避外部环境的风险及内部劣势条件，保持和提高酒店的竞争优势。酒店战略类型包括竞争型战略、增长型战略、稳定型战略和防御型战略等。酒店战略实施能否成功，主要取决于酒店组织、财务预算、人力资源和激励措施等。

练习题

1. 名词解释题

酒店战略、一体化战略、集中型战略、多元化战略、稳定型战略、防御型战略

2. 判断对错题

(1)实际上，酒店使命是对酒店市场形象的定位，反映了酒店准备为自身树立的形象。不同规模和运营模式的酒店，其使命基本相同。(　　)

(2)酒店战略评价贯穿于酒店战略实施的全过程，战略实施的每项工作效果都需要评价，并且评价应与各项工作同步进行。(　　)

(3)酒店运营分析可帮助酒店了解内部与外部环境的共同作用，明确自身的战略地位，为选定具体的酒店战略奠定基础。(　　)

(4)酒店总体战略具有本部门独立的业务活动，拥有区别于其他部门的具体工作职责；同时，掌握一定的资源并根据酒店总体战略，开发和创新本部门业务。(　　)

(5)市场需求是指在特定的地理范围和时期、特定的营销环境和营销计划下，个人消费者和组织消费群体购买的某一酒店产品的总量。(　　)

(6)酒店的首要任务就是洞察、分析外部市场环境，并适应内部市场环境。(　　)

3. 多项选择题

(1)酒店选择战略必须保证酒店战略可适应外部市场和酒店内部环境，使酒店能利用外部市场机会及内部优越的资源。因此，在选择酒店战略时，应遵循战略的(　　)。

A. 不定性　　B. 适用性　　C. 可行性　　D. 可接受性

(2)酒店战略选择可根据酒店的特点与规模采用不同的选择方式，通常包括(　　)等选择方式。

A. 自上而下　　B. 自下而上　　C. 上下结合　　D. 建立规划小组

(3)酒店战略涉及酒店的生存与发展及酒店整体运营目标，带有共性和指导作用的决策和行动。酒店战略由以下要素组成(　　)。

A. 运营范围　　B. 资源配置　　C. 竞争优势　　D. 协同作用

(4)通常，影响酒店运营的关键因素主要包括(　　)和酒店声誉与星级等。

A. 地理位置　　B. 生产与服务设施

C. 房务产品与餐饮产品的功能与价格　　D. 酒店功能与特色

(5)现金牛型(cash cows)业务使酒店在低增长的市场上有较高的市场份额，(　　)。这类业务为酒店提供了资金来源，并且成为酒店的主要业务项目。

A. 利润和现金生产量较高　　B. 资金投入量较低

C. 可为酒店创造较多的现金和利润　　D. 淘汰该项业务

4. 问答题

（1）简述酒店战略的含义与特征。

（2）简述酒店的战略结构。

（3）简述酒店的核心能力并举例说明。

（4）论述产业环境分析的内容与特点

（5）论述酒店战略的实施与控制。

（6）论述酒店业务的组合并举例分析。

主要参考文献

[1] 杨劲松. 酒店战略管理[M]. 北京：机械工业出版社，2013.

[2] 邓富民，唐建民，梁学栋. 战略管理：第 2 版[M]. 北京：经济管理出版社，2018.

[3] 季辉. 现代企业经营与管理[M]. 大连：东北财经大学出版社，2020.

[4] 李恒兴. 企业经营战略.[M]. 上海：上海交通大学出版社，2017.

[5] 曾国军. 旅游企业战略管理[M]. 北京：中国旅游出版社，2017.

[6] 希特，爱尔兰，霍斯基森. 战略管理：概念与案例：第 12 版[M]. 刘刚，改编. 北京：中国人民大学出版社，2017.

[7] 余锋. 精益求精：企业高效创新八步法[M]. 北京：机械工业出版社，2015.

[8] 科特勒，贝格，比克霍夫. 战略管理精要：企业生存之道[M]. 时启亮，王炜，陈育君，译. 上海：格致出版社，2015.

[9] 贝赞可，德雷诺夫，尚列，等. 战略经济学：第 5 版[M]. 候锦慎，徐晨，周尧，等译. 北京：中国人民大学出版社，2015.

[10] 王天佑，张威. 饭店管理概论[M].3 版. 北京：清华大学出版社，2015.

[11] 李启明. 现代企业管理[M].5 版. 北京：高等教育出版社，2017.

[12] 格里芬. 管理学：第 9 版（精要版）[M]. 刘伟. 译. 北京：中国市场出版社，2011.

[13] 谢品，肖霖岳. 现代企业管理[M]. 成都：电子科技大学出版社，2017.

[14] 孙晓光，周鸿. 企业策划学[M]. 北京：经济管理出版社，2017.

[15] 马风才. 运营管理[M].4 版. 北京：机械工业出版社，2017.

[16] 黄炜. 企业战略管理精要[M]. 上海：上海财经大学出版社，2019.

[17] SCHEIN E H. Organization culture and leadership [M].5th ed. New Jersey：John Wiley & Sons，Inc.，2016.

[18] RAO M. Knowledge management tools and techniques：Practitioners and experts evaluate KM Solutions[M]. MA：Elsevier Inc.，2005.

[19] BARAN. Customer relationship management[M]. Mason：Thomson Higher Education，2008.

[20] WALKER J R. The restaurant from concept to operation[M].6th ed. New Jersey：John Wiley & Sons，Inc.，2011.

[21] BARROWS C W, POWERS T, REYNOLDS. Introduction to management in the hospitality industry[M].9th ed. New Jersey: John Wiley & Sons, Inc.,2009.

[22] OKUMUS F, ALTINAY L, CHATHOTH P K. Strategic management for hospitality tourism[M]. 12th ed Ohio: Elsevier Ltd.,2010.

[23] MIKE P, BIRGIT P. Innovation in hospitality and tourism[M]. New York: Haworth Press Inc.,2006.

[24] DAVID F R. Strategic management concepts and cases[M]. 13th ed. New Jersey: Pearson Education Inc.,2011.

[25] SHARMA P. Intercultural service encounters: cross-cultural interactions and service quality[M]. Switzerland: Palgrave Pivot,2018.

[26] CARDON P W. Business communication[M].3rd ed.New York: McGraw Hill Education,2018.

[27] WOOD R C. Hospitality management: a brief introduction[M]. London: Saga Publications Ltd.,2015.

[28] MOORE G. Virtue at work: ethics for individuals, managers, and organizations[M]. New York: Oxford University Press,2017.

[29] WALKER J R. Introduction to hospitality management[M]. 7th ed. New Jersey: Pearson Education Inc.,2016.

第11章

酒店文化管理

本章导读

酒店文化作为一种运营手段，对酒店发展具有导向、规范、约束、凝聚和融合的作用。市场环境是酒店文化最大的影响因素，不同的市场环境会塑造不同的酒店文化。酒店文化包括精神文化、行为文化和物质文化等，它们相互融合并形成有机的整体。酒店整体文化统一于精神文化。精神文化是酒店文化的深层文化，是酒店文化的核心。通过对本章的学习，读者可了解酒店文化的特征和功能，熟悉酒店文化的形成要素及酒店文化的组成，掌握酒店文化建设的原则与步骤等。

11.1 酒店文化概述

11.1.1 酒店文化的含义与特点

“文化”是多义的名词，其内容包括实物、知识、信仰、艺术、道德、法律和风俗等。酒店文化是酒店职工多年依靠酒店自身的客观条件，在长期运营中创造的、具有酒店特色的物质财富和精神财富的总和，由以价值观念为核心的理念文化、行为文化和物质文化等组成。酒店文化作为企业文化的分支，体现了现代酒店运营管理的个性化。酒店文化不同于一般的企业文化，是具有特定的内涵且高度理性化的住宿企业管理文化或管理理论。此外，当酒店文化内涵不完整或有缺陷及凝聚力差时，显示的是酒店弱文化；当酒店文化内涵完整并具有理想的凝聚力，核心价值观得到职工广泛认同时，显示的是酒店强文化。通常，酒店文化具有以下特点。

1. 具有管理软件特征

酒店文化具有管理软件特征，主要表现在两个方面。其一，包含了酒店的文化价值、理念、风俗、习惯及一些优秀职工的经历和故事。其二，酒店文化在酒店管理中的作用不是外在的强制作用，而是激发职工的使命感，从而提高职工工作积极性，在此基础上，提高酒店的市场竞争力和运营管理水平。

2. 培养职工养成良好的习惯

酒店文化可激发职工的主动性和自觉性。其核心是职工共有的价值观，它可成为一种运营理念和习惯，赋予职工荣誉感，最终通过传播和复制构成酒店文化。

3. 具有稳定性和灵活性

酒店文化具有一定的稳定性，表现在通过酒店文化的继承性而实现职工的成就感和职业发展上。然而，当酒店运营环境或运营目标发生变化时，酒店文化会随之变化，其运营理念、运营战略和价值观也会随之调整。

4. 具有综合性和实践性

酒店文化具有综合性，常以各种形式显现，包括管理理念与方法、人才引进与使用、建筑物外观与内部服务环境、客房布局与家具类型、菜点酒水与服务方法。酒店文化带有实践性，它来自运营实践并作用于运营实践。这要求酒店所有的营销活动从产品设计直至产品生产与销售等都要围绕目标市场的变化而改变。

5. 具有时代性和民族性

任何酒店或酒店集团都在一定的市场条件下运营。酒店运营常受特定的时期、社会经济环境的影响而变化和发展。当然，酒店文化及酒店产品特色、运营方式均反映民族和地区的消费需求，例如客房中的家具、餐厅中的服务设施、菜点和酒水特色等。

6. 具有渗透性和融合性

优秀的酒店文化具有渗透性和调整性，可与酒店的其他文化进行融合。当某一酒店文化处于强势地位时，可对弱势的酒店文化进行调整并在这一基础上进行融合。当两个酒店进行合作时，酒店文化可对其中落后的因素进行调整和融合。

11.1.2 酒店文化的发展

当今，我国酒店管理进入了文化管理阶段，酒店管理的对象是知识化和学习型的职工。酒店或酒店集团的主要管理策略是使酒店与职工建立共同愿景和价值观，提高酒店的凝聚力。然而，在 20 世纪 80 年代之前，我国酒店管理基本上处于经验管理阶段。酒店管理主要依据管理人员的成功经验和个人技能，是家长式的管理。管理效果主要取决于管理者的素质、经验和能力。20 世纪 90 年代，我国对旅游企业进行了经济体制改革，确立了酒店作为企业自负盈亏的运营方针。从此，我国酒店业进入了科学管理阶段。在这一阶段，酒店强调管理理论和方法，强调理性、制度和工作标准。当今，酒店或酒店管理人员已认识到酒店要在市场竞争中取得成功，就必须最大限度地激发职工的潜能并构建优秀的企业文化。我国酒店管理的 3 个发展阶段见图 11-1。

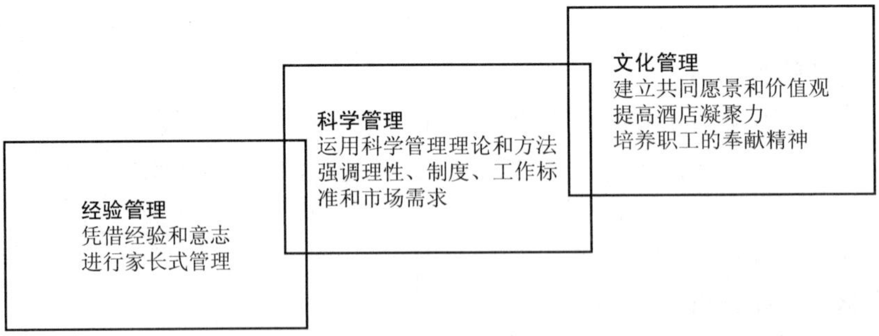

图 11-1　酒店管理的 3 个发展阶段

11.1.3　酒店文化功能

酒店文化作为一种现代运营管理手段，贯穿酒店运营的全过程，能有效地实现酒店的运营目标。根据实践，尽管酒店文化不直接表现为管理理论和手段，但是其对于酒店或酒店集团的市场发展和运营管理具有导向作用、规范作用、约束作用、凝聚作用和融合作用。

1. 使酒店运营持续发展

酒店文化的直接功能是采用文化运营方式，向社会公众和目标市场展示酒店的价值观，满足目标顾客的文化需求，帮助酒店有效地实现运营目标，促进酒店业绩增长。同时，酒店文化的功能是通过创建优秀的文化提升酒店形象，促进顾客认同并接受其提供的产品和服务，从而实现酒店的运营目标，提升酒店的业绩。优秀的酒店文化可使酒店摆脱困境，走出低谷，持续发展，在竞争中立于不败之地。

2. 为酒店运营指引方向

任何企业文化都是一种价值取向，规定着企业所追求的目标，具有导向功能。酒店文化是酒店的价值取向，规定了酒店应追求和要达到的目标。优秀的酒店文化具有崇高的运营理念和追求，指导酒店向健康的、先进的、具有发展前途的运营方向发展。此外，优秀的酒店文化既对职工有约束作用，又对职工有激励效果，不仅能使全体职工创造既定的经济效益，还能赋予职工优秀的、专业的职业素质。

3. 协调酒店内外关系

酒店文化使全体职工具有共同的价值观，对许多问题的认识趋向一致，从而增强酒店与外部环境的协调性，使政府、相关者和顾客信任酒店。同时，酒店文化可以对酒店各业务部门之间、上下级和职工之间进行有效的协调。优秀的酒店文化可使酒店自觉地为社会服务并通过文化建设更加适应和满足目标顾客不断变化的需要。

4. 增强酒店的凝聚力

酒店文化有规范作用和融合作用，这两种作用的综合效果是提高酒店的凝聚力。通常，酒店文化通过规章制度和伦理规范来约束酒店产品质量和职工的行为，协调职工个人职业发展目标与酒店发展目标，建立共享价值观并作为职工的努力方向。同时，酒店文化作为全体职工的共同价值观，可以使全体职工凝聚起来而共享利益，从而有效地激励职工。

5. 美化酒店内外环境

传统的酒店文化把职工生活与职工工作截然分开。现代酒店文化力求把职工生活和工作统一起来，既把酒店作为工作场所，又将其作为生活区域，同时尽可能挖掘职务本身的意义。实际上，具有优秀文化的酒店，其工作本身就是激励因素，职工们觉得上班比下班更有意义，工作环境如同生活环境，在酒店如同在家里，有时甚至觉得比在家里还舒适。

6. 培养酒店管理和创新人才

文化具有育人功能，酒店文化使职工的精神境界和道德素养日益提高。一些优秀的酒店管理者对职工们说："如果有人问你，你工作的酒店有哪些特点？你应当回答，我们的酒店有舒适的客房、富有特色的菜点、配套的健身和娱乐设施，还有众多优秀的管理和技术人才。"

7. 提高酒店声誉和竞争力

酒店文化具有提高酒店声誉、提升酒店竞争力的功能。优秀的酒店文化不仅对酒店内部的管理发挥作用,而且还对社会公众产生影响。酒店的建筑、环境设施、菜点和服务等都会反映出酒店产品的质量和特色,从而提高酒店的声誉及竞争力。

11.1.4 酒店文化的形成要素

1. 市场环境

市场环境是指酒店运营所面临的顾客、竞争者、供应商、合作单位及政府管理部门等。市场环境是酒店文化最大的影响因素,不同的市场环境会塑造不同的酒店文化。

2. 典范榜样

典范榜样是指整个酒店或酒店集团应当学习那些能体现和倡导酒店价值观的榜样。通常,典范榜样是酒店全体职工所公认的最优秀职工的集中体现,是一个酒店文化的支柱和希望。典范榜样的作用是向职工和社会展示酒店或酒店集团的形象,体现酒店特色,建立行为标准,调动职工积极性,塑造酒店凝聚力和持久的影响力。

3. 习俗和礼仪

习俗和礼仪是酒店全体职工的日常行为,是酒店价值观的体现,包括职工之间缓和工作紧张情绪的玩笑,酒店上下级和职工之间的聚餐,新入职员工的培训程序等。礼仪包括职工之间的问候,管理人员对完成工作或职务晋升等的职工的表彰,职工每天例会及处理日常事务的管理程序,庆典仪式,年会和讨论会等。尽管酒店习俗和礼仪常在轻松的环境中形成,但是它的本质是严肃的。习俗和礼仪作为酒店文化的组成要素,实质上是将酒店中的每一件事升华为重要的工作程序,在强文化的酒店或酒店集团中没有不重要的工作。由于习俗和礼仪会给全体职工施加影响,使职工的语言、行为、工作和服务标准化、程序化和个性化,所以酒店的价值观和严谨的工作作风会影响到酒店的每一个职工。

4. 文化网络

文化网络是指酒店内部的非正式组织的沟通渠道和沟通方式,该渠道常以讲故事等形式传播信息。职工传播能使信息更生动、更有效。其目的是加强管理者和职工之间的联系,扩大人际交流范围,增进职工之间的友谊,增强凝聚力,从而传播酒店的价值观。

11.2 酒店文化结构

酒店文化结构又称酒店文化组成,其主要内容包括精神文化、行为文化和物质文化,它们相互融合并形成有机的整体(见图 11-2)。其中,精神文化是酒店文化的核心文化或深层文化;行为文化是酒店的浅层文化;物质文化是酒店的表层文化。酒店精神文化以酒店价值观为核心,有了这样一个核心,酒店文化才有活力。

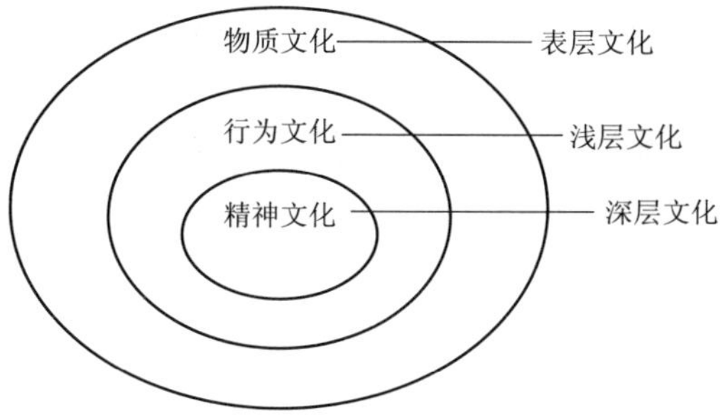

图 11-2　酒店文化结构

11.2.1　酒店精神文化

酒店精神文化是以精神形态表现出来的酒店文化，它在酒店文化系统中起着决定性作用。它制约着酒店行为文化和物质文化的变化和发展方向。它具有无形的力量，潜移默化地影响着酒店职工的行为。酒店精神文化主要包括酒店价值观、酒店理念、酒店精神和酒店运营目标。

1. 酒店价值观

酒店价值观是指酒店全体职工共同认同和遵守的行为准则，是酒店或酒店集团及其职工的价值取向，是酒店在运营中提倡的基本信念和奉行的战略目标。价值观是一个酒店的基本观念和信仰，指导酒店走向成功，是酒店的文化核心，是对酒店长期运营实践的总结和概括。正确的酒店价值观可鼓舞职工的士气、激发职工的斗志，是酒店精神文化发挥作用的前提。一个酒店的价值观愈鲜明，就愈可能对职工产生吸引力，使全体职工能够集中力量实现酒店发展和运营目标。酒店价值观主要包括个人价值观、群体价值观、组织价值观和企业价值观等。职工个人拥有的价值观被称为个人价值观。影响个人和酒店行为的正式组织或非正式组织的价值观被称为群体价值观。酒店价值观的内容十分丰富，除了上述内容外，还有责任观、市场观、产品观和发展观等。通常，酒店价值观是长期积累的产物，是酒店或酒店集团有意识培育的结果。

2. 酒店理念

酒店理念是酒店运营理念的简称，是酒店全体职工认同和遵守的世界观、经营哲学，是酒店或酒店集团在长期发展和市场竞争中，继承优良的传统，适应新时代的要求，由企业家倡导，职工自觉实践而形成的。当然，不同的酒店有不同的运营理念。酒店运营理念必须把握行业特点，关注酒店坐落区域的发展，把握产品的质量和特色，有助于提高酒店信誉等。酒店运营理念作为酒店运营的原则，应体现激励作用，引导职工行为，提高酒店的凝聚力和号召力。

3. 酒店精神

酒店精神是依据酒店的愿景、任务、伦理和市场目标而形成的精神文化，是酒店运营管理理念的核心，是在酒店市场竞争中为谋求自身生存和发展而形成并为职工认同的群体意识、优良传统和工作作风。酒店精神源于酒店的运营管理实践，统一于全体职工的价值观，是酒店文化的核心并支配着酒店的整体文化。精神本来只有人才具有，而酒店精神这一概念将酒店人格化,体现一个酒店独特的、鲜明的运营管理思想和个性风格。酒店精神具有号召力、凝聚力和向心力,是酒店或酒店集团最宝贵的精神财富。酒店精神一旦形成,即可通过明确的意识支配行为,也可以通过潜意识产生行为,提高职工的责任意识,使其主动关注酒店的发展,维护酒店的声誉,为酒店做出贡献。一个精神境界高的酒店,其做出的战略选择也必然是高水平的,是能够实现其价值的。

4. 酒店运营目标

目标作为酒店使命和运营效果的具体标准,是酒店或酒店集团在特定时期希望取得的预期运营成果,是在分析酒店内部与外部环境的基础上,确定的酒店各项运营活动的发展方向和奋斗目标。酒店的运营目标可引导职工的行为,反映酒店某一时期的运营战略和预期成效。酒店的运营目标集中反映酒店职工的价值观、酒店伦理和酒店形象等,包括总体运营目标和部门运营目标,它们之间相互联系。酒店运营目标一旦传达给全体职工,就会成为他们共同努力和职业发展的目标,促使全体职工沿着酒店目标前进。此外,在职工工作遇到困难时,酒店运营目标会激发职工克服困难的信心。当运营目标实现后,会给职工以荣誉感和成就感,推动酒店向新的目标前进。

11.2.2 酒店行为文化

酒店行为文化是指职工在工作和学习等方面产生的行为文化,它是酒店文化中的浅层文化。酒店行为文化显示酒店或酒店集团的工作作风、精神面貌、人际关系等。酒店行为文化既要适应酒店物质文化,又要塑造酒店精神文化。酒店行为文化主要包括酒店制度文化、民主管理文化和人际关系文化。

1. 酒店制度文化

制度是一种行为规范,是为了达到某种目的、维护某种秩序而人为制定的程序化、标准化的行为模式及运行方式,是通过行政手段要求职工执行并以书面形式表达的内容。酒店制度文化是根据酒店的特点,为保证正常的运营秩序,提高运营效果而制定的适用于酒店的行为规范,是酒店在长期运营和实践管理中形成的,是酒店行为文化的基础,对酒店文化传承和落实有着制衡作用。酒店制度文化具有价值观导向功能,是引导职工行为的准则,是实现酒店运营目标的保障。在现代酒店或酒店集团运营中,各项业务工作环环相扣。如果没有科学和统一的制度和规范,就不能协调各职能部门的业务,也就不可能实现酒店的总体运营目标。实际上,酒店制度文化是调节酒店人际关系的基本行为准则,它指导酒店实行规范化管理,制定职工工作准则。此外,酒店制度文化可将酒店竞争机制引入各部门和各职务中。

2. 民主管理文化

酒店的民主管理文化作为酒店行为文化的一个重要组成部分,表现在职工的民主意识、民主权利和民主义务等方面。酒店民主管理的核心是以人为本的价值观和和行为规范。它是酒店或酒店集团全体职工的精神支柱,体现酒店的管理文化和和谐的工作氛围,增强职工的归属感,并使其主动为酒店做出贡献。许多酒店邀请全体职工参与运营中的管理决策并在定期的例会中请职工提建议。此外,高层管理人员和职工的定期对话制度使职工畅所欲言,增强了酒店的向心力。酒店民主管理有利于确立职工的主人翁地位,使职工有发言权、监督权和辩护权，从而提高酒店的活力；当然，还有益于加强管理人员与职工的沟通交流，提高酒店在市场竞争中的能力。因此，在当前快速发展的旅游业和酒店业中，要做出正确的运营决策，仅依靠少数管理人员的个人经验远远不够，必须集中酒店多方面人才的智慧。

3. 人际关系文化

酒店人际关系是酒店在运营中形成的人与人之间的交往关系。酒店人际关系的基本形式包括职工的上下级关系，即纵向关系，部门之间与岗位之间的横向关系，酒店与社会、利益者相关之间的协作关系。在纵向关系中，虽然关系双方的角色和地位不同，其工作行为有主动与被动之分，但是就人际关系而言，双方是平等的。上级管理者在这种关系中起主导作用。横向关系又称平行关系，它与上下级的纵向关系构成了酒店纵横交错的人际关系。横向关系的双方有共同的活动空间，有相同的权利和义务，因而在地位上是平等的。酒店管理人员应重视横向关系的建设，使各职能部门和谐并融洽地工作。

11.2.3　酒店物质文化

酒店物质文化由酒店环境、酒店设施、酒店用品如房务产品与餐饮产品等构成，是一种以物质为形态的表层酒店文化。酒店环境、设施、用品和产品作为酒店或酒店集团的精神文化载体，一方面受到酒店精神文化和行为文化的制约，具有从属性和被动性；另一方面具有形象性，可使顾客直观地感受到酒店文化。此外，酒店的名称及标识也是重要的物质文化载体。酒店物质文化主要包括酒店环境文化、酒店产品文化、酒店设施与用品文化和酒店标识文化。

1. 酒店环境文化

酒店环境文化是指影响酒店营销的工作环境与生活环境所渗透的文化因素，体现酒店精神文化和酒店行为文化的个性，具有综合性。酒店环境文化包括工作环境文化和生活环境文化。酒店工作环境文化包括：①酒店外部及其周围环境所体现出的文化；②酒店内部环境文化，包括厨房、大厅、通道、会议厅、宴会厅、各种餐厅等生产与服务及办公环境所体现出的文化。酒店生活环境文化包括职工住宿区与休息室、职工餐厅与培训教室及娱乐设施等所体现出的文化。生活环境文化对职工的健康和归属感具有直接的影响。近年来，许多著名的酒店集团和酒店在改善职工的生活环境方面做了许多工作。

2. 酒店产品文化

酒店产品本身不仅具有实用价值，还具有文化价值。实用价值是指其具有的满足顾客需求的最基本的效用，而文化价值则能满足顾客的文化需要和个性需求。随着我国经济和旅游业的发展，酒店产品文化愈加丰富，而人们对酒店产品文化的需要也日益突出。当今，顾客对餐饮产品文化、房务产品文化和会展产品文化的需求不断地提高并趋向个性化。因此，酒店产品文化的内在价值需求愈加突显，需要酒店管理人员认真研究且不断地开发与丰富酒店产品文化。

3. 酒店设施与用品文化

酒店设施与用品文化主要是指酒店运营与服务设施、客房家具与用具、餐饮生产与服务设施及用品、办公用品与后勤设施及交通工具等所体现出的文化。酒店运营与生产设施一方面为酒店运营服务，另一方面表现酒店产品的质量内涵、文化特色与功能效用等。例如，现代厨房设施不仅作为生产菜点的设施，还具有产品展示和营销的功能。一些酒店将传统厨房改造成具有营销作用的透明厨房并向顾客展示其餐饮生产文化，而餐具与酒具、客房家具与各种用品、办公用品与交通工具等可直接面向顾客，反映酒店的产品文化。酒店的工作用品是酒店物质文化不可忽视的内容，例如交通工具、工作服、办公用品、信封信纸和酒店名片等的形状、颜色和材料都可显示酒店产品文化。

4. 酒店标识文化

酒店标识是体现酒店文化的各种物质符号，具有高度的规范性和标准性。它包括酒店的名称、标志、招牌和旗帜等。酒店名称作为一种无形资产，应由专用名称和通用名称两个部分组成，前者用来区别于同类酒店，后者说明行业类型，例如"喜来登酒店"。酒店标志实际是带有特征的符号，是浓缩的酒店精神的物质标记，必须与产品的特色统一并直接以酒店名称构成，例如"S"是喜来登酒店的标志。招牌与旗帜是酒店传达特色文化的媒介之一，是具有指引性和标识性的文化符号，通常摆放在酒店营业场所门口或展示厅等地方。酒店招牌具有吸引力，能使顾客从众多酒店中认定自己心目中的酒店，是顾客直接寻找和购买酒店产品的标志。一些酒店在门口或大厅摆放象征物或艺术品，反映酒店独特的产品和服务文化。

11.3 酒店文化建设

酒店文化建设是一项系统工程，是现代酒店或酒店集团运营管理与发展必不可少的战略和工程。根据实践，一个没有酒店文化的酒店是没有前途的企业，一个没有信念的酒店是没有希望的企业。从这个意义上讲，酒店文化建设既是酒店在市场竞争和发展中的内在需要，又是实现酒店现代化管理的重要途径。

11.3.1 酒店文化建设原则

酒店文化或酒店集团文化对酒店形成凝聚力和市场竞争力起到积极的推动作用并受到越来越多管理者的重视。当今，酒店的市场竞争实质是酒店的文化竞争。酒店文化建设是一项系统工程，是现代酒店或酒店集团发展必不可少的途径。酒店文化建设应遵循以下基本原则。

1. 建立共同的目标与价值

每个酒店或酒店集团都须有一个明确而崇高的战略目标并使职工的职业发展目标与酒店的运营发展目标紧密地联系在一起，使职工为实现酒店目标而努力工作，同时使职工在实现酒店战略目标的过程中获得满足感。根据实践，酒店制定的战略目标应有益于社会、顾客、投资人、职工和利益相关者。这样，每个职工都能理解酒店价值观并与酒店建立共同的价值观。这是酒店或酒店集团全体职工共同的信仰和共同遵循的价值标准。正确的价值观可使每一个职工把自己的行动与酒店的价值标准联系起来，让他们明确意识到自己所做的每一项工作都是有价值的。

2. 鼓励职工参与运营管理

每个顾客和职工都有互相关心和互相帮助的需要，紧密原则就是要满足顾客和职工的这种需要。酒店与顾客之间、职工之间、上下级之间应互相关心和信任。职工应了解上级管理人员的意图，而管理者应把握下级职工的需求，这种紧密关系就像一条无形的链条把管理人员和职工紧密地连成一个整体。传统的酒店管理方式基本是命令式的，缺乏民主，管理者提出任务，职工按部就班地完成任务，职工的工作基本是消极和被动的。与此相反，现代酒店文化建设应遵循职工的参与原则，让职工参与管理，参与讨论问题和解决问题。管理人员在决策前要广泛征求职工的意见，集中他们的经验和智慧。这不仅会提高酒店运营决策的质量，还有利于决策的实施，能充分调动各部门和全体职工的积极性。

3. 创建学习型文化

21 世纪是人才与科技的竞争时代，酒店运营成功的关键在于创建学习型文化，解决酒店固有分工模式和内部运营不协调带来的问题。在传统的酒店管理中，过于专业化的分工会把酒店各部门和各职务分割成相互独立且相互冲突的部分，管理者忙于解决酒店内部的协调问题而无暇进行市场开拓和产品创新。学习型文化的关键是使组织扁平化，提高职工的业务素养，重视职工的学习价值，创造轻松的工作氛围，让职工畅所欲言并提出改进意见。一个充满信任和开放的酒店文化能鼓励职工不断地学习和交流，他们能对现有管理制度和运营模式提出改进和创新建议。酒店管理者应鼓励职工自主管理，自我创新。

11.3.2　酒店文化建设步骤

1. 提出文化建设目标

建设酒店文化，首先要对酒店现存的文化进行自我诊断、系统分析，分析酒店传统的运营特点，总结现有酒店文化中的积极因素与存在的问题。其次，根据酒店当前的运营状况，提出适合的文化建设目标，建立和明确酒店的价值观，营造和谐的酒店环境。

2. 设计酒店文化体系

设计酒店文化体系，首先，将酒店文化中最优秀的内容加以完善和条理化；其次，在现有的酒店文化基础上，集合酒店的运营特色，激励职工参与酒店文化设计；最后，通过对各种方案的归纳、比较，融入酒店与职工的共同理想，将酒店的发展目标、社会责任和酒店道德融合为一体，设计出实用的、有特色的酒店文化体系。

3. 持续优化酒店文化

酒店的各种文化活动能使新的运营管理理念深入人心。同时，管理人员应用各种方法将新的价值观渗透到运营管理中，使职工认同和接受；用新的价值观指导酒店运营实践，进一步将实践变成理论，不断地丰富酒店文化。在酒店发展的不同阶段，酒店应有不同的文化内容和风格。

11.3.3　酒店精神文化建设

1. 培养酒店精神文化

优秀的酒店从来都不会消极地等待酒店精神文化自然形成，而是积极寻求，全力以赴，坚持不懈地努力，培养和构建酒店精神文化。通常，酒店精神文化的构建至少要经过

3 个程序:①寻找最适合酒店发展或对酒店最有价值的精神文化;②将酒店精神文化变成全体职工共享的精神财富;③以酒店精神文化指导酒店运营并在实践中丰富和发展这种精神文化。优秀的酒店精神文化的表达方式应简练明确,容易记忆,富于个性并形象生动。例如,美国斯塔特勒酒店(Statler Hotel)的精神文化是“客人永远是对的(The guest is always right.)”。喜来登酒店(Sheraton Hotel)的精神文化是“在喜来登酒店,小事是大事(At Sheraton, little things mean a lot.)”。法国地中海俱乐部(Club Mediterranean)酒店的精神文化是“我们的天职是为顾客创造幸福(Happiness is our business.)”。一般而言,酒店首先要围绕其运营大核心理念并运用各种管理与激励手段,使职工理解并认同酒店的精神文化。酒店精神文化是否能成为职工的信念并指导他们自觉行动,这主要取决于酒店管理人员对酒店精神文化的传播和信息沟通效果。

2. 建立酒店价值观

酒店价值观又称酒店共同的价值观或群体价值观。在酒店或酒店集团运营中,虽然技术资源、营销资源、资金资源以及人力资源等都是重要的运营因素,但是酒店运营最根本的因素还是酒店价值观。酒店价值观的重要性远超过技术资源、营销资源和其他资源。正确的酒店价值观应秉持以下观念:为社会服务的价值高于利润的价值,这是因为,酒店的目的、使命和价值在于向社会提供实用而又价格合理的产品和服务,利润不应成为酒店或酒店集团的最终目的,它仅作为社会对酒店或酒店集团的回报;同样,酒店与职工共同协作的价值应高于其独立工作的价值,因为共同协作适应了现代酒店或酒店集团运营的社会性;集体的价值高于自我的价值;普通岗位的价值高于权力的价值;酒店知名度的价值高于利润的价值;维持职工队伍稳定的价值高于酒店赢利的价值。一个酒店在发展兴盛时招聘职工,在衰退时就解雇职工,这个酒店永远都不会赢得人心,不能留住人才,更无法形成酒店全体职工的共识。

11.3.4 酒店行为文化塑造

酒店行为文化是以动态形式存在的精神文化和物质文化,是酒店职工在运营和人际关系中产生的文化并不断地转化成精神文化和物质文化。酒店要塑造行为文化,首先应明确酒店的运营目标,加强民主建设并开展文化活动,建立良好的人际关系。

1. 工作环境塑造

优化酒店工作环境,为职工提供良好的工作氛围,是酒店行为文化建设的首要内容。通常,酒店优化工作环境主要有 3 个作用:①提高工作效率和经济效益;②提高职工的凝聚力;③保证职工身心健康。酒店优化工作环境应根据工作环境的需要,绿化和美化工作环境并减少噪声,运用艺术与色彩改善工作环境,保持工作环境中的空气新鲜,注重工作环境的照明度,保持适合的温度并利用音乐调节工作环境;同时,改善职工生活条件,配备丰富的服务设施以增强职工的自豪感、归属感和凝聚力(见图 11-3)。一个富丽堂皇的酒店,如果职工精神不振,工作松懈,那么酒店的形象不会完美。在现代酒店或酒店集团中,职工的地位越来越受到重视,管理者应以人为本,真正把职工视为酒店的主人。

图 11-3　酒店工作环境

2. 运营目标确定

酒店运营目标应具有竞争性、适当的超前性、可行性和激励作用。酒店制定和贯彻运营目标应解决好经济效益与社会效益的关系。酒店既是一个以赢利为基本目标的企业，又是一个具有文化和社会等多种职能的企业。它除了要通过运营获得收益外还要为社会提供各种服务。赢利是酒店的主体任务，社会责任是酒店的主导任务。因此，确定酒店运营目标应关注经济效益和社会效益的协调和互补，关注酒店运营的复杂性、动态性、现实性和效益最佳化。

3. 酒店制度建设

酒店制度建设是酒店行为文化建设的关键环节，可分为工作制度建设和责任制度建设。工作制度包括财务管理制度、人力资源管理制度、设备管理制度等。责任制度主要包括各职能部门责任、工作岗位责任等。酒店在进行制度建设时应将职工视为酒店的主人，不应就制度论制度而把职工视为制度的附属物。酒店制度应科学化、定量化、规范化和系统化并与鼓励职工提高自觉性、创造性相结合。酒店制度制定得越周密，对职工行为的限制就越大，它可大大降低职工的犯错率，但同时也束缚了职工的积极性，进而会影响职工内在的自觉性和创造性的发挥。

4. 民主管理建设

民主管理建设是酒店文化建设的一个非常重要的领域。它的建设主要包括三个方面的内容：民主意识的培育、民主文化的塑造和民主管理体制的建设。在培育民主意识的过程中，管理人员应将职工作为酒店的主人，让职工参与酒店的决策和管理，塑造酒店的民主文化，使酒店的利益与职工利益相协调，建立民主管理制度，形成民主观念和民主作风。酒店民主管理建设必须认真执行酒店的民主制度，明确酒店职工的义务，并且搞好酒店运营和分配方面的民主管理。酒店管理人员在做出重大决策前应与职工商量，有关职工切身利益的问题，例如工资调整、奖金分配、福利待遇、规章制度等要体现酒店多数职工的意愿，保证全体职工的权益。酒店行为文化的塑造需要全体职工共同努力。职工一旦感受到酒店的关心、尊重和鼓励，就会把自身利益与酒店利益紧密结合，从而产生对酒店的忠诚。

5. 公共关系建设

加强酒店公共关系建设的基础是建立酒店内部和谐的人际关系。这样，不仅有利于酒店向心力的凝聚，还有利于职工的心理健康。酒店人际关系建设要求交流双方通过互相体验对方的工作取得情感的融洽。这种交流是感情投资，是创造酒店良好人际关系的最佳方式。现代酒店管理已不是单纯的命令式管理，而是需要管理者与被管理者双方在理解与支持的前提下，在工作中不断进行沟通的管理。此外，公共关系建设还需做好酒店与政府、供应商、营销中介及社区等的外部公关活动。酒店公关活动包括提高酒店及其产品的信誉与知名度来使公众对酒店有正面的评价，通过各种渠道收集和整理市场信息，协调酒店与社会的关系，加强与社会的交往，为酒店创造和谐融洽的社会环境。酒店公关活动的策划必须根据市场的具体环境来进行且要突出酒店的运营特色。

6. 重视职工培训

酒店行为文化是酒店全体职工共同遵守的规范和行为准则。因为每个职工的经历、教育背景、性格、兴趣和特点都各不相同，所以酒店要统一职工的行为就必须加强对职工的教育和培训。酒店培训必须着眼于提高全体职工的整体业务素质，把行为规范教育与职业道德教育、业务知识更新、业务技能提升相结合，从整体上提高职工的能力，使职工具有良好的外观形象和内在的气质与修养。职工的仪表和仪容是行为规范的重要因素。酒店职工整洁的仪表仪容及全心全意为顾客服务的情感，既体现了职工的个人风貌，又反映了酒店的整体业务素质。此外，职工良好的行为举止表现为在服务中忙而不乱，职工无论在前台、客房或是餐厅服务时，都应做到忙而不乱，稳重而高效，轻松而活跃，谈笑有节，热情大方，宽容大度，善于理解顾客，遵守各种礼节规范。

7. 规划服务标准

良好酒店文化的基础在于酒店为顾客提供优质的产品与个性化的服务。当今，服务已成为酒店行为的重要组成因素。优质的服务可使酒店获得顾客的信任，使其长期购买酒店产品，酒店也会长期得到利润回报。酒店服务包括的内容很多，有前厅服务、客房服务、商务服务、会议服务和餐饮服务等。酒店服务质量的关键是服务规范和服务特色。因此，规范和设计有特色的酒店服务是酒店行为文化塑造的关键之一。

8. 注重广告文化

酒店广告是酒店行为文化塑造不可忽视的内容，是酒店行为识别的要素之一。酒店广告可吸引顾客、投资者及社会公众对酒店的关注、信赖，以使酒店获得更多的合作机会。酒店管理哲学、酒店价值观念和酒店精神文化等常通过广告向社会大众和目标顾客传播。酒店理念广告对酒店内部会产生凝聚力，对外会产生号召力。酒店设施、酒店服务、酒店技术和酒店营销等方面的实力能通过广告形式向公众展示。酒店对社会公共事业和公益事业做出的贡献及履行的社会责任也是通过广告让公众知晓的。此外，酒店举办的各种活动都是通过广告显示酒店的特色的，广告能提高酒店或产品的知名度和信誉度，增强公众对酒店及其产品的信任，从而购买酒店的产品和服务。

11.3.5　酒店物质文化建设

1. 酒店建筑物文化

建筑物不仅是酒店运营的场所，而且是酒店文化的象征。酒店建筑物的风格如同人的仪表一样，向顾客展现着酒店的形象、特征及其产品的文化内涵，而且建筑物与环境还是酒店固有的营销媒介。因此，建筑物文化塑造要力求向社会公众和酒店职工传达酒店的运营文化和产品文化。酒店建筑物应庄重、可靠、有个性并应充分体现其产品特色、文化与服务质量和效率，提高顾客的体验感，增强公众的信赖感。同时，酒店内部环境设计，各服务设施和环境的布局，设施的造型设计等，都应反映酒店不同的物质文化。

2. 酒店产品设计与开发

酒店产品设计与开发是酒店物质文化建设的重要工作。酒店产品设计涉及产品名称、原材料、工艺和外形以及配套的服务等，对它们的开发与设计直接关系到顾客的体验及公众对酒店的印象。好的产品文化能给酒店带来理想的市场吸引力和竞争力。酒店产品文化开发与设计可分为有形产品文化开发和无形服务文化开发。有形产品文化主要是指建筑物、酒店大厅、公共卫生间、各种服务设施、客房、餐厅、菜点与酒水及职工的仪表仪容等需要向公众呈现的文化内涵。无形服务文化是指酒店品牌、声誉和各项具体服务的方法、程序和效率等反映出的文化和质量特色。酒店产品开发与设计集现代科学技术、文化和艺术于一体并从社会、经济和需求等角度进行构思与创造。酒店新产品的文化构思应参考行业专家、艺术大师、企业家、顾客及营销员等人的建议，还应强调产品的物质功能和精神功能的统一及遵循顾客愉悦的原则。

3. 酒店标志、招牌与旗帜设计

在酒店文化中，酒店标志不仅具有物质文化的主导力量，还是统一酒店视觉文化的核心。因此，酒店标志应具有权威性，要代表酒店的精神文化、运营理念和产品特点等。酒店标志设计应体现酒店形象，具有时代性，符合顾客的消费需求。设计酒店的标志，应当对酒店内部和外部的环境进行分析，了解酒店的运营理念、运营内容、产品与服务的特色、市场占有率及现有知名度，并结合酒店的期望，突出酒店的精神内涵。此外，酒店标志的图案应简洁、理念集中、易于识别并富于个性。酒店标志设计应符合美学原理，注意图形比例与协调等问题。

酒店招牌应体现酒店个性文化，采用亚克力的发光字和立体化形式。酒店招牌的字体起着很重要的作用，不同的字体会产生不同的效果，关键是要富有特色。当然，招牌的颜色要便于公众感知，招牌色彩必须与酒店的名称及其字体相协调。

酒店旗帜是酒店的象征物，通常应采用适合户外使用的，既轻飘又结实的布料。酒店的色调和标准字应与酒店主体色调和标准字相符。

4. 酒店标准字和标准色

标准字作为一种符号，包括名称标准字、产品标准字和活动标准字等。名称标准字设计将统一酒店的名称和地址的字体风格，包括中文和外文的（见图 11-4）。为了表现每个产品的功能和特性，酒店或酒店集团应将所销售的产品名称设计成标准字以便传播和宣传。酒店销售活动所采用的标准字是为酒店周年纪念、节日庆典、展示活动等设计的。为了使标准字的风格独持、创意新颖，管理人员需要掌握设计要领并融合设计师丰富的经验与设计技巧，创造符合酒店形象的字体造型。此外，标准字的造型与酒店标志的造型应相互协调。在标准字的设计中，最主要的是要注意字与字之间的协调和均衡并传达酒店的运营理念和酒店文化。酒店标准字应统一设计、周密规划以获得空间的平衡与结构的和谐。酒店标准字应易读，内容简要，具有视觉传达效果。标准字的字体应根据国家颁布的汉字简化标准，力求准确规范，避免随意，追求创新感和亲切感。

Marriott
INTERNATIONAL
万 豪 国 际 集 团

图 11-4　酒店标准字

酒店标准色是酒店运营理念的象征。酒店通过色彩文化表现其运营理念和产品特色。酒店的标准色象征着酒店运营文化和物质文化，它具有强烈的识别效应。例如，阳光透过金黄色的酒店大厅散落在碧绿的植物和五颜六色的鲜花上，这会让顾客感受到光明、希望和喜庆的气氛，客房内的浅褐色家具给人以庄重、温馨和舒适的感受，鸡尾酒的各种颜色洋溢着青春、健康和欢乐。目前，酒店标准色已用于酒店网络营销，并与酒店标志、标准字等视觉要素结合在一起，形成了酒店的物质文化识别系统。酒店标准色的设计应符合酒店的运营理念、运营特点和市场需求。心理学研究表明，不同的色彩对人的感觉、注意力和思维会产生不同的影响。色彩用于酒店体验营销，具有感染力、诱惑力和象征力。

5. 酒店职工服装设计

酒店的职工服装不仅具有服装的一般功能，而且含有深刻的物质文化。在酒店体验营销中，职工服装已成为酒店重要的物质文化之一。现代酒店职工服装要体现酒店的运营风格和产品特点。因此，在设计职工服装时力求通过造型、面料、色彩和配件创造出鲜明的酒店文化和产品个性。酒店迎宾员的制服应个性鲜明，体现亲切感。酒店前台工作人员的服装应庄重、大方、亲切、严谨和简洁。客房服务员的服装应简洁、稳重，与酒店客房色调相协调。餐厅服务员的工作服应显示餐饮文化和菜点风格。综上所述，酒店职工服装文化建设应与酒店的总体风格、标准色等相协调。

6. 酒店办公用品设计

酒店办公用品随时都在传达酒店的文化，具有扩散面广、传播效率高、渗透力强及使用时间持久等特点，其稳定性和时效性是其他任何媒介所不及的。酒店的办公用品具有双重功能，既有业务上的实用功能，又有视觉识别功能。由于酒店各种管理工作都离不开办公用品，因此酒店办公用品必须规范，设计新颖，外观应单纯和简洁。酒店办公用品包括信封、信纸、便条、订单、票据、收据和印鉴等。

7. 酒店交通工具设计

交通工具具有文化内涵，还具有传达信息的作用。由于交通工具具有活动范围大、宣传面广、持续时间长等特点，因而酒店可利用交通工具将酒店的重要信息传入各城市、景区及目标市场。当今，交通工具已成为酒店物质文化的识别系统之一。酒店交通工具的外观应有明确的酒店标志,并将酒店的标准字和标准色统一规划。

11.4　酒店跨文化管理

管理是人类有意识的活动,受人的价值观念、伦理道德、行为规范和社会习俗的影响,因此,管理与文化紧密相关。管理活动与不同文化相结合会形成不同的管理哲学和管理风格。许多管理学家认为,不同的国家和地区的管理观念、管理方法的差异源自文化的差异。当今,跨国运营已经成为酒店或酒店集团普遍的营销策略,这就意味着酒店从一种运营管理文化向另一种运营管理文化迈进。因此,酒店能否实施有效的跨文化管理,是其运营成功或失败的关键。

11.4.1　跨文化管理的含义与内容

酒店跨文化管理是指让受两种或两种以上不同文化影响的群体或职工在工作中互相理解、沟通和协调,从而实现有效运营管理的管理过程。酒店跨文化管理,管理的主体是酒店,管理手段是文化。跨文化管理在文化交叉的条件下,实现运营管理的各项职能。酒店跨文化管理的对象是具有不同文化背景的群体。这些群体不仅包括酒店的职工,而且包括政府、消费者和产业链中的企业等。酒店跨文化管理的目的是在不同文化群体中寻找有效的运营管理文化。酒店跨文化管理的内容可分为酒店内部跨文化管理和酒店外部跨文化管理。酒店内部跨文化管理又可分为跨文化人力资源管理、跨文化产品研发管理、跨文化组织管理和跨文化营销管理等。

11.4.2　酒店跨文化管理的必要性

21 世纪是我国旅游业与酒店业快速发展的时期,基于“一带一路”的伟大倡导,旅游信息技术的高度发达,各国和各地区的旅游市场统一了起来,成了真正的世界旅游市场。基于此,越来越多的中国酒店和餐饮集团在他国运营直接或间接的酒店业务。目前,一些酒店或酒店集团已跨出国门,进入了世界性的酒店市场。这些酒店的职工与管理人员具有不同的文化背景,不同的语言和生活习俗,不同的工作态度和追求。酒店如何进行跨文化沟通、协调和管理已成为影响酒店运营管理及运营效果的重要因素。此外,酒店还必须满足不同文化背景的消费者的需求及适应当地的风俗习惯和法律制度。如何在多元文化条件下运营,一直是酒店跨文化管理面临的课题。根据管理实践,跨文化上管理的运营的酒店管理的内容远不止资金、设备、技术、工艺和产品等,其实质上管理的是职工之间的合作关系。由于职工的业务基础受个人内在心理动机及其所处环境的共同影响,因此在酒店的筹建、成长和发展中,合作各方的职工必然带有自己的背景文化,也就不可避免地会在运营管理中产生摩擦。基于此,酒店或酒店集团高层管理人员必须进行文化协调,而部门经理应主动推动业务合作,使酒店运营得到有效的控制。不仅如此,跨文化管理的酒店还必须不断地引进和吸收先进的知识和技术,提高酒店的运营管理水平。

11.4.3 现代酒店跨文化管理程序

1. 分析文化对酒店管理的影响

不同文化背景使职工具有不同的价值观和行为准则，会导致职工对各项管理职能持有不同态度。酒店要想有效地管理不同文化背景的职工，首先要了解他们各自的需求、价值观和行为模式并分析不同文化的特点，然后有针对性地采取措施，以减少文化冲突和矛盾，构建和谐的管理文化。不同的文化背景使酒店管理者具有不同的价值观体系，也使他们具有不同的运营理念和行为模式，而这些会渗透到业务管理的各项职能中。有效的跨文化管理必须分析不同文化对酒店管理中各项职能的影响，才能有针对性地减少管理障碍，实施有效的运营管理。

2. 调查外来文化的容忍度

在酒店跨文化管理中，职工有着不同的文化背景，只有通过调查职工对外来文化的容忍度，才能制定合理的管理规范，避免或减少文化冲突。此外，总结不同文化的相同点，将其作为跨文化沟通和文化整合的基点也是很重要的。由于酒店运营的最终目的是履行社会责任，为酒店带来经济收益，因此跨文化管理的酒店或酒店集团的运营目标基本相同，管理者应以此为契机进行文化整合，形成双方都能接受的、高效的管理文化。

3. 选择适合的管理文化

所谓管理文化是酒店或酒店集团融合酒店和全体职工的共同愿景、目标、信念、伦理、工作标准及工作方式，选择的最适合本酒店及其所处环境的运营管理文化。影响酒店管理文化的因素有很多，然而最重要的是文化特点及其管理效率。通常，在选择初期，可保留部分不适合本酒店的外来管理文化，待运行一段时间后，可由其他优秀的管理文化替代。酒店应积极吸收先进而高效的管理文化。此外，应根据合作各方管理文化的共同点及职工对外来管理文化的容忍度，确定合作各方都能接受的运营理念和管理文化。最后，将整合后的管理文化制成企业运行准则并通过各种激励和约束手段，使之成为酒店或酒店集团的独特管理文化。

4. 建立反馈系统并进行检验

整合后的酒店管理文化应具有较高的运行效率，而不是仅解决文化矛盾问题。因此，新的管理文化系统必须经过运营实践的检验，酒店必须从产品质量、营销效果、酒店利润及社会效益等方面对其进行全面的测量和评价。

11.4.4 酒店跨文化管理原则

1. 因地制宜

酒店跨文化管理必须以双方不同的管理文化背景为基础，针对东道国的市场环境、酒店内部环境和职工对跨文化管理的接受能力，因地制宜地构建适合本酒店的管理文化。此外，随着酒店业务的发展、内外环境的变化，原有的管理文化不一定永远适合酒店的发展，应适时地进行调整。

2. 平等互利

酒店是一个开放的系统，由相互联系且共同工作的各职能部门和各岗位组成，管理系统作为一个完整的系统，常设立一个总经理，成立一套管理班子。跨文化运营的酒店在不同的运营目标和管理文化下会形成不同的利益观，处理好合作各方的利益并使其统一是酒店运营成功的关键。综上所述，在跨文化管理的酒店中应坚持平等互利，发挥各方优势，增强合资者合作信心。

3. 相互了解和尊重

在跨文化管理的酒店中，管理双方应对对方的管理文化背景、管理理念、工作习惯等情况有较深的了解。这样有利于因人而异，因势利导，加强合作。合作双方相互尊重是各方诚意与信誉的保证。当然，对于一方提出的任何疑问，另一方都应尽快答复，不能立即答复的，要说明理由，促进双方和谐工作。

4. 共同协商和信任

在酒店跨文化管理的过程中，合作双方应相互了解对方的管理文化，应协商共事、相互信任、相互理解、相互尊重。在一定程度上，相互信任是共同管理酒店的重要机制。对于自主运营、自负盈亏、自我发展的中外合作酒店，合作双方应以酒店的长期发展为前提，进行共同决策和管理。

11.4.5　酒店跨文化管理方法

1. 提高人员素质

酒店跨文化管理的前提是拥有高素质的酒店管理人员。因此，酒店应选拔德才兼备的优秀人才作为高层管理人员，加强对部门经理和业务主管的培训。在合作开始阶段，管理人员就应该学习有关跨文化管理的知识并了解合作双方的管理文化背景。在跨文化运营的酒店中，管理人员应通过培训使自身具备跨文化管理所需的业务素质和水平。培训工作对跨文化管理起着关键性作用。在引进和共建先进管理文化的过程中，合作双方管理人员在教育背景、管理能力和技能特长上存在的差距，会给共同管理酒店带来了一定的困难。因此，对各类人员的培训直接关系到酒店跨文化管理的水平。此外，酒店应建立相应的考核制度，通过考评管理人员，提高其工作责任心和管理能力。

2. 促进信息交流

由于跨文化管理的酒店的特点是共同决策和共同管理，因此合作双方的信息交流就显得十分重要。信息交流可使拥有不同文化背景的管理人员互相借鉴、互相学习，有助于融合不同的管理理念和管理方法并促进新的管理模式和管理文化的形成。此外，加强筹备期的合作，努力在管理中积累经验是跨文化管理酒店的基本管理实践。双方人员应丢弃封闭的、自以为是的管理文化，在相互尊重与信任的基础上，以诚恳态度加强文化交流，促使酒店和谐运行。举办研讨会可加深双方管理人员对彼此的了解，促进合作，为共同探讨管理文化和酒店运行规律创造条件。研讨会是酒店或酒店集团跨文化管理不可缺少的交流形式。此外，促进信息交流必须加强酒店工作环境建设，包括运营环境和人际环境建设。

3. 加强制度建设

酒店的管理文化是通过具体的管理制度体现的，而酒店规章制度直接约束着酒店的组织结构、运营行为和工作准则。现代酒店或酒店集团管理的科学化、规范化要求酒店拥有一套完整而合理的为全体职工共同遵守的规章制度。在跨文化管理的酒店中,制度化是统一不同管理文化的有效手段。制度化管理以酒店规章制度的形式将各方管理人员的不同管理理念和方法统一为一个有效的管理理念和模式,使合作各方都能按规章制度办事,实行统一的标准和准则,从而有利于建立统一的管理文化。此外,科学化管理能对跨文化运营的酒店工作模式的随意性形成制约,是解决部门矛盾的有效方法,有利于权利的分享和管理的一致性及民主管理,提高合作效率。跨文化运营的酒店的科学化管理应以书面形式呈现,采用标准工作程序、岗位职责和财务预算等。但是,跨文化运营的酒店的正规化管理必须有助于提高合作方的整体利益,提高酒店凝聚力,注意东道国或酒店所在地区的地域文化和民族文化。当然,酒店的规章制度应适应东道国及运营地区的市场状况。

本章小结

当今,我国酒店业管理已进入文化管理阶段,酒店管理的对象是知识化和学习型的劳动者,主要管理策略是建立共同愿景和价值观,提高酒店凝聚力,培养职工的奉献精神。酒店精神文化是以精神形态表现出来的酒店文化。酒店行为文化是指职工在工作和学习等方面产生的行为文化。酒店物质文化由酒店环境、酒店设施、酒店用品和职工创造的产品构成,是一种以物质为形态的表层酒店文化。酒店跨文化管理是指让受两种或两种以上不同文化影响的群体或职工在工作中互相理解、沟通和协调,从而实现有效运营管理的管理过程。跨文化管理的酒店的管理主体是酒店,管理手段是文化。文化管理,在文化交叉的条件下,实现运营管理的各项职能。跨文化管理的对象是具有不同文化背景的群体。这些群体不仅包括酒店的职工,而且还包括政府、消费者和产业链中的企业等。酒店跨文化管理的目的是在不同文化群体中寻找有效的运营管理文化。酒店跨文化管理内容可分为酒店内部跨文化管理和酒店外部跨文化管理。酒店内部跨文化管理又可分为跨文化人力资源管理、跨文化产品研发管理、跨文化组织管理和跨文化营销管理等。

练习题

1. 名词解释题

酒店文化、精神文化、行为文化、物质文化、跨文化管理

2. 判断对错题

(1)现代酒店或酒店集团管理的科学化、规范化要求酒店拥有一套完整而合理的为全体职工共同遵守的规章制度。(　　)

(2)酒店行为文化是以动态形式存在的精神文化和企业文化,是酒店职工在运营和人际关系中产生的文化并不断地转化成精神文化和物质文化。(　　)

(3)在酒店或酒店集团运营中,技术资源、营销资源、资金资源以及人力资源等虽然

都是重要的运营因素，但是酒店运营最根本的因素还是酒店跨文化管理。(　　)

(4)酒店的管理文化是通过具体的管理制度体现的，而酒店规章制度直接约束着酒店的组织结构、运营行为和工作准则。(　　)

(5)酒店在进行制度建设时应将职工视为酒店的主人，不应就制度论制度而把职工视为制度的附属物。(　　)

(6)在酒店跨文化管理中，职工有着不同的文化背景，只有通过调查职工对外来文化的容忍度，才能制定合理的管理规范，避免或减少文化冲突。(　　)

3. 多项选择题

(1)酒店文化作为一种运营手段，对酒店发展具有(　　)和融合作用。

A. 导向　　B. 规范　　C. 约束　　D. 凝聚

(2)"文化"是多义的名词，其内容包括(　　)、法律和风俗等。

A. 实物　　B. 知识　　C. 艺术　　D. 道德

(3)跨文化管理的前提是拥有高素质的酒店管理人员。因此，酒店应(　　)。

A. 选拔德才兼备的优秀人才作为高层管理人员

B. 加强对部门经理和业务主管的培训

C. 在合作开始阶段，就让管理人员学习有关跨文化管理的知识

D. 了解合作双方的管理文化背景

(4)酒店培训必须着眼于提高全体职工的整体业务素质，(　　)。

A. 把行为规范教育与职业道德教育相结合

B. 把业务知识更新与业务技能提升相结合

C. 把房务知识与餐饮知识相结合

D. 把会展知识与住宿知识相结合

(5)通常，酒店优化工作环境主要有以下的作用(　　)。

A. 美化酒店环境　　B. 提高工作效率和经济效益

C. 提高职工的凝聚力　　D. 保证职工身心健康

4. 问答题

(1)简述酒店文化的含义和内容。

(2)简述酒店文化建设的必要性。

(3)简述酒店跨文化管理的原则。

(4)简述酒店产品的文化价值。

(5)简述酒店跨文化管理的必要性。

(6)论述酒店行为文化塑造的内容。

主要参考文献

[1] 科特，赫斯克特. 企业文化与经营业绩[M]. 李晓涛，译. 北京：中国人民大学出版社，2004.

[2] 吴柏林. 公司文化管理[M]. 北京：人民邮电出版社，2015.
[3] 胡春森，董倩文. 企业文化[M]. 武汉：华中科技大学出版社，2018.
[4] 李建华，刘霞. 现代企业文化理论与实务[M]. 北京：机械工业出版社，2012.
[5] 丁宁. 企业文化学[M]. 北京：清华大学出版社，2014.
[6] 余锋. 精益求精：企业高效创新八步法[M]. 北京：机械工业出版社，2015.
[7] 朱晋伟. 跨国经营与管理[M].2 版. 北京：北京大学出版社，2015.
[8] 王险峰. 企业文化管理：校企协同育人创新实践探索[M]. 镇江：江苏大学出版社，2019.
[9] 赖文燕，周红兵. 企业文化[M]. 南京：南京大学出版社，2020.
[10] 陈春花，乐国林，李洁芳，等. 企业文化[M].3 版. 北京：机械工业出版社，2018.
[11] 李启明. 现代企业管理[M].4 版. 北京：高等教育出版社，2011.
[12] 格里芬. 管理学：第 9 版（精要版）[M]. 刘伟. 译. 北京：中国市场出版社，2011.
[13] 谢品，肖霖岳. 现代企业管理[M]. 成都：电子科技大学出版社，2017.
[14] 卢进勇，刘恩专. 跨国公司经营与管理[M]. 北京：机械工业出版社，2013.
[15] 马风才. 运营管理[M].4 版. 北京：机械工业出版社，2017.
[16] 王天佑，张威. 饭店管理概论[M].3 版. 北京：北京交通大学出版社，2015.
[17] 魏江. 管理沟通：成功管理的基石：第 4 版[M]. 北京：机械工业出版社，2019.
[18] 明茨伯格. 卓有成效的组织：经典版[M]. 魏青江，译. 杭州：浙江教育出版社，2020.
[19] 王长城，关培兰. 员工关系管理[M]. 武汉：武汉大学出版社，2010.
[20] 王朝晖. 跨文化管理概论[M]. 北京：机械工业出版社，2020.
[21] 詹姆斯·A. 菲茨西蒙斯，莫娜·J. 菲茨西蒙斯. 服务管理：运作、战略与信息技术（原书第 7 版）[M]. 张金成，范秀成，杨坤，译. 北京：机械工业出版社，2013.
[22] WOOD R C. Hospitality management：a brief introduction[M]. London：Saga Publications Ltd.，2015.
[23] ALEXANDER V L. The handbook of financial communication and investor relations[M]. New Jersey：John Wiley & Sons，Inc.，2017.
[24] BOTTGE P R. Leading in the top team[M]. Cambridge：Cambridge University Press，2008.
[25] SCHEIN E H. Organization culture and leadership [M].5th ed. New Jersey：John Wiley & Sons，Inc.，2016.
[26] RAO M. Knowledge management tools and techniques：Practitioners and experts evaluate KM Solutions[M]. MA：Elsevier Inc.，2005.
[27] FLAMHOLTZ E G，RANDLE Y. Corporate culture：the ultimate strategic asset [M]. CA：Stanford Busniss Books，2011.
[28] MASSEY A，Avermaete T. Hotel lobbies and lounges ：the architecture of professional hospitality [M].Routledge：Macmillan Publishers，2012.
[29] BARAN. Customer relationship management [M]. Mason：Thomson Higher Education，2008.
[30] CARDON P W. Business communication[M].3rd ed.New York：McGraw Hill Education，2018.

第12章

酒店伦理管理

本章导读

酒店伦理是关于酒店及其职工的运营行为的规范，是正确处理酒店与社会及利益相关者关系的原则和规范。从本质上看，酒店运营管理是一个依据伦理原则不断地做出判断和选择的过程，而管理原则事实上就是某种伦理原则的具体体现。通过对本章的学习，读者可了解酒店伦理的重要作用，了解不同的酒店或酒店集团的社会责任观，掌握酒店职业道德的构成因素和职业道德的建设途径。

12.1 酒店伦理概述

酒店伦理管理是对酒店与社会整体利益的协调，是对职工的精神利益与物质利益的协调。事实上，酒店的经济目标和道德目标互为前提，只讲经济目标不讲道德目标最不经济，而只讲道德目标不讲经济目标也必然损害酒店运营效益。

12.1.1 酒店伦理的含义

酒店伦理是关于酒店及其职工的运营行为的规范，是正确处理酒店与社会及利益相关者关系的原则和规范，是在酒店长期运营实践中积累并囊括酒店内外道德关系而形成的伦理理念、道德意识、道德规范、道德精神、道德传统及道德实践的总和，也是酒店管理人员根据本酒店特点，长期培育和管理的结果。酒店伦理渗透于酒店或酒店集团运营活动的全过程和各环节，外现于酒店产品及服务。酒店伦理贯穿于酒店的发展目标、运营理念、规章制度和企业精神。其中，酒店伦理理念是酒店伦理的核心。它与酒店使命、酒店运营哲学和酒店战略目标紧密相关，是支配其他酒店伦理要素的关键。

12.1.2 酒店伦理环境

酒店伦理最初是酒店或酒店集团文化的一个重要组成部分，而酒店文化在20世纪80年代从酒店管理理论中分化而出，因此酒店伦理的产生与酒店管理理论、酒店文化的形成和发展紧密相关。20世纪90年代以后，酒店业面临全球化竞争，技术和产品不断地发展与创新，能源成本持续增长，职工对公平待遇的要求及其敏感度显著增强，而酒店利润不断地下降。一些酒店为了生存和发展，保持整体的赢利水平，便进行裁员，精简组织结构，采用了破坏环境的方式，造成了伦理问题的发生。当今，世界各国政府和相关组织都在关注酒店运营中的伦理问题，包括酒店对环境的影响，酒店对职工的政策，酒店与消费者的关系，酒店对股东、供应商、债权人等的责任，酒店与环境保护者和政府等的关系。早在 1994 年，林·夏普·佩恩（Lynn Sharp Paine）在《哈佛商业评论》中发表了题为《组织诚信管理》的文章，在该文章中他建议将企业伦理与企业运营管理结合在一起。

当今，国际酒店业的使命已由单纯追求利润向与社会整体协调方向发展。在这种趋势的影响下，酒店管理人员开始考虑如何才能使酒店运营活动更具有伦理意义，确保不发生伦理问题。他们已经认识到酒店或酒店集团需要创造一个有利于实施伦理行为的营销环境。当酒店或酒店集团面临严格的道德环境时，他们希望通过建立伦理规范约束职工的运营行为。一些优秀的酒店或酒店集团建立了职业道德标准和伦理制度，进行道德检查、道德培训等，把道德业绩作为结算薪酬的衡量标准之一，并在董事会下成立了道德业绩的管理部门。

12.1.3 酒店伦理作用

目前，在市场经济中，酒店既是独立的经济实体，又是具有独立法人地位的伦理实体。酒店和酒店集团在运营活动中，不仅要研究和理顺外部的各种伦理关系，包括酒店与政府、酒店与社会、酒店与相关企业、酒店与消费者等的关系，还要处理好酒店内部的各种伦理关系，例如酒店管理人员与职工的关系、职工与职工的关系等，使全体职工团结一致，同心同德，实现酒店经济利益和社会效益的双赢，并将酒店伦理作为指导运营的指南。酒店伦理是具有高价值的无形资产，可以同时赋予酒店显著的经济效益和社会效益。因此，为了使酒店或酒店集团可持续发展，酒店伦理建设或酒店职业道德建设势在必行。

1. 公平参与市场竞争的需要

现代酒店产品已从传统的仅以提供基本服务功能为导向的产品发展为以满足个性化需求为导向的产品。酒店市场竞争的法则是公平竞争，任何一家酒店要想在激烈的市场竞争中战胜对手，求得生存和发展，就必须提高自身的核心竞争力，而酒店伦理管理正是提高核心竞争力的基础和核心。竞争和进取是现代市场经济体制的内在要求，也是酒店伦理管理的一项基本要求。在市场经济条件下，酒店业公平竞争、积极进取，有益于调动酒店职工的积极性和创造才能，可提高酒店或酒店集团的市场竞争力。

2. 保证产品安全和质量的需要

现代酒店产品综合体现了顾客的需求和社会效益等。酒店产品的质量是酒店技术水平、管理水平和营销水平的综合反映，更是酒店伦理管理水平的重要标志。酒店在运营的过程中，应深入调查顾客的需求，尽力满足他们的需要，保证产品质量，完善服务质量，讲究信誉。同时，消费者和组织购买者有权要求酒店提供舒适的房务产品、安全且有营养的餐饮产品、高效的会展产品等，消费者和组织购买者有权要求酒店对其环境布局、服务设施、产品功能与特点、餐饮原材料质量与规格等做出明示。当顾客购买到不满意的产品时，有权向酒店投诉并要求退款或赔偿。酒店必须保证其产品和服务不会给客户带来身体和心理上的伤害，不会使顾客造成经济损失。此外，对有潜在安全问题的场所应及时提示，例如提示顾客床上吸烟危险，提醒顾客将贵重物品放在保险箱内，提供清洁卫生的用餐环境，使用真实、新鲜和无污染的食品原料，提供与价格相符的菜点，保证菜单上的信息的真实，聘用和培训与酒店服务水平相适应的管理和技术人员，及时发现对顾客有潜在威胁的职工,避免对顾客造成伤害。

3. 确保酒店产品价格合理的需要

采取暴利行为获取超额的、不正当的利润会严重阻碍酒店业的发展。酒店是暴利行为常出现的场所,从酒店运营角度看,酒店为产品制定合理的价格是为了获得满意的回报。而消费者认为,产品价格应符合消费者的利益。从经济伦理方面分析,酒店利润来自社会对酒店有效利用资源的奖励,是社会对酒店业的优质产品、良好服务、高效管理和承担风险给予的回报。然而,求利与取义是作为经济活动主体的酒店或酒店集团的两种伦理态度。酒店追求利润是正当的经营活动,但是这种利润应在酒店伦理和经济伦理的范围内。

4. 保证投资者和职工利益的需要

酒店管理者应爱惜酒店资产,努力提高投资效益,保证投资者的合理回报,正确处理长期投资与短期效益之间的关系,提高产品的市场占有率。现代酒店伦理理论认为,职工是创造财富的主体,管理人员应尊重职工、善待职工,公平对待职工,重视职工的报酬和福利。管理人员应为职工创造安全和卫生的工作环境,丰富他们的文化和娱乐活动,给职工参与管理和提出建议的权利,赋予职工教育和培训机会及分享利润的权利。

5. 协调政府与相关者关系的需要

伟大的思想家和伦理学家孔子认为“宽则得众”。酒店应自觉执行国家和地区的法规,依法纳税,向政府提供真实的相关信息,支持政府工作,保护环境,为社会提供就业机会,支持社区建设,对供应商和中间商恪守信誉,严格执行合同的规定,立足长远,共享利益。同时,酒店或酒店集团与竞争对手在市场上应公平竞争,通过产品质量和运营管理进行竞争,不使用诽谤手段诋毁竞争对手。此外,酒店应帮助贫困地区发展经济,改善环境。如果社会认为酒店不仅没有为社会增加价值,反而在损害和剥夺社会价值,那么社会将采取行动取消酒店的运营权。

12.2　酒店伦理问题

12.2.1　酒店信用问题

信用是商品交换得以实现的前提。在市场经济条件下,随着交换关系逐渐复杂化,日趋扩展的市场关系便逐步构建起彼此相连、互为制约的信用关系。酒店信用是指酒店在资本运营中进行的信用活动,是维护酒店市场秩序的有效手段。因此,信用好的酒店可以得到更多的社会资源,而信用差的酒店的存在与发展则会受到限制,严重的甚至还会被市场淘汰。近年来,一些酒店由于其内部缺乏基本的信用管理制度,出现了合同纠纷与违约、商业欺诈、逃废债务、财务失真、违反财经纪律、工程招投标弄虚作假、隐瞒重大事故等问题。

12.2.2 运营管理问题

酒店运营管理是通过有效的计划、组织、控制、领导和协调等环节来组织所有的人力、物力、财力、知识与技术等资源,达到酒店既定的运营目标的过程。酒店管理作为运营管理活动,必然涉及职工的管理、资源的分配、权力的运用、部门关系的协调等。其中,一些酒店管理人员缺乏伦理意识和道德责任。他们不关注职工的有效建议,使职工的积极性受挫,报喜不报忧,讽刺挖苦职工,教条,武断,不善沟通,不尊重职工,缺乏领导艺术,常使用强硬的手段。这些做法会降低职工对酒店的归属感,造成酒店技术水平落后、流动资金紧张,使酒店不能适应产业的成长和技术升级,在激烈的市场竞争中处于劣势。此外,一些酒店管理者不是按照公平、公正、公开、互利和互惠的原则进行运营管理的,而是采取了一些不当和不道德的手段损害国家、竞争者和消费者的利益。

12.2.3 产品质量问题

当今,一些酒店管理人员虽然承认产品质量的重要性,但是其对产品质量的管理乏力。其中,一些酒店管理人员对产品质量的管理流于形式。一些酒店在产品质量管理中只注重控制、检查,而不注重预先防范。实际上,酒店产品质量在酒店运营中起着至关重要的作用。通常,消费者与组织购买者要求酒店产品货真价实,而少数酒店对其产品存在的问题进行隐瞒,夸大产品的功能。例如:一些酒店隐瞒客房装修材料、家具及相关设施的安全与环保信息;一些酒店购买食品原料时,不重视食品的安全指标;一些酒店的菜点原料含有化学添加剂或在生产过程中加入了化学添加剂;还有一些酒店的菜单夸大了食品原料的规格或数量;一些酒店在客房放置低质量的洗发液和洗浴液;一些酒店没有提前将一些场所的潜在安全问题告知顾客;一些酒店菜肴的品质与价格不相符,菜单上的菜名、原料与工艺信息不真实,聘用的职工低于其级别或消费水平,也没有及时解聘那些对顾客有潜在伤害的职工等。以上这些问题都属于产品质量问题或者与酒店产品质量相关的问题。一些酒店在追求市场份额和销售量时,不关心顾客的真正需求而强制性地淘汰一些顾客需要的酒店产品。相反,一些酒店未考虑市场是否真正需要而提高酒店的消费水平以使顾客增加了购买成本等。这些现象都属于酒店产品质量问题的范畴。

12.2.4 产品价格问题

价格竞争是酒店业市场竞争的必要方式之一。然而,当酒店产品的定价方式超过了理性的界限时,就将会为其正常的营销活动带来灾难性的后果。基于酒店的伦理分析,酒店或酒店集团在制定产品价格时,必须保证消费者和组织购买者的正当权益,提供真实的价格信息,承担社会责任,避免出现价格伦理问题。酒店产品价格中的伦理问题主要包括歧视价格、串谋价格、误导价格和暴利价格。歧视价格是指对同一种类与规格的酒店产品向不同的顾客索要不同的价格。串谋价格是指酒店集团与其他同类企业订立价格协议,共同操纵市场价格以获高额利润。当今,一些酒店采用“高—低定价法”,即先提高产品价格,然后进行打折,然而一些酒店产品打折后的价格比提高价格前的原价格还要高。实际上,这种产品价格是误导价格,属于价格欺诈行为。暴利价格主要是酒店或酒店集团通过垄断行为,以不正当的手段提高产品价格。在酒店业,由于其产品含有大量的服务成分,而服务是无形的,所以对其质量与价格的评价比较困难,从而为一些酒店或酒店集团提供了牟取暴利的机会,使它们失去了职业道德,违反了价格伦理。

12.2.5　市场销售问题

调查结果显示,目前仍有部分酒店为了追求眼前利益,不重视学习知识和技术,不关注酒店伦理,在销售中采取各种不正当的手段,导致出现销售伦理问题。通常,广告在酒店营销中起着十分重要的作用,广告的基础是诚信。只有那些合乎伦理的广告才能为酒店或酒店集团带来真正的利益。因此,酒店或酒店集团在促销活动中,出现的夸大产品功能,传递不真实或虚假的内容及隐瞒产品的缺陷等误导消费者和组织购买者问题均属于销售伦理问题。当然,在广告中,使用贬低和诽谤竞争对手的手段来提高自身形象也属于销售伦理问题。同样,在人员推销中,推销人员和服务人员没有及时地将真实的产品信息或确切的价格告知顾客也属于人员推销中的伦理问题。例如,某经济型酒店是由其他建筑改造而成的,有些客房没有窗户,然而当顾客预订客房时,服务人员却并没有告知顾客,待顾客入住时发现问题,再与酒店前厅部进行沟通并要求退换时,时间已晚,其他客房都已销售出去。这种对顾客极不负责任的服务方式或推销方式属于严重的伦理问题。酒店服务人员在提供服务的过程中存在的高压劝说、顾客歧视、误导宣传等问题都属于销售中的伦理问题。一些酒店或酒店集团通过促销活动销售过期的食品和饮料,销售设施不完善的房务产品及向消费者与组织购买者传送垃圾邮件也都属于销售伦理问题。此外,一些酒店对销售渠道成员的管理过分苛刻,旅行社或其他中间商对顾客的空头承诺、误导信息、价格同盟及不履行售后服务,也常与酒店销售伦理问题相关。

12.2.6　个人信息问题

个人信息问题是指职工和顾客的个人隐私保护问题,是酒店伦理管理中的一个重要方面。当今,酒店针对职工的监控技术不断进步,酒店有了获取职工信息的新途径,包括电脑监控和电话录音等。此外,一些酒店还通过录像监视员工的工作绩效。酒店通过顾客消费记录和市场调研获得顾客的一些信息与数据,一些酒店或酒店集团缺乏必要的顾客隐私保护措施,以致顾客提供的个人身份、联系方式及消费情况等信息被他人窃取,甚至个别酒店把这些信息有偿或无偿地向外散播。这些信息的扩散对顾客的个人隐私权构成了侵害,造成了个人信息的伦理问题。

12.2.7　环境责任问题

环境责任是评价酒店效益不可缺少的重要方面。首先,在一定意义上,酒店是自然环境的组成部分,因此酒店无论做出什么样的运营决策,采取什么样的运营行为都可能消耗自然资源并加重自然环境负担。目前,各地方政府都在致力于减少二氧化碳和其他温室气体的排放,减少污水排入河流和海洋,减少使用或不使用塑料制品,不使用带有污染源的建筑材料搭盖建筑物,尽量使用清洁和绿色能源,以减少对自然环境造成的污染。

12.3 酒店社会责任

酒店的社会责任是指酒店或酒店集团在追求自身利益的同时应对社会所承担的相应义务。近年来,酒店的社会责任不仅强调经济责任和法律责任,还强调道德责任。社会经济观认为,一个对社会负责的酒店应追求利润、遵守法律和重视伦理。酒店管理者必须融入社会大系统,承担社会义务。由于酒店的生存和发展需要在市场中去实现,因此可以检验酒店社会责任的是它的市场行为。酒店承担社会责任有助于酒店树立良好的公众形象,得到良好的口碑,增加回头客,可使酒店及其酒店集团具有稳定的市场份额及提升空间,增加营业收入。这样一来,酒店更容易筹集资金,形成良好的社区关系,稳定职工队伍并留住优秀的职工等。此外,社会责任中的道德规则还可有效地约束职工的日常行为,从而保证酒店或酒店集团的产品质量,创新产品特色和功能。

12.3.1 传统社会责任观

传统社会责任观认为,酒店在追求自己的利润时会使社会受益,即酒店的经济目标和社会目标在许多方面是一致的。例如,酒店生产出的房务产品、会展产品和餐饮产品能满足社会的需要。酒店或酒店集团为了发展,就得扩大运营规模,增加职工人数,从而解决了社会就业问题。酒店为了获得利润,就必须提高生产和服务效率,持续改进产品和服务质量,从而提高了社会生产效率和职工生活质量。传统社会责任观强调酒店管理人员应致力于股东利益最大化,保持股东的长期收益;认为酒店或酒店集团高层管理人员的行为受到酒店运营效益的限制,没有任何决策者有为提高社会福利而降低酒店盈利的权利。因此,酒店的社会责任只有一个,那就是在遵守市场竞争规则的前提下,大力推行增加酒店利润的各种活动。传统社会责任观认为,酒店管理者主要是职业人,他们不拥有酒店财产,他们是雇员,他们的主要责任是按股东的利益进行运营活动,公益性的举措会削减股东们的投资效益,所以酒店管理人员仅对股东负责。此外,酒店的社会责任难以用确切的指标进行度量,许多社会责任活动导致酒店最终以提价方式将成本转嫁给消费者。

12.3.2 现代社会经济观

现代社会经济观认为,酒店或酒店集团作为企业,不仅应对股东负责,还要对社会负责。根据研究,一些酒店为了获利,生产不安全和不卫生的餐饮产品和房务产品,少数酒店不顾职工的健康和利益,不注意环境保护,造成了环境污染。一些酒店由于缺乏信誉,损害了相关企业的利益。尽管国家颁布了一系列保护公众利益的法律,例如反暴利法、反不正当竞争法、消费者权益保护法、劳动法及食品安全法等,然而许多管理学家认为,仅依靠法律不可能解决所有的社会问题,酒店业必须接受伦理和道德的约束,因为法律和制度有时会滞后于社会需要。社会经济观认为,利润最大化不应成为酒店或酒店集团的第一目标,第一目标应当是关心长期资本收益最大化。因而,酒店必须承担社会责任以及由此产生的各项社会成本。酒店和酒店集团的社会责任主要包括以下几点。

1. 保证顾客的消费利益

酒店作为旅游企业，其服务对象是顾客，酒店的价值和利润来自顾客，因此酒店或酒店集团应对顾客负责任。酒店应深入调查顾客的需求并尽力满足其需要，保证产品质量，完善服务质量，讲究信誉。酒店的广告应真实，各种产品的价格应合理。酒店的运营目标应将顾客放在第一位，为顾客提供其需要的、有价值的产品和服务。

2. 承担环境保护责任

随着旅游业和酒店业的发展，酒店的数量不断增加，规模不断扩大，酒店对能源的需求持续增长，对环境的污染也不断增加。因此，酒店和酒店集团的管理者必须具备环境保护意识，采取有效措施，消除对空气、水和其他生态环境的污染并使用节能和保护自然环境的设施和设备。

3. 保证投资者回报

酒店管理者应爱惜企业资产，努力提高投资效益，保证投资者的合理回报，正确处理长期投资与短期效益之间的关系，提高产品的市场占有率。

4. 公平公正对待职工

职工是创造企业财富的主体。酒店管理人员应尊重职工、善待职工，公平对待不同职务的职工，给予其报酬，应公平地对待职工的调动和晋升。酒店应为职工创造安全和卫生的工作环境，丰富职工的文化和娱乐活动，给予职工参与管理和提出建议的权利，赋予职工教育和培训的机会。学者诺曼·鲍伊（Norman Bowie）认为，企业应为职工提供有意义的工作，尊重职工的各项权利。

5. 真诚与政府合作

政府是公众利益的代表，酒店或酒店集团应自觉执行国家和地区的各项法令和法规，依法纳税，向政府提供真实的信息，支持政府的工作。当然，酒店应保护环境，为社会提供就业机会及支持社区建设。

6. 关心合作伙伴利益

酒店或酒店集团应对供应商和中间商恪守信誉，严格执行合同的规定，立足长远，共享利益。学者爱德华·弗里曼（Edward Freeman）认为，企业的管理人员应与每一利益相关者建立信誉关系，而不仅仅是股东。同时，酒店的合作伙伴应包括股东、顾客、竞争者、员工、供应商、中介机构和相关企业与组织等。

7. 实施公平的竞争

竞争是市场经济的特点，酒店应与竞争者公平竞争及合作，通过产品质量和运营创新进行竞争，不利用优势进行价格垄断，不利用特权干扰市场，不使用诽谤手段诋毁竞争对手。

12.4　职业道德建设

酒店既是经济实体，又是伦理实体，既具有经济特点，又具有道德特点。连接酒店经济价值与道德价值的路径是酒店遵循道德准则。通常，酒店有两个目标：一个是经济效益目标，另一个是社会效益目标。而酒店道德目标强调酒店的任何行为都必须具有道德价值，而不仅仅具有经济价值。

12.4.1 道德的含义与实践性

道德的原意是风俗和习惯，后来发展成为原则、行为、品质等的代名词。道德是非制度化的规范。通常，道德不被颁布、制定或规定，而是处于同一社会或工作环境中的人们在长期的生活中逐渐积累形成的意识、行为和原则。道德评价的标准是善与恶、公正与偏私、诚实与虚伪、正义与非正义等。道德由经济基础决定，是人类完善自身的活动。道德在表现形式上是一种规范体系，它同法律、政治一样，也是调整个人之间、个人同社会之间的利害关系的手段。道德行为规范是依靠人们内心信念来维系的，其对人们的约束不像法律那样需要一种特殊的外在强制力量，而是要靠人们的道德自觉性，当然，也需要靠社会舆论、传统习俗来维系，这些也具有外在和强制的力量。道德依据一定的善恶标准对人们的行为进行评价，对恶行给予谴责和抑制，对善行给予表扬和示范。道德广泛地渗透在社会生活的各个领域，无论是个人生活、集体生活，还是社会生活，道德始终贯穿于人类社会发展的各阶段。可以说，道德与人类共存亡，只要有人，有人的生活，就有道德存在并起着作用。道德比其他社会意识形态更具稳定性，它常以各种规范、戒律和格言等形式约束和引导人们的行为与心理。

道德通常将人们的行为实践转化，从意识形态进入人们的心理和现实活动。判断一个人的道德水平，不是根据他能背诵多少道德戒律和格言，也不是根据他自夸的高尚道德动机，而是根据他的实际道德行为。如果，道德不能指导人们的实践活动，那么它就失去了存在的意义。

12.4.2 职业道德的特点

职业道德是指在各种职业中，人们在理念和行为上应遵循的道德规范和准则。实际上，职业道德与职业活动紧密相关，是社会道德在职业中的具体表现并源于职业实践。其中，职业是人们对社会所承担的一定职责和所从事的专门业务。职业是一个历史范畴，生产力的发展导致社会生产的分化，这种分化使原来单一的生产形成了许多互相独立又互相依赖的部门。职业经过无数次的分化和组合，至现代社会，已形成成千上万种职业。

酒店职业道德是调整酒店与社会，酒店与顾客、职工之间关系的行为规范，是一种内在的价值观念，是一种非制度化的规范。它不被颁布、制定或规定，而由酒店价值观决定，是对酒店或酒店集团各种规章制度的补充。酒店职业道德表现在职工的视听言行方面，蕴含于职工品质和工作中。酒店职业道德不以强制手段发挥作用，而是通过舆论、说服、示范和教育等方式起作用。酒店的道德建设有利于酒店经济效益与社会效益的统一，有利于激发全体职工的主人翁精神和社会责任感。酒店职业道德主要有以下特点。

1. 历史性和实践性

酒店职业道德表现为酒店业特有的道德传统和道德习惯，进而表现为从事酒店运营所特有的道德品质。这种特定职业所具有的道德传统、道德心理和道德准则，常在这一职业中世代相传。例如，酒店房务产品的质量和规范标准是安全、整齐和舒适。

2. 丰富性和多样性

随着现代科学技术的发展、社会文明的进步，酒店职业道德内容更加丰富，形式更加多样。酒店职业道德从专业的特点出发，对职工提出具体的道德标准与规范，规定他们各自应履行的道德义务。由于现代酒店产品不断地丰富，酒店职务种类更加多样，因而每个职务都具有特定的职业道德标准。

3. 连续性和规范性

酒店职业道德常表现为世代相传的职业美德，成为职工稳定的职业心理和习惯。酒店规范由酒店约定俗成或有意识地制定。酒店规范包括服务规范、产品规范、设备规范、技术规范、语言规范、礼节礼貌规范等。规范性特征是酒店职业道德共有的特征，具体并显而易见。由于酒店职务涉及多方面，因而酒店职业道德也涉及多方面并与其工作岗位相关。

12.4.3　酒店职业道德功能

酒店职业道德是社会道德体系的重要组成部分，在人们社会生活中起着重要作用。首先，酒店职业道德可调节酒店内部职工之间的关系，包括管理者与被管理者之间、各部门之间、同事之间的关系。在调节中，职业道德起着关键作用。这种调节可使酒店内部各种关系保持和谐，达到相互信任、相互支持、相互合作和协调统一的效果。同时，酒店职业道德可调节运营中人与物之间的关系。例如，酒店职工、服务设备和工具有着直接的关系。酒店职业道德要求职工爱护设备，节省原材料，生产优质的产品。酒店职业道德还具有调节相关社会关系的作用。酒店职工作为社会中的成员不是孤立的，与顾客等互相影响和互相作用。酒店职业道德要求职工必须从本职业特点出发，为顾客提供优质的服务并在服务中求得职业的生存和发展。同时，酒店职业道德还调节酒店与其他企业之间的关系。此外，酒店职业活动必须按相应的社会要求进行，因此酒店的职业道德规范必须以服从社会整体利益为前提。

12.4.4　酒店职业道德构成

1. 职业理想

职业理想是指酒店职工对自己未来职业的选择和向往，以及在职业活动中所追求的事业成就和奋斗目标。酒店职工的职业理想是职业道德的基础，职工只有树立崇高的、合理的职业理想，才能正确对待自己从事的职业，才能敬业、乐业和勤业并在工作中表现出良好的道德品质，为酒店做出应有的贡献。通常，职工在确立职业理想时，总是希望自己在未来的事业中能够为社会做出贡献，从事能够实现物质和精神双重满足的理想职业，因此职业理想与价值观紧密相关。但是，一个人在选择职业时，一方面要考虑所选职业必须与人们共同的社会理想一致，这是选择职业的现实要求；另一方面，还应考虑到个人的身心条件、能力及爱好。通常，职工对职业的要求包括三个方面：维持生活、发展个人理想、承担社会义务。如果职工仅从维持生活出发，就只能形成低层次的职业理想，虽然会产生一定的动力，可能做出一些成绩，但是当个人发展目标与酒店发展目标相矛盾时，就可能做出不利于社会或酒店的行为。因此，职工只有既以社会义务为基础，又兼顾自己事业发展,才能树立崇高的职业理想,产生培养良好职业道德的精神动力。

2. 职业态度

职工职业态度通常是指职工的工作态度,是职工对社会,对投资者,对顾客履行职业义务的基础。酒店职工的工作态度基本是在多种因素的作用下形成的。总体而言,这些因素包括主观因素和客观因素。主观因素包括工作价值观念、受教育程度、文化技术水平、工作能力、兴趣爱好等。客观因素包括酒店所有制状况、职工地位、具体工作内容、工作环境与条件、企业用人制度与薪酬制度等。

3. 职业责任

职业责任是指从事一定职业的人们对社会和他人所负的职责。社会上的每一个职业都对社会和职业担负着一定的使命和职责,酒店职业更是如此。所谓职业责任,通常是通过法律和具有行政效力的职业章程或职业合同来规定的。职工能否履行职业职责决定了职工是否称职和胜任岗位。一般而言,职业责任又称职业义务,这两个概念基本相同。职业责任规定了职业人员行为的具体内容,是他们履行职业义务的依据。职工通过对职业责任的认识和体验,产生了职业责任感,这对职工在职业活动中的道德行为产生了重要的影响。职工只有认识到自己所担负的责任,把它变成内心的道德情感和信念,才能自觉自愿地从事本职工作,表现出良好的职业道德行为。

4. 职业技能

酒店职业技能是指酒店职工从事职业活动和完成职责所需的知识文化和技术能力,例如预测能力、沟通能力和协调能力。它是酒店职工从事酒店运营管理的基础。在职业发展中,酒店职工正是凭借自己所学的知识和掌握的技能,为社会并为顾客做出贡献的。因此,职业技能具有深刻的道德意义,是职业道德体系的内容之一。

5. 职业纪律

酒店职业纪律是指为维持酒店运营的正常秩序、履行职业责任的行为准则,是酒店职业道德不可缺少的内容。一个自觉用职业道德约束自己的人,必然是一个严格遵守职业纪律的人。职业纪律与职业道德紧密联系、相互补充、相互促进。职业道德是用榜样的力量来倡导某种行为,而职业纪律是以强制手段去禁止和惩处某种不道德的行为。

6. 职业良心

职业良心是酒店职工在运营和服务的过程中,内心所形成的职业道德责任感和职业道德行为的自我评价和自我调节能力,是职业道德观念、职业道德情感、职业道德意志在个人意识中的统一。酒店职业良心的形成,很大程度取决于职工的自我教育、自我锻炼和自我修养。酒店职业良心一旦形成,就可控制职工的职业道德行为并贯穿于职业行为的全过程。

7. 职业价值

企业伦理学认为,酒店职业应成为社会生活的有机组成部分,促进人类进步与社会繁荣。因此,正确认识职业在整个社会生活中的地位、意义和重要性,是酒店职工道德品质形成和发展的基础。职工一旦具备了职业价值感,就会产生约束自己道德行为的自觉性,会在履行职业道德义务、做好本职工作中产生强烈的责任感。荣誉是社会对职工履行义务和做出贡献的评价,是道德行为的价值体现或价值尺度。酒店职业荣誉是对酒店职业行为的社会价值做出的客观评价及正确的主观认识。

8. 职业作风

酒店职业作风是指酒店职工在职业实践和职业生活中所表现出的一贯态度。职工一旦形成良好的职业作风，就能在工作中自觉按照职业道德规范提供服务，表现出良好的职业道德品质。酒店有了优良的职业作风，就可以使职工互相教育、互相影响、互为榜样、互相监督，形成良好的风尚，从而发扬优秀的行为和品质，抵制不良行为。

9. 职业情感

酒店职业情感是职工在职业生活中对事物进行善恶判断所引起的内心体验，包括职业荣誉感、幸福感、责任感和良心感等。实际上，职业情感是一种精神活动，是联系认识与行为的桥梁。职业情感是在长期的道德实践中形成的，职工一旦有了这种情感就会按照一定的道德要求，自觉自愿地进行工作。职工在职业良心、职业荣誉感的激励下，会更加尽职尽责。因此，酒店职工对本职业的情感和热爱是做好本职工作的强大动力，也是职业道德的基本要求。

10. 职业意志

意志是指人们依照自己的意向决定自己行动的能力。酒店职业意志是指酒店职业道德意志，它是根据酒店职业道德观念所形成的，是履行职业义务和职业责任的坚韧精神。职业意志要求酒店职工以坚强的毅力克服工作中的困难，以百折不挠的精神对待工作中的挫折和失败，在自己所从事的职业活动中做出成绩，对社会有所贡献。

11. 职业行为

职业行为是指职工在职业道德情感、意志和信念等支配下采取的工作行为，是职工职业道德品质外在的具体表现，是衡量职工职业道德素质高低的重要标志。酒店管理人员将职工的职业道德认识、情感、意志、信念转化为行为，这是职业道德培养的根本目的，也是职工为社会创造更多更好的物质财富和精神财富的根本原因。因此，酒店职工必须不断地提高自己的文化素养和业务素质，办事缜密，防止出错，在具体的职业实践中不断地完善自己。

12.4.5 影响酒店职业道德的因素

1. 管理者职业道德

酒店管理者的职业道德会严重地影响酒店和全体职工的职业道德观念和职业道德行为。通常，职业道德意识强的管理者有明确的是非观念，有良好的道德习惯，能履行社会职责，对酒店忠诚，有强烈的敬业精神并爱护职工。

2. 酒店文化内涵

酒店文化对酒店运营有着深刻的影响。不同的酒店文化在产品质量、市场营销、处理酒店各种矛盾方面体现出不同的道德观。研究表明，不重视酒店文化和职业道德的酒店，即使职工有很高的职业道德素质也会偏离职业道德方向。

12.4.6 酒店道德建设途径

1. 加强职业道德教育和培训

作为酒店运营主体的职工,他们不仅是经济人,还是文化人和伦理人。未来的酒店竞争,是职工的竞争,是人才的竞争,是职工素质的竞争,尤其是职工伦理素质的竞争。市场经济不是超伦理的纯经济机制。在市场运行过程中,到处渗透着职工的情感、意志和道德的力量。在这种条件下,酒店管理人员应培养职工的职业理想。根据实践,职业理想是职业道德的基础。在工作中,职工只有树立崇高的、合理的职业理想,才能正确对待自己从事的职业,在工作中表现出良好的职业道德,为社会和酒店做出应有的贡献。同时,酒店应培养职工的职业良心,培养职工对所从事职业的责任感、荣誉感和敬业精神,使其在各自的岗位中尽心尽责,努力完成本职工作,钻研业务,提高技能;使其在道德修养和业务知识上勇于进取,在专业技能上日臻完善并公平竞争,积极进取。酒店应有一套具体的职业道德培训计划,所有新职工必须参加职业道德培训,在培训中,新职工必须学习本酒店的道德规范并且要在道德规范承诺书上签字以示对本酒店道德规范的认同。

2. 形成正确的运营效益观

伦理非但不对利益采取漠视态度,相反,伦理与利益有着本质的相关性。酒店应在提高利润的同时,提高和保护社会福利。我国有着悠久的职业道德观,孔子认为"富与贵是人之所欲也,不以其道得之,不处也。贫与贱,是人之所恶也,不以其道得之,不去也"。通常,现代酒店以知识管理为基础,使用先进的技术和管理方法,发扬艰苦奋斗、勤俭节约的优良传统,追求长期较高的经济效益。同时,酒店的成功运营离不开利益相关者的参与,只有互惠互利,与利益相关者相互合作才能生产出优质的酒店产品。当然,酒店在运营中必须遵纪守法,不损害利益相关者的合法权益,同时向顾客提供优质的服务,向职工提供良好的工作和生活条件,向国家交纳税金等。此外,酒店或酒店集团还应以某种方式回报社会,如帮助经济落后地区的人们脱贫,支持当地的教育事业等。酒店只有在为社会公众提供满意服务的前提下,才能生存和发展。因此,酒店或酒店集团不可太短视,不可忽视酒店长远的发展计划,积极承担应负的道德责任。

3. 树立集体主义观念

个人利益与集体利益的关系是酒店伦理的一个基本问题,其中包括个人与集体的关系、部门与酒店的关系、酒店或酒店集团与国家和所在地区的关系等。经济伦理学认为,酒店要兼顾国家和地方的利益、酒店利益和个人利益。个人利益应服从集体利益,酒店利益应服从社会利益,暂时利益应服从长远利益。酒店或酒店集团应尊重顾客,尊重职工,人尽其才。酒店应承认职工的合法权益,尊重他们的愿望,尊重酒店利益相关者,与他们团结协作,互助友爱,建立新型人际关系,保证酒店正常运营。酒店职工应增强团结协作意识,自觉维护团结,搞好协作,严以律己,宽以待人,互助互爱,并在职工之间和酒店之间建立友好的人际关系,营造良好的道德氛围,促进酒店的全面发展。酒店应是一个有明确分工的集合体。酒店活动需要全体职工齐心协力才能取得成效。管理者与被管理者应相互理解、相互支持,部门之间应相互体谅和合作,以建立酒店内部,酒店与顾客、供应者、政府、社区和公众等的和谐关系。伦理道德与酒店不是互斥的,而是相容的。古代思想家荀子认为，“人之生，不能无群。善群者存，不善群者灭”。

4. 建立企业信条

企业信条明确了酒店或酒店集团对其利益相关者的道德责任，是对酒店道德进行管理的最普通方法。企业信条是对渗透在酒店中的价值观的简洁表述。企业信条包括酒店对顾客的承诺，酒店对职工的承诺，职工对酒店的承诺，职工之间的承诺，酒店对投资人的承诺。酒店应为顾客提供价格适中、高质量的产品及服务，保证产品及服务的功能性和实用性。为了圆满地完成这些任务，酒店职工应具有信心，提升顾客满意度。酒店对职工的承诺包括为职工创造职业发展的机遇，鼓励职工发挥其潜力以促进个人创造力的发挥；同时，增强职工的责任感，为职工工作创造良好的环境，鼓励职工多沟通并表达自己的期望；在机会均等的条件下，积极对职工的贡献进行公平的补偿和奖励。酒店职工应致力于理解并遵守酒店的制度及运营目标，以专业方式进行工作和服务，尽最大努力推动酒店持续发展。同时，酒店职工应提高顾客和社区对酒店的信任度，职工应正直和诚实地工作，不做有损酒店的任何事情。酒店的职工之间应相互尊重，不断地进行沟通，合理地运用资源，努力地工作，关注社区的利益。酒店应为股东和投资人提供理想的回报并使回报率持续地增长，酒店应保护股东的投资，为股东提供全面和及时的运营信息。

5. 实施公平与诚信的经营手段

根据研究，市场经济愈是发展就愈需要信任。因此，酒店应把信任看作商业活动中最重要的财产。信誉是酒店的无形资产。一些学者认为，信誉因素比财务业绩更能提升酒店声望。诚信是酒店运营的基础和核心。酒店的生存与发展有赖于与利益相关者长期的可靠合作。诚信要求酒店诚实，货真价实，不做虚假广告，讲究产品质量，注重酒店信誉。实际上，酒店应具备的道德原则应包括：永远在广告中讲真话，股东的利益最大化必须在合法的前提下，酒店平衡相关者的利益，酒店应考虑最大的社会利益，遵循职业规范，履行合同和义务，尊重员工。当然，酒店职工应该获得均等的录用、上岗、培训、晋升和报酬机会，顾客应有均等获得产品和服务的机会，供应者应有均等的提供原材料的机会。公平原则也要求酒店之间公平竞争。酒店管理人员应秉公办事，廉洁自律，公正待人，诚心诚意为社会、顾客尽职尽责。教育家孔子认为“信则人任焉”。

6. 建立酒店的道德规范

道德规范被认为是激励酒店实施道德行为的最有效方式。酒店建立道德规范，必须根据其部门与具体的职责进行。例如，营销部、人力资源部、餐饮部、房务部等应按照酒店运营的主要业务流程制定道德规范。在酒店道德规范中，酒店与职工的相关事宜应详细说明，例如，职工薪酬、职工晋升及职工与酒店沟通等。目前，国际酒店业都将道德标准融入了日常运营管理中。我国酒店业以自己传统的道德原则为基础，借鉴旅游发达国家的成功经验，建立了酒店职业道德标准，包括重视契约、严守信誉、顾客至上、诚实经营及承担社会责任等。目前，国际酒店及酒店集团决策者对酒店开展的运营活动常提出 5 个问题：营利性，合法性，公平性，对利益相关者的影响，对自然环境的影响。

7. 建立相应的伦理管理机构

为了落实酒店职业道德标准，国际酒店业常设立相应的伦理管理部门对酒店及全体职工进行指导、培训和评估。许多酒店由总经理办公室或人力资源部负责伦理管理工作，构建职业道德评估体系并定期审计酒店和职工的职业道德。所谓职业道德审计是对酒店和职工的职业道德执行情况进行系统的审核。酒店职业道德审计部门包括投资组织、社会监督机构及酒店本身。酒店投资组织为了将资金投入道德水平高的酒店，常对酒店承担社会责任方面进行审计。社会监督机构主要包括环境保护组织、消费者协会等，它们审计酒店执行环保法规的情况并对酒店产品质量进行评估。酒店作为企业对自身和全体职工的道德素质进行评价。

本章小结

酒店伦理是在酒店长期运营实践中积累并囊括酒店内外道德关系而形成的伦理理念、道德意识、道德规范、道德精神、道德传统及道德实践的总和，是酒店或酒店集团管理人员根据本酒店特点，长期培育和管理的结果。酒店伦理渗透于酒店运营活动的全过程和各环节，外现于酒店产品及服务，对内贯穿于酒店的发展目标、运营理念、规章制度和企业精神等。新时代，国际酒店业的使命由单纯追求利润向与社会整体协调方向发展。在这种趋势的影响下，酒店或酒店集团管理人员开始考虑如何才能使酒店运营活动更具有伦理意义并确保不发生伦理问题。酒店伦理是具有高价值的无形资产，能给酒店带来显著的经济效益和社会效益。为了使酒店运营可持续发展，酒店伦理建设势在必行。

近年来，酒店的社会责任不仅强调经济责任和法律责任，更强调道德责任。社会经济观认为，一个对社会负责的酒店应追求利润，遵守法律，重视伦理。酒店管理者必须融入社会大系统，承担社会义务。酒店职业道德是调整酒店与社会、酒店与顾客及职工之间关系的行为规范，是一种内在的价值观念，是一种非制度化的规范。它不被颁布、制定或规定，而是由酒店价值观决定，是对酒店各种规章制度的补充。酒店的道德建设有利于酒店经济效益与社会效益的统一，有利于激发全体职工的主人翁精神和社会责任感。

练习题

1. 名词解释题

酒店伦理、社会责任、职业道德、企业信条

2. 判断对错题

（1）事实上，酒店的经济目标和道德目标互为前提，只讲经济目标不讲道德目标最不经济，而只讲道德目标不讲经济目标不会损害酒店运营效益。（　　）

（2）目前，在市场经济中，酒店既是独立的经济实体，也是具有独立法人地位的伦理实体。（　　）

（3）一些学者认为，信誉因素比财务业绩更能提升酒店声望。因此诚信是酒店运营的基础和核心，酒店的生存与发展有赖于与利益相关者长期的可靠合作。（　　）

（4）职工一旦具备了职业价值感，就会产生约束自己道德行为的自觉性，会在履行职

业道德义务、做好本职工作中产生强烈的责任感。(　　)

(5)伦理非但不对利益采取漠视态度,相反,伦理与利益有着本质的相关性。(　　)

(6)酒店运营目标应将投资人放在第一位,为顾客提供其需要的有价值的产品和服务。(　　)

3. 多项选择题

(1)酒店伦理是在酒店长期运营实践中积累并囊括酒店内外道德关系而形成的伦理理念、(　　)及道德实践的总和。

A. 道德意识　　B. 道德规范　　C. 道德精神　　D. 道德传统

(2)当今,世界各国政府和相关组织都在关注酒店运营中的伦理问题,包括(　　)及酒店对环境保护者和政府等的关系。

A. 酒店对营销的影响　　B. 酒店对职工的政策

C. 酒店与消费者的关系　　D. 酒店对股东、供应商、债权人等的责任

(3)酒店职工的工作态度基本是在多种因素的作用下形成的。总体而言,这些因素包括主观因素和客观因素。主观因素包括(　　)

A. 工作价值观念　　B. 受教育程度

C. 工作环境和条件　　D. 文化技术水平

(4)企业信条是对渗透在酒店中的价值观的简洁表述。企业信条包括(　　)和酒店对投资人的承诺。

A. 酒店对顾客的承诺　　B. 酒店对职工的承诺

C. 职工对酒店的承诺　　D. 职工之间的承诺

4. 问答题

(1)简述道德的含义与特征。

(2)论述酒店伦理的作用。

(3)比较传统社会责任观和现代社会经济观对酒店社会责任的认识。

(4)论述酒店职业道德的构成。

(5)论述酒店道德建设的途径。

主要参考文献

[1] 陈炳富,周祖城. 企业伦理学概论[M]. 天津:南开大学出版社,2008.

[2] 威克斯,弗里曼,沃哈尼,等. 商业伦理学:管理方法[M]. 马凌远,张云娜,王锦红,译. 北京:清华大学出版社 2015.

[3] 叶陈刚. 商业伦理[M]. 大连: 东北财经大学出版社,2014.

[4] 施泰因曼,勒尔. 企业伦理学基础[M]. 李兆雄,译. 上海:上海社会科学院出版,2001.

[5] 贝拉斯克斯. 商业伦理:概念与案例:第 7 版[M]. 刘刚,程熙镕,译. 北京:中国人民大学出版社,2013.

[6] 布伦南,贾沃斯基. 道德与商业利益[M]. 郑强,译. 上海: 上海社会科学院出版社,

2016.
[7] 刘爱军,钟尉. 商业伦理学[M]. 北京:机械工业出版社,2016.
[8] 王天佑,张威. 饭店管理概论[M].3 版. 北京:清华大学出版社,2015.
[9] 王长城,关培兰. 员工关系管理[M]. 武汉:武汉大学出版社,2010.
[10] 焦晓波. 现代企业管理理论与实务[M]. 合肥:合肥工业大学出版社,2009.
[11] 魏江. 管理沟通:成功管理的基石:第 4 版[M]. 北京:机械工业出版社,2019.
[12] 康青. 管理沟通[M].4 版. 北京:中国人民大学出版社,2015.
[13] 赖利. 管理者的核心技能[M]. 徐中,梁红梅,译. 北京:机械工业出版社,2014.
[14] 戴德锋,窦德强,熊雯. 管理学[M]. 北京:北京邮电大学出版社,2016.
[15] 李启明. 现代企业管理[M].5 版. 北京:高等教育出版社,2017.
[16] 谢品,肖霖岳. 现代企业管理[M]. 成都:电子科技大学出版社,2017.
[17] 马洪立,李宝元,杨文革. 现代职业生涯管理学[M].2 版. 北京:北京师范大学出版集团,2012.
[18] FREEMAN E, GILBERT D R. Corporate strategy and search for ethics[M].New Jersey: Prentice-Hall Inc.,1988.
[19] JAUHARI V. Hospitality marketing and consumer behavior: creating memorable experiences[M] Oakville: Apple Academic Press,2017.
[20] COAKLEY M. Motivation ethics[M].London: Bloomsbury Academic,2017.
[21] FLOYD K, CARDON P. Business and professional communication: Putting people first[M]. New York: McGraw Hill Education,2019.
[22] BARROWS C W, POWERS T, REYNOLDS. Introduction to management in the hospitality industry[M].9th ed. New Jersey: John Wiley & Sons, Inc.,2009.
[23] WOOD R C. Hospitality management: a brief introduction [M]. London: Saga Publications Ltd.,2015.
[24] ALEXANDER V L. The handbook of financial communication and investor relations. [M].New Jersey: John Wiley & Sons, Inc.,2017.
[25] KONOPASKE R, IVANCEVICH J M, MATTESON M T. Organizational behavior and management[M].11th ed. New York: McGraw Hill Higher Education,2017.
[26] SHARMA P. Intercultural service encounters: cross-cultural interactions and service quality[M]. Switzerland: Palgrave Pivot,2018.
[27] MOORE G. Virtue at work: ethics for individuals, managers and organizations[M].New York: Oxford University Press,2017.

练习题参考答案

第 1 章　练习题参考答案

1. 名词解释题

略

2. 单项选择题

（1）（B）是美国最早安装上下水管道的建筑物之一。此外，该酒店还设有扒房（grill room），提供法式餐饮服务，而这些设施和服务特色为现代酒店的发展奠定了基础。

A. 城市旅馆　　B. 特伦蒙特酒店　　C. 利顺德饭店　　D. 百丽斯酒店

（2）（B）常被称作五星级酒店、五钻石级酒店或世界级（world-class service）酒店。其主要的目标顾客是企业高级管理人员、高级行政人员、富有商人和高消费会议及庆典团体等。

A. 合伙运营酒店　　B. 豪华级酒店　　C. 会议酒店　　D. 机场酒店

（3）（C）常被作为酒店级别的代用名称，尽管它本身不代表酒店的级别。然而，它确实是任何级别酒店中最高级别的楼层和房务产品。

A. 客房　　B. 餐厅　　C. 行政楼层　　D. 商务中心

3. 判断对错题

（1）酒店（hotel）是生产和销售房务产品、餐饮产品和会展产品的企业，酒店可被称为宾馆、旅馆和饭店。（√）

（2）酒店的等级也称为酒店的服务等级，是由世界各国酒店协会或旅游行政管理机构等根据酒店的设施和服务的质量与特色对酒店产品和服务进行的总体评价。（√）

（3）餐厅和酒吧是餐饮产品的组成基础，其环境与设施的质量水平、服务效率及服务技术是餐饮产品质量的影响要素。（√）

（4）**经济型酒店**（lodge）通常是小型或中型酒店，客房数量通常为 100 间至 200 间，其主要的客源是度假或度周末及参加专项休闲活动的顾客。（×）

改正：休闲酒店

4. 多项选择题

（1）会议酒店的特点是（ABCD）。

A. 关注的焦点是会议市场，强调可使会议成功举办的各种服务设施和高效的会议和展览服务

B. 常位于风景名胜区、旅游区或交通便利的城市街区及郊区

C. 至少60%的销售收入来自会议业务,60%的空间供各类会议团队使用

D. 也接待旅游团队、度假团队和旅游散客

(2)目前,在欧洲最具有影响力的酒店等级评定体系有(ABD)。

A. 米其林红色指南体系

B. 欧洲酒店等级评定联盟体系

C. 美国汽车协会体系

D. 英国汽车协会体系

(3)酒店由一座或数座设备完善的建筑物组成,建筑物中应有符合顾客需求的(ABCD),有具有特色的商品店或礼品店等。

A. 客房　　B. 餐厅　　C. 会议室　　D. 健身设施

5. 问答题

略

第2章　练习题参考答案

1. 名词解释题

略

2. 判断对错题

(1)在酒店计划中,常涉及"目标"一词。目标是组成酒店计划的要素之一,是酒店运营要达到的标准,是酒店在一定时期内期望取得的运营成果。(√)

(2)运用经济方法应注意它的局限性。过分地强调或单一地使用经济方法容易使职工形成短期利益观,影响职工工作的主动性和创造性。(√)

(3)**社会心理方法**是指依靠职务权力,借助行政手段,采取行政命令对酒店运营进行管理的方法。这种管理方法主要的手段包括计划、组织、指挥、监督、检查和协调等。(×)

改正;行政管理方法

(4)所谓顾客满意是指顾客对消费前后的产品的质量进行对比和分析,消费的产品的质量高于预期产品质量时,顾客会感到愉悦。(√)

(5)影响酒店顾客忠诚的因素主要包括顾客满意的产品、酒店与顾客的情感联系、**顾客对酒店产品的购买**等。(×)

改正:顾客对企业的信任

(6)**保健因素**包括工作成就感、受到上级重视、职务提升、工作本身的特点、个人的发明和工作责任等。(×)

改正:激励因素

3. 问答题

略

第3章 练习题参考答案

1. 名词解释题

略

2. 判断对错题

(1)人员创新与变革是指酒店运营目标发生变化时,酒店对职工的业务素质、专业知识和工作技能的要求会发生变化与调整并淘汰或调整一些不能胜任工作的人员。(√)

(2)酒店的**实体组织**是指管理跨度大、等级层次少的组织。该组织的成员有较高的素质和专业技能并具有根据企业的特点制定发展目标的工作能力。(×)

改正:有机组织

(3)**职能式组织结构**又称单线制结构,以垂直方法进行管理。信息沟通和传递只有一条直线渠道。一个下级只接受一个上级管理者的指挥,组织结构简单,权责分明,便于统一指挥、集中管理。(×)

改正:直线式组织结构

(4)快速变革法是指在短时间内一次性地对酒店组织进行调整和变革。这种变革方式一次到位,解决问题迅速。(√)

(5)现代酒店精简职能部门,缩小了上下级之间的距离,使酒店组织趋于平面化和简单化,提高了酒店的应变能力,提高了运营效率。(√)

(6)**职能部门化**是根据运营职能设立部门,包括产品设计、生产、营销和服务等一系列的工作。这种组织设计可充分地利用职工的专业知识和技能,发挥专项产品的生产和运营优势。(×)

改正:产品部门化

3. 问答题

略

第4章 练习题参考答案

1. 名词解释题

略

2. 判断对错题

(1)酒店产品的培育、构思和形成阶段被称为**产品成长期**,这一阶段的酒店产品成本高,销售额和利润基本为零,尚无竞争者,主要营销策略是将产品尽快投入市场。(×)

改正:产品开发期

(2)酒店品牌营销绝不是仅给酒店挂个牌子,而是要将酒店名称、产品和需求紧密地联系在一起。(√)

(3)酒店业是由多个生产和运营相近的住宿产品和餐饮产品的酒店组成的,且各酒店生产与销售的产品常可以互相替代。(√)

（4）顾客是指购买各类酒店产品的个人消费者和组织购买者的总和。顾客是酒店产品市场的**客体**，没有顾客及其需求，就没有酒店市场。（×）

改正：主体

（5）产品组合也称产品搭配，是指酒店提供给顾客的全部产品范围和结构，是酒店对产品组合宽度、长度、深度和相关性等4个方面的决策。（√）

3. 多项选择题

（1）市场是酒店（ABCD），酒店的一切营销活动都围绕着市场展开。因此，掌握酒店市场营销的相关知识必须从理解酒店市场及其相关概念开始。

A. 营销的出发点　　B. 营销的归宿

C. 产品销售的场所　　D. 产品交换的场所

（2）酒店或酒店集团常采用奖励营销策略以吸引顾客购买本酒店的产品。奖励营销主要包括（ABCD）。

A. 价格折扣　　B. 产品升级　　C. 增值服务　　D. 赠送产品

（3）事件营销借助的活动应当具备（ABD），突出酒店的特色，简化活动程序，使营销活动产生话题，具有现代气息，从而引起顾客的兴趣和关注。

A. 新闻性　　B. 新潮性　　C. 重要性　　D. 视觉性和参与性

（4）关系营销是指酒店与供应链中的纵向伙伴（供应商、中间商、顾客）、横向伙伴（竞争者、产品互补企业）和政府机构等（ABC）。

A. 建立和发展良好的关系　　B. 互相协作

C. 使酒店运营成功的营销策略　　D. 互相竞争

4. 问答题

略

第5章　练习题参考答案

1. 名词解释题

略

2. 判断对错题

（1）人力资源是一种可再生资源，其再生性可基于人口的再生产和工作能力的再生产实现。（√）

（2）**客观标准**又称定性标准，适用于职工个人特长、工作行为和工作结果的主观描述。在评估内容无法测量的前提下，可采用该标准，使用文字形式进行总结考核。（×）

改正：主观标准

（3）反馈法综合运用职工本人、职工的上级和同事、职工的下级与顾客的总体反馈信息进行考核。该方法涵盖了不同渠道的信息，评估结果全面。（√）

（4）职工考核亦称绩效考核，是酒店或酒店集团对包括管理人员在内的全体职工进行工作考核和评价的过程，是激励职工和提高职工士气的有效方法之一。（√）

(5)酒店运营和发展是一个动态过程,人力资源的需求和供给会自动平衡,必须采取适当措施调整它们之间的差异。

改正:不可能

(6)职工职业发展管理是酒店人力资源管理不可缺少的内容,它可帮助酒店了解职工的性格、兴趣、特长、价值观和业务能力,帮助职工了解和掌握酒店的发展目标、运营理念和人力资源供需状况。(√)

3. 多项选择题

(1)酒店人力资源的特点主要包括(ABCD)

A. 具有社会性和主观能动性　　B. 可再生与增值

C. 受时效与时代的影响　　D. 具有生产与消费的两重性

(2)现代的酒店人力资源管理体现以人为本的管理思想,把职工视为一种核心资源进行科学的配置,充分尊重这种资源的能动性和再生性,(ABCD)。

A. 高度重视人力资源开发

B. 实施可行的激励措施和职业培训

C. 实现人力资源的充分利用和不断增值

D. 促进职工和酒店的共同发展

(3)酒店人力资源规划是根据酒店的发展战略、运营目标和市场的变化与发展,(ABC)。

A. 科学地分析和预测人力资源需求和供给

B. 及时制定和调整相应的人事政策

C. 确保企业获得合适的人选

D. 持续地招聘管理人员

(4)酒店为了更好地指导人力资源管理实践,使人力资源管理工作向科学化和规范化的方向发展以提高酒店的核心竞争力。酒店人力资源管理必须遵循(ABCD)原则。

A. 科学配置　　B. 互补增值　　C. 同素异构　　D. 能级对应

4. 问答题

略

第6章　练习题参考答案

1. 名词解释题

略

2. 判断对错题

(1)房务是指酒店住宿业务,房务管理的全称是酒店房务运营管理。在酒店中,负责该项业务的管理部门被称为房务部或客务部(room division)。(√)

(2)布草是指客房的毛毯、床罩、床单和毛巾等,也被称为棉毛织品。(√)

(3)客房服务中心是房务部为住宿顾客提供服务的部门,通常每天提供**8小时**服务。

该中心的主要服务项目是**办理顾客住宿登记**,代客开门,代客保修客房设备、接待重要的顾客等。(×)

改正: 24 小时;办理顾客住宿登记的是住宿接待部

(4)楼层业务主管**每周**检查所管辖区域的所有房间的清洁和维护情况并按照房间设施保养和清洁状况表所列的项目进行检查,将相关情况记录在客房检查日报表上。(×)

改正: 每天

(5)酒店最高级别的套房被称为总统套房,由多个房间组成,有两间以上的卧室,一个以上的客厅,两间以上的卫生间(分为男士和女士),有餐厅、厨房和洗衣房等。一些高星级酒店的总统套房还有接待室和办公室。各酒店的总统套房没有固定的模式,酒店常根据市场需求对总统套房进行最佳配置。(√)

(6)百慕大计价(bermuda plan),房费包括住宿和大陆式早餐费用。早餐比较丰富,提供面包、黄油、面点、果酱、咖啡、果汁、茶水、鸡蛋和肉类菜肴。(×)

改正: 美式早餐

3. 多项选择题

(1)酒店公共区域卫生管理是酒店房务管理的一项重要内容。一些大型和中型酒店成立公共区域清洁部负责酒店公共区域的卫生清洁工作。通常,该项工作包括对(ABCD)的卫生清洁及保养。

A. 酒店外观与停车场　　B. 酒店门口与喷泉
C. 酒店大厅与电梯　　D. 酒店多功能厅与公共洗手间

(2)根据房务流程,顾客在任何酒店住宿都要经过 4 个环节:(ABCD)。

A. 入住前的预订环节　　B. 抵店办理住宿登记环节
C. 住宿环节　　D. 办理退房与离店环节

(3)礼宾部也被称作金钥匙部,该部门主要的工作职责是(ACD)等 。

A. 行李运送与寄存　　B. 为顾客办理入住手续
C. 机场接送　　D. 顾客委托代办服务

(4)酒店客房预订主要来自(ABCD)。

A. 传真、电话　　B. 与酒店签订合同的网络预订平台
C. 连锁酒店集团订房系统　　D. 全球酒店分销系统

4. 问答题

略

第 7 章　练习题参考答案

1. 名词解释题

略

2. 判断对错题

(1)理想的餐饮运营环境是餐饮运营成功的要素之一。理想的餐饮运营环境是指餐

厅必须建在**城郊接合部**,餐厅外部应有停车场,方便顾客停车。(×)

改正:交通方便的地方

(2)因为酒店餐饮运营方法不同于工业,所以酒店餐饮的生产和销售必须在同一地方。因此,酒店必须吸引顾客到餐厅购买菜点和酒水。(√)

(3)个人清洁是厨师卫生管理的基础,厨师个人清洁状况不仅显示其个人的卫生习惯,还代表着酒店或餐厅的**卫生管理水平**。(×)

改正:整体形象

(4)当今,燃料和能源成本价格不断提高,其占餐饮运营成本的比例也愈来愈高。酒店控制能源成本的主要工作之一是培训厨房职工,使他们重视能源节约,掌握能源节约的方法。(√)

(5)所谓银器是指金属餐具和服务用具,包括使用不锈钢、镀金与镀银的金属制作的餐具。(√)

(6)餐饮服务又称餐厅服务,是餐厅服务人员帮助顾客用餐的一系列活动,既是餐饮的**有形产品**,也是餐饮营销方法和营销策略之一。(×)

改正:无形产品

3. 多项选择题

(1)餐饮人工成本控制是对(ABCD)等的控制。总体而言,人工成本控制包括用工数量控制和工资总额控制。

A. 餐饮运营总工时　B. 工资总额　C. 职工数量　D. 工资率

(2)现代酒店餐饮运营的规模不断扩大,专业化程度愈来愈高并根据顾客的个性化需求运营不同特色和风味的餐饮产品,包括商务餐饮、(ABD)等。

A. 主题餐饮　B. 节庆餐饮　C. 聚会餐饮　D. 会议餐饮

(3)现代餐厅从传统封闭式发展到开放式,(ABCD)。

A. 采用大型玻璃使餐厅透明化

B. 行人能看到餐厅的风格与布局

C. 用餐顾客可透过玻璃窗看到整齐的公路

D. 顾客可看到街道的美景

(4)酒店必须依靠科学的运营管理才能在餐饮运营方面取得成功。所谓科学的运营管理包括(ABC)、灵活的营销策略和良好的职业道德等。

A. 有效的人力资源开发与管理　B. 科学的餐饮成本控制

C. 严谨的餐饮质量管理　D. 一般的企业形象

(5)菜点生产成本控制包括(BCD)等。

A. 食品采购管理　B 食品原料折损率控制

C. 菜肴份额控制　D. 标准食谱管理

4. 问答题

略

第 8 章　练习题参考答案

1. 名词解释题

略

2. 判断对错题

(1)许多国家意识到,会展业是旅游产业的一个重要组成部分并开始努力地研究和运营会议和展览会业务。为了吸引更多的会展在本国举行,各国开始建设会展中心。(√)

(2)在展览会进行的过程中,酒店和展览会组织者应为每家参展商提供一本展览会服务手册。这本服务手册既要通俗易懂,又要符合印制规范。(√)

(3)中世纪,作为展览会前身的贸易集市就已定期或不定期地在人口集中且商业发达的欧洲城市举行。(√)

(4)参展商不得在通向出入口的通道放置物品。在会展举办期间,进入租用区域的所有出口**要随时锁门**。(×)

改正:不得锁门

(5)**展销会议**是指企业因运营活动和管理工作需要而举办的会议,出席会议的常是企业的管理者、技术人员和营销人员。(×)

改正:商务会议

(6)会展营销员应事先预测客户提出的各种问题并能立刻对这些问题做出回答。在协调双方利益时,**可随时否决客户的建议**。(×)

改正:永远不要否决客户的建议

3. 多项选择题

(1)在国际上,会展一词常由 4 个大写英文字母组成:MICE,其中,(ABCD)。

A.M 代表 meeting　　B.I 代表 incentive tour

C.C 代表 conference　　D.E 代表 exhibition/exposition and event

(2)酒店与会展组织者签订合同时应明确规定会展组织者租用客房的种类与特点、天数、楼层及门牌号等,同时会展合同应明确规定(ABCD)等。

A. 客房价格　　B. 付款方式

C. 客房住宿终止日期　　D. 工作间的房价

(3)酒店会展服务手册要(ABD)。

A. 通俗易懂　　B 符合印制规范

C. 讲究封面设计　　D. 内容包括所有的服务项目

(4)酒店与会展组织者签订合同时应明确而详细地规定(ABCD)及展品进入酒店仓库或展览馆及离开酒店仓库或展览馆的日期与时间等。

A. 会展举办日期

B. 会展中的各项活动日期与时间

C. 客房预订、住宿日期与结束住宿日期

D. 参会者抵店日期与时间及离店日期与时间

(5)酒店与会展组织者在合同中应规定物品和参展设备的运输方式,(ABCD)并规定酒店大厅的自动扶梯不能运送货物和设备。

A. 会展物资抵达酒店的贮存条款　　B. 展品运进运出的时间与费用

C. 货物和设备的运送方法　　D. 货物和设备的运送通道

4. 问答题

略

第 9 章　练习题参考答案

1. 名词解释题

略

2. 判断对错题

(1)质量用来表达产品本质的规定性和数量上的规定性的概念。质是产品所固有的、特点方面的规定性,量则是关于产品的范围和程度的规定性。(√)

(2)酒店产品质量是指客房、菜点或酒水本身的质量,**不包括**工作质量和工序质量。(×)

改正:包括

(3)质量控制小组成员围绕**酒店**质量目标、质量关键或薄弱环节,运用质量管理及相关知识和技术开展质量管理活动。质量控制小组是酒店质量管理的有效组织形式,是质量保证体系的专业基础组织。(×)

改正: 部门

(4)现代酒店产品质量在满足顾客需求的基础上,使产品性能和特征总体满足特定顾客的需求。酒店产品质量的实质是产品满足顾客需求的程度,**顾客的需求与确定产品质量高低的标准无关。**(×)

改正: 顾客的需求是确定产品质量高低的标准

(5)由于顾客对服务质量的需求是变化和发展的。因此酒店必须持续对服务质量进行改进和创新。(√)

(6)酒店产品质量受生产与服务工艺、服务规程和操作规范等的影响。合格的酒店产品必须根据酒店工艺与服务工艺纪律、服务规程和操作规范生产与提供。(√)

3. 多项选择题

(1)当今,世界已进入知识经济时代,旅游业和酒店业迅速发展,尤其在产品和服务创新方面,包括(ABCD)、住宿环境与客房服务创新、会展设施与服务创新等。

A. 餐饮服务技术与设施创新　　B. 用餐环境与餐具及摆台创新

C. 客房预订与分房系统创新　　D. 客房设施与家具创新

(2)通常,顾客体验或感知到的服务质量要受(BCD)等 3 个方面的综合作用。

A. 酒店品牌　　B. 酒店形象

C. 预期服务质量　　　　　　　　　　D. 具体体验的服务质量

(3)酒店全面质量管理体系依靠酒店组织机构,将酒店的各职能部门、各工作环节的质量管理活动紧密地组织起来,形成一个有(ABCD)的质量管理整体。

A 明确的任务　　B. 职责和权限　　C. 可互相协调　　D. 互相促进

(4)所谓顾客是指(ACD)。

A. 任何接受酒店提供的服务产品的个体或团队

B. 不接受酒店服务产品的个体或团队

C. 习惯上使用酒店产品的"消费者"和"团队"

D. 未来可能购买酒店服务产品的顾客

4. 问答题

略

第 10 章　练习题参考答案

1. 名词解释题

略

2. 判断对错题

(1)实际上,酒店使命是对酒店市场形象的定位,反映了酒店准备为自身树立的形象。不同规模和运营模式的酒店,其**使命基本相同**。(×)

改正:使命不同

(2)酒店战略评价贯穿于酒店战略实施的全过程,战略实施的每项工作效果都需要评价,并且评价应与各项工作同步进行。(√)

(3)酒店运营分析可帮助酒店了解内部与外部环境的共同作用,明确自身的战略地位,为选定具体的酒店战略奠定基础。(√)

(4)**酒店总体**战略具有本部门独立的业务活动,拥有区别于其他部门的具体工作职责;同时,掌握一定的资源并根据酒店总体战略,开发和创新本部门业务。(×)

改正:业务层

(5)市场需求是指在特定的地理范围和时期、特定的营销环境和营销计划下,个人消费者和组织消费群体购买的某一酒店产品的总量。(√)

(6)酒店的首要任务就是洞察、分析外部市场环境,并适应**内部**市场环境。(×)

改正:外部

3. 多项选择题

(1)酒店选择战略必须保证酒店战略可适应外部市场和酒店内部环境,使酒店能利用外部市场机会及内部优越的资源。因此,在选择酒店战略时,应遵循战略的(BCD)。

A. 不定性　　B. 适用性　　C. 可行性　　D. 可接受性

(2)酒店战略选择可根据酒店的特点与规模采用不同的选择方式,通常包括(ABCD)等选择方式。

A. 自上而下　　B. 自下而上　　C. 上下结合　　D. 建立规划小组

（3）酒店战略涉及酒店的生存与发展及酒店整体运营目标，带有共性和指导作用的决策和行动。酒店战略由以下要素组成（ABCD）。

A. 运营范围　　B. 资源配置　　C. 竞争优势　　D. 协同作用

（4）通常，影响酒店运营的关键因素主要包括（ABCD）和酒店声誉与星级等。

A. 地理位置　　B. 生产与服务设施

C. 房务产品与餐饮产品的功能与价格　　D. 酒店功能与特色

（5）现金牛型（cash cows）业务使酒店在低增长的市场上有较高的市场份额，（ABC）。这类业务为酒店提供了资金来源，并且成为酒店的主要业务项目。

A. 利润和现金生产量较高　　B. 资金投入量较低

C. 可为酒店创造较多的现金和利润　　D. 淘汰该项业务

4. 问答题

略

第 11 章　练习题参考答案

1. 名词解释题

略

2. 判断对错题

（1）现代酒店或酒店集团管理的科学化、规范化要求酒店拥有一套完整而合理的为全体职工共同遵守的规章制度。（√）

（2）酒店行为文化是以动态形式存在的精神文化和**企业文化**，是酒店职工在运营和人际关系中产生的文化并不断地转化成精神文化和物质文化。（×）

改正：物质文化

（3）在酒店或酒店集团运营中，技术资源、营销资源、资金资源以及人力资源等虽然都是重要的运营因素，但是酒店运营最根本的因素还是酒店**跨文化管理**。（×）

改正：价值观

（4）酒店的管理文化是通过具体的管理制度体现的，而酒店规章制度直接约束着酒店的组织结构、运营行为和工作准则。（√）

（5）酒店在进行制度建设时应将职工视为酒店的主人，不应就制度论制度而把职工视为制度的附属物。（√）

（6）在酒店跨文化管理中，职工有着不同的文化背景，只有通过调查职工对外来文化的容忍度，才能制定合理的管理规范，避免或减少文化冲突。（√）

3. 多项选择题

（1）酒店文化作为一种运营手段，对酒店发展具有（ABCD）和融合作用。

A. 导向　　B. 规范　　C. 约束　　D. 凝聚

（2）“文化”是多义的名词，其内容包括（ABCD）、法律和风俗等。

A. 实物　　B. 知识　　C. 艺术　　D. 道德

(3)跨文化管理的前提是拥有高素质的酒店管理人员。因此,酒店应(ABCD)。

A. 选拔德才兼备的优秀人才作为高层管理人员

B. 加强对部门经理和业务主管的培训

C. 在合作开始阶段,就让管理人员学习有关跨文化管理的知识

D. 了解合作双方的管理文化背景

(4)酒店培训必须着眼于提高全体职工的整体业务素质,(AB)。

A. 把行为规范教育与职业道德教育相结合

B. 把业务知识更新与业务技能提升相结合

C. 把房务知识与餐饮知识相结合

D. 把会展知识与住宿知识相结合

(5)通常,酒店优化工作环境主要有以下的作用(BCD)。

A. 美化酒店环境　　B. 提高工作效率和经济效益

C. 提高职工的凝聚力　　D. 保证职工身心健康

4. 问答题

略

第12章　练习题参考答案

1. 名词解释题

略

2. 判断对错题

(1)事实上,酒店的经济目标和道德目标互为前提,只讲经济目标不讲道德目标最不经济,而只讲道德目标不讲经济目标**不会**损害酒店运营效益。(×)

改正:必然会

(2)目前,在市场经济中,酒店既是独立的经济实体,也是具有独立法人地位的伦理实体。(√)

(3)一些学者认为,信誉因素比财务业绩更能提升酒店声望。因此诚信是酒店运营的基础和核心,酒店的生存与发展有赖于与利益相关者长期的可靠合作。(√)

(4)职工一旦具备了职业价值感,就会产生约束自己道德行为的自觉性,会在履行职业道德义务、做好本职工作中产生强烈的责任感。(√)

(5)伦理非但不对利益采取漠视态度,相反,伦理与利益有着本质的相关性。(√)

(6)酒店运营目标应将**投资人**放在第一位,为顾客提供其需要的有价值的产品和服务。(×)

改正:顾客

3. 多项选择题

(1)酒店伦理是在酒店长期运营实践中积累并囊括酒店内外道德关系而形成的伦理理念、(ABCD)及道德实践的总和。

A. 道德意识　　B. 道德规范　　C. 道德精神　　D. 道德传统

(2)当今,世界各国政府和相关组织都在关注酒店运营中的伦理问题,包括(BCD)及酒店对环境保护者和政府等的关系。

A. 酒店对营销的影响　　B. 酒店对职工的政策

C. 酒店与消费者的关系　　D. 酒店对股东、供应商、债权人等的责任

(3)酒店职工的工作态度基本是在多种因素的作用下形成的。总体而言,这些因素包括主观因素和客观因素。主观因素包括(ABD)

A. 工作价值观念　　B. 受教育程度

C. 工作环境和条件　　D. 文化技术水平

(4)企业信条是对渗透在酒店中的价值观的简洁表述。企业信条包括(ABCD)和酒店对投资人的承诺。

A. 酒店对顾客的承诺　　B. 酒店对职工的承诺

C. 职工对酒店的承诺　　D. 职工之间的承诺

4. 问答题

略